みんなが欲しかった！
簿記の教科書

滝澤ななみ
Nanami Takizawa

日商 **2** 級

商業簿記

はしがき

　本書は、独学で日商簿記検定に合格することを目的とした受験対策用のテキストです。

　…という本はたくさんありますが、本書は教室講座と書籍の両方の強みを取り入れたという点で他書とは一線を画しています。

　教室講座の強みというのは、なんといっても講師の解説です。テキストを一読しただけではよくわからない内容も、講師が噛み砕いて説明することによって、わかりやすいものになります。

　しかし、テキストを読めばわかる簡単な内容についても、講師が解説するため、どうしても講座のコマ数が多くなってしまう＝時間がかかるというマイナス面も教室講座にはあります。

　そこで本書は、読めばわかる内容については教科書的な説明にとどめ、特に重要な項目や読んだだけではイメージしづらい内容については、教室講座で解説するような、具体例を用いた説明（「**これならわかる**」）をつけました。

　また、本書を用いて講義をした場合の板書イメージをそのまま「**図解**」としてのせました。「**図解**」はテキストの内容を視覚的にまとめたものなので、復習のさいに活用していただけると思います。

　教室講座では、各項目を学習したあと、練習問題を解いたりすることもあります。そのため、本書では各CHAPTERの最後に「**基本問題**」をつけました。これによって、本書で学んだ内容をすぐに問題を解いて確認することができます。

　上記のような工夫をすることによって、教室講座と書籍の強みを生かした、最強の『簿記の教科書』ができたと自負しております。

　どうか本書を活用していただき、正しい方法で、簿記の知識を身につけてください。皆様の合格を心よりお祈り申し上げます。

●第9版刊行にあたって

　本書は、『簿記の教科書　日商2級　商業簿記　第8版』について、消費税率の改正および出題傾向に基づき、改訂を行ったものです。

2020年2月

滝澤ななみ

「簿記の教科書・問題集」で合格するためには？

ここでは、日商簿記の効果的な勉強方法を紹介します。

Step1 『簿記の教科書』をしっかりと読み込む！

最低**2回**は読みましょう。実際に勘定科目を書きながら読み進めると効果的です。

Step2 『簿記の教科書』の章末にある基本問題を繰り返し解く！

こちらも最低**2回**は解きましょう。1回目は教科書を見ながらでも構いません。2回目以降は何も見ずにスラスラ解けるようになるまで繰り返しましょう。

Step3 『簿記の問題集（別売り）』の個別問題を解く！

教科書の基本問題がすべて解けるようになったら、問題集にとりかかります。教科書で身につけた知識を、本試験で活用できるレベルまで上げていきます。わからないところは、教科書の関連CHAPTERに戻り、しっかりと復習しましょう。

Step4 『簿記の問題集（別売り）』の模擬試験問題を3回分解く！

本試験形式の問題を解くことで、**Step1〜3**の知識がしっかり定着しているかを確認することができます。
また、過去問題集を解くこともオススメいたします。

※TAC出版刊行の過去問題集 「合格するための過去問題集」

『簿記の教科書』の効果的な使いかた

❶ まずは簿記の流れを確認しましょう。

日商簿記2級商業簿記で学習する内容がひと目でわかる、フローチャートです。学習するうえで非常に重要なので、しっかりと頭に入れておきましょう。

❷ 本文を読み込みましょう。

❸ 図解をみて、重要事項を記憶に刷りこみましょう。

本文の内容を視覚的にまとめた最重要ポイントです。最重要ポイントがまとめられているので、試験直前に図解部分だけを流し読みすることも効果的です。

❹ これならわかる!! で「なぜ、どうして」のモヤモヤを解消!

受験生がつまずきそうなモヤモヤポイントについては、身近な例を使いながら、解説しています。

❺ ひとこと を確認して、さらに納得!

補助的な知識を説明した箇所です。さらに理解が深まります。

❻ 基本問題で知識を確実に!

各CHAPTERの終わりの基本問題を解き、確認することで、知識を定着することができます。

★ さらに…こだわりポイント

● 新出勘定科目

新しく出てきた勘定科目については、本文の左右にアイコンで表記しました。資産・負債・純資産・収益・費用の分類により、それぞれのカラーで示してありますので、ひとめで把握できます。

● 補助資料 （巻末508ページ）

登場する勘定科目が一覧でわかるようにまとめたものです。5要素のどこに当てはまるのか、一目でわかります。問題演習のさいにも効果的に使っていただけます。なお、この資料は、ダウンロードでもご利用いただけます。詳しくは、TAC出版書籍販売サイト・サイバーブックストアにアクセスしてください。

https://bookstore.tac-school.co.jp/

● SIWAKE-195 ～仕訳195～ （本書別冊部分）

教科書で登場する重要な仕訳は、別冊のSIWAKE-195でまとめました。切り離していつでもどこでも利用することができます。

● Reviewマーク

1度学習したテーマについては、*Review* を入れました。該当箇所に戻って確認してください。

日商簿記検定試験について

受験資格	なし
試験日	年3回（1級は年2回） 6月（第2日曜日）／11月（第3日曜日）／2月（第4日曜日） ※　2月は1級試験の実施はありません。
申込方法	試験の約2か月前から開始。申込期間は、各商工会議所によって異なります。
受験料 （税込）	1級 7,850円 ／ 2級 4,720円 ／ 3級 2,850円 ※　一部の商工会議所では事務手数料がかかります。
試験科目	1級　商業簿記・会計学・工業簿記・原価計算 2級　商業簿記・工業簿記 3級　商業簿記
試験時間	1級 3時間 ／ 2級 2時間 ／ 3級 2時間
合格基準	1級　70点以上　ただし、1科目ごとの得点は10点以上 2級　70点以上 3級　70点以上

　刊行時のデータです。最新の情報は、商工会議所の検定試験ホームページ（https://www.kentei.ne.jp/）をご確認ください。

　なお、簿記入門者向けに簿記初級が、原価計算入門者向けに原価計算初級がネット試験（40分）にて実施されています。

本試験の出題傾向（2級商業簿記）

　2級の本試験問題は、第1問～第3問が商業簿記、第4問、第5問が工業簿記という構成になっています。商業簿記の出題内容は下記のとおりです。

第1問	仕訳問題が5題出題されます。配点は20点です。 （CH.01〜14、17、19、20、21）
第2問	勘定記入の問題やその他個別的な問題、伝票から仕訳日計表を作成する問題が出題されます。配点は20点です。（CH.01〜14、15、18）
第3問	決算に関する問題が出題されます。精算表の作成や財務諸表の作成、本支店合併財務諸表の作成などが出題されています。また、連結財務諸表の作成、製造業会計も出題範囲となっています。配点は20点です。（CH.16〜23）

※ CH. は、本書の関連 CHAPTER を示しています。

簿記の教科書 日商2級 商業簿記

目 次

特別企画 日商簿記2級商業簿記 スタートアップ講義 ………… 16

簿記の流れ ……………………………………………………………… 2

CHAPTER 01 株式の発行 — 4

1	株式会社とは ………………………………	5
2	株式会社の純資産項目 ……………………	8
3	株式の発行 …………………………………	9
4	新株発行（増資）の手続き ………………	15
5	合 併 ………………………………………	18
	基本問題 ……………………………………	23

CHAPTER 02 剰余金の配当と処分 — 26

1	剰余金の配当と処分とは …………………	27
2	損益勘定からの振り替え …………………	28
3	剰余金の配当と処分の処理 ………………	29
4	準備金積立額の計算 ………………………	32
	基本問題 ……………………………………	35

CHAPTER 03 株主資本の計数変動 — 36

1	株主資本の計数変動 ………………………	37
	基本問題 ……………………………………	40

CHAPTER 04 　税　金 ——— 42

1	法人税等	43
2	課税所得の算定方法	45
3	消費税	53
	基本問題	60

CHAPTER 05 　商品売買 ——— 64

1	三分法、分記法、売上原価対立法	65
2	仕入割引・売上割引	68
3	仕入割戻し・売上割戻し	71
4	クレジット売掛金	73
5	売上原価の算定と期末商品の評価	75
6	商品の払出単価の計算	81
	基本問題	83

CHAPTER 06 　手形と電子記録債権（債務）等 ——— 88

1	手形の裏書き	89
2	手形の割引き	90
3	手形の不渡り	91
4	電子記録債権（債務）	93
5	その他の債権の譲渡	98
	基本問題	100

CHAPTER 07 　銀行勘定調整表 ——— 104

1	銀行勘定調整表とは	105
2	不一致が生じる原因	105
3	銀行勘定調整表の作成	113
	基本問題	116

CHAPTER 08　固定資産 ——————————————— 118

1	固定資産とは	119
2	固定資産の購入	119
3	固定資産の減価償却	124
4	固定資産の売却	131
5	固定資産の買換え	133
6	固定資産の除却・廃棄	136
7	建設仮勘定	137
8	固定資産の改良・修繕	139
9	固定資産の滅失	140
10	圧縮記帳	143
11	固定資産（管理）台帳	146
	基本問題	147

CHAPTER 09　リース取引 ——————————————— 154

1	リース取引とは	155
2	リース取引の分類	155
3	ファイナンス・リース取引の処理	156
4	オペレーティング・リース取引の処理	168
	基本問題	171

CHAPTER 10　研究開発費と無形固定資産 ——————— 174

1	研究開発費	175
2	無形固定資産	175
3	ソフトウェア	178
	基本問題	180

CHAPTER 11　有価証券 ——————————————— 182

1	有価証券の分類	183
2	有価証券の購入と売却	185
3	配当金・利息の受け取り	190
4	端数利息の処理	191
5	売買目的有価証券の評価替え	195
6	満期保有目的債券の評価	197
7	子会社株式・関連会社株式の評価	199
8	その他有価証券の評価	199
	基本問題	201

CHAPTER 12　引当金 ——————————————— 208

1	貸倒引当金	209
2	修繕引当金	211
3	商品保証引当金	213
4	退職給付引当金	214
5	賞与引当金	215
	基本問題	218

CHAPTER 13　収益・費用 ——————————————— 222

1	収益・費用の認識基準	223
2	売上の計上基準	224
3	サービス業の処理	225
	基本問題	230

CHAPTER 14 外貨建取引 ——————————— 232

1	外貨建取引の換算	233
2	輸入時の処理	233
3	輸出時の処理	235
4	決済時の処理	236
5	決算時の処理	238
6	為替予約	240
基本問題		245

CHAPTER 15 伝票と仕訳日計表 ——————————— 250

1	三伝票制	251
2	仕訳日計表の作成と各勘定元帳への転記	252
3	推定問題の解き方	260
基本問題		266

CHAPTER 16 精算表と財務諸表 ——————————— 270

1	精算表の作成	270
2	2級で出題される決算整理事項	272
3	財務諸表の作成	272
4	損益計算書	273
5	貸借対照表	277
6	株主資本等変動計算書	283
基本問題		287

CHAPTER 17　税効果会計 —————————— 298

1	税効果会計とは …………………………………	299
2	法人税等の調整 …………………………………	301
3	貸倒引当金の繰入限度超過額 ………………	303
4	減価償却費の償却限度超過額 ………………	305
5	その他有価証券の評価差額 …………………	306
6	繰延税金資産と繰延税金負債の表示 ………	309
	基本問題 …………………………………………	310

CHAPTER 18　帳簿の締め切り —————————— 314

1	帳簿の締切方法 …………………………………	315
2	英米式決算法 ……………………………………	315
	基本問題 …………………………………………	319

CHAPTER 19　本支店会計 —————————— 324

1	本支店会計とは …………………………………	325
2	本支店間の取引 …………………………………	326
3	本支店合併財務諸表の作成 …………………	332
4	帳簿の締め切り …………………………………	336
	基本問題 …………………………………………	342

CHAPTER 20　連結会計Ⅰ —————————— 346

1	連結財務諸表とは ………………………………	347
2	支配獲得日の連結 ………………………………	349
3	支配獲得日後1年目の連結 …………………	358
4	支配獲得日後2年目の連結 …………………	364
	基本問題 …………………………………………	367

CHAPTER 21	連結会計Ⅱ	370
1	内部取引高と債権債務の相殺消去	371
2	貸倒引当金（期末貸倒引当金）の修正	373
3	未実現利益の消去	376
	基本問題	385

CHAPTER 22	連結会計Ⅲ	390
1	連結財務諸表	391
2	連結精算表	396
3	連結会計の総合問題の解き方	398
	基本問題	418

CHAPTER 23	製造業会計	424
1	製造業会計の基本	424
2	製造業の会計処理①	426
3	製造業の会計処理②	435
4	製造業の会計処理③	437
5	製造業の財務諸表	437
	基本問題	440

CHAPTER 24　参　考 — 446

1	開業費の処理	446
2	配当財源が繰越利益剰余金とその他資本剰余金の場合	447
3	手形の更改	448
4	企業残高基準法と銀行残高基準法	451
5	定率法の改定償却率と償却保証額	453
6	有価証券の売却時の手数料の処理	454
7	洗替法と切放法	456
8	権利落ち株式の会計処理	457
9	役員賞与引当金	459
10	売上割戻引当金	461
11	返品調整引当金	463
12	支店が複数ある場合の処理	465
13	損益勘定による当期純利益の振り替え	468
14	主要簿と補助簿	471
15	タイムテーブルと開始仕訳	472
16	連結会社間で振り出した手形の割引き	481
17	期首貸倒引当金の修正	483
18	期首商品に含まれる未実現利益の消去	489
19	連結貸借対照表の利益剰余金の求め方	496

CHAPTER 25　3級新論点 — 498

1	普通預金と定期預金	498
2	当座預金の処理	500
3	差入保証金	502
4	貯蔵品勘定への振り替え	503
5	法定福利費	505

補助資料	508
索引	510

特別企画

3級では小規模の株式会社を対象とした簿記を学習しましたが、2級ではそれより大きい株式会社（中小企業）を対象とした簿記を学習します。ここでは、新たにどんな内容を学習するのかをザックリ見ていきましょう。

日商簿記2級（商業簿記）
スタートアップ講義

日商簿記2級に合格すると

君いいね！

P/L　B/S

日商簿記2級は、企業が求める資格ランキングの上位にある資格の1つです。

日商簿記2級に合格すると、ビジネスパーソンが仕事で使う実務レベルの会計知識がひととおり身につき、就職・転職などにも役に立ちます。また、計数感覚も身につき、説得力のある企画書が作れたり、財務状況の判断などができるようになったりします。

2級の出題範囲

商業簿記　　工業簿記

それでは、3級とは何が違うのか見ていきましょう。

2級の試験科目は3級から工業簿記という科目が増えて、商業簿記と工業簿記の2科目となります。

この本では、そのうち、商業簿記を見ていきます。

商業簿記…商品売買業を対象とした簿記

仕入先 →（仕入）商品→ 当社 →（売上）商品→ 得意先

仕入れた商品を…　そのままの形で売る！

商業簿記は、3級でも学習しましたが、商品売買業を対象とした簿記です。
商品売買業とは、仕入先から仕入れた商品を、そのままの形で利益をくっつけて売る形態の業種です。

工業簿記…製造業（メーカー）を対象とした簿記

仕入先　　当社（加工）　　得意先

仕入れた材料に…　加工して、製品にしてから売る！

これに対して、工業簿記は、製造業（メーカー）を対象とした簿記です。製造業とは何か？　というと、たとえば、ある取引先から材料を仕入れてきて、自社工場で組み立てや塗装といった加工を施して製品を完成させ、完成した製品をお客さんに販売する業種をいいます。

2級で学習する内容（その1）

★ 2級新論点 ★　その1
- ★ 商品売買（売上原価対立法）
- ★ 売上の計上基準
- ★ 引当金（その他の引当金）

それでは、2級で新たに加わる論点を見てみましょう。
「売上原価対立法」「売上の計上基準」「引当金」などは、3級で学習した論点の応用となります。

商品売買の処理方法

3級で学習	3級で学習
三分法	分記法

売上原価対立法

まずは、売上原価対立法です。
3級で学習した商品売買の処理方法に、三分法や分記法がありましたよね？
売上原価対立法はその仲間（商品売買の処理方法）です。

たとえば、商品100円を掛けで仕入れたときの仕訳は…

（商　品）100（買　掛　金）100

商品〔資産〕の増加

売上原価対立法では、商品を仕入れたときは**商品**［資産］の増加として処理します。
これは分記法と同じです。

たとえば、商品90円（原価）を120円で掛けで売り上げたときの仕訳は…

①（売　掛　金）120（売　　上）120　売価
②（売上原価）　90（商　　品）　90　原価

そして、商品を売り上げたときは、**売価**で**売上**［収益］を計上します。
これは三分法と同じですね。

同時に、商品の原価を**商品**［資産］から**売上原価**［費用］に振り替えます。

このように、売上に対応する原価を計上するから、売上原価対立法というんですね。

期末に残っている
商品は10円

決算日の仕訳はナシ！

ちなみに、売上原価対立法では決算時の処理はありません。

売上時に売上原価を同時に計上していますから、決算で、あらためて売上原価を計上する仕訳をする必要がないのです。

売上の計上基準 …つづきはCHAPTER13へ

商品の
引渡時

当社　商品

ここで
売上〔収益〕
↓ を計上
引渡基準

出荷基準
検収基準　2級で
　　　　　初登場

次に、売上の計上基準です。
3級では、商品を売り上げたときに**売上**【収益】を計上していましたね。
このように、商品を売り上げた（お客さんに渡した）ときに**売上**【収益】を計上する基準を引渡基準といいます。

そして、2級では新たに出荷基準と検収基準を学習します。

出荷時　　　　　　　到着

当社　商品　　　商品
　　　　　　　　　お客さん

ここで
売上〔収益〕
↓ を計上
出荷基準

出荷基準というのは、商品を出荷したときに**売上**【収益】を計上するという基準です。
相手に商品が届いていないのに、**売上**【収益】を計上してしまうということですね。

これは遠隔地の取引先に商品を販売するときなどに用いる基準です。

また、検収基準というのは、商品を発送して、取引先が検収（商品の内容等を確認）したときに、**売上**【収益】を計上するという基準です。

いずれも、仕訳は引渡基準と同じですが、**売上**【収益】を計上するタイミングが異なります。

引当金 …つづきはCHAPTER12・24へ

次に、引当金です。
3級では貸倒引当金の設定にあたって、「売掛金と受取手形の期末残高に対して2％」というように、一括して貸倒引当金を設定しました。

取引先（債務者）の財政状態が悪くなければ、「債権（売掛金や受取手形）は、まあ、ふつうに回収できるでしょう」として、一括して貸倒引当金を設定するのですが、なかには財政状態が非常に悪化している取引先もあるわけです。

そのような取引先に対する債権は、貸倒れの可能性が高いですよね？だから、そのような取引先に対する債権については、ほかのものとは別個に貸倒引当金を設定するのです。これが個別評価です。

当然、貸倒設定率もほかの取引先に比べて高くなります。

引当金のいろいろ

貸倒引当金	賞与引当金
修繕引当金	役員賞与引当金
商品保証引当金	売上割戻引当金
退職給付引当金	返品調整引当金

← 追加

また、「引当金」の種類ですが、3級では貸倒引当金だけでしたが、2級では、修繕引当金・商品保証引当金・退職給付引当金など、いろいろな引当金について学習します。

でも、処理はそんなに難しくないので、心配しなくても大丈夫です。

2級で学習する内容（その2）

★ 2級新論点 ★ その2
★ ソフトウェア
★ 有価証券
★ 外貨建取引

続いて、2級で初めて学習する論点のうち、「ソフトウェア」「有価証券」「外貨建取引」です。

まずは、ソフトウェアです。「会計ソフト」とか「データベースソフト」とかいうものですね。ひとことで「ソフトウェア」といっても、自社で利用するために電器屋さんで買ってきたものもあれば、自社で販売するために制作しているものもあります。

会計上、ソフトウェアは目的に応じて3つに分類されるのですが、このうち、2級では「自社で利用するために買ってきたソフトウェア（自社利用のソフトウェア）の処理」のみが範囲となっています。

処理はいたって簡単で、ソフトウェアを買ってきたときには、「**ソフトウェア**」という資産の勘定科目で処理して、決算時に償却する…それだけです。

この「ソフトウェア」は資産なのですが、建物や備品のように具体的な形があるわけではないので、無形固定資産に分類されます。

無形固定資産には、ほかに「のれん」があり、のれんの償却とソフトウェアの償却は、処理が似ています。

有価証券の分類と評価 …つづきはCHAPTER11へ

次は、有価証券の分類と評価です。有価証券は、どんな目的で保有しているかによって、4つに分類されます。

2級では、分類と同時に、それぞれの評価（決算時の評価）についても問われます。

決算時の時価に評価替えをするかどうか、評価替えするなら評価差額をどんな勘定科目で処理するのか、という話ですね。

詳しくは、第10章で説明しますが、評価替えについてざっとまとめると、こんな感じです。

評価替えをしたり、しなかったり…。

選択問題や○×問題といった、いわゆる理論問題で、こういうところ、狙われそうですね…。

外貨建取引 …つづきはCHAPTER14へ

つづいて、外貨建取引です。

海外企業と取引をしているけど、どういうふうに（日本の）帳簿に記録するの？　という話です。

当然、取引したときの円相場で換算した金額で記録するわけですが、決算時に換算替えをしなければならないものもあります。

また、為替相場の変動によるリスクを回避するため、為替予約を付すこともあります。

「いまの為替相場は1ドル100円だけど、決済時（将来）の為替相場は1ドル120円になっているかもしれないし、1ドル80円かもしれない…」

そんなあやふやな状態を回避するために、契約で「決済時の為替相場がいくらだろうと、1ドル110円で決済することにしましょう」と決めてしまうのです。

このように、将来の為替相場を契約で事前に決めてしまうことを為替予約といいます。

外貨建取引で学習すること

- 外貨建てによる取引の処理
- 決算時の処理（換算替え）
- 為替予約
  ↖ 簡単なものだけ

このような、外貨建てによる取引時の処理や、決算時の処理、為替予約の簡単な処理について、2級で学習します。

2級で学習する内容（その3）

★ 2級新論点 ★ その3
★ サービス業の処理
★ 課税所得の算定＋税効果会計
★ 連結会計

最後に、2級で初めて学習する論点のうち、大物論点である「サービス業の処理」「課税所得の算定＋税効果会計」「連結会計」を見ていきましょう。

サービス業の処理 …つづきはCHAPTER13へ

まずは、サービス業の処理です。

これまでは、商業簿記といったら「商品売買業の簿記」でしたが、2級では、運送、飲食、レジャー、教育など「サービス業の簿記」も問われます。

商品売買業でもサービス業でも、商品やサービスをお客さんに提供したときは収益を計上しますが、勘定科目が異なります。
商品売買業では**売上**[収益]、サービス業では**役務収益**[収益]という勘定科目で処理します。

また、収益に対応する原価も計上しますが、こちらも勘定科目が異なります。
商品売買業では**売上原価**[費用]、サービス業では**役務原価**[費用]という勘定科目で処理します。

なお、さきに費用を支払ったけれども、それに関するサービスをまだ提供していない、という場合には、その費用を**仕掛品**[資産]という勘定科目で処理します。
これは商品売買業にはなかった処理ですね。

課税所得の算定＋税効果会計 …つづきはCHAPTER04・17へ

次に、課税所得の算定方法と税効果会計を見ていきます。

まずは、課税所得の算定方法ですが、法人税等を計算するとき、日商試験では、便宜上、会計上の利益（税引前当期純利益）に法人税等の税率を掛けて法人税等を計算することがあります。

損益計算書
...
税引前当期純利益	100
法 人 税 等	44	← 別ルートで計算した金額
当 期 純 利 益	56

でも、実は法人税等の金額って、会計上の利益（税引前当期純利益）に法人税等の税率を掛けて計算するのではなく、税法上の利益に法人税等の税率を掛けて計算するんですね。
この場合の、税法上の利益を課税所得といいます。

会計上の利益 ＝ 収益 － 費用

損益計算書
...
税引前当期純利益	100
法 人 税 等	44	← 税法上の利益（課税所得）×法人税率
当 期 純 利 益	56

税法上の利益（課税所得）＝ 益金 － 損金

会計上の利益は収益から費用を差し引いて計算するけど、税法上の利益は益金から損金を差し引いて計算する。そして、税法上の利益（課税所得）に法人税等の税率を掛けて法人税等の金額を計算する、という話です。

損益計算書
Ⅰ 売 上 高	××
Ⅱ 売 上 原 価	××
...	:
税引前当期純利益	100	→ 収益 － 費用
法 人 税 等	44	← 益金 － 損金 で計算した金額をベースとしている
当 期 純 利 益	56

…ということは、損益計算書上、税引前当期純利益までは会計上の「収益－費用」で計算された金額で、そして法人税等は税法上の「益金－損金」で計算された金額をベースにした法人税等が計上されている、ということになります。

要するに、会計上の利益に対応した法人税等が計上されていないのです。

そうすると、最終的な「当期純利益」って、なにをベースにしたものなんですか？　という話になります。

そこで、会計と税法の違いから生じるズレを、法人税等の金額に足したり引いたりして調整し、会計上の利益（税引前当期純利益）と法人税等を適切に対応させる処理をするんですね。

この処理を税効果会計といいます。

「課税所得の算定」は法人税等を計算するもととなる税法上の利益の算定方法で、「税効果会計」は算出した法人税等を、会計ベースのものに調整する処理ということになります。

したがって、両者で似たような内容が出てきます。

最後に連結会計。
これはちょっと横綱級の論点です。

もともと1級（のみ）の範囲でしたが、このうち応用的なものを1級に残し、それ以外が2級の範囲となりました。

連結会計の基本的な用語に「親会社」と「子会社」があります。

たとえば、P社とS社があって、P社はS社の発行済株式の過半数を所有しているとします。
…過半数というのは、半分より多い、50%超ということです。

会社の基本的な事項は株主総会で決定されますが、このときの決議は「株式数に応じた多数決」で行われます。
「多数決」ということは、S社の株主総会では、S社の発行済株式の過半数を持っているP社の意見がほぼ通ってしまうということになります。

このような場合、「P社はS社の意思決定機関を支配している」といい、この場合のP社を親会社、S社を子会社というのです。

この、親会社と子会社からなる、グループ全体の財務諸表を連結財務諸表といい、連結財務諸表を作成するための手続きが連結会計です。

F/S…財務諸表

さて、この連結財務諸表、どのように作成するかというと、親会社と子会社の個別財務諸表をもとに、それを合算し、必要な修正仕訳をして作成する、という流れになります。

この修正仕訳を連結修正仕訳というのですが、連結修正仕訳が非常に重要…そして、理解しづらいんです。

いえ、一つひとつの連結修正仕訳は簡単なんですよ。
難しいのは、それが積み重なっていく、という点なんです。

さきほど、「親会社と子会社の個別財務諸表をもとに…必要な修正仕訳をして連結財務諸表を作成する」といいました。

たとえば、連結第1年度だったら、第1年度の個別財務諸表を合算して、第1年度の連結修正仕訳をして、連結財務諸表を作成します。

では、連結第2年度は…？

第2年度の個別財務諸表をもとにして、当然、第2年度の連結修正仕訳をするのですが、そのほかに、第1年度に行った連結修正仕訳を再度、行わなければならないのです。

どうしてかというと、親会社と子会社が作成している個別財務諸表には、連結修正仕訳なんて反映されていません。

連結修正仕訳をするのは、あくまでも連結財務諸表を作成するときだけですからね。
…ということは、第2年度の個別財務諸表には、第1年度の連結修正仕訳なんて入っていないんです。

それにもかかわらず、連結財務諸表を作成するときに、第1年度の連結修正仕訳を無視して、第2年度の連結修正仕訳だけ考慮したら、おかしなことになりますよね？

だから、連結財務諸表を作成するにあたっては、それ以前に行った連結修正仕訳を、全部やり直す必要があるのです。
これを理解するのがちょっと大変なんです、連結会計は…。

連結会計を勉強するときは…

- 一つひとつの 連結修正仕訳 を丁寧に確認していく
- その 連結修正仕訳 がどのように積み重なっていくのかを理解する
  前期末までの連結修正仕訳も考慮する！
- 問題を解いて慣れる！

だから、連結会計を勉強するときは、ゆっくりでいいので、一つひとつの連結修正仕訳を丁寧に確認しましょう。
そして、その連結修正仕訳がどのように積み重なっていくのかを理解してください。

あとは、とにかく問題を解いて慣れる、これが大切です。

そのほかにも加わる論点はありますが、詳しくは、本編で見ていきましょう。

最後に、学習の進め方です。

論点学習では、インプットしたらすぐに基本問題を解いておくようにしましょう。

このとき、過去問題まで見ておくと、その後の学習が楽になります。余裕があればがんばってみましょう。

直前対策では、本試験と同じように、1回分の問題を解いていくことになります。

この時のポイントは①時間を計ること②復習をすることです。

本試験までには、時間内に解き終われるように練習を重ねましょう。

また、日商簿記2級の合格率は平均25%。

合格のポイントは、まずは「基礎的な論点は落とさないこと！」です。

直前期になればなるほど難しい論点が気になると思いますが、基礎的な論点があやふやなままでは元も子もありません。

がんばっていきましょう！

日商 2 級　商業簿記

簿記の教科書

よーし！モヤモヤ
解消するぞー!!

簿記の流れ

日々やること

取引の発生 → 仕訳をする（各帳簿に記入する） → 総勘定元帳に転記する

☆仕訳は仕訳帳または伝票に記入します。

2級で学習する内容

取引と処理

株式会社特有の取引

- ✓ 株式の発行 ……… CHAPTER01
- ✓ 合併 ………… CHAPTER01
- ✓ 剰余金の配当と処分 … CHAPTER02
- ✓ 株主資本の計数変動 … CHAPTER03
- ✓ 税金の処理 ……… CHAPTER04

商品売買取引

- ✓ 商品売買 ………… CHAPTER05

伝 票

- ✓ 伝 票 ……… CHAPTER15
- ✓ 仕訳日計表 ……… CHAPTER15

その他の取引

- ✓ 手 形 ………… CHAPTER06
- ✓ 電子記録債権（債務）………… CHAPTER06
- ✓ その他の債権の譲渡 CHAPTER06
- ✓ 銀行勘定調整表 … CHAPTER07
- ✓ 固定資産 ………… CHAPTER08
- ✓ リース取引 ……… CHAPTER09
- ✓ 研究開発費 ……… CHAPTER10
- ✓ 無形固定資産 …… CHAPTER10
- ✓ 有価証券 ………… CHAPTER11
- ✓ 引当金 …………… CHAPTER12
- ✓ 収益・費用の認識基準 ………… CHAPTER13
- ✓ サービス業の処理 … CHAPTER13
- ✓ 外貨建取引 ……… CHAPTER14

決算でやること（年1回）

試算表を作成する → 決算整理をする → 財務諸表を作成する → 勘定を締め切る

決算、本支店会計、連結会計、製造業会計

決　算
✓ 決算整理 …… CHAPTER04〜14
✓ 精算表の作成 …… CHAPTER16
✓ 財務諸表の作成 … CHAPTER16
✓ 税効果会計 ……… CHAPTER17
✓ 帳簿の締め切り … CHAPTER18

本支店会計
✓ 本支店会計 ……… CHAPTER19
✓ 本支店合併財務諸表の作成
　　　………………… CHAPTER19
✓ 本店と支店の帳簿の締め切り
　　　………………… CHAPTER19

連結会計Ⅰ〜Ⅲ
✓ 投資と資本の相殺消去
　　………………… CHAPTER20
✓ 支配獲得日の連結 … CHAPTER20
✓ 支配獲得日後1年目、2年目の連結
　　………………… CHAPTER20
✓ 内部取引高と債権債務の相殺消去
　　………………… CHAPTER21

✓ 貸倒引当金の修正… CHAPTER21
✓ 未実現利益の消去… CHAPTER21
✓ 連結財務諸表 …… CHAPTER22
✓ 連結精算表 ……… CHAPTER22
✓ 連結会計の総合問題の解き方
　　………………… CHAPTER22

製造業会計
✓ 製造業の会計処理… CHAPTER23　　✓ 製造業の財務諸表… CHAPTER23

株式の発行

◆株式の発行は株式会社特有の取引

　ここでは、株式会社の基本と株式を発行したときの処理についてみていきます。

　株式会社とはどんな会社か、株式会社特有の取引である株式の発行について、基礎からしっかり理解するようにしましょう。

2級で学習する内容

取引と処理

株式会社特有の取引	その他の取引

株式会社特有の取引

- ✓ 株式の発行 ················· CHAPTER 01
- ✓ 合　併 ···························· CHAPTER 01
- ✓ 剰余金の配当と処分 ····· CHAPTER 02
- ✓ 株主資本の計数変動 ····· CHAPTER 03
- ✓ 税金の処理 ····················· CHAPTER 04

商品売買取引

伝　　票

決算、本支店会計、連結会計、製造業会計

決　　算	本支店会計
連結会計Ⅰ～Ⅲ	製造業会計

1 株式会社とは

Ⅰ 株式会社とは

Review 3級

株式会社とは、**株式**を発行して多額の資金を調達する企業形態をいいます。

これならわかる!!

事業規模がそれほど大きくない場合（個人商店の場合）には、それほど多くの事業資金（元手）を必要としないので、店主個人の貯金を取り崩したり、身近な人から資金を提供してもらうことで事業資金（元手）を集めることができます。

しかし、事業規模が大きくなると、多くの事業資金（元手）が必要となります。たとえば10億円が必要な場合、ひとりで10億円をポンと出してくれる人はまずいません。

そこで、10億円をもっと細かい単位に分けて、少額ずつ大勢の人から出資してもらうのです。1株10万円なら10,000株、1株5万円なら20,000株の株式を発行し、それを大勢の人に買ってもらうことで10億円を集めるということです。

このように、株式を発行して多額の資金を調達する企業形態が株式会社なのです。

株式会社では、出資してくれた人（株式を買った人）を**株主**といいます。

Ⅱ 株主有限責任と配当

株式会社の特徴に、「株主の**有限責任**」と「**配当**」があります。

1 有限責任

有限責任とは、会社が倒産した場合、出資した金額は戻ってこないけれど、それ以上の責任を取る必要がないということです。

個人商店が倒産した場合には、個人財産を処分してでも借金を返済しなくてはなりません（**無限責任**といいます）が、これを株式会社の株主にも要求すると、安心して出資できないので、株式会社は思うように資金を調達することができなくなります。

株主の責任を有限責任とすることによって、安心して出資できるようにしている（＝会社が資金を調達しやすくしている）のです。

2 配当

株主は株式会社の出資者なので、会社が活動し、儲けが出たらその儲け（の一部）を**配当**として受け取ることができます。

一般的に儲けが多い会社のほうが配当が多くなります。

Ⅲ 所有と経営の分離

株式会社の出資者である株主は、会社の所有者（オーナー）なので、会社の経営に口を出すことができます。

しかし、株主は何万人もいるわけですし、必ずしも会社を経営する能力がある人が株主になるわけではありません。

そこで株式会社では、株主から選ばれた取締役が日々の会社の経営を行うことになっています。

このように、所有者（オーナー）と経営者が異なることを、**所有と経営の分離**といいます。

図解 所有と経営の分離

個人商店の場合

出資（所有） ＝ 経 営

店主 →〇×商店 店主

株式会社の場合

出資（所有） ≠ 経 営

株主 →〇×株式会社 経営者

Ⅳ 株主総会と取締役会

株主総会とは、株主が会社の基本的事項を決定するための機関をいいます。株主総会では、取締役や監査役（取締役を監督する人）の選任や解任、配当金額の決定などを行います。

取締役会とは、取締役が集まって会社の経営方針を決定するための機関をいいます。取締役会で決定した経営方針にもとづいて取締役が会社を運営し、その運営結果は、最終的に財務諸表にまとめられ、株主総会で報告されます。

Ⅴ 会計期間 *Review* 3級

個人商店（お店）の場合、会計期間は1月1日から12月31日までの1年ですが、株式会社の場合、会計期間は会社が決めることができ、4月1日から3月31日までの1年や10月1日から9月30日までの1年などがあります。

図解 株主総会と取締役会

2 株式会社の純資産項目

　貸借対照表の資産と負債の差額が純資産です。

　純資産は**株主資本**と**評価・換算差額等**に区分され、株主資本は株主からの出資金（元手）と、会社の儲けで構成されています。

　株式会社の純資産項目をまとめると、次のとおりです。

● 株式会社の純資産項目

純資産	株主資本	❶ 資本金		元手
		❷ 資本剰余金	❹ 資本準備金	
			❺ その他資本剰余金	
		❸ 利益剰余金	❻ 利益準備金	儲け
			❼ 任意積立金	
			❽ 繰越利益剰余金	
	評価・換算差額等	❾ その他有価証券評価差額金		

株主資本 …純資産のうち、株主に帰属する部分
❶ 資 本 金：株式会社が最低限維持しなければならない金額
❷ 資 本 剰 余 金：株主からの払込金額のうち資本金以外のもの
❸ 利 益 剰 余 金：会社の利益から生じたもの
❹ 資 本 準 備 金：資本金を増加させる取引のうち、資本金としなかった金額
❺ その他資本剰余金：資本準備金以外の資本剰余金
❻ 利 益 準 備 金：会社法で積み立てが強制されている金額
　　　　　　　　　　[CHAPTER 02で学習]
❼ 任 意 積 立 金：会社が任意で積み立てた金額 [CHAPTER 02で学習]
❽ 繰越利益剰余金：配当、処分が決定していない利益（剰余金）[CHAPTER 02で学習]
評価・換算差額等 …資産や負債を時価評価したさいに生じる換算差額等
❾ その他有価証券評価差額金：その他有価証券を時価評価したさいに生じる換算差額
　　　　　　　　　　[CHAPTER 11で学習]

3 | 株式の発行

Ⅰ 株式の発行

　株式会社では、会社の設立時と設立後の増資時に株式を発行します。
　増資とは、会社設立後に株式を発行して、**資本金** [純資産] を増加させることをいいます。

9

Ⅱ 株式を発行したとき

設立時も増資時も処理自体は同じなので、本書ではまとめて説明します。なお、株式を発行したときの処理には**原則処理**と**容認処理**があります。

1 原則処理

♪Review　3級

株式を発行したときは、原則として払込金額の全額を**資本金**[純資産]として処理します。

☞純資産の増加⇒貸方（右）

試験では、何も指示がつかなかったら原則処理で解答してください。

例1 ━━━━━━━━ 株式を発行したとき（設立時・原則処理）

Ａ株式会社は、会社の設立にあたり、株式100株を1株あたり500円で発行し、全株式の払い込みを受け、払込金額は当座預金とした。

例1の仕訳	（当 座 預 金）	50,000	（**資 本 金**）	50,000*

＊　@500円×100株＝50,000円

例2 ━━━━━━━━ 株式を発行したとき（増資時・原則処理）

Ａ株式会社は、取締役会により増資を決議し、新たに株式20株を1株あたり600円で発行し、全株式の払い込みを受け、払込金額は当座預金とした。

例2の仕訳	（当 座 預 金）	12,000	（**資 本 金**）	12,000*

＊　@600円×20株＝12,000円

---

❷ 容認処理

　会社法（会社に関する決まりを定めた法律）では、払込金額のうち、2分の1以下の金額については資本金として処理しないことも容認されています。この場合、資本金として処理しなかった金額は**資本準備金**［純資産］として処理します。

☞純資産の増加⇒貸方（右）

New 資本準備金

ひとこと

　容認処理を簡単にいうと、「払込金額のうち最低2分の1は**資本金**［純資産］として処理し、残りは**資本準備金**［純資産］として処理することができる」ということになります。

　なお、試験で容認処理が出題される場合、「払込金額のうち『会社法』で認められている最低額を資本金として処理する」といった指示がつきます。このような指示がついた場合には、会社法で認められている最低額、つまり払込金額の2分の1を**資本金**［純資産］として処理し、残りは**資本準備金**［純資産］として処理します。

図解 株式を発行したときの処理

○×株式会社 ¥

株式発行によって集めたお金

原則 全額
資本金［純資産］

容認 最低2分の1は…
資本金［純資産］

残りは…
資本準備金［純資産］

　　　　　　　　株式を発行したとき（設立時・容認処理）

　A株式会社は、会社の設立にあたり、株式100株を1株あたり500円で発行し、全株式の払い込みを受け、払込金額は当座預金とした。なお、払込金額のうち「会社法」で認められる最低額を資本金として処理する。

例3の仕訳	（当 座 預 金）	50,000*¹	（資　　本　　金）	25,000*²
			（資 本 準 備 金）	25,000*³

　＊1　@500円×100株＝50,000円

　＊2　50,000円×$\frac{1}{2}$＝25,000円

　＊3　50,000円－25,000円＝25,000円

　　　　　　　　株式を発行したとき（増資時・容認処理）

　A株式会社は、取締役会により増資を決議し、新たに株式20株を1株あたり600円で発行し、全株式の払い込みを受け、払込金額は当座預金とした。なお、払込金額のうち「会社法」で認められる最低額を資本金として処理する。

例4の仕訳	（当 座 預 金）	12,000*¹	（資　　本　　金）	6,000*²
			（資 本 準 備 金）	6,000*³

　＊1　@600円×20株＝12,000円

　＊2　12,000円×$\frac{1}{2}$＝6,000円

　＊3　12,000円－6,000円＝6,000円

Ⅲ　株式発行費用の処理

　株式を発行するさい、証券会社に対する手数料や広告費といった株式発行費用が発生します。

　株式発行費用の処理は、会社設立時も増資時も、原則として費用処理しますが、勘定科目が異なります。

1 会社設立時の株式発行費用

　会社設立時にかかった株式発行費用は、会社を設立するためにかかった費用なので、**創立費** [原則：費用] で処理します。

　なお、定款（会社の活動内容を定めた根本規則）作成費用や設立登記のための登録免許料など、会社の設立時にかかる費用はすべて**創立費**で処理します。

☞**費用の増加⇒借方（左）**

▶ **例5 ―――――――――――――― 株式発行費用の処理（設立時）**

　A株式会社は、会社の設立にあたり、株式100株を1株あたり500円で発行し、全株式の払い込みを受け、払込金額は当座預金とした。なお、株式発行費用1,000円は現金で支払った。

例5の仕訳	（当 座 預 金）	50,000	（資 　 本 　 金）	50,000*
	（**創 　 立 　 費**）	1,000	（現 　 　 　 金）	1,000

　＊　@500円×100株＝50,000円

2 増資時の株式発行費用

　増資時にかかった株式発行費用は、**株式交付費** [原則：費用] で処理します。

☞**費用の増加⇒借方（左）**

▶ **例6 ―――――――――――――― 株式発行費用の処理（増資時）**

　A株式会社は、取締役会により増資を決議し、新たに株式20株を1株あたり600円で発行し、全株式の払い込みを受け、払込金額は当座預金とした。なお、株式発行費用180円は現金で支払った。

例6の仕訳	（当 座 預 金）	12,000	（資 　 本 　 金）	12,000*
	（**株 式 交 付 費**）	180	（現 　 　 　 金）	180

　＊　@600円×20株＝12,000円

図解 株式発行費用の処理

① 設立時　② 増資時

① 会社設立時

株式　○×株式会社　→　株式発行費用　→　証券会社とか

創立費 [原則:費用]

② 増資時

もう少しお金が必要だから…追加発行します！

株式　○×株式会社　→　株式発行費用　→　証券会社とか

株式交付費 [原則:費用]

ひとこと

　会社の設立後、営業を開始するまでに要した費用は、開業費 [原則:**費用**] で処理します。開業費については参考で説明しているので、余裕のある方はみておいてください。

4 新株発行（増資）の手続き

I 新株発行（増資）の手続き

取締役会で新株の発行（増資）が決定したあと、株主の募集、株式の申し込み、株式の割り当てという流れを経て、払込期日の到来とともに増資の会計処理をします。

これならわかる!!

たとえば、A社が新株の発行をしようとする場合、新株発行（増資）の手続きは次のようになります。

❶ 株主の募集

A社は、取締役会で新株の発行を決定したら、発行する株式数などを公告して株主を募集します。

❷ 株式の申し込み

「この会社の株を買いたい！」と思った人（Bさん、Cさん、Dさん）は、応募し、申込証拠金をそえて、申し込みをします。

❸ 株式の割り当て

申込期日（株式申込の期限）がきたら、A社は誰に何株を割り当てるかを決定します。ここで、A社はBさんに2株、Cさんに3株、Dさんには割り当てないと決めたとしましょう。この場合、株主に当選したBさんとCさんには株式を割り当てますが、当選からもれたDさんには申込証拠金を返します。

15

❹ 払込期日の到来

　株式を割り当てられたBさんとCさんは、払込期日（株式代金の支払期限）までに、株式代金（申込証拠金を超える金額）をA社に払い込みます。

　ここで増資の手続きが完了するので、A社では増資の処理をします。

　ちなみに、日本ではほとんどの場合、株式代金の全額が申込証拠金として支払われるため、「払込期日」というものの、実際には払い込みはあまり行われません。試験上は、「払込期日に増資の処理をする」ということだけを覚えておいてください。

Ⅱ　新株発行（増資）の会計処理

　会社は申込証拠金を受け取ったとき（これならわかる!! ❷）と、払込期日が到来したとき（これならわかる!! ❹）に会計処理をします。

1 申込証拠金を受け取ったとき… これならわかる!! **2**

株式の申込者から申し込みがあり、申込証拠金を受け取ったときは、**株式申込証拠金** [純資産] で処理します。

☞ 純資産の増加⇒貸方（右）

New 株式申込証拠金

このとき受け取った現金や預金は、会社の資産である**現金** [資産] や**当座預金** [資産] とは区別し、**別段預金** [資産] で処理します。

☞ 資産の増加⇒借方（左）

New 別段預金

ひとこと

ふむふむ…

申込証拠金は、あとで割り当てにもれた申込者に返さなければなりません。つまり、この段階ではまだ会社のお金ではないので、会社のお金（当座預金など）と分けて管理しておくのです。

▶ 例7 ─────────────── 申込証拠金を受け取ったとき

A株式会社は、取締役会の決議により、新たに株式20株を1株あたり600円で募集したところ、申込期日までに全株式が申し込まれ、払込金額の全額を申込証拠金として受け入れ、別段預金とした。

| 例7の仕訳 | （別 段 預 金） | 12,000 | （株式申込証拠金） | 12,000* |

＊ @600円×20株＝12,000円

2 払込期日が到来したとき… これならわかる!! **4**

払込期日が到来したら、**株式申込証拠金** [純資産] を**資本金** [純資産] に振り替えるとともに、**別段預金** [資産] を**当座預金** [資産] 等に振り替えます。

▶ 例8 ─────────────── 払込期日が到来したとき

払込期日となり、**例7**の申込証拠金12,000円を資本金に振り替え、同時に別段預金を当座預金とした。なお、払込金額のうち「会社法」で認められる最低額を資本金として処理する。

例8の仕訳	（株式申込証拠金）	12,000	（資　本　金）	6,000*1
			（資本準備金）	6,000*2
	（当座預金）	12,000	（別段預金）	12,000

＊1　12,000円×$\frac{1}{2}$＝6,000円

＊2　12,000円－6,000円＝6,000円

5 合 併

Ⅰ 合併とは

合併とは、2つ以上の会社が1つの会社に合体することをいいます。合併は、市場における占有率を拡大したり、会社組織の合理化を図るために行われます。

Ⅱ 合併の形態

合併の形態には、**吸収合併**と**新設合併**があります。

吸収合併とは、ある会社（A社）がほかの会社（B社）を吸収してしまう合併形態をいいます。このとき、ほかの会社（B社）は消滅してなくなるため、ある会社（A社）を**存続会社**、ほかの会社（B社）を**消滅会社**といいます。

一方、新設合併とは、合併するすべての会社（A社とB社）が解散して、新たな会社（C社）を設立する合併形態をいいます。

日本ではほとんどの場合、吸収合併なので、本書では吸収合併を前提に説明します。

図解 合併の形態

吸収合併

A社　B社
↓
A社 ← B社
存続会社 **消滅会社**

新設合併

A社　B社
↓
A社　B社
↓　↓
C社
存続会社

Ⅲ 吸収合併したとき

　吸収合併をしたときは、存続会社が時価で消滅会社を購入したと考えて処理します。つまり、消滅会社の資産と負債を**時価**で受け入れる処理を行います。

☞資産の増加⇒借方（左）　☞負債の増加⇒貸方（右）

　また、合併の対価として、消滅会社の株主に対し、存続会社の株式を発行するため、**資本金** [純資産] などの増加として処理します。

☞純資産の増加⇒貸方（右）

　なお、合併対価（新たに発行される株式の価額）が受け入れた純資産（資産－負債）を上回る場合には、その差額を**のれん** [資産] として処理します。

☞資産の増加⇒借方（左）

New
の
れ
ん

New
負
の
の
れ
ん
発
生
益

ひとこと

ふむふむ...

　反対に、合併対価が受け入れた純資産を下回る（差額が貸方に生じる場合）は**負ののれん発生益** [収益] で処理します。

たとえば、A社がバッグ製造で有名なB社（老舗有名ブランド）を吸収合併したとしましょう。

B社の資産は時価ベースで1,000円、負債は時価ベースで400円です。

要するに、建物や備品等、いまあるB社のすべての資産を売り払ったら1,000円で、負債が400円あるから正味600円がB社の価値（解散価値）ということになります。

しかし、合併時には600円という値段でB社が売買されるわけではありません。

というのも、合併時の対価である株式の価格は、合併時のA社株式の時価にもとづいて決定されるからです。

仮に合併時のA社株式の時価が@80円であったとしましょう。そして、A社はB社を合併するにあたって、株式10株を（B社株主に対して）発行したとします。これは、A社が800円（@80円×10株）で、B社株主（B社の所有者）からB社を買ったということになります。

正味600円のはずのB社を、A社は800円で買ったのです。

この上乗せ分の200円は何でしょう？

実はこの200円分の価値は、B社のブランド力や技術力、固有の顧客といった帳簿上にあらわれない価値なのです。

同じ素材、同じデザインで作ったバッグでも、有名ブランドから販売されている場合と、無名のお店から販売されている場合では値段が違います。

当然、有名ブランドから販売されている場合のほうが高い価格で販売されますし、高い価格をつけてもお客さんに買ってもらえます。これがブランド力というものです。

このブランド力があることにより、他社より優位に立てるわけですから、ブランド力のある会社というのは当然、価値が高くなります。

しかし、建物や備品は帳簿上に記載されるのに対して、ブランド力や技術力等は帳簿上に記載されません。

合併時のB社の純資産額＝600円というのは、帳簿上に記載されたものに対する時価であり、A社が対価として支払った金額＝800円というのは、ブランド力等も含めてA社が認めた価値ということになるのです。

このブランド力や技術力、固有の顧客といった帳簿上にあらわれない価値（200円）を**のれん**［資産］というのです。

つづいて、合併の会計処理についてみておきましょう。

まず、A社はB社から資産1,000円と負債400円を受け入れる処理をします。ここで受け入れた純資産は600円（1,000円−400円）と計算することができます。

次に、A社は合併の対価として、株式10株を＠80円で発行するので、**資本金**［純資産］が800円（＠80円×10株）増加します。

受け入れた純資産が600円、合併の対価が800円なので、受け入れた純資産より高い価額を支払っていることになります。この場合の超過する200円（800円－600円）は**のれん**【資産】で処理します。

例9	吸収合併したとき

A社はB社を吸収合併し、株式10株を@80円で発行した。なお、増加する株主資本は全額資本金とした。B社の諸資産は1,000円（時価）、諸負債は400円（時価）である。

例9の仕訳	（諸　資　産）	1,000	（諸　負　債）	400
	（の　れ　ん）	200*2	（資　本　金）	800*1

＊1　@80円×10株＝800円
＊2　貸借差額

ひとこと

のれんが発生したときは、決算において償却します（のれんの償却については CHAPTER 10 を参照してください）。

CHAPTER 01 株式の発行 基本問題

次の取引について仕訳しなさい。なお、勘定科目はそれぞれの〔　〕内に示すものの中から選ぶこと。

問1 株式の発行

〔勘定科目：当座預金、資本金、資本準備金〕

(1) 青森産業株式会社は、会社の設立にあたり、株式1,000株を1株あたり5,000円で発行し、全株式の払い込みを受け、払込金額は当座預金とした。

(2) 岩手工業株式会社は、取締役会の決議により、新たに株式300株を1株あたり3,000円で発行し、全株式の払い込みを受け、払込金額は当座預金とした。なお、払込金額のうち「会社法」で認められる最低額を資本金として処理する。

問2 株式発行費用の処理

〔勘定科目：現金、当座預金、資本金、資本準備金、創立費、株式交付費〕

(1) 秋田商会株式会社は、会社の設立にあたり、株式800株を1株あたり4,000円で発行し、全株式の払い込みを受け、払込金額は当座預金とした。なお、株式発行費用200,000円は現金で支払った。

(2) 秋田商会株式会社は、取締役会の決議により、新たに株式200株を1株あたり5,000円で発行し、全株式の払い込みを受け、払込金額は当座預金とした。なお、株式発行費用80,000円は現金で支払った。

問3 新株発行（増資）の手続き

［勘定科目：当座預金、別段預金、株式申込証拠金、資本金、資本準備金］

(1) 宮城物産株式会社は、取締役会の決議により、新たに株式300株を1株あたり30,000円で募集したところ、申込期日までに全株式が申し込まれ、払込金額の全額を申込証拠金として受け入れ、別段預金とした。

(2) 払込期日となり、(1)の申込証拠金を資本金に振り替え、同時に別段預金を当座預金とした。なお、払込金額のうち「会社法」で認められる最低額を資本金として処理する。

問4 合　併

［勘定科目：現金、当座預金、売掛金、建物、のれん、買掛金、借入金、資本金、資本準備金］

　山形商事株式会社は、宮城水産株式会社を吸収合併し、株式600株を@8,000円で発行した。なお、増加する株主資本は全額資本金とした。宮城水産株式会社から受け入れた資産および負債は次のとおりである（すべて時価）。

現　金　1,000,000円　　売掛金　2,500,000円　　建　物　5,000,000円

買掛金　1,500,000円　　借入金　3,000,000円

解答

問1 株式の発行

(1) （当 座 預 金）　5,000,000　（資　　本　　金）　5,000,000 [*1]

(2) （当 座 預 金）　　900,000 [*2]　（資　　本　　金）　　450,000 [*3]

　　　　　　　　　　　　　　　　　（資 本 準 備 金）　　450,000 [*4]

　　＊1　@5,000円 × 1,000株 = 5,000,000円

　　＊2　@3,000円 × 300株 = 900,000円

　　＊3　900,000円 × $\frac{1}{2}$ = 450,000円

　　＊4　900,000円 − 450,000円 = 450,000円

問2 株式発行費用の処理

(1) （当 座 預 金）　3,200,000　（資　　本　　金）　3,200,000 [*1]

　　（創　　立　　費）　　200,000　（現　　　　　金）　　200,000

(2) （当 座 預 金）　1,000,000　（資　　本　　金）　1,000,000 [*2]

　　（株 式 交 付 費）　　80,000　（現　　　　　金）　　　80,000

　　＊1　@4,000円 × 800株 = 3,200,000円

　　＊2　@5,000円 × 200株 = 1,000,000円

問3 新株発行（増資）の手続き

(1) （別 段 預 金）　9,000,000　（株式申込証拠金）　9,000,000 [*1]

(2) （株式申込証拠金）　9,000,000　（資　　本　　金）　4,500,000 [*2]

　　　　　　　　　　　　　　　　　（資 本 準 備 金）　4,500,000 [*3]

　　（当 座 預 金）　9,000,000　（別 段 預 金）　9,000,000

　　＊1　@30,000円 × 300株 = 9,000,000円

　　＊2　9,000,000円 × $\frac{1}{2}$ = 4,500,000円

　　＊3　9,000,000円 − 4,500,000円 = 4,500,000円

問4 合併

　　（現　　　　　金）　1,000,000　（買　　掛　　金）　1,500,000

　　（売　　掛　　金）　2,500,000　（借　　入　　金）　3,000,000

　　（建　　　　　物）　5,000,000　（資　　本　　金）　4,800,000 [*1]

　　（の　　れ　　ん）　　800,000 [*2]

　　＊1　@8,000円 × 600株 = 4,800,000円

　　＊2　貸借差額

剰余金の配当と処分

◆**株式会社の儲けは株主のもの**

株式会社の儲け（利益）は出資者である株主のものです。ですから、株主の承認なく、会社が勝手に儲け（利益）を使うことはできません。ここでは株式会社の儲け（利益）がどのように処分されるかについてみていきます。

2級で学習する内容

取引と処理

株式会社特有の取引	その他の取引

✓株式の発行 ················· CHAPTER 01
✓合　併 ·························· CHAPTER 01
✓剰余金の配当と処分 ····· CHAPTER 02
✓株主資本の計数変動 ····· CHAPTER 03
✓税金の処理 ················· CHAPTER 04

商品売買取引

伝　　票

決算、本支店会計、連結会計、製造業会計

決　　算	本支店会計
連結会計Ⅰ～Ⅲ	製造業会計

1 剰余金の配当と処分とは

剰余金とは、会社が獲得したこれまでの利益のうち、まだ使い道が決まっていない金額をいいます。

株主からの出資があって、会社が活動できるわけですから、会社が獲得した利益は株主のものです。そこで、会社が獲得した利益は株主に還元されます。これを**剰余金の配当**といいます。

また、剰余金はすべて配当されるのではなく、一部は会社法の規定や会社の経営のため等により、会社内に留保されます。これを**剰余金の処分**といいます。

剰余金の処分には、**利益準備金の積み立て**や**任意積立金の積み立て**があります。

利益準備金と任意積立金はいずれも純資産の勘定科目で、意味は次のとおりです。

●利益準備金と任意積立金

利益準備金	会社法の規定により積み立てが強制されている準備金
任意積立金	会社が任意で会社内に留保した剰余金の一部 **新築積立金** [純資産]（建物を新築するための積立金）や**別途積立金** [純資産]（特別な使用目的のない積立金）がある

剰余金の配当・処分の内容は、株主総会において決定します。

New 新築積立金

New 別途積立金

図解 剰余金の配当と処分とは

株式会社

配当

儲け
（剰余金）

株主

貸借対照表

処分

利益準備金　××
任意積立金　××

2 損益勘定からの振り替え　♪Review　3級

　株式会社では、損益勘定で計算された当期純利益または当期純損失は**繰越利益剰余金**［純資産］に振り替えます。

ひとこと

　これに対して、個人商店（お店）では、決算において損益勘定で計算された当期純利益または当期純損失は**資本金**［純資産］に振り替えます。

Ⅰ 当期純利益を計上したとき

　当期純利益を計上したときは、**損益勘定**から**繰越利益剰余金勘定**の貸方に振り替えます。

☞**純資産の増加⇒貸方（右）**

▸ **例1**　　　　　　　　　　　　　　　　**当期純利益を計上したとき**

　Ａ株式会社は、決算において10,000円の当期純利益を計上した。

例1の仕訳　（損　　　益）　　10,000　（繰越利益剰余金）　　10,000

Ⅱ 当期純損失を計上したとき

当期純損失を計上したときは、**損益勘定**から**繰越利益剰余金勘定**の借方に振り替えます。　　　　　　　　☞**純資産の減少⇒借方（左）**

例2 　　　　　　　　　　　　　　　　　当期純損失を計上したとき

A株式会社は、決算において5,000円の当期純損失を計上した。

例2の仕訳　（**繰越利益剰余金**）　　5,000　（損　　　益）　　5,000

3 剰余金の配当と処分の処理

剰余金のうち、配当のもと（**配当財源**といいます）となるものには、**繰越利益剰余金**と**その他資本剰余金**があります。

ひとこと

株式会社の純資産項目（株主資本）をもう一度チェックしておきましょう。

純資産	株主資本	資本金	
		資本剰余金	資本準備金
			その他資本剰余金
		利益剰余金	利益準備金
			任意積立金
			繰越利益剰余金

Ⅰ 剰余金の配当等が決定したとき

　株主総会で剰余金の配当等が決定したら、**繰越利益剰余金** [純資産] または**その他資本剰余金** [純資産] からそれぞれの勘定科目に振り替えます。

　なお、株主配当金については、株主総会の場では金額が決定するだけで、実際の支払いは後日となるので、**未払配当金** [負債] で処理します。

☞**負債の増加⇒貸方（右）**

▶ **例3 ─────── 剰余金の配当等が決定したとき①**

　A株式会社の株主総会において、繰越利益剰余金を財源とした剰余金の配当等が次のように決定した。

　　株主配当金1,000円、利益準備金100円、別途積立金300円

例3の仕訳	（繰越利益剰余金）	1,400	（未 払 配 当 金）	1,000
			（利 益 準 備 金）	100
			（別 途 積 立 金）	300

例4 ──────────── 剰余金の配当等が決定したとき②

A株式会社の株主総会において、その他資本剰余金を財源とした剰余金の配当等が次のように決定した。

株主配当金800円、資本準備金80円

例4の仕訳	(その他資本剰余金)	880	(未 払 配 当 金)	800
			(資 本 準 備 金)	80

Ⅱ 配当金を支払ったとき

株主に配当金を支払ったときは、**未払配当金** [負債] が減少します。

☞**負債の減少⇒借方（左）**

例5 ──────────── 配当金を支払ったとき

A株式会社は、**例4**で決定した株主配当金800円を当座預金口座から支払った。

例5の仕訳	(未 払 配 当 金)	800	(当 座 預 金)	800

4 準備金積立額の計算

　会社法では、剰余金を処分するさい、準備金（利益準備金や資本準備金）を積み立てることを強制しています。

Ⅰ 配当財源が繰越利益剰余金の場合

　配当財源が繰越利益剰余金の場合には、**利益準備金**を積み立てなければなりません。

　この場合の利益準備金積立額は、配当金の10分の1で、資本準備金と利益準備金の合計額が資本金の4分の1に達するまで積み立てます。

Ⅱ 配当財源がその他資本剰余金の場合

　配当財源がその他資本剰余金の場合には、**資本準備金**を積み立てなければなりません。

　この場合の資本準備金積立額は、配当金の10分の1で、資本準備金と利益準備金の合計額が資本金の4分の1に達するまで積み立てます。

> ### ひとこと
>
>
> 　準備金の積立額自体は、利益準備金の場合（配当財源が繰越利益剰余金の場合）も、資本準備金の場合（配当財源がその他資本剰余金の場合）も同じです。なにを積み立てるのか（利益準備金か資本準備金か）が違うだけです。

　以上の規定を単純な式で表すと、次のとおりです。

図解 準備金（利益準備金、資本準備金）積立額の計算

株主配当金 × $\dfrac{1}{10}$

資本金 × $\dfrac{1}{4}$
－（資本準備金＋利益準備金）

① ←――――――→ ②
いずれか小さいほう

▌例6　　　　　　　　　　　　　利益準備金積立額の計算

　A株式会社の株主総会において、繰越利益剰余金を財源とした剰余金の配当等が次のように決定した。
　　株主配当金5,000円、利益準備金？円（各自計算）
　なお、資本金、資本準備金、利益準備金の残高は、それぞれ60,000円、4,000円、3,000円であった。

例6の仕訳	（繰越利益剰余金）	5,500	（未 払 配 当 金）	5,000
			（利 益 準 備 金）	**500***

　　　　＊　①5,000円 × $\dfrac{1}{10}$ ＝500円

　　　　　　②60,000円 × $\dfrac{1}{4}$ －（4,000円＋3,000円）＝8,000円

　　　　　　③①＜②より①500円

　Ａ株式会社の株主総会において、その他資本剰余金を財源とした剰余金の配当等が次のように決定した。

　　株主配当金2,000円、資本準備金？円（各自計算）

　なお、資本金、資本準備金、利益準備金の残高は、それぞれ60,000円、4,000円、3,000円であった。

| 例7の仕訳 | （その他資本剰余金） | 2,200 | （未 払 配 当 金） | 2,000 |
| | | | （資 本 準 備 金） | **200*** |

＊　①$2,000円 \times \dfrac{1}{10} = 200円$

②$60,000円 \times \dfrac{1}{4} - (4,000円 + 3,000円) = 8,000円$

③①＜②より①200円

ひとこと

　配当財源が繰越利益剰余金とその他資本剰余金の両方の場合には、計算が少し複雑になります。この場合の計算については参考で説明していますので、余裕のある人は一読しておいてください。

CHAPTER 02　剰余金の配当と処分　基本問題

　次の取引について仕訳しなさい。なお、勘定科目は〔　　〕内に示すものの中から選ぶこと。

〔勘定科目：当座預金、未払配当金、利益準備金、別途積立金、繰越利益剰余金、
　　　　　　損益〕

(1)　×3年3月31日　千葉産業株式会社は、決算において500,000円の当期純利益を計上した。

(2)　×3年6月20日　千葉産業株式会社の株主総会において、繰越利益剰余金を財源とした剰余金の配当等が次のように決定した。なお、資本金、資本準備金、利益準備金の残高は、それぞれ1,000,000円、50,000円、80,000円であった。
　　　株主配当金　200,000円、利益準備金　？円（各自計算）、
　　　別途積立金　100,000円

(3)　×3年6月25日　千葉産業株式会社は上記(2)の株主配当金を当座預金口座から支払った。

解答

(1)	（損　　　　益）	500,000	（繰越利益剰余金）	500,000
(2)	（繰越利益剰余金）	320,000	（未 払 配 当 金）	200,000
			（利 益 準 備 金）	20,000*
			（別 途 積 立 金）	100,000
(3)	（未 払 配 当 金）	200,000	（当 座 預 金）	200,000

　　　　＊　①$200,000円 \times \dfrac{1}{10} = 20,000円$

　　　　　　②$1,000,000円 \times \dfrac{1}{4} - (50,000円 + 80,000円) = 120,000円$

　　　　　　③①＜②より①20,000円

株主資本の計数変動

◆内容はさほど難しくないので軽く目を通しておいて！

　増資や配当によって純資産項目（株主資本）が変動しますが、それ以外にも、株主資本が変動する取引があります。

　ここでは、株主資本の計数変動についてみていきます。

2級で学習する内容

取引と処理

株式会社特有の取引

✓株式の発行 ·················· CHAPTER 01
✓合　併 ························· CHAPTER 01
✓剰余金の配当と処分 ······ CHAPTER 02
✓株主資本の計数変動 ······ CHAPTER 03
✓税金の処理 ················· CHAPTER 04

その他の取引

商品売買取引

伝　　票

決算、本支店会計、連結会計、製造業会計

決　　算

本支店会計

連結会計Ⅰ～Ⅲ

製造業会計

1 株主資本の計数変動

資本準備金を資本金に振り替えるなど、純資産項目（株主資本）内の金額の変動を**株主資本の計数変動**といいます。

株主資本の計数変動には、次のものがあります。

図解 株主資本の計数変動

① 資本取引に関する項目内での振り替え

資本金から
資本剰余金
への振り替え

資本剰余金
から資本金
への振り替え

資本剰余金
内での振り替え

資本金

資本剰余金
資本準備金
その他資本剰余金

② 損益取引に関する項目内での振り替え

利益剰余金
内での振り替え

利益剰余金
利益準備金
任意積立金
繰越利益剰余金

③利益剰余金から資本金への振り替え

④資本金や資本剰余金から繰越利益剰余金への振り替え（欠損をてん補する場合のみ）

繰越利益剰余金がマイナスの状態

これがマイナスの場合のみ
振り替えOK

例1 ─────────────────────────── 株主資本の計数変動

(1) 資本準備金1,000円を資本金に振り替えた。

(2) 利益準備金500円を取り崩して繰越利益剰余金に振り替えた。

例1の仕訳	（資 本 準 備 金）	1,000	（資　　本　　金）	1,000
	（利 益 準 備 金）	500	（繰越利益剰余金）	500

次の取引について仕訳しなさい。なお、勘定科目は〔　　〕内に示すものの中から選ぶこと。

〔勘定科目：資本金、資本準備金、繰越利益剰余金、任意積立金〕
⑴　資本金20,000円を資本準備金に振り替えた。
⑵　繰越利益剰余金10,000円を任意積立金に振り替えた。

解答

⑴	（資　本　金）	20,000	（資本準備金）	20,000
⑵	（繰越利益剰余金）	10,000	（任意積立金）	10,000

CHAPTER 04

税　金

◆法人税等、課税所得の算定方法、消費税

　個人が所得税や住民税を納めなければならないように、会社も税金を納めなければなりません。ここでは株式会社の税金として、法人税等（法人税、住民税及び事業税）と消費税の処理についてみていきます。

　また、法人税等の額を算定するさいのもととなる課税所得（税法上の利益）についてもみていきましょう。

2級で学習する内容

取引と処理

株式会社特有の取引

✓株式の発行 .... CHAPTER 01
✓合　併 .... CHAPTER 01
✓剰余金の配当と処分 ...... CHAPTER 02
✓株主資本の計数変動 ...... CHAPTER 03
✓税金の処理 .... CHAPTER 04

その他の取引

商品売買取引

伝　票

決算、本支店会計、連結会計、製造業会計

決　算

✓決算整理 .... CHAPTER 04〜14
✓精算表の作成 .... CHAPTER 16
✓財務諸表の作成 .... CHAPTER 16
✓税効果会計 .... CHAPTER 17
✓帳簿の締め切り .... CHAPTER 18

本支店会計

連結会計Ⅰ〜Ⅲ

製造業会計

1 法人税等

I 法人税等とは

株式会社などの法人は個人と同様、さまざまな税金を納めます。法人が納める税金のうち、法人の利益に対して課される税金に、**法人税**、**住民税**、**事業税**があります。

法人税、住民税、事業税をまとめて**法人税等**といいます。

II 法人税等の処理

会社が法人税や住民税、事業税を納付したときは、**法人税、住民税及び事業税** [費用] で処理します。

法人税等は、決算において会社の利益が確定したあとに申告（**確定申告**といいます）し、納付しますが、決算が年1回の会社は、会計期間の途中で半年分の概算額を申告（**中間申告**といいます）し、納付します。

中間申告によって納付した法人税等はあくまでも概算額なので、法人税等の金額が確定するまで**仮払法人税等** [資産] で処理します。

図解 法人税等の処理

1 法人税等を中間申告、納付したとき

会計期間の途中で、法人税等を中間申告、納付したときは、**仮払法人税等** [資産] で処理します。

🖙 **資産の増加⇒借方（左）**

▶ 例1 ────────────── 法人税等を中間申告、納付したとき

Ａ株式会社（決算年1回、3月31日）は、法人税の中間申告を行い、税額1,000円を現金で納付した。

例1の仕訳 （仮 払 法 人 税 等）　　1,000　（現　　　　　金）　　1,000

2 法人税等が確定したとき（決算時）

決算において、当期の法人税等の金額が確定したときは、確定した税額を**法人税、住民税及び事業税**で処理します。

  ひとこと

法人税等で処理することもあります。

なお、中間申告・納付時に計上した**仮払法人税等** [資産] を減少させます。

🖙 **資産の減少⇒貸方（右）**

また、確定した税額と**仮払法人税等** [資産] との差額は、これから納付しなければならない金額なので、**未払法人税等** [負債] で処理します。

🖙 **負債の増加⇒貸方（右）**

▶ 例2 ────────────── 法人税等が確定したとき（決算時）

Ａ株式会社では、決算の結果、当期の法人税が2,500円と確定した。なお、中間納付額1,000円は仮払法人税等として処理している。

例2の仕訳 （法人税,住民税及び事業税）　　2,500　（仮 払 法 人 税 等）　　1,000

　　　　　　　　　　　　　　　　　　　　　　（未 払 法 人 税 等）　　1,500

3 未払法人税等を納付したとき

決算において確定した法人税等の未払額を納付したときは、**未払法人税等** [負債] を減少させます。

☞ 負債の減少⇒借方（左）

> 例3 ―――――――――――――――― 未払法人税等を納付したとき
>
> Ａ株式会社は、未払法人税等1,500円を現金で納付した。

例3の仕訳	（未払法人税等）	1,500	（現 金）	1,500

2 課税所得の算定方法

I 課税所得とは

法人税等（法人税、住民税及び事業税）は、税法上の利益に税率を掛けて計算します。このときの、「税法上の利益」を**課税所得**といいます。

> **法人税等＝課税所得×税率**

すでに学習したように、会計上の利益は収益から費用を差し引いて計算しますが、課税所得は**益金**から**損金**を差し引いて計算します。

> **会計上の利益＝収益−費用**

> **課税所得（税法上の利益）＝益金−損金**

ふむふむ...

ひとこと

益金は「税法上の収益」、損金は「税法上の費用」だと思ってください。

Ⅱ 課税所得の計算プロセス

　会計上の収益・費用と（法人）税法上の益金・損金の範囲はほとんど同じですが、なかには、会計上は費用であっても税法上は損金として認められないものなどがあります。

　したがって、会計上の利益と課税所得（税法上の利益）は必ずしも一致するわけではありません。そこで、会計上の利益とは別に、課税所得を計算する必要があります。

　法人税等は、「会計上の利益」ではなく、「課税所得（税法上の利益）」をもとに計算するからです。

　ただし、「収益−費用」で会計上の利益を計算して、さらに「益金−損金」で課税所得（税法上の利益）を計算する、というわけではありません。これだと二度手間になるので、いったん算出した会計上の利益（税引前当期純利益）をもとに、これに調整を加えて、課税所得（税法上の利益）を計算します。

Ⅲ 損金（益金）不算入と損金（益金）算入

　会計上の利益から課税所得（税法上の利益）を計算するには、会計上の収益・費用と税法上の益金・損金との違いを調整していきます。

　たとえば、「会計上は費用を100円として計上した」けど、「税法上は損金は90円しか認められない」という場合だったら、その差額10円について、会計上の利益を調整して、税法上の利益を求めるのです。

1 損金（益金）不算入と損金（益金）算入とは

会計上の収益・費用と税法上の益金・損金との違いには次の4パターンがあります。

図解 損金（益金）不算入と損金（益金）算入

会計上は　　税法上は

1 損金不算入 … 費用○ に計上している だけど → 損金× にならない

2 損金算入 … 費用× に計上していない だけど → 損金○ になる

3 益金不算入 … 収益○ に計上している だけど → 益金× にならない

4 益金算入 … 収益× に計上していない だけど → 益金○ になる

2 主な損金（益金）不算入項目と損金（益金）算入項目

主な損金不算入項目、損金算入項目、益金不算入項目、益金算入項目には次のようなものがあります。

●主な損金（益金）不算入項目と損金（益金）算入項目

	パターン	主な項目
1	損金不算入	減価償却費の償却限度超過額、引当金の繰入限度超過額など たとえば、会計上、減価償却費を100円で計上しているが、税法上は90円しか減価償却費が認められないという場合 →10円が損金不算入額となる
2	損金算入	貸倒損失認定損など たとえば、会計上は貸倒損失を計上していないが、税法上は20円の貸倒損失が認められるという場合 →20円が損金算入額となる
3	益金不算入	受取配当等の益金不算入額など たとえば、A社がB社株式を保有していて、B社から配当金10円を受け取ったとき、会計上は受取配当金（収益）10円として処理するが、税法上、この配当金については益金に算入しないという場合 →10円が益金不算入額となる
4	益金算入	売上計上漏れなど たとえば、会計上、売上高1,000円で計上したが、税務申告をするさい、実は売上高は1,100円であったことが発覚したという場合 →100円が益金算入額となる

これならわかる!!

会計上と税法上で、前記のような違いが生じるのは、会計と税法の目的が違うためです。

会計の目的は、株主など、会社を取り巻く人々に対して、経営成績や財政状態を報告することです。そのため、認められている範囲で、各会社の状況にあった会計処理を行うことが良いとされます。

一方、税法は、公平な課税を目的としています。つまり、同じ条件であれば、納めるべき税金が同額になるように課税所得を計算する必要があるのです。

たとえば、A社とB社で同じタイプの車両を営業車として使っていたとしましょう。税法では、同じタイプの車両であれば、同じ耐用年数で減価償却費の計算が行われます。したがって、この車両の税法上の耐用年数（**法定耐用年数**といいます）が6年であった場合、法人税等を計算するさいには、A社もB社も耐用年数6年で減価償却費を計上しなければなりません。

同じ車両なら
同じ耐用年数で
減価償却をする!

　一方、会計上は、必ずしも法定耐用年数（6年）で減価償却を行う必要はありません。その車両を4年使うつもりなら耐用年数4年として減価償却費を計上することができるのです。

うちは
4年で
減価償却
をする

うちは
6年で
減価償却
をする

同じ車両でも
会社の状況にあわせて異なる
耐用年数で減価償却してよい

　では、法定耐用年数が6年の車両を、耐用年数4年として計算した場合、減価償却費の違いはどのようになるでしょうか？

　この車両の取得原価は240,000円、残存価額は0円の定額法、そして期首に取得したものであると仮定します。

　まず、会計上、耐用年数を4年で計算した場合です。この場合の減価償却費は60,000円となります。

　減価償却費（会計上）：240,000円 ÷ 4年 = 60,000円

　次に、法定耐用年数6年で計算した場合です。この場合の減価償却費は40,000円となります。

　減価償却費（税法上）：240,000円 ÷ 6年 = 40,000円

つまり、会計上は、**減価償却費** 【費用】を60,000円計上しますが、税法上は、**減価償却費** 【損金】は40,000円でなければならないのです。この差額20,000円が減価償却費の償却限度超過額（会計上、多く費用計上してしまっている分）として、損金不算入となるのです。

　ここで、**減価償却費** 【費用】が60,000円である場合と、40,000円である場合の利益（課税所得）および法人税等の額の違いをみてみましょう。

　収益（益金）が100,000円で、費用が減価償却費のみ、法人税等の額は当期純利益に対して40%とした場合、利益（課税所得）および法人税等の額の違いは次のようになります。

[ⓐ減価償却費が60,000円である場合（会計上）]
　利　　益：100,000円－60,000円＝40,000円
　法人税等：40,000円×40%＝16,000円

[ⓑ減価償却費が40,000円である場合（税法上）]
　利　　益：100,000円－40,000円＝60,000円
　法人税等：60,000円×40%＝24,000円

　ⓑのほうが法人税等の額が大きいことがわかります。

　税法の目的は、公平な課税にあるので、条件が同じであれば税額が同じにならなければいけません。まったく同じ条件なのに、A社の納める税金が16,000円で、B社の納める税金が24,000円では公平ではありません。そのため、会計上で費用計上しているけれども、税法上は損金算入が認められない（損金不算入）といったことがあるのです。

　ちなみに、税法上の減価償却費は40,000円だけど、会計上、減価償却費を30,000円で計上したという場合（会計上の費用のほうが税法上の損金よりも少ない場合）には、会計上の減価償却費（30,000円）のまま、課税所得が計算されます（損金算入額10,000円とはなりません）。

　これは、減価償却費について、税法で「法定耐用年数で計算した額（40,000円）まで損金に算入できるが、会計上、減価償却費として処理した額（30,000円）が上限である」という決まりがあるからです。

Ⅳ　課税所得の計算

　課税所得（税法上の利益）は、会計上の利益（税引前当期純利益）に、前記の4つのパターンの金額を調整して計算します。
　調整の仕方は次のとおりです。

図解 課税所得の計算

たとえば、以下の場合は…
収益合計：1,000円　費用合計：400円
1 損金不算入額：40円　2 損金算入額：10円
3 益金不算入額：30円　4 益金算入額：20円

会計上の利益 → 1,000円−400円＝ 600円
収益　　費用　　税引前当期純利益

1 **損金不算入額** は税引前当期純利益に **加算** ➕ 40円
- 会計上は**費用**に計上している
  →収益からマイナスされている
- 税法上は**損金**ではない
  →会計上でマイナスされた分を取り消す

2 **損金算入額** は税引前当期純利益から **減算** ➖ 10円
- 会計上は**費用**に計上していない
  →収益からマイナスされていない
- 税法上は**損金**である
  →会計上でマイナスされていない分をマイナスする

3 **益金不算入額** は税引前当期純利益から **減算** ➖ 30円
- 会計上は**収益**に計上している
  →収益にプラスされている
- 税法上は**益金**ではない
  →会計上でプラスされた分を取り消す

4 **益金算入額** は税引前当期純利益に **加算** ➕ 20円
- 会計上は**収益**に計上していない
  →収益にプラスされていない
- 税法上は**益金**である
  →会計上でプラスされていない分をプラスする

税法上の利益 → 620円 課税所得

Ⅴ 法人税等の計算

前記のようにして計算した課税所得に、法人税等の税率（**実効税率**）を掛けて法人税、住民税及び事業税の額を計算します。

> 法人税、住民税及び事業税＝課税所得×税率

ひとこと

実効税率とは、法人の課税所得に対する実質的な税率（法人税、住民税、事業税の課税所得に対する税率）をいいます。

試験では実効税率40％で出題されることが多いですが、問題文の指示にしたがって解答してください。

3 消費税

Ⅰ 消費税とは

Review 3級

消費税は商品を販売したり、サービスを提供したさいに課される税金です。

会社は商品を仕入れたときに消費税を支払い、商品を売り上げたときに消費税を受け取ります。そして最終的に、受け取った消費税から支払った消費税を差し引いた金額を納付します。

A社はB社から商品100円を仕入れ、消費税10円を含めた110円を支払ったとします。

その後、A社はC社に商品300円を売り上げ、消費税30円を含めた330円を受け取ったとしましょう。

この場合、Ａ社は受け取った消費税30円から支払った消費税10円を差し引いた20円を税務署に納付することになります。

Ⅱ　税込方式と税抜方式

消費税の処理には、**税込方式**と**税抜方式**の２つの方法があります。

１　税込方式

税込方式は、支払った消費税や受け取った消費税を**仕入**［費用］や**売上**［収益］に含めて処理する方法です。

２　税抜方式　　　　　　　　　　　　　　　　　　🎵Review　3級

税抜方式は、支払った消費税や受け取った消費税を**仕入**［費用］や**売上**［収益］に含めないで処理する方法です。

> **ひとこと**
>
> 両者の違いは、消費税の計算を決算時にまとめて行う（税込方式）か、それとも取引のつど行う（税抜方式）かです。

Ⅲ 税込方式の場合

1 商品を仕入れたとき

商品を仕入れたとき、税込方式では、支払った消費税額を**仕入** [費用] に含めて処理します。

☞**費用の増加⇒借方（左）**

▶ 例4 ——————————— 商品を仕入れたとき（税込方式）

商品110円（税込価額）を仕入れ、代金は現金で支払った。なお、消費税率は10%である。

例4の仕訳　　(**仕　　　　入**)　　　**110**　　(現　　　　金)　　　110

2 商品を売り上げたとき

商品を売り上げたとき、税込方式では、受け取った消費税額を**売上** [収益] に含めて処理します。

☞**収益の増加⇒貸方（右）**

▶ 例5 ——————————— 商品を売り上げたとき（税込方式）

商品330円（税込価額）を売り上げ、代金は現金で受け取った。なお、消費税率は10%である。

例5の仕訳　　(現　　　　金)　　　330　　(**売　　　　上**)　　　**330**

3 決算時

税込方式で処理した場合、決算において、支払った消費税と受け取った消費税を計算し、受け取った消費税のほうが多かったときは差額を納付します。納付すべき消費税額は**租税公課** [費用] で処理するとともに、相手科目は**未払消費税** [負債] で処理します。

☞**費用の増加⇒借方（左）**　　☞**負債の増加⇒貸方（右）**

一方、受け取った消費税よりも支払った消費税のほうが多かったときは差額が還付（かんぷ）されます。還付される消費税額は**雑益** [収益] で処理するとともに、相手科目は**未収還付消費税** [資産] で処理します。

New
未収還付消費税

📌**収益の増加⇒貸方（右）**　📌**資産の増加⇒借方（左）**

図解 税込方式の決算時の処理

納付の場合

30 ー 10 ＝ 20
受け取った　支払った　納付
消費税額　　消費税額

（租税公課）20
（未払消費税）20

還付の場合

30 ー 40 ＝ △10
受け取った　支払った　還付
消費税額　　消費税額

（未収還付消費税）10
（雑　　　益）10

例6　　　　　　　　　　　　　　　　　　　**決算時**（税込方式）

決算において、消費税の納付額を計算する。なお、当期の取引は**例4**と**例5**のみである。

例6の仕訳　（租　税　公　課）　　　20　（未　払　消　費　税）　　20*

＊　①支払った消費税額：$110円 \times \dfrac{10\%}{100\% + 10\%} = 10円$

②受け取った消費税額：$330円 \times \dfrac{10\%}{100\% + 10\%} = 30円$

③消費税の納付額：$30円 - 10円 = 20円$

ひとこと

ふむふむ…

還付の場合についてはこれまであまり出題されていないので、具体例は省略します。

4 **未払消費税を納付したとき**

未払消費税を納付したときは、**未払消費税** [負債] を減少させます。

☞**負債の減少⇒借方（左）**

> 例7 ──────── 未払消費税を納付したとき（税込方式）

未払消費税20円を現金で納付した。

例7の仕訳	（未 払 消 費 税）	20	（現　　　　金）	20

Ⅳ **税抜方式の場合**　　　　　　　　　*Review*　3級

1 **商品を仕入れたとき**

商品を仕入れたとき、税抜方式では、支払った消費税額を**仮払消費税** [資産] として処理します。

☞**資産の増加⇒借方（左）**

> 例8 ──────── 商品を仕入れたとき（税抜方式）

商品110円（税込価額）を仕入れ、代金は現金で支払った。なお、消費税率は10%である。

例8の仕訳	（仕　　　　入）	100*1	（現　　　　金）	110
	（仮 払 消 費 税）	10*2		

＊1　仕入価額（税抜価額）：$110円 \times \dfrac{100\%}{100\% + 10\%} = 100円$

＊2　支払った消費税額：$100円 \times 10\% = 10円$

2 **商品を売り上げたとき**

商品を売り上げたとき、税抜方式では受け取った消費税額を**仮受消費税** [負債] として処理します。

☞**負債の増加⇒貸方（右）**

▮ **例9** ━━━━━━━━━━━━━━━━ 商品を売り上げたとき（税抜方式）

商品330円（税込価額）を売り上げ、代金は現金で受け取った。なお、消費税率は10%である。

例9の仕訳	（現 金）	330	（売 上）	300*1
			（仮受消費税）	30*2

* 1 売上価額（税抜価額）：$330円×\dfrac{100\%}{100\%+10\%}＝300円$

* 2 受け取った消費税額：$300円×10\%＝30円$

3 **決算時**

　税抜方式で処理した場合、決算において、**仮払消費税** [資産] と**仮受消費税** [負債] を相殺します。なお、**仮払消費税** [資産] よりも**仮受消費税** [負債] のほうが多かったときは差額を納付します。納付する消費税額は**未払消費税** [負債] で処理します。　　　　　　　　　　　☞**負債の増加⇒貸方（右）**

　一方、**仮払消費税** [資産] よりも**仮受消費税** [負債] のほうが少なかったときは差額が還付されます。還付される消費税額は**未収還付消費税** [資産] で処理します。　　　　　　　　　　　☞**資産の増加⇒借方（左）**

例10　　　　　　　　　　　　　　　　　　　　決算時（税抜方式）

決算において、消費税の納付額を計算する。なお、当期の取引は**例8**と**例9**のみである。

例10の仕訳	（仮 受 消 費 税）	30	（仮 払 消 費 税）	10
			（未 払 消 費 税）	20*

＊　消費税の納付額：30円－10円＝20円

4 未払消費税を納付したとき

未払消費税を納付したときは、**未払消費税** [負債] を減少させます。

☞**負債の減少⇒借方（左）**

例11　　　　　　　　　　　　　　未払消費税を納付したとき（税抜方式）

未払消費税20円を現金で納付した。

例11の仕訳	（未 払 消 費 税）	20	（現　　　　　金）	20

次の取引について仕訳しなさい。なお、勘定科目はそれぞれ［　　］内に示すものの中から選ぶこと。

問1　法人税等

［勘定科目：現金、仮払法人税等、未払法人税等、法人税, 住民税及び事業税］

(1)　株式会社埼玉商事（決算年1回、3月31日）は、法人税の中間申告を行い、税額250,000円を現金で納付した。

(2)　株式会社埼玉商事では、決算の結果、当期の法人税が600,000円と確定した。なお、中間納付額250,000円は仮払法人税等として処理している。

(3)　株式会社埼玉商事は、(2)の未払法人税等を現金で納付した。

問2　課税所得の算定方法－Ⅰ

次の［資料］にもとづいて、課税所得の金額を計算しなさい。

［資　料］

(1)　損益計算書の税引前当期純利益は80,000円であった。

(2)　会計上、費用計上した減価償却費のうち、200円については税法上損金不算入とされる。

問3　課税所得の算定方法－Ⅱ

次の取引について仕訳しなさい。なお、勘定科目は［　　］内に示すものの中から選ぶこと。

［勘定科目：未払法人税等、法人税, 住民税及び事業税］

当期の決算において、税引前当期純利益は100,000円であった。しかし、損金不算入額20,000円がある。当期の法人税、住民税及び事業税の実効税率を40％として未払法人税等を計上する。

問4 消費税－Ⅰ

［勘定科目：現金、売掛金、未収還付消費税、仮払消費税、買掛金、未払消費税、
仮受消費税、売上、雑益、仕入、租税公課］

　※　消費税の処理は税込方式（消費税率は10％）によること。

⑴　商品660,000円（税込価額）を仕入れ、代金は掛けとした。

⑵　商品880,000円（税込価額）を売り上げ、代金は掛けとした。

⑶　決算において、消費税の納付額を計算する。なお、当期の取引は⑴と⑵のみ
　　である。

⑷　⑶の未払消費税を現金で納付した。

問5 消費税－Ⅱ

［勘定科目：現金、売掛金、未収還付消費税、仮払消費税、買掛金、未払消費税、
仮受消費税、売上、雑益、仕入、租税公課］

　※　消費税の処理は税抜方式（消費税率は10％）によること。

⑴　商品330,000円（税込価額）を仕入れ、代金は掛けとした。

⑵　商品770,000円（税込価額）を売り上げ、代金は掛けとした。

⑶　決算において、消費税の納付額を計算する。なお、当期の取引は⑴と⑵のみ
　　である。

⑷　⑶の未払消費税を現金で納付した。

解答

問1 **法人税等**

(1)	(仮払法人税等)	250,000	(現　　　　金)	250,000
(2)	(法人税、住民税及び事業税)	600,000	(仮払法人税等)	250,000
			(未払法人税等)	350,000
(3)	(未払法人税等)	350,000	(現　　　　金)	350,000

問2 **課税所得の算定方法－Ⅰ**

課税所得の金額：　<u>80,200円</u>*

* 200円は損金不算入であるため、税引前当期純利益に加算します。
課税所得の金額：80,000円＋200円＝80,200円

問3 **課税所得の算定方法－Ⅱ**

(法人税、住民税及び事業税)	48,000*	(未払法人税等)	48,000

* ①課税所得：100,000円＋20,000円＝120,000円
②法人税、住民税及び事業税：120,000円×40％＝48,000円

問4 **消費税－Ⅰ**

(1)	(仕　　　　入)	660,000	(買　掛　金)	660,000
(2)	(売　掛　金)	880,000	(売　　　　上)	880,000
(3)	(租　税　公　課)	20,000*	(未　払　消　費　税)	20,000
(4)	(未　払　消　費　税)	20,000	(現　　　　金)	20,000

* ①支払った消費税額：$660,000円 \times \dfrac{10\%}{100\% + 10\%} = 60,000円$

②受け取った消費税額：$880,000円 \times \dfrac{10\%}{100\% + 10\%} = 80,000円$

③納付する消費税額：80,000円－60,000円＝20,000円

問5 消費税－Ⅱ

(1) （仕　　　　入）　300,000＊¹　（買　掛　金）　330,000
　　（仮 払 消 費 税）　 30,000＊²

(2) （売　掛　金）　770,000　（売　　　　上）　700,000＊³
　　　　　　　　　　　　　　（仮 受 消 費 税）　 70,000＊⁴

(3) （仮 受 消 費 税）　 70,000　（仮 払 消 費 税）　 30,000
　　　　　　　　　　　　　　（未 払 消 費 税）　 40,000＊⁵

(4) （未 払 消 費 税）　 40,000　（現　　　　金）　 40,000

＊1　仕　　　入（税抜価額）：$330,000円 \times \dfrac{100\%}{100\% + 10\%} = 300,000円$

＊2　支払った消費税額：$300,000円 \times 10\% = 30,000円$

＊3　売　　　上（税抜価額）：$770,000円 \times \dfrac{100\%}{100\% + 10\%} = 700,000円$

＊4　受け取った消費税額：$700,000円 \times 10\% = 70,000円$

＊5　納付する消費税額：$70,000円 - 30,000円 = 40,000円$

基本問題

商品売買

◆期末商品の評価はボックス図で！

　ここでは商品売買の処理のうち、2級で学習する売上原価対立法、割引きや割戻し、期末商品の評価についてみていきます。期末商品の評価は、毎回、第3問で決算整理事項の一つとして問われます。

　期末商品の評価については、ボックス図を使って解くようにしましょう。

2級で学習する内容

取引と処理

| 株式会社特有の取引 | その他の取引 |

商品売買取引
✓商品売買 ························· CHAPTER 05

| 伝　　　票 |

決算、本支店会計、連結会計、製造業会計

決　　算
✓決算整理 ····················· CHAPTER 04〜14
✓精算表の作成 ················ CHAPTER 16
✓財務諸表の作成 ············· CHAPTER 16
✓税効果会計 ··················· CHAPTER 17
✓帳簿の締め切り ············· CHAPTER 18

| 本支店会計 |

| 連結会計 I 〜 III |

| 製造業会計 |

1 三分法、分記法、売上原価対立法

商品売買の処理方法には、**三分法**、**分記法**、**売上原価対立法**があります。

ひとこと

　　三分法と分記法は、3級で学習済みですね。ここではサラッとおさらいしておきましょう。

I 三分法

Review　3級

　三分法とは、商品の売買について**仕入**［費用］、**売上**［収益］、**繰越商品**［資産］の3つの勘定で処理する方法をいいます。

図解　**三分法**

| 仕入時 | 商品1,000円を仕入れ、代金は掛けとした。 |

（仕　　入）　1,000　（買　掛　金）　1,000

| 売上時 | 商品（原価900円、売価1,500円）を売り上げ、代金は掛けとした。 |

（売　掛　金）　1,500　（売　　　上）　1,500

| 決算時 | 決算日を迎えた。期首商品棚卸高は100円、期末商品棚卸高は200円であった。 |

（仕　　　入）　　100　（繰越商品）　　100
（繰越商品）　　200　（仕　　　入）　　200

ひとこと

　　三分法では、仕入勘定で売上原価が算定されます。上記の例では仕入勘定の残高が900円（1,000円＋100円−200円）となるので、売上原価は900円ということになります。

分記法とは、商品の売買について**商品**[資産]、**商品売買益**[収益]の2つの勘定で処理する方法をいいます。

図解 分記法

| 仕入時 | 商品1,000円を仕入れ、代金は掛けとした。 |

（商　　品）1,000　（買　掛　金）1,000

商品は**原価**で処理

| 売上時 | 商品（原価900円、売価1,500円）を売り上げ、代金は掛けとした。 |

商品は**原価**で処理

（売　掛　金）1,500　（商　　品）　900
　　　　　　　　　　　（商品売買益）　600

原価と売価との差額
600円（1,500円－900円）
は**商品売買益**で処理

| 決算時 | 決算日を迎えた。期首商品棚卸高は100円、期末商品棚卸高は200円であった。 |

仕訳なし

ひとこと

分記法では、売上時に、販売した商品の原価を減少させています（貸方に記入しています）。この「販売した商品の原価（900円）」が売上原価です。

Ⅲ 売上原価対立法

売上原価対立法とは、商品を仕入れたときに**商品**［資産］の増加で処理（原価で記入）し、商品を売り上げたときに、売価で**売上**［収益］を計上するとともに、その商品の原価を**商品**［資産］から**売上原価**［費用］に振り替える方法をいいます。

 ふむふむ...

売上原価対立法は、「販売のつど売上原価を商品勘定から売上原価勘定に振り替える方法」です。

図解 売上原価対立法

| 仕入時 | 商品1,000円を仕入れ、代金は掛けとした。 |

分記法と同じ！

（商　　品）1,000　（買　掛　金）1,000

商品 は 原価 で処理

| 売上時 | 商品（原価900円、売価1,500円）を売り上げ、代金は掛けとした。 |

三分法と同じ！

売価で 売上 を計上

① （売　掛　金）1,500　（売　　　上）1,500
② （売 上 原 価）　900　（商　　　品）　900

販売した商品の 原価 を 商品 から 売上原価 に振り替える

| 決算時 | 決算日を迎えた。期首商品棚卸高は100円、期末商品棚卸高は200円であった。 |

仕訳なし

> **ひとこと**
>
> 売上原価対立法では、売上時に、売上原価（900円）が計上されます。

例1 ——————————————————————————————— **売上原価対立法**

次の一連の取引について、売上原価対立法によって仕訳しなさい。
(1) 商品2,000円を掛けで仕入れた。
(2) 商品（売価2,100円、原価1,500円）を掛けで売り上げた。
(3) 決算日を迎えた。

例1の仕訳(1)	（商　　　　品）	2,000	（買　掛　金）	2,000
(2)	（売　掛　金）	2,100	（売　　　上）	2,100
	（売　上　原　価）	1,500	（商　　　品）	1,500
(3)			**仕訳なし**	

> **ひとこと**
>
> 商品売買の方法には、三分法、分記法、売上原価対立法がありますが、以下、本書では三分法を前提として説明していきます。

2 仕入割引・売上割引

I 割引きとは

　掛け取引を行ったさい、あらかじめ決められた決済期日前に掛け代金の決済が行われた場合、掛け代金の一部を免除することがあります。これを**割引き**といいます。

図解　割引き

たとえば、「決済期日が4/30の掛け代金（100円）について、4/10までに決済すれば掛け代金の2%を割り引く」という条件がついていたならば…　100円×2%=2円安くなる！

商品売買日　割引期限　掛け代金の決済期日
4/1　4/10　4/30

この期間に支払うなら
98円（100円-2円）

この期間に支払うなら
100円

Ⅱ　割引きの処理

　掛け代金の早期決済によって免除された金額は、掛け代金に含まれる利息相当額と考えられるので、仕入割引を受けたり、売上割引をしたときは、利息的な性格を有する勘定科目を用いて処理します。

1　仕入割引を受けたとき

　仕入側が掛け代金の一部を免除してもらったとき（仕入割引を受けたとき）は、受取利息的な性格を有する**仕入割引**［収益］で処理します。

☞収益の増加⇒貸方（右）

New

仕入割引

(1) 商品100円を仕入れ、代金は掛けとした。なお、掛け代金の決済について「30日後に支払い。ただし10日以内に支払うときは代金の2％を割り引く」という条件がついている。

(2) (1)の割引適用期間内であったため、掛け代金100円について2％の割引きを受け、残額を現金で支払った。

例2の仕訳(1)	(仕 入)	100	(買 掛 金)	100
(2)	(買 掛 金)	100	**(仕 入 割 引)**	2*
			(現 金)	98

* 100円×2％＝2円

② 売上割引をしたとき

売上側が掛け代金の一部を免除したとき（売上割引をしたとき）は、支払利息的な性格を有する**売上割引** [費用] で処理します。

New

売上割引

☞**費用の増加⇒借方（左）**

(1) 商品100円を売り上げ、代金は掛けとした。なお、掛け代金の決済について「30日後に支払い。ただし10日以内に支払うときは代金の2％を割り引く」という条件をつけている。

(2) (1)の割引適用期間内であったため、掛け代金100円について2％の割引きを適用し、残額を現金で受け取った。

例3の仕訳(1)	(売 掛 金)	100	(売 上)	100
(2)	**(売 上 割 引)**	2*	(売 掛 金)	100
	(現 金)	98		

* 100円×2％＝2円

3 仕入割戻し・売上割戻し

Ⅰ 割戻しとは

　一定期間に大量に商品を仕入れてくれた取引先に対して、リベートとして代金の一部を還元することがあります。これを**割戻し**といいます。

Ⅱ 割戻しの処理

　仕入割戻しを受けたり、売上割戻しをしたときは、**仕入** [費用] や**売上** [収益] を取り消す処理をします。

1 仕入割戻しを受けたとき

　仕入側が割戻しを受けたときは、**仕入** [費用] を取り消す処理をします。

☞ **費用の減少⇒貸方（右）**

例4 ──────────────── 仕入割戻しを受けたとき

　仕入先から10円の割戻しを受け、買掛金と相殺した。

| 例4の仕訳 | （買　掛　金） | 10 | （**仕　　　入**） | 10 |

2 売上割戻しをしたとき

　売上側が割戻しをしたときは、**売上** [収益] を取り消す処理をします。

☞ **収益の減少⇒借方（左）**

例5 ──────────────── 売上割戻しをしたとき

　得意先に対して10円の割戻しを適用し、売掛金と相殺した。

| 例5の仕訳 | （**売　　　上**） | 10 | （売　掛　金） | 10 |

これならわかる!!

　3級で学習した返品と、ここで学習した割引きと割戻しの処理についてまとめると、次のようになります。

返品…品違い等を理由に商品を戻すこと

	商品の移動あり	
A社 仕入側	商品 返品 →	B社 売上側
仕入戻し		売上戻り

仕入側の処理

返品分の仕入を取り消す

（買掛金）　××

　　　（仕　入）　××

売上側の処理

返品分の売上を取り消す

（売　上）　××

　　　（売掛金）　××

割引き…掛け代金の早期決済につき、掛け代金の一部を減額すること

商品	A社 仕入側 ¥ 減額 仕入割引	¥ →	B社 売上側 売上割引

代金を早く払ってくれたら、代金の一部を減額するよ

仕入側の処理

仕入割引 [収益] で処理

（買掛金）　××

　　　（仕入割引）　××

　　　（現金など）　××

売上側の処理

売上割引 [費用] で処理

（売上割引）　××

（現金など）　××

　　　（売掛金）　××

72

4 クレジット売掛金

Ⅰ クレジット売掛金とは

♪Review 3級

　商品を売り上げ、代金の支払いがクレジット・カードで行われたときは、（クレジットによる）あとで代金を受け取る権利が発生します。この（クレジットによる）あとで代金を受け取る権利を**クレジット売掛金**[資産]といいます。

ひとこと

　ふつうの掛け売上の場合は、お客さんに対して代金を受け取る権利が発生します。この権利は**売掛金**[資産]で処理します。

　クレジットによる売上の場合、会社とお客さんとの間に信販会社が入り、お金のやりとりは会社と信販会社、お客さんと信販会社で行われます。そのため、クレジットによる売上の場合、会社はお客さんではなく、信販会社に対して代金を受け取る権利を有します。この、信販会社に対する代金を受け取る権利は、ふつうの**売掛金**[資産]と区別して、**クレジット売掛金**[資産]で処理します。

Ⅱ クレジット売掛金の処理

1 商品を売り上げたとき

　商品を売り上げ、代金の支払いがクレジット・カードで行われたときは、（クレジットによる）あとで代金を受け取る権利を**クレジット売掛金** [資産] で処理します。

☞**資産の増加⇒借方（左）**

　なお、代金の支払いがクレジット・カードで行われる場合、会社は信販会社に決済手数料を支払います。この決済手数料は**支払手数料** [費用] で処理します。

☞**費用の増加⇒借方（左）**

> **ひとこと**
>
> 　決済手数料を計上するタイミングには、❶商品を売り上げたときと❷決済時がありますが、本書では❶商品を売り上げたときに計上する方法で説明します。

　商品を売り上げたときに決済手数料を計上する場合、商品代金から決済手数料を差し引いた金額を**クレジット売掛金** [資産] として処理します。

> **ひとこと**
>
> 　商品代金から決済手数料が差し引かれた金額が、会社の銀行口座等に入金されるので、銀行口座等に入金される額（純額）を**クレジット売掛金** [資産] として処理するのです。

▌例6　　　　　　　　　　クレジット売掛金（商品を売り上げたとき）

　商品1,000円をクレジット払いの条件で販売した。なお、信販会社への手数料（販売代金の2％）は販売時に計上する。

例6の仕訳	（支 払 手 数 料）	20*1	（売　　　　　上）	1,000
	（クレジット売掛金）	980*2		

　　＊1　1,000円×2％＝20円
　　＊2　1,000円－20円＝980円

2 代金が入金されたとき

後日、信販会社から商品代金が入金されたときには、**クレジット売掛金** [資産] を減少させます。

☞資産の減少⇒貸方（右）

> 例7 ─────── **クレジット売掛金**（代金が入金されたとき）
> 信販会社より決済手数料を差し引かれた残額980円が当座預金口座へ入金された。

例7の仕訳	（当 座 預 金）	980	（**クレジット売掛金**）	980

5 売上原価の算定と期末商品の評価

I 売上原価とは

Review 3級

売上原価とは、当期の売上高に対応する商品の原価をいいます。

三分法における売上原価を算定する計算式および売上原価を算定するための決算整理仕訳は以下のとおりです。

> **売上原価＝期首商品棚卸高＋当期商品仕入高－期末商品棚卸高**
> 　　　　　　（期首在庫）　　　　　（仕入）　　　　　　（期末在庫）

〈決算整理仕訳〉

期首商品：	（仕　　　　　入）	××	（繰 越 商 品）	××
期末商品：	（繰 越 商 品）	××	（仕　　　　　入）	××

II 棚卸減耗損の計上

会社は、決算において商品の棚卸しを行い、**実地棚卸数量**（実際にある商品の数量）を把握します。

実地棚卸数量に対して、帳簿上の在庫量を**帳簿棚卸数量**といいますが、

商品の保管や運搬、入出庫のさいに紛失等により数量が減少し、帳簿棚卸数量よりも実地棚卸数量が少ないことがあります。この場合の商品の減少を**棚卸減耗**といいます。

New
棚卸減耗損

棚卸減耗が生じたときは、減耗した商品の金額を**棚卸減耗損** [費用] として処理するとともに、**繰越商品** [資産] を減額します。

☞費用の増加⇒借方（左）　☞資産の減少⇒貸方（右）

ひとこと

ふむふむ…

「棚卸減耗損」ではなく、「棚卸減耗費」という勘定科目で処理することもあります。

棚卸減耗損を算定する計算式は次のとおりです。

図解 棚卸減耗損の計上

棚卸減耗損＝@原価×（帳簿棚卸数量－実地棚卸数量）

帳簿上
20個
（@10円）

実際は 18個

2個減耗

棚卸減耗損 [費用]

@10円×（20個－18個）＝20円

Ⅲ 商品評価損の計上

New
商品評価損

商品の期末時価（**正味売却価額**）が原価を下回った場合、商品の帳簿価額の切り下げを行わなければなりません。この場合の帳簿価額の切下額（価値の下落額）を**商品評価損**といいます。

商品評価損が生じたときは、価値の下落額を**商品評価損** [費用] として処

理するとともに、**繰越商品** [資産] を減額します。

☞費用の増加⇒借方（左）　☞資産の減少⇒貸方（右）

　商品評価損を算定する計算式は次のとおりです。

図解 商品評価損の計上

商品評価損＝（@原価－@正味売却価額）×実地棚卸数量

帳簿上
20個
（@10円）

実際は18個

原価は@10円　←→　正味売却価額は@7円

原因 {・劣化 ・流行遅れなど

商品評価損 [費用]

（@10円－@7円）×18個＝54円

Ⅳ　ボックス図を使った算定方法

　実際に問題を解くときには、次ページのような図（ボックス図といいます）を使って、期末商品棚卸高、棚卸減耗損、商品評価損を計算すると便利です（それぞれの面積を求めることによって計算することができます）。

① 期末商品棚卸高

@原価

③ 商品評価損

@正味売却価額

④ 貸借対照表の「商品」

② 棚卸減耗損

実地数量　帳簿数量

① 期末商品棚卸高：@原価×帳簿数量
② 棚卸減耗損：@原価×（帳簿数量−実地数量）
③ 商品評価損：（@原価−@正味売却価額）×実地数量
④ 貸借対照表の「商品」：@正味売却価額×実地数量

例8 ———————————— 棚卸減耗損と商品評価損の計算

　決算日を迎えた。期首商品棚卸高は100円、期末商品棚卸高に関する資料は次のとおりである。期末商品棚卸高、棚卸減耗損、商品評価損を計算しなさい。

　　帳簿棚卸高：数量　20個　　原価　@10円
　　実地棚卸高：数量　18個　　正味売却価額　@7円

例8の解答　期末商品棚卸高：**200円**[*1]
　　　　　　棚 卸 減 耗 損：**20円**[*2]
　　　　　　商 品 評 価 損：**54円**[*3]

* 1　期末商品棚卸高：@10円×20個＝200円
* 2　棚卸減耗損：@10円×（20個−18個）＝20円
* 3　商品評価損：（@10円−@7円）×18個＝54円

Ⅴ　精算表の記入

　損益計算書上、棚卸減耗損は売上原価または販売費および一般管理費に表示します。また、商品評価損は通常、売上原価に表示します（損益計算書の表示については、CHAPTER 16を参照してください）。

　棚卸減耗損や商品評価損を売上原価に表示する場合、精算表上はいったん計上した棚卸減耗損や商品評価損を仕入勘定に振り替えることになります。

　ただし、試験では「棚卸減耗損や商品評価損は、精算表上、独立の科目として表示する」と指示がつくことがあります。

　この指示がついた場合には、仕入勘定への振り替えは不要です。

例9 ────────────────── 精算表の記入①

　決算において、売上原価を算定する。期首商品棚卸高は100円、期末商品棚卸高は200円、棚卸減耗損は20円、商品評価損は54円であり、売上原価は「仕入」の行で算定する。なお、棚卸減耗損および商品評価損は売上原価に含めるものとする。

例9の仕訳	（仕　　　　入）	100	（繰 越 商 品）	100
	（繰 越 商 品）	200	（仕　　　　入）	200
	（棚 卸 減 耗 損）	20	（繰 越 商 品）	20
	（仕　　　　入）	20	（棚 卸 減 耗 損）	20
	（商 品 評 価 損）	54	（繰 越 商 品）	54
	（仕　　　　入）	54	（商 品 評 価 損）	54

精算表の記入

精　算　表

勘定科目	試　算　表		修　正　記　入		損益計算書		貸借対照表	
	借方	貸方	借方	貸方	借方	貸方	借方	貸方
繰 越 商 品	100		⊕200	⊖100			→ 126	
				20				
				54				
仕　　　　入	1,000		⊕100	⊖200	→ 974			
			20					
			54					
棚 卸 減 耗 損			20	20				
商 品 評 価 損			54	54				

例10　　　　　　　　　　　　　　　　　　　　　精算表の記入②

　決算において、売上原価を算定する。期首商品棚卸高は100円、期末商品棚卸高は200円、棚卸減耗損は20円、商品評価損は54円であり、売上原価は「仕入」の行で算定する。なお、棚卸減耗損および商品評価損は、精算表上、独立の科目として表示する。

例10の仕訳	（仕　　　　入）	100	（繰 越 商 品）	100
	（繰 越 商 品）	200	（仕　　　　入）	200
	（棚 卸 減 耗 損）	20	（繰 越 商 品）	20
	（商 品 評 価 損）	54	（繰 越 商 品）	54

精算表の記入

精　算　表

勘定科目	試　算　表		修　正　記　入		損益計算書		貸借対照表	
	借方	貸方	借方	貸方	借方	貸方	借方	貸方
繰　越　商　品	100		➕ 200	➖ 100			126	
				20				
				54				
仕　　　　　入	1,000		➕ 100	➖ 200	900			
棚　卸　減　耗　損				20	20			
商　品　評　価　損				54	54			

6 商品の払出単価の計算

Ⅰ 商品の払出単価の計算

　同じ商品でも、仕入先や仕入時期の違いによって仕入単価が異なるため、商品を売り上げた（払い出した）ときに、どの単価（払出単価といいます）をつけるのかが問題となります。

　商品の払出単価の計算方法には、**先入先出法**、**移動平均法**、**総平均法**があります。

　先入先出法と移動平均法は3級で学習したので、ここでは総平均法についてみておきましょう。

Ⅱ 総平均法

　総平均法は、一定期間における平均単価を計算し、この平均単価を払出単価とする方法です。

$$平均単価 = \frac{期首商品棚卸高 + 当期商品仕入高}{期首在庫 + 当期商品仕入数量}$$

例11 ━━━━━━━━━━━━━━━━━━━━━━━━━━━ **総平均法**

次の資料にもとづき、総平均法により当月の売上原価を計算しなさい。

前月繰越　20個　@100円

当月仕入　40個　@130円

当月売上　30個　@400円（売価）

例11の解答　　当月の売上原価：**3,600円**＊

$$* \quad \frac{@100円 \times 20個 + @130円 \times 40個}{20個 + 40個} = @120円$$

@120円×30個＝3,600円

CHAPTER 05　商品売買　基本問題

問1　売上原価対立法

　次の取引について、売上原価対立法（販売のつど商品勘定から売上原価勘定に振り替える方法）によって仕訳しなさい。なお、勘定科目はそれぞれ［　］内に示すものの中から選ぶこと。

［勘定科目：売掛金、商品、買掛金、売上、仕入、売上原価］

(1)　商品1,500円を仕入れ、代金は掛けとした。

(2)　商品（原価1,000円、売価1,300円）を売り上げ、代金は掛けとした。

問2　仕入割引・売上割引

　次の取引について仕訳しなさい。なお、勘定科目はそれぞれ［　］内に示すものの中から選ぶこと。

［勘定科目：現金、売掛金、買掛金、仕入、売上割引、売上、仕入割引］

(1)　商品20,000円を仕入れ、代金は掛けとした。なお、掛け代金の決済について「30日後に支払い。ただし10日以内に支払うときは代金の2％を割り引く」という条件がついている。

(2)　(1)の割引適用期間内であったため、2％の割引きを受け、残額を現金で支払った。

(3)　商品60,000円を売り上げ、代金は掛けとした。なお、掛け代金の決済について「20日後に支払い。ただし7日以内に支払うときは代金の1.5％を割り引く」という条件をつけている。

(4)　(3)の割引適用期間内であったため、掛け代金の1.5％の割引きを適用し、残額を現金で受け取った。

問3　仕入割戻し・売上割戻し

　次の取引について仕訳しなさい。なお、勘定科目はそれぞれ［　］内に示すものの中から選ぶこと。

［勘定科目：売掛金、買掛金、仕入、売上］

(1)　仕入先から500円の割戻しを受け、買掛金と相殺した。

(2)　得意先に対して800円の割戻しを適用し、売掛金と相殺した。

問4 クレジット売掛金

　次の一連の取引について仕訳しなさい。なお、勘定科目はそれぞれ［　　］内に示すものの中から選ぶこと。

［勘定科目：当座預金、クレジット売掛金、売上、支払手数料］

(1)　商品2,000円をクレジット払いの条件で販売した。なお、信販会社への手数料（販売代金の4％）は販売時に計上する。

(2)　信販会社より、(1)の代金が当座預金口座に入金された。

問5 売上原価の算定と期末商品の評価 ［解答用紙あり］

　次の決算整理事項と解答用紙の精算表（一部）にもとづいて、(1)決算整理仕訳を示すとともに、(2)解答用紙の精算表（一部）に記入しなさい。なお、売上原価の算定は「仕入」の行で行う。ただし、棚卸減耗損と商品評価損は精算表上、独立の勘定科目として表示すること。

［決算整理事項］

　期末商品棚卸高は次のとおりである。

　　帳簿棚卸高：数量　100個　　原　　　価　@80円
　　実地棚卸高：数量　 90個　　正味売却価額　@78円

解答

問1 売上原価対立法

(1) （商　　　　品）　1,500　（買　　掛　　金）　1,500

(2) （売　　掛　　金）　1,300　（売　　　　　上）　1,300

　　 （売　上　原　価）　1,000　（商　　　　品）　1,000

問2 仕入割引・売上割引

(1) （仕　　　　入）　20,000　（買　　掛　　金）　20,000

(2) （買　　掛　　金）　20,000　（仕　入　割　引）　400[*1]

　　　　　　　　　　　　　　　　（現　　　　金）　19,600

(3) （売　　掛　　金）　60,000　（売　　　　　上）　60,000

(4) （売　上　割　引）　900[*2]　（売　　掛　　金）　60,000

　　 （現　　　　金）　59,100

　　　　＊1　20,000円× 2 ％＝400円
　　　　＊2　60,000円×1.5％＝900円

問3 仕入割戻し・売上割戻し

(1) （買　　掛　　金）　500　（仕　　　　入）　500

(2) （売　　　　上）　800　（売　　掛　　金）　800

問4 クレジット売掛金

(1) （支　払　手　数　料）　80[*1]　（売　　　　上）　2,000

　　 （クレジット売掛金）　1,920[*2]

(2) （当　座　預　金）　1,920　（クレジット売掛金）　1,920

　　　　＊1　2,000円× 4 ％＝80円
　　　　＊2　2,000円－80円＝1,920円

問5 売上原価の算定と期末商品の評価

(1) 決算整理仕訳　（仕　　　　入）9,000　（繰　越　商　品）9,000

　　　　　　　　　（繰　越　商　品）8,000[*1]　（仕　　　　入）8,000

　　　　　　　　　（棚　卸　減　耗　損）　800[*2]　（繰　越　商　品）　800

　　　　　　　　　（商　品　評　価　損）　180[*3]　（繰　越　商　品）　180

(2) 精算表

精 算 表

勘 定 科 目	試 算 表		修 正 記 入		損益計算書		貸借対照表	
	借方	貸方	借方	貸方	借方	貸方	借方	貸方
繰 越 商 品	9,000		8,000	9,000			7,020	
				800				
				180				
仕　　　　入	80,000		9,000	8,000	81,000			
棚 卸 減 耗 損			800		800			
商 品 評 価 損			180		180			

＊1 期末商品棚卸高8,000円

@80円

＊3 商品評価損 180円

@78円

＊2
棚卸減耗損
800円

90個　　　100個

＊1　期末商品棚卸高：
　　　@80円×100個＝8,000円

＊2　棚卸減耗損：
　　　@80円×(100個－90個)
　　　＝800円

＊3　商品評価損：
　　　(@80円－@78円)×90個
　　　＝180円

手形と電子記録債権（債務）等

◆手形と電子記録債権（債務）等の処理

　ここでは手形と電子記録債権（債務）等の取引について学習します。

　電子記録債権（債務）や約束手形の基本的な処理は3級で学習しましたが、2級では手形の裏書き、割引き、不渡手形についてみていきます。また、その他の債権（売掛金）の譲渡についても学習します。

2級で学習する内容

取引と処理

株式会社特有の取引	その他の取引

その他の取引
- ✓手　形······················CHAPTER 06
- ✓電子記録債権（債務）···CHAPTER 06
- ✓その他の債権の譲渡······CHAPTER 06
- ✓銀行勘定調整表·············CHAPTER 07
- ✓固定資産······················CHAPTER 08
- ✓リース取引···················CHAPTER 09
- ✓研究開発費···················CHAPTER 10
- ✓無形固定資産················CHAPTER 10
- ✓有価証券······················CHAPTER 11
- ✓引当金··························CHAPTER 12
- ✓収益・費用の認識基準···CHAPTER 13
- ✓サービス業の処理·········CHAPTER 13
- ✓外貨建取引···················CHAPTER 14

商品売買取引

伝　　票

決算、本支店会計、連結会計、製造業会計

決　算	本支店会計
連結会計Ⅰ～Ⅲ	製造業会計

1 手形の裏書き

Ⅰ 手形の裏書きとは

　手形は、支払期日前にほかの企業に渡して、商品代金や買掛金などの支払いに充てることができます。所有する手形の裏面に必要事項を記入してから、ほかの企業に渡すため、これを**手形の裏書き**（または**手形の裏書譲渡**）といいます。

これならわかる!!

　たとえば、得意先C社が振り出した約束手形があなた（A社）の手許にあったとしましょう。そして、仕入先B社から商品を仕入れたとします。このとき、持っている（C社振出の）約束手形の裏面に必要事項を記入し、B社に渡すことによって、B社に対する仕入代金を決済することができるのです。これが手形の裏書きです。

　約束手形の代金は最初の振出人（C社）から、最後に所有している人（B社）に支払われます。

約束手形を受け取ったとき　　商品を仕入れたとき

得意先　　あなた　A　A　あなた　　仕入先
　　　　　　　　　社　社
C　　　　　　　　　　　　　　　　　　　　B
社　　→約束手形→　　　　←商品←　　　社
　　　　　　　　後日　　　約束手形→
　　　　　　　　　　　　　裏書き

代金の支払い

モヤモヤ解消

Ⅱ 手形の裏書きの処理

　手形の裏書きの処理には、手形を裏書きして譲渡した側と、裏書きされた手形を受け取った側の処理があります。

1 手形を裏書きしたとき（＝A社の処理）

　手形を受け取ったとき、**受取手形** [資産] で処理しているので、これを裏書きして、ほかの企業に渡したときは、**受取手形** [資産] の減少として処理

します。　　　　　　　　　　　　　　　　　　　☞ **資産の減少⇒貸方（右）**

� **例1** ─────────────────── **手形を裏書きしたとき**

　A社はB社より商品100円を仕入れ、代金は以前にC社から受け取っていた約束手形を裏書きして渡した。

例1の仕訳	（仕　　　　入）	100	（**受　取　手　形**）	100

2 **裏書きされた手形を受け取ったとき**（＝B社の処理）

　裏書きされた手形を受け取ったときは、手形代金を受け取ることができるので、**受取手形**［資産］で処理します。　　　　☞ **資産の増加⇒借方（左）**

� **例2** ─────────────── **裏書きされた手形を受け取ったとき**

　B社はA社に商品100円を売り上げ、代金はC社振出、A社宛の約束手形を裏書譲渡された。

例2の仕訳	（**受　取　手　形**）	100	（売　　　　上）	100

2 手形の割引き

I 手形の割引きとは

　所有する手形は、支払期日前に銀行等に買い取ってもらうことができます。これを**手形の割引き**といいます。

　手形を割り引くことによって、支払期日前に手形代金を受け取ることができますが、割引きのさい、銀行等に手数料や利息を支払うため、実際に受け取れる金額は手形金額よりも少なくなります。

　この場合の銀行等に支払う手数料や利息を**割引料**といいます。

Ⅱ 手形の割引きの処理

　手形を割り引いたときは、所有する手形を銀行等に渡してしまうため、**受取手形** [資産] の減少として処理します。　　☞資産の減少⇒貸方（右）

　また、割引きのさいにかかった割引料（手形金額と入金額との差額）は**手形売却損** [費用] で処理します。　　☞費用の増加⇒借方（左）

New
手形売却損

例3　　　　　　　　　　　　　　　**手形を割り引いたとき**

　Ａ社は所有するＣ社振出の約束手形100円を銀行で割り引き、割引料10円を差し引かれた残額（90円）を当座預金口座に入金した。

例3の仕訳	（手 形 売 却 損）	10	（受 取 手 形）	100
	（当 座 預 金）	90		

---

3 手形の不渡り

Ⅰ 手形の不渡りとは

　手形の不渡りとは、手形の満期日に手形代金の支払いがされないことをいいます。

Ⅱ 手形の不渡りの処理

▌1 所有している手形が不渡りとなったとき

　所有している手形が不渡りとなった場合でも、手形代金を支払人に請求することができます。しかし、通常の手形と区別するため、所有している手形が不渡りとなったときは、**受取手形** [資産] から **不渡手形** [資産] に振り替えます。

New
不渡手形

☞**資産の減少⇒貸方（右）**　☞**資産の増加⇒借方（左）**

▸ **例4 ─────── 所有している手形が不渡りとなったとき**

　所有する手形（得意先B社から受け取ったB社振出の約束手形）1,000円が不渡りとなった。

例4の仕訳　（不 渡 手 形）　　1,000　（受 取 手 形）　　1,000

▌2 不渡りとなった手形の代金を回収したとき

　不渡りとなった手形の代金を後日回収したときは、**不渡手形** [資産] の減少として処理します。

☞**資産の減少⇒貸方（右）**

▸ **例5 ─────── 不渡りとなった手形の代金を回収したとき**

　例4で不渡りとなった手形の代金（1,000円）を現金で回収した。

例5の仕訳　（現　　　　金）　　1,000　（不 渡 手 形）　　1,000

▌3 不渡りとなった手形の代金を回収できなかったとき

　不渡りとなった手形の代金が回収できなかったときは、貸倒れの処理をします。

●貸倒れの処理

Review 3級

◆当期に発生した売掛金や受取手形が貸し倒れたとき
→全額、**貸倒損失**［費用］で処理
◆前期以前に発生した売掛金や受取手形が貸し倒れたとき
→まずは設定している**貸倒引当金**を取り崩し、これを超える額は**貸倒損失**［費用］で処理

例6 ―― 不渡りとなった手形の代金を回収できなかったとき

例4で不渡りとなった手形の代金（1,000円）が回収不能となった。なお、貸倒引当金の残高は0円である。

| 例6の仕訳 | （貸 倒 損 失） | 1,000 | （**不 渡 手 形**） | 1,000 |

ひとこと

手形の処理には、ここで学習した項目以外に「手形の更改」がありますが、重要性が低いため、参考としました。学習に余裕がある人のみ、巻末の参考を読んでおいてください。

---

4 電子記録債権（債務）

Review 3級

I 電子記録債権とは

電子記録債権は、手形（や売掛金）の問題点を克服した新しい金銭債権です。

電子記録債権は、電子債権記録機関が管理する記録原簿（登記簿のようなもの）に必要事項を登録することによって権利が発生します。

Ⅱ　電子記録債権（債務）の処理（発生と消滅）

1　電子記録債権（債務）が発生したとき

　電子記録債権が発生すると、債権者には、（電子記録による）あとで債権金額を受け取れる権利が発生します。この権利は**電子記録債権**［資産］で処理します。

☞**資産の増加⇒借方（左）**

　一方、電子記録債務の発生により、債務者には、（電子記録による）支払義務が発生します。この義務は**電子記録債務**［負債］で処理します。

☞**負債の増加⇒貸方（右）**

図解 電子記録債権（債務）の処理

たとえば、A社はB社から商品を仕入れていて、B社に対する買掛金があったとする。逆にB社にはA社に対する売掛金があったとすると…

A社（電子記録債権って知ってる？） **B社**（あ、うん。）

買 掛 金 [負債] 売 掛 金 [資産]

この買掛金について、A社が電子記録債務による決済をしようとする場合は…

電子債権記録機関

記録原簿
発生記録

① a銀行 ③ b銀行

A社 B社
債務者 債権者

買 掛 金 [負債] 売 掛 金 [資産]

電子記録債務[負債] 電子記録債権[資産]

① 債務者（A社）は、取引銀行（a銀行）を通じて、**発生記録請求**をする

　　↳ 電子債権記録機関の記録原簿に発生記録を行うことを請求すること

② 電子債権記録機関は、記録原簿に発生記録を行う ← この時点で電子記録債権が発生する

③ 電子債権記録機関は、債権者（B社）に対し、取引銀行（b銀行）を通じて、発生記録の通知をする

例7 ———————— 電子記録債権（債務）が発生したとき

　A社は、B社に対する買掛金1,000円の支払いに電子記録債務を用いることとし、取引銀行を通じて債務の発生記録を行った。また、B社（A社に対する売掛金がある）は取引銀行よりその通知を受けた。A社（債務者）とB社（債権者）の仕訳をしなさい。

例7の仕訳　A社	（買　　掛　　金）	1,000	（電子記録債務）	1,000
B社	（電子記録債権）	1,000	（売　　掛　　金）	1,000

2 　電子記録債権（債務）が消滅したとき

　債務者の口座から債権者の口座に払い込み（支払い）が行われると、電子記録債権（債務）が消滅します。

ひとこと

　払い込みが行われると、電子債権記録機関はその旨を記録原簿に記録（支払等記録）します。

　そこで、債権者は**電子記録債権**[資産]を減少させます。

☞資産の減少⇒貸方（右）

　また、債務者は**電子記録債務**[負債]を減少させます。

☞負債の減少⇒借方（左）

例8 ———————— 電子記録債権（債務）が消滅したとき

　A社は、**例7**の電子記録債務について、取引銀行の当座預金口座からB社の取引銀行の当座預金口座に払い込みを行った。A社（債務者）とB社（債権者）の仕訳をしなさい。

例8の仕訳　A社	（電子記録債務）	1,000	（当　座　預　金）	1,000
B社	（当　座　預　金）	1,000	（電子記録債権）	1,000

Ⅲ 電子記録債権を譲渡したときの処理①

手形の裏書譲渡と同様、電子記録債権も他人に譲渡することができます。

ひとこと

電子記録債権を他人に譲渡するときには、債権者が取引銀行を通じて、譲渡記録請求（電子債権記録機関の記録原簿に譲渡記録の請求をすること）をします。

電子記録債権を譲渡したとき（譲渡人）は、**電子記録債権** [資産] を減少させます。
　　　　　　　　　　　　　　　　　　　　☞資産の減少⇒貸方（右）

また、電子記録債権の譲渡を受けたとき（譲受人）は、**電子記録債権** [資産] で処理します。
　　　　　　　　　　　　　　　　　　　　☞資産の増加⇒借方（左）

▌例9 ───────── 電子記録債権を譲渡したときの処理①

　B社はC社に対する買掛金の決済のため、所有する電子記録債権1,000円を譲渡することとし、取引銀行を通じて譲渡記録を行った。B社（譲渡人）とC社（譲受人）の仕訳をしなさい。

| 例9の仕訳 B社 | （買　掛　金） | 1,000 | （**電子記録債権**） | 1,000 |
| C社 | （**電子記録債権**） | 1,000 | （売　掛　金） | 1,000 |

Ⅳ 電子記録債権を譲渡したときの処理②

電子記録債権の債権金額と譲渡金額が異なるときは、その差額を**電子記録債権売却損** [費用] で処理します。　　　　　　　☞費用の増加⇒借方（左）

New

▌例10 ───────── 電子記録債権を譲渡したときの処理②

　B社は所有する電子記録債権1,000円を取引先に950円で譲渡し、代金は当座預金口座に入金された。

| 例10の仕訳 | （当　座　預　金） | 950 | （**電子記録債権**） | 1,000 |
| | （**電子記録債権売却損**） | 50* | | |

＊　1,000円－950円＝50円

5 その他の債権の譲渡

Ⅰ その他の債権の譲渡

手形債権（受取手形）や電子記録債権だけでなく、売掛金などその他の債権も他人に譲渡することができます。

Ⅱ 売掛金（その他の債権）を譲渡したときの処理①

売掛金を譲渡したときは、**売掛金** [資産] を減少させます。

☞ **資産の減少⇒貸方（右）**

例11 ──── 売掛金（その他の債権）を譲渡したときの処理①

A社はC社に対する買掛金1,000円を支払うため、B社に対する売掛金1,000円を、B社の承諾を得て、C社に譲渡した。

例11の仕訳	（買　掛　金）	1,000	（**売　掛　金**）	1,000

Ⅲ 売掛金（その他の債権）を譲渡したときの処理②

売掛金の譲渡金額（売却価額）が、帳簿価額よりも低いときは、その差額を**債権売却損** [費用] で処理します。

☞ **費用の増加⇒借方（左）**

New

債権売却損

例12 ——————— 売掛金（その他の債権）を譲渡したときの処理②

　A社はB社に対する売掛金1,000円を、B社の承諾を得て、D社に950円で譲渡し、代金は普通預金口座に入金された。

例12の仕訳	（普 通 預 金）	950	（売　　掛　　金）	1,000
	（債 権 売 却 損）	50*		

* 　1,000円－950円＝50円

問1　手形の裏書き

　次の取引について仕訳しなさい。なお、勘定科目はそれぞれ［　　］内に示すものの中から選ぶこと。

[勘定科目：現金、当座預金、受取手形、売掛金、支払手形、買掛金]

⑴　東京商事㈱は、青森商事㈱に対する買掛金10,000円を支払うため、以前に受け取っていた大分商事㈱振出の約束手形10,000円を裏書譲渡した。

⑵　青森商事㈱は、東京商事㈱に対する売掛金10,000円の回収として、大分商事㈱振出、東京商事㈱受取の約束手形を受け取った。

問2　手形の割引き

　次の取引について仕訳しなさい。なお、勘定科目はそれぞれ［　　］内に示すものの中から選ぶこと。

[勘定科目：現金、当座預金、受取手形、売掛金、支払手形、買掛金、手形売却損]

⑴　東京商事㈱は、以前に受け取っていた鳥取商事㈱振出の約束手形20,000円を銀行で割り引き、割引料200円を差し引かれた残額を当座預金口座に入金した。

⑵　埼玉商事㈱は、以前に受け取っていた群馬商事㈱振出の約束手形50,000円を銀行で割り引き、割引料を差し引かれた残額47,500円を当座預金口座に入金した。

問3　手形の不渡り

　次の取引について仕訳しなさい。なお、勘定科目はそれぞれ［　　］内に示すものの中から選ぶこと。

[勘定科目：当座預金、受取手形、不渡手形、貸倒引当金、貸倒損失]

⑴　所有する手形（得意先岡山商事㈱から受け取った岡山商事㈱振出の約束手形）40,000円が不渡りとなった。

⑵　⑴で不渡りとなった手形の代金（40,000円）を回収し、当座預金とした。

⑶　不渡手形50,000円が貸し倒れた。なお、貸倒引当金の残額は0円である。

問4 電子記録債権（債務）の処理

次の取引について、A社、B社、C社の仕訳をしなさい。なお、勘定科目はそれぞれ [　　] 内に示すものの中から選ぶこと。

[勘定科目：当座預金、仕入、売上、売掛金、電子記録債権、買掛金、電子記録債務]

(1)　A社は、B社から商品3,000円を掛けで仕入れた。

(2)　A社およびB社は、(1)の掛け代金3,000円について、取引銀行を通じて電子記録債権の発生記録を行った。

(3)　B社はC社に対する買掛金3,000円の決済のため、(2)の電子記録債権をC社に譲渡し、電子記録債権の譲渡記録を行った。

(4)　支払期限が到来したので、A社は上記の電子記録債務を当座預金口座を通じて決済した（C社の当座預金口座に入金された）。

問5 電子記録債権の譲渡

次の取引について仕訳しなさい。なお、勘定科目はそれぞれ [　　] 内に示すものの中から選ぶこと。

[勘定科目：当座預金、売掛金、電子記録債権、買掛金、電子記録債務、電子記録債権売却損]

(1)　A社はB社に対する買掛金の決済のため、所有する電子記録債権2,000円をB社に譲渡することとし、取引銀行を通じて譲渡記録を行った。

(2)　(1)について、B社（A社に対する売掛金2,000円がある）の仕訳をしなさい。

(3)　C社は所有する電子記録債権4,000円をD社に3,800円で譲渡し、譲渡記録を行った。なお、譲渡代金3,800円は当座預金口座に入金された。

問6 その他の債権（売掛金）の譲渡

次の取引について仕訳しなさい。なお、勘定科目はそれぞれ [　　] 内に示すものの中から選ぶこと。

[勘定科目：普通預金、売掛金、買掛金、債権売却損]

(1)　埼玉商事㈱は群馬商会㈱に対する買掛金3,000円を支払うため、茨城商事㈱に対する売掛金3,000円を、茨城商事㈱の承諾を得て、群馬商会㈱に譲渡した。

(2)　新潟物産㈱は石川商事㈱に対する売掛金5,000円を、石川商事㈱の承諾を得て、福井商会㈱に4,600円で譲渡し、代金は普通預金口座に入金された。

解答

問1 手形の裏書き

(1)	（買　掛　金）	10,000	（受　取　手　形）	10,000
(2)	（受　取　手　形）	10,000	（売　掛　金）	10,000

問2 手形の割引き

(1)	（手 形 売 却 損）	200	（受　取　手　形）	20,000
	（当　座　預　金）	19,800		
(2)	（手 形 売 却 損）	2,500*	（受　取　手　形）	50,000
	（当　座　預　金）	47,500		

　　＊　50,000円 − 47,500円 = 2,500円

問3 手形の不渡り

(1)	（不　渡　手　形）	40,000	（受　取　手　形）	40,000
(2)	（当　座　預　金）	40,000	（不　渡　手　形）	40,000
(3)	（貸　倒　損　失）	50,000	（不　渡　手　形）	50,000

問4 電子記録債権（債務）の処理

(1)	A社：	（仕　入）	3,000	（買　掛　金）	3,000
	B社：	（売　掛　金）	3,000	（売　上）	3,000
	C社：	仕訳なし			
(2)	A社：	（買　掛　金）	3,000	（電子記録債務）	3,000
	B社：	（電子記録債権）	3,000	（売　掛　金）	3,000
	C社：	仕訳なし			
(3)	A社：	仕訳なし			
	B社：	（買　掛　金）	3,000	（電子記録債権）	3,000
	C社：	（電子記録債権）	3,000	（売　掛　金）	3,000
(4)	A社：	（電子記録債務）	3,000	（当　座　預　金）	3,000
	B社：	仕訳なし			
	C社：	（当　座　預　金）	3,000	（電子記録債権）	3,000

問5 電子記録債権の譲渡

(1)	（買　　掛　　金）	2,000		（電子記録債権）	2,000
(2)	（電子記録債権）	2,000		（売　　掛　　金）	2,000
(3)	（当　座　預　金）	3,800		（電子記録債権）	4,000
	（電子記録債権売却損）	200			

問6 その他の債権（売掛金）の譲渡

(1)	（買　　掛　　金）	3,000		（売　　掛　　金）	3,000
(2)	（普　通　預　金）	4,600		（売　　掛　　金）	5,000
	（債　権　売　却　損）	400			

CHAPTER 07

銀行勘定調整表

◆企業側の修正事項のみ、修正仕訳をする

　ここでは銀行勘定調整表について学習します。

　銀行勘定調整表は、当座預金の帳簿残高と銀行残高が一致しない場合に作成する表ですが、試験で、「銀行勘定調整表を作成しなさい」という問題が出題されることはほとんどありません。しかし、当座預金の帳簿残高と銀行残高が一致しない場合に必要な修正仕訳はよく出題されるので、どんな場合に修正仕訳が必要かをしっかりおさえましょう。

2級で学習する内容

取引と処理

株式会社特有の取引	その他の取引

その他の取引

✓手　形 ······························ CHAPTER 06
✓電子記録債権（債務）··· CHAPTER 06
✓その他の債権の譲渡 ······ CHAPTER 06
✓銀行勘定調整表 ············· CHAPTER 07
✓固定資産 ······················ CHAPTER 08
✓リース取引 ··················· CHAPTER 09
✓研究開発費 ··················· CHAPTER 10
✓無形固定資産 ················ CHAPTER 10
✓有価証券 ······················ CHAPTER 11
✓引当金 ························· CHAPTER 12
✓収益・費用の認識基準··· CHAPTER 13
✓サービス業の処理 ········· CHAPTER 13
✓外貨建取引 ··················· CHAPTER 14

商品売買取引	
伝　　　票	

決算、本支店会計、連結会計、製造業会計

決　　　算	本支店会計

決　　　算

✓決算整理 ················ CHAPTER 04〜14
✓精算表の作成 ················ CHAPTER 16
✓財務諸表の作成 ············· CHAPTER 16
✓税効果会計 ··················· CHAPTER 17
✓帳簿の締め切り ············· CHAPTER 18

連結会計Ⅰ〜Ⅲ
製造業会計

1 銀行勘定調整表とは

　企業は、決算日や月末に、銀行から当座預金の残高証明書を発行してもらい、これと帳簿上の当座預金の残高を照合します。

　これらの残高が一致していないときには、その不一致の原因を明らかにするため、**銀行勘定調整表**を作成します。

2 不一致が生じる原因

　企業側の帳簿上の残高（帳簿残高）と、銀行残高証明書の残高（銀行残高）が不一致となる原因には、以下のようなものがあります。

　なお、企業側で修正仕訳が必要なものと、修正仕訳が不要なものがあるので、どの場合に修正仕訳が必要なのかをしっかりとおさえてください。

Ⅰ 時間外預入

　時間外預入とは、企業が銀行の営業時間後に夜間金庫などに現金を預け入れることをいいます。

　企業側は現金を預け入れたときに**当座預金**［資産］の増加として処理しますが、銀行側では翌日に処理するので、預け入れた日における両者の残高は一致しなくなります。

　しかし、翌日になって銀行側で処理がなされると不一致が解消するため、時間外預入については、修正仕訳は不要です。

例 1 ─────────────────────────── **時間外預入**

　決算日に、現金100円を当座預金口座に預け入れたが、営業時間外のため銀行で翌日付けの入金として処理された。

例 1 の仕訳	仕訳なし

Ⅱ 未取立小切手

未取立小切手とは、他人振出の小切手を銀行に預け入れ、その取り立てを依頼したにもかかわらず、まだ銀行が取り立てていない場合の小切手をいいます。

企業側では銀行に小切手を預け入れたときに**当座預金** [資産] の増加として処理していますが、銀行側ではまだ取り立てていないため、両者の残高に不一致が生じます。

しかし、銀行が取り立てを行えば不一致が解消する（企業は正しい処理をしている）ため、未取立小切手については、修正仕訳は不要です。

図解 未取立小切手

例2 ────────────────────────────── 未取立小切手

得意先Ｃ社から受け取った小切手200円を銀行に持ち込み、取り立てを依頼していたが、決算日において、まだ銀行が取り立てを行っていなかった。

例2の仕訳 　　　　　　　　　　　　　仕訳なし

Ⅲ 未取付小切手

未取付小切手とは、小切手を振り出し、取引先に渡したにもかかわらず、まだ取引先が銀行に持ち込んでいない小切手をいいます。

企業側では小切手を振り出したときに**当座預金**［資産］の減少として処理していますが、まだ銀行には持ち込まれていないため、銀行側では処理をしていません。そのため、両者の残高に不一致が生じます。

しかし、取引先が銀行に小切手を持ち込めば不一致が解消する（企業は正しい処理をしている）ため、未取付小切手については、修正仕訳は不要です。

図解 未取付小切手

| 例3 | 未取付小切手 |

仕入先B社に振り出した小切手150円が、決算日において、まだ銀行に呈示されていなかった。

| 例3の仕訳 | **仕訳なし** |

Ⅳ　連絡未通知

連絡未通知とは、当座振込や当座引落しがあったにもかかわらず、銀行からの連絡が企業に未達である状態をいいます。

この場合、銀行側では処理済みですが、企業側ではまだ処理をしていないので、両者の残高に不一致が生じます。

連絡未通知は、企業側で未処理のため、修正仕訳が必要です。

図解 連絡未通知

预け入れまたは
引き出しあり

A社　←　連絡なし　×　←　××銀行

当座預金
－円　←不一致→　当座預金
＋300円

待っていても差異が解消されないので…

修正仕訳必要

例4　　　　　　　　　　　　　　　　　　　連絡未通知

決算日において、得意先C社から売掛金300円について当座預金口座に振り込みがあったが、この通知が当社に未達であった。

例4の仕訳	（当座預金）	300	（売掛金）	300

Ⅴ 誤記入

　企業側が誤った仕訳をした場合、当然、企業側の残高と銀行側の残高は異なります。

　この場合、企業側は誤った仕訳を正しい仕訳になおすための<u>修正仕訳</u>が必要です。

図解 誤記入

例5				誤記入

　得意先C社から売掛金200円を回収したさい、誤って250円で処理していた。

| 例5の仕訳 | （売　掛　金） | 50 | （当　座　預　金） | 50 |

〈解説〉

誤った仕訳：	（当座預金）	250	（売　掛　金）	250
①誤った仕訳の逆仕訳：	（売　掛　金）	~~250~~ 50	（当　座　預　金）	~~250~~ 50
		＋		
②正しい仕訳：	（当　座　預　金）	200	（売　掛　金）	200
③修正仕訳（①＋②）：	（売　掛　金）	50	（当　座　預　金）	50

Ⅵ　未渡小切手

未渡小切手とは、取引先に渡すつもりで作成し、すでに**当座預金**[資産]の減少として処理しているにもかかわらず、まだ取引先に渡していない（手許に残っている）小切手をいいます。

企業側では小切手を作成したときに**当座預金**[資産]の減少として処理していますが、まだ取引先に渡していないため、銀行側では当然処理をしていません。そのため、両者の残高に不一致が生じます。

小切手を取引先に渡していないので、企業側では**当座預金**[資産]の減少を取り消すための修正仕訳が必要です。

図解　未渡小切手

なお、未渡小切手の修正仕訳は、その小切手が、負債を決済するために作成されたものなのか、費用や固定資産の購入代金を支払うために作成されたものなのかによって、貸方科目が異なります。

1 負債を決済するために作成された小切手の場合

　買掛金 [負債] を決済するために作成した小切手が未渡しの場合、まだ**買掛金** [負債] が減少していないので、**買掛金** [負債] の減少を取り消します。

▶ **例6** ─────────────── 未渡小切手（負債の決済のため）

　買掛金400円の支払いのため小切手を作成したが、決算日において未渡しであった。

例6の仕訳　（**当 座 預 金**）　　　400　（**買 　 掛 　 金**）　　　400

　　　〈解説〉

　　　小切手作成時の仕訳：（買 　 掛 　 金）　400　（当 座 預 金）　400

　　　修 　 正 　 仕 　 訳：（当 座 預 金）　400　（買 　 掛 　 金）　400

2 費用や固定資産の購入代金を支払うために作成された小切手の場合

　広告費や固定資産の購入代金を支払うために作成した小切手が未渡しの場合、本来、支払わなければならない金額をまだ支払っていないことになります。そこで、この場合には**未払金** [負債] で処理します。

▶ **例7** ───────── 未渡小切手（費用や固定資産の購入代金を支払うため）

　広告宣伝費1,000円の支払いのため小切手を作成したが、決算日において未渡しであった。

例7の仕訳　（**当 座 預 金**）　　1,000　（**未 　 払 　 金**）　　1,000

　　　〈解説〉

　　　小切手作成時の仕訳：（広 告 宣 伝 費）　1,000　（当 座 預 金）　1,000

　　　修 　 正 　 仕 　 訳：（当 座 預 金）　1,000　（**未 　 払 　 金**）　1,000

Ⅶ 修正仕訳が必要な項目と不要な項目

修正仕訳が必要な項目と不要な項目をまとめると、次のとおりです。

● 修正仕訳が必要な項目と不要な項目

修正仕訳が必要な項目	連絡未通知、誤記入、未渡小切手
修正仕訳が不要な項目	時間外預入、未取立小切手、未取付小切手

3 銀行勘定調整表の作成

　銀行勘定調整表とは、企業の当座預金残高（帳簿残高）と銀行が発行する残高証明書の残高（銀行残高）との不一致原因を明らかにするための表をいいます。

　銀行勘定調整表の作成方法には、**両者区分調整法**、**企業残高基準法**、**銀行残高基準法**の３つがありますが、ここでは最も基本的な両者区分調整法について説明します。

　企業残高基準法と銀行残高基準法については巻末の参考で説明していますので、余裕のある方は読んでおいてください。

　両者区分調整法は、帳簿残高と銀行残高の両方に不一致原因を加減して、最終的に正しい残高を求める方法です。

　具体的には、修正仕訳が必要な項目については帳簿残高（企業残高）に加減し、修正仕訳が不要な項目については銀行残高に加減します。

図解 銀行勘定調整表（両者区分調整法）の作成

銀行勘定調整表（両者区分調整法）

| 当社の帳簿残高 | 600 | 銀行の残高証明書残高 | 1,100 |

修正仕訳が必要な項目を加減　　修正仕訳が不要な項目を加減

1,250 ←一致→ 1,250

例8　　銀行勘定調整表（両者区分調整法）の作成

　当社の当座預金の帳簿残高は600円、銀行の残高証明書の残高は1,100円であった。不一致の原因を調べたところ、次のことが判明した。

(1) 時間外預入　100円

(2) 未取立小切手　200円

(3) 未取付小切手　150円

(4) 連絡未通知（売掛金の当座振込）　300円

(5) 誤記入（売掛金の振込額200円を250円として記入）

(6) 未渡小切手　400円

例8の解答

銀行勘定調整表（両者区分調整法）（単位：円）

当社の帳簿残高		600	銀行の残高証明書残高		1,100
加算	(4)連絡未通知	300	加算	(1)時間外預入	100
	(6)未渡小切手	400		(2)未取立小切手	200
減算	(5)誤記入	50	減算	(3)未取付小切手	150
		1,250			1,250

一致（正しい残高）

114

〈解説〉

(1) 時間外預入…修正仕訳が不要な項目→銀行残高に加算

当座預金口座への預け入れによって当座預金の残高が増加するため、銀行残高に加算

(2) 未取立小切手…修正仕訳が不要な項目→銀行残高に加算

銀行が取り立てを行うことによって当座預金の残高が増加するため、銀行残高に加算

(3) 未取付小切手…修正仕訳が不要な項目→銀行残高から減算

取引先が銀行に小切手を持ち込むことによって当座預金の残高が減少するため、銀行残高から減算

(4) 連絡未通知…修正仕訳が必要な項目→帳簿残高に加減算

当座預金口座への預け入れが未通知の場合には帳簿残高に加算し、当座預金口座からの引き落しが未通知の場合には帳簿残高から減算

(5) 誤記入…修正仕訳が必要な項目→帳簿残高に加減算

修正仕訳によって、**当座預金 [資産]** が増加する場合には帳簿残高に加算し、**当座預金 [資産]** が減少する場合には帳簿残高から減算

(6) 未渡小切手…修正仕訳が必要な項目→帳簿残高に加算

取引先にまだ小切手を渡していないため、すでに処理した**当座預金 [資産]** の減少を取り消す（帳簿残高に加算）

次の資料にもとづいて、修正仕訳をしなさい。なお、仕訳が不要の場合は「仕訳なし」と記入すること。

［資　料］

(1)　決算日に現金30,000円を当座預金口座に預け入れたが、営業時間外のため、銀行で翌日付けの入金として処理された。

(2)　得意先熊本商事㈱から受け取った小切手50,000円を銀行に持ち込み、取り立てを依頼していたが、決算日において、まだ銀行が取り立てを行っていなかった。

(3)　仕入先長崎商事㈱に振り出した小切手70,000円が、決算日において、まだ銀行に呈示されていなかった。

(4)　決算日に、得意先鹿児島商事㈱から売掛金60,000円について当座預金口座に振り込みがあったが、この通知が当社に未達であった。

(5)　当社が振り出した約束手形20,000円が満期日を迎え、当座預金口座から支払われたが、誤って2,000円で処理していた。

(6)　買掛金50,000円の支払いのため小切手を作成したが、決算日において未渡しであった。

(7)　備品の購入代金120,000円を支払うため小切手を作成したが、決算日において未渡しであった。

(1)　　**仕訳なし**

(2)　　**仕訳なし**

(3)　　**仕訳なし**

(4)　　（当　座　預　金）　　60,000　　（売　　掛　　金）　　60,000

(5)　　（支　払　手　形）　　18,000　　（当　座　預　金）　　18,000

(6)　　（当　座　預　金）　　50,000　　（買　　掛　　金）　　50,000

(7)　　（当　座　預　金）　　120,000　　（未　　払　　金）　　120,000

〈解説〉

(5)について、修正仕訳を示すと次のとおりです。

誤　っ　た　仕　訳：（支　払　手　形）　2,000　　（当　座　預　金）　2,000

誤った仕訳の逆仕訳：（当　座　預　金）　2,000　　（支　払　手　形）　2,000
　　　　　　　　　　　　　　　　　　18,000 ＋　　　　　　　　　　18,000
正　し　い　仕　訳：（支　払　手　形）－20,000　　（当　座　預　金）－20,000

修　正　仕　訳：**（支　払　手　形）　18,000　　（当　座　預　金）　18,000**

固定資産

◆定率法は第３問で毎回出る！

ここでは固定資産について学習します。

　３級で学習した現金等による固定資産の購入、売却、減価償却のほか、２級では手形による固定資産の購入、割賦購入、建設仮勘定、固定資産の除却・廃棄・滅失・買換えについてみていきます。また、２級で新たに出てくる減価償却方法として定率法と生産高比例法、そして2017年度から出題範囲に加わった圧縮記帳についてもみていきます。

２級で学習する内容

取引と処理

株式会社特有の取引

その他の取引

- ✓手　形 ･･････････････････････ CHAPTER 06
- ✓電子記録債権（債務）･･･ CHAPTER 06
- ✓その他の債権の譲渡 ･･････ CHAPTER 06
- ✓銀行勘定調整表 ･･････････ CHAPTER 07
- ✓固定資産 ･･････････････････ CHAPTER 08
- ✓リース取引 ･･････････････ CHAPTER 09
- ✓研究開発費 ･･････････････ CHAPTER 10
- ✓無形固定資産 ･･･････････ CHAPTER 10
- ✓有価証券 ･･････････････････ CHAPTER 11
- ✓引当金 ･･･････････････････ CHAPTER 12
- ✓収益・費用の認識基準 ･･･ CHAPTER 13
- ✓サービス業の処理 ･･･････ CHAPTER 13
- ✓外貨建取引 ･･････････････ CHAPTER 14

商品売買取引

伝　　　票

決算、本支店会計、連結会計、製造業会計

決　　算

- ✓決算整理 ･･･････････････ CHAPTER 04〜14
- ✓精算表の作成 ･･･････････ CHAPTER 16
- ✓財務諸表の作成 ･･･････ CHAPTER 16
- ✓税効果会計 ･･･････････ CHAPTER 17
- ✓帳簿の締め切り ･･･････ CHAPTER 18

本支店会計

連結会計Ⅰ〜Ⅲ

製造業会計

1 固定資産とは

固定資産とは、企業が活動するために長期にわたって使用する資産をいい、**有形固定資産、無形固定資産、投資その他の資産**に分類されます。

● 固定資産の分類

有形固定資産	建物、備品、車両運搬具、土地など、長期にわたって使用する資産で、具体的な形があるもの
無形固定資産	のれん、特許権、著作権など長期にわたって使用する資産で、具体的な形がないもの（CHAPTER 10で学習します）
投資その他の資産	長期貸付金など

このうち、CHAPTER 08 では有形固定資産についてみていきます。

2 固定資産の購入

I 固定資産の購入時の処理 　　♪*Review* 　3級

固定資産を購入したときは、固定資産の本体価格（**購入代価**）に、不動産会社に支払った仲介手数料や登記料、備品の設置費用などの**付随費用**を加算した**取得原価**で計上します。

図解 固定資産の購入時の処理

固定資産の取得原価 = 購入代価 + 付随費用

取得原価 ┤ 付随費用 ← 仲介手数料、登記料、設置費用など

購入代価 ← 固定資産の本体価格

固定資産（商品以外のもの）を購入して、手形を振り出したときには、**営業外支払手形** [負債] で処理します。　　　　　☞**負債の増加⇒貸方（右）**

また、固定資産（商品以外のもの）を売却して、代金を手形で受け取ったときには、**営業外受取手形** [資産] で処理します。　　☞**資産の増加⇒借方（左）**

New
営業外支払手形

New
営業外受取手形

図解 手形による固定資産の購入と売却

商品 を	仕入れ、約束手形を振り出した	➡ **支払手形** [負債]
	売り上げ、約束手形を受け取った	➡ **受取手形** [資産]
備品 車両 など 商品以外のもの を	購入し、約束手形を振り出した	➡ **営業外支払手形** [負債]
	売却し、約束手形を受け取った	➡ **営業外受取手形** [資産]

▸ **例1** ━━━━━━━━━━━━━━━ **手形による固定資産の購入**

　A社は、B社から備品850円を購入し、代金は約束手形を振り出して支払った。

| 例1の仕訳 | （備　　　　品） | 850 | （営業外支払手形） | 850 |

例2 ———————————— 手形による固定資産の売却

B社は、A社に備品（帳簿価額800円、直接法で記帳）を850円で売却し、代金は約束手形で受け取った。

例2の仕訳	（営業外受取手形）	850	（備　　　　品）	800
			（固定資産売却益）	50

Ⅲ 固定資産の割賦購入

固定資産を割賦（分割払い）で購入する場合、取得原価（購入代価＋付随費用）のほか、割賦購入に関する利息がかかってきます。

ひとこと

　割賦購入とは、先に品物を受け取り、代金は後で分割して支払う購入形態をいいます。

　たとえば、30万円の家電を購入して、クレジットカードで支払う場合、1回払いであれば支払金額は30万円ですが、3回払いや5回払いなどの場合には、30万円よりも総支払金額が大きくなりますよね？　その差額分が割賦購入に関する利息（および代金回収のための費用）です。

この、割賦購入に関する利息は**支払利息** [費用] で処理します。

1 固定資産を割賦で購入したとき

固定資産を割賦で購入したときは、原則として、現金で購入した場合の価格（現金正価）を取得原価として処理し、利息分は**前払利息** [資産] で処理します。

ひとこと

　割賦期間が長期にわたる場合（決算日の翌日から1年を超える場合）には、**長期前払利息** [資産] で処理することもあります。

　また、購入時に計上する利息分について**前払利息** [資産] や**長期前払利息** [資産] で処理する方法のほか、**支払利息** [費用] で処理する方法もあります。

図解 固定資産を割賦で購入したとき

たとえば、備品60,000円を、6か月の分割払い（月々の支払額は10,500円）の契約で購入した、という場合は…

この部分は利息

前払利息
[資産]

63,000円
(10,500円×6か月)

3,000円

60,000円

60,000円

現金で買うと…　　割賦で買うと…

▶ **例3** ──────────────── 固定資産を割賦で購入したとき

　備品60,000円を6か月の分割払い（月々の支払額は10,500円）の契約で購入した。なお、利息分については前払利息で処理する。

例3の仕訳	（備　　　品）	60,000	（未　払　金）	63,000[*1]
	（前 払 利 息）	3,000[*2]		

　　＊1　10,500円×6か月＝63,000円
　　＊2　63,000円−60,000円＝3,000円

---

2 **割賦金を支払ったとき**

　月々の返済時には、未払金等の負債を減少させます。

　また、支払った分に対応する利息を**前払利息** [資産] から**支払利息** [費用] に振り替えます。

　このときの利息の計算方法には、定額法や利息法などがありますが、2級では**定額法**（利息総額を期間で均分する方法）で処理します。

図解 割賦金を支払ったときの利息の処理

前提：期中に備品60,000円を、6か月の分割払い
（月々の支払額は10,500円）の契約で購入した

このとき
の仕訳 （備　品）60,000 （未払金）63,000
（前払利息）3,000

6か月分の金額。これについて、

支払った分(1か月分) だけ 支払利息[費用] に振り替える

総利息3,000円

次回以降分 は
前払利息[資産]

現金正価
60,000円

1か月分の利息：3,000円÷6か月＝500円
（支払利息）

例4 割賦金を支払ったとき

　例3で購入した備品（現金正価60,000円、6か月の分割払い。月々の支払額は10,500円）について、第1回目の割賦金10,500円を銀行の普通預金口座から支払った。なお、前払利息は定額法により配分する。

| 例4の仕訳 | （未　払　金） | 10,500 | （普　通　預　金） | 10,500 |
| | （支　払　利　息） | 500* | （前　払　利　息） | 500 |

* ①総利息：10,500円×6か月－60,000円＝3,000円
　②支払った分の利息：3,000円÷6か月＝500円

前払利息 [資産] から**支払利息** [費用] への振り替えは決算時に行うこともあります。

また、購入時において利息分を**支払利息** [費用] で処理した場合には、決算において、次期以降の利息（未経過分の利息）を**支払利息** [費用] から**前払利息** [資産] に振り替えます。

利息の処理について、まとめると以下のようになります。

❶ 購入時に「前払利息」で処理する方法

購入時	（備　　　品）	60,000	（未 払 金）	63,000
	（前 払 利 息）	3,000		
割賦金の支払時	（未 払 金）	10,500	（普 通 預 金）	10,500
	（支 払 利 息）	500	（前 払 利 息）	500

支払った分の利息
（当期の利息）

この仕訳は決算時に行うこともある

❷ 購入時に「支払利息」で処理する方法

購入時	（備　　　品）	60,000	（未 払 金）	63,000
	（支 払 利 息）	3,000		
割賦金の支払時	（未 払 金）	10,500	（普 通 預 金）	10,500
決算時	（前 払 利 息）	2,500	（支 払 利 息）	2,500

次期以降の利息

ふむふむ...

3 固定資産の減価償却

I 減価償却とは

建物、備品、車両などの固定資産は、使用することによって年々価値が減っていきます。そこで、決算において当期中に生じた価値の減少分を見積り、その分だけ固定資産の帳簿価額を減少させるとともに、同額を費用として計上していきます。この手続きを**減価償却**といい、減価償却によって費用計上される金額を**減価償却費** [費用] といいます。

減価償却方法には**定額法**、**定率法**、**生産高比例法**などがあります。

固定資産の減価償却のうち、定額法については3級ですでに学習したため、ここでは定率法と生産高比例法について説明します。

　なお、定額法について、ポイントをまとめると次のとおりです。

◎**定額法**　　　　　　　　　　　　　　　　　　　　　　Ↄ*Review*　**3級**

✓　定額法…固定資産の耐用期間中、毎期同額の減価償却費を計上する方法

1年分の減価償却費 ＝（取得原価 − 残存価額）÷ 耐用年数

※　残存価額が取得原価の10%である場合には、耐用期間中に、取得原価の90%を減価償却するということになるので、「取得原価−残存価額」を「取得原価×0.9」としても求めることができます（慣れてくるとこちらのほうが速く計算することができます）。

1年分の減価償却費 ＝（取得原価 × 0.9）÷ 耐用年数

✓　会計期間の途中で取得した固定資産については、当期に使用した期間分の減価償却費を<u>月割り</u>で計上

Ⅱ　減価償却費の記帳方法

　減価償却費の記帳方法（仕訳の仕方）には、直接法と間接法があります。

1　直接法

　直接法は、計上した**減価償却費** [費用] と同額だけ、直接**固定資産**の金額を減少させる方法です。　　　　　　　　☞**資産の減少⇒貸方（右）**

| （減 価 償 却 費） | ×× | （建　　　物） | ×× |

━━━━━━━━━━━━━━━━━ **直接法による減価償却**

　決算において、当期首に購入した建物（取得原価10,000円、残存価額は0円、耐用年数20年）について、定額法により減価償却を行う。なお、記帳方法は直接法である。

| 例5の仕訳 | （減 価 償 却 費） | 500* | （建　　　　物） | 500 |

　　　　　* （10,000円－0円）÷20年＝500円

---

2 間接法

♪Review　3級

　間接法は、固定資産の金額を直接減らさず、貸方を**減価償却累計額**で処理する方法です。減価償却累計額は資産のマイナスを表す勘定科目で、固定資産の名称をつけ、**建物減価償却累計額**や**備品減価償却累計額**とすることもあります。

☞**資産のマイナスを表す勘定科目⇒貸方（右）**

| （減 価 償 却 費） | ×× | （建物減価償却累計額） | ×× |

━━━━━━━━━━━━━━━━━ **間接法による減価償却**

　決算において、前期首に購入した建物（取得原価10,000円、残存価額は0円、耐用年数20年）について、定額法により減価償却を行う。なお、記帳方法は間接法である。

| 例6の仕訳 | （減 価 償 却 費） | 500* | （建物減価償却累計額） | 500 |

　　　　　* （10,000円－0円）÷20年＝500円

Ⅲ 定率法

1 定率法とは

定率法とは、期首時点の未償却残高（取得原価−期首減価償却累計額）に、一定の償却率を掛けて減価償却費を計上する方法です。

定率法の計算式は次のとおりです。

図解 定率法

1年分の減価償却費 ＝（取得原価 − 期首減価償却累計額）× 償却率

取得原価
期首減価償却累計額
期首未償却残高×償却率

なお、会計期間の途中で取得した固定資産については、当期に使用した期間（取得後、使用を開始した日から決算日までの月数）分の減価償却費を月割りで計上します。

決算において、当期の12月1日に購入した備品（取得原価30,000円）について、定率法（償却率20%）により減価償却を行う。取得後1年目、2年目、3年目の決算整理仕訳をしなさい。なお、決算日は3月31日、記帳方法は間接法である。

例7の仕訳	1年目	（減 価 償 却 費）	2,000[*1]	（備品減価償却累計額）	2,000
	2年目	（減 価 償 却 費）	5,600[*2]	（備品減価償却累計額）	5,600
	3年目	（減 価 償 却 費）	4,480[*3]	（備品減価償却累計額）	4,480

[*1] $30,000円 \times 20\% \times \dfrac{4か月}{12か月} = 2,000円$

期首	購入日	決算日
4/1	12/1	3/31

4か月

[*2] $(30,000円 - 2,000円) \times 20\% = 5,600円$

[*3] $(30,000円 - 2,000円 - 5,600円) \times 20\% = 4,480円$

　定率法は、当初の減価償却費は多く計上され、年々少なくなっていく減価償却方法です。

ひとこと

　例7では2年目の減価償却費は5,600円でしたが、3年目の減価償却費は4,480円に減少しています。

　1年目は会計期間の途中で取得しているため、減価償却費が2,000円と少なくなっていますが、これは4か月分の減価償却費です。

　1年分で計算しなおすと、

　$30,000円 \times 20\% = 6,000円$

となり、1年目の減価償却費がもっとも多くなります。

2 定率法の償却率と200％定率法

　平成24年4月1日以後に取得する固定資産について適用する定率法の償却率は、以下の計算式で求めます。

$$
\text{定率法の償却率} = \frac{1}{\text{定額法の耐用年数}} \times 200\%
$$

ひとこと

たとえば、定額法の耐用年数が10年の場合、定率法の償却率は0.2となります。

定率法の償却率：$\dfrac{1}{10年} \times 200\% = 0.2$

そのため、これを**200％定率法**といいます。

ひとこと

　試験では、問題文に償却率が与えられることが多いですが、200％定率法によって自分で定率法の償却率を計算しなければならない場合も考えられますので、余裕がある人は覚えておいてください。

ひとこと

　200％定率法の場合、期首帳簿価額に償却率を掛けて減価償却費を計算するため、いつまでたっても帳簿価額が0円となりません。そこで、あるタイミングで償却の仕方を切り替えます。この切り替えのタイミングについては巻末の参考で説明していますので、余裕がある方は確認しておいてください（この内容はかなり細かい内容なので、2級では学習不要とも思いますが、日商のサンプル問題に掲載されていたため、念のため参考扱いで載せてあります）。

Ⅳ 生産高比例法

生産高比例法とは、固定資産の耐用期間中、その資産の利用度に比例した減価償却費を計上する方法で、減価償却費は次の計算式によって求めます。

図解 生産高比例法

$$1年分の減価償却費 = (取得原価 - 残存価額) \times \frac{当期利用量}{総利用可能量}$$

取得原価 { 残存価額 } $\times \dfrac{当期利用量}{総利用可能量}$

ひとこと

生産高比例法の適用は、航空機や自動車など、総利用可能量を確定できる資産に限られます。

生産高比例法は利用度に比例して減価償却費を計上する方法なので、会計期間の途中で取得した固定資産でも、減価償却費は月割計算しません。

例8　　　　　　　　　　　　　　　　　　　生産高比例法

決算において、当期の10月1日に購入した車両（取得原価200,000円）について、生産高比例法（残存価額は取得原価の10％、総走行可能距離は10,000km）により減価償却を行う。なお、当期の走行距離は1,000km、決算日は3月31日、記帳方法は間接法である。

例8の仕訳　（減 価 償 却 費）　　　18,000*　（車両運搬具減価償却累計額）　　　18,000

$$*\quad 200,000円 \times 0.9 \times \frac{1,000km}{10,000km} = 18,000円$$

ひとこと

　定額法や定率法は時の経過による減価分を減価償却費として計上する方法なので、会計期間の途中で取得した固定資産については月割計算しますが、生産高比例法は利用度に比例して減価償却費を計上する方法なので、そもそも月割計算という考え方はありません。

4 固定資産の売却　　　　　　　　　*Review*　3級

　固定資産を売却したときは、売却価額と売却時の帳簿価額との差額を**固定資産売却損**［費用］または**固定資産売却益**［収益］で処理します。なお、帳簿価額とは、取得原価から減価償却累計額を差し引いた金額をいいます。

Ⅰ　売却価額＜帳簿価額の場合

　固定資産の帳簿価額よりも低い金額で売却することとなったときは、損失が生じることになります。この場合の損失は**固定資産売却損**［費用］で処理します。

Ⅱ　売却価額＞帳簿価額の場合

　固定資産の帳簿価額よりも高い金額で売却できたときは、儲けが生じることになります。この場合の儲けは**固定資産売却益**［収益］で処理します。

図解 売却損益の判定

固定資産売却損の場合

取得原価−減価償却累計額

売却価額 < 帳簿価額 → 損失　固定資産売却損〔費用〕

4,200円 − 4,600円 = △400円

固定資産売却益の場合

売却価額 > 帳簿価額 → 儲け　固定資産売却益〔収益〕

5,200円 − 4,600円 = 600円

Ⅲ 固定資産を期中に売却したとき

　固定資産を期中に売却したときは、期首から売却時までの減価償却費を月割りで計上します。この場合の売却時の帳簿価額は次のように計算します。

図解 固定資産を期中に売却したとき

売却時の帳簿価額 ＝ 取得原価 − 期首減価償却累計額 − 期首から売却時までの減価償却費

取得原価　帳簿価額　減価償却費←期首から売却時まで　期首減価償却累計額

ひとこと

固定資産を期末に売却したときには、1年分の減価償却費を計上することになります。

なお、固定資産を期首に売却したときには減価償却費の計上はありません。

ふむふむ…

---

5 固定資産の買換え

Ⅰ 固定資産の買換えとは

固定資産の**買換え**とは、いままで使用していた旧固定資産を下取りに出し、新たに固定資産を購入することをいいます。

Ⅱ 固定資産を買い換えたとき

固定資産を買い換えたときは、旧固定資産を下取価額で売却し、その売却した代金を新固定資産の購入代金（の一部）に充てたと考えて処理します。

図解 固定資産を買い換えたとき

① 旧固定資産の売却

A商店 —— 旧固定資産 → ○×販売店
← 下取価額

+

② 新固定資産の購入

A商店 ← 新固定資産 —— ○×販売店
→ 残りの代金 下取価額

　なお、売却価額（下取価額）と買換時の帳簿価額との差額は**固定資産売却損** [費用] または**固定資産売却益** [収益] で処理します。

例9 ———————— 固定資産を買い換えたとき

　当期首において、車両（取得原価200,000円、期首減価償却累計額108,000円、記帳方法は間接法）を下取りに出し、新車両300,000円を購入した。旧車両の下取価額は85,000円であり、新車両の購入価額との差額は翌月末に支払うことにした。

例9の仕訳	（車　両　運　搬　具）	300,000	（車　両　運　搬　具）	200,000
	（車両運搬具減価償却累計額）	108,000	（未　　払　　金）	215,000
	（固定資産売却損）	7,000		

〈解説〉

① 旧車両の売却

（車両運搬具減価償却累計額）	108,000	（車　両　運　搬　具）	200,000
（現　　　　金）	85,000[*1]		
（固定資産売却損）	7,000[*2]		

　　＊1　下取価額は現金で受け取ったとして処理します。
　　＊2　貸借差額

＋

② 新車両の購入

（車　両　運　搬　具）	300,000	（現　　　　金）	85,000[*3]
		（未　　払　　金）	215,000[*4]

　　＊3　下取価額を新車両の購入代金に充当します。
　　＊4　300,000円－85,000円＝215,000円

↓

③ 解答の仕訳

（車　両　運　搬　具）	300,000[*5]	（車　両　運　搬　具）	200,000[*6]
（車両運搬具減価償却累計額）	108,000	（未　　払　　金）	215,000
（固定資産売却損）	7,000		

　　＊5　新車両の取得原価
　　＊6　旧車両の取得原価

6 固定資産の除却・廃棄

Ⅰ 固定資産の除却・廃棄とは

除却とは、固定資産を業務用として使用するのをやめることをいいます。
また、**廃棄**とは、固定資産を捨てることをいいます。

Ⅱ 固定資産を除却したとき

固定資産を除却したときは、スクラップとしての価値（処分価額＝売却価額）を見積り、**貯蔵品** [資産] として処理します。　　☞資産の増加⇒借方（左）

また、見積処分価額と除却時の帳簿価額との差額は、**固定資産除却損** [費用] で処理します。　　☞費用の増加⇒借方（左）

New
固定資産除却損

> **例10** ━━━━━━━━━━━━━ 固定資産を除却したとき
>
> 当期首において、不用となった備品（取得原価60,000円、期首減価償却累計額36,000円、記帳方法は間接法）を除却した。なお、除却資産の見積処分価額は18,000円である。

例10の仕訳	（備品減価償却累計額)	36,000	（備 品)	60,000
	（貯　蔵　品)	18,000		
	（固定資産除却損)	6,000*		

＊　貸借差額

Ⅲ 固定資産を廃棄したとき

New
固定資産廃棄損

固定資産を廃棄したときは、廃棄した固定資産の帳簿価額を**固定資産廃棄損** [費用] で処理します。　　☞費用の増加⇒借方（左）

なお、固定資産を廃棄するさいに費用がかかった場合は、その廃棄費用は**固定資産廃棄損** [費用] に含めて処理します。

ふむふむ...

ひとこと

廃棄の場合には、（捨ててしまうので）スクラップとしての価値はありません。

136

例11 ──────────── **固定資産を廃棄したとき**

当期首において、不用となった備品（取得原価60,000円、期首減価償却累計額36,000円、記帳方法は間接法）を廃棄した。なお、廃棄費用500円を現金で支払った。

例11の仕訳	（備品減価償却累計額）	36,000	（備	品）	60,000
	（固定資産廃棄損）	24,500*	（現	金）	500

* 貸借差額

7 建設仮勘定

Ⅰ 建設仮勘定とは

ビルや工場などの建設は、契約から完成までの期間が長いため、完成前に工事代金の一部を手付金として支払うことがあります。この場合、建設中に支払った手付金は**建設仮勘定**〔資産〕で処理します。

New
建設仮勘定

図解 建設仮勘定

Ⅱ 建設仮勘定の処理

❶ 手付金を支払ったとき

手付金を支払ったときは、**建設仮勘定** [資産] で処理します。

☞ 資産の増加⇒借方（左）

> 例12 ——————————————————————— 手付金を支払ったとき

本社ビルの新築のため、建設会社と請負契約（請負金額500,000円）を結び、手付金として100,000円を小切手を振り出して支払った。

例12の仕訳	（建 設 仮 勘 定）	100,000	（当 座 預 金）	100,000

❷ 工事が完成し、引き渡しを受けたとき

工事が完成し、引き渡しを受けたときは、**建設仮勘定** [資産] を減少させ、新たに請負価額で**建物** [資産] を計上します。

☞ 資産の減少⇒貸方（右）　☞ 資産の増加⇒借方（左）

> 例13 ——————————————— 工事が完成し、引き渡しを受けたとき

例12の工事（請負金額500,000円、手付金100,000円を支払済み）が完成し、引き渡しを受けた。請負金額の残額400,000円は小切手を振り出して支払った。

例13の仕訳	（建　　　　　物）	500,000	（建 設 仮 勘 定）	100,000
			（当 座 預 金）	400,000

8 固定資産の改良・修繕

I 改良・修繕とは

改良とは、従来の建物に非常階段を設置したり、建物の構造を防火・防音にするなど、固定資産の価値を高めたり、固定資産の耐用年数を延長させるための工事をいい、この場合の支出を**資本的支出**といいます。

一方、**修繕**とは、壁のひび割れを直したり、雨漏りを修復するなど、固定資産を元の状態にすることをいい、この場合の支出を**収益的支出**といいます。

II 改良・修繕の処理

1 固定資産を改良したとき

固定資産を改良したときは、改良にかかった金額を固定資産の取得原価に加算します。

例14 ─────────────────────── 固定資産を改良したとき

建物の改良を行い、50,000円を現金で支払った。

例14の仕訳	(建 物)	50,000	(現 金)	50,000

2 固定資産を修繕したとき

固定資産を修繕したときは、修繕にかかった金額を**修繕費** [費用] で処理します。 ☞費用の増加⇒借方（左）

例15 ─────────────────────── 固定資産を修繕したとき

建物の修繕を行い、20,000円を現金で支払った。

例15の仕訳	(修 繕 費)	20,000	(現 金)	20,000

139

図解 改良・修繕の処理

改良 ＝ 資本的支出
↓
取得原価に含める

固定資産の価値を高めたり、
耐用年数を延長させること

例 { ・非常階段の設置
・壁を防火・防音にする

修繕 ＝ 収益的支出
↓
修繕費 〔費用〕

固定資産を
元の状態に戻すこと

例 { ・壁のひび割れを直す
・雨漏りの修復

9 固定資産の滅失

Ⅰ 滅失とは

滅失（めっしつ）とは、災害等で固定資産が失われることをいいます。

固定資産が滅失したときは、その価値を減額する処理をしますが、固定資産に保険を掛けているかどうかにより、処理が異なります。

以下では、火災によって固定資産が滅失した場合の処理について説明します。

Ⅱ 保険を掛けていない場合の処理

保険を掛けていない固定資産が火災により焼失した場合は、焼失した固定資産の帳簿価額を**火災損失** 〔費用〕 で処理します。　🖫**費用の増加⇒借方（左）**

New
火災損失

New
災害損失

ひとこと

ふむふむ…

地震などの災害によって固定資産が滅失したときは、「**災害損失**」という勘定科目で処理します。

例16 ─────── **火災が発生したとき（保険を掛けていない場合）**

当期首において、建物（取得原価300,000円、期首減価償却累計額162,000円、記帳方法は間接法）が火災により焼失した。なお、この建物には保険を掛けていない。

例16の仕訳	（建物減価償却累計額）	162,000	（建 物）	300,000
	（火 災 損 失）	138,000		

Ⅲ 保険を掛けている場合の処理

保険を掛けている固定資産が火災により焼失した場合は、火災が発生したとき、保険金額が確定したとき、保険金を受け取ったときに処理を行います。

1 火災が発生したとき

保険を掛けている場合、保険会社から支払われる保険金額が確定するまでは、損失額が確定しません。そこで、火災が発生したときは、焼失した固定資産の帳簿価額を **未決算** [資産] という仮勘定で処理しておきます。

 資産の増加⇒借方（左）

New

未決算

New

火災未決算

ひとこと

ふむふむ…

「**未決算**」は、「**火災未決算**」という勘定科目で処理することもあります。

例17 ─────── **火災が発生したとき（保険を掛けている場合）**

当期首において、建物（取得原価300,000円、期首減価償却累計額162,000円、記帳方法は間接法）が火災により焼失した。なお、この建物には200,000円の保険を掛けているため、ただちに保険会社に連絡をした。

例17の仕訳	（建物減価償却累計額）	162,000	（建 物）	300,000
	（未 決 算）	138,000		

2 保険金額が確定したとき

　後日、保険会社から支払われる保険金額の連絡があったら、確定した金額を**未収入金**［資産］で処理し、焼失時に計上した**未決算**［資産］を減少させます。　　　　　　　　☞**資産の増加⇒借方（左）**　☞**資産の減少⇒貸方（右）**

ひとこと

　この時点では、保険会社から保険金額の連絡があっただけで、支払いは後日となるので、確定した保険金額を**未収入金**［資産］で処理するのです。

　また、確定した保険金額と**未決算**［資産］との差額は、**火災損失**［費用］または**保険差益**［収益］で処理します。

New
保険差益

　　　　　　　　☞**費用の増加⇒借方（左）**　☞**収益の増加⇒貸方（右）**

図解 保険金額が確定したとき

火災損失の場合

保険金額 ＜ 未決算（焼失時の帳簿価額） → 損失　**火災損失**［費用］

100,000円　－　138,000円　＝　△38,000円

保険差益の場合

保険金額 ＞ 未決算（焼失時の帳簿価額） → 利益　**保険差益**［収益］

200,000円　－　138,000円　＝　62,000円

例18 ———— 保険金額が確定したとき（保険金額＜未決算の場合）

例17の火災について、保険金100,000円を支払う旨の連絡が保険会社からあった。なお、固定資産の焼失時に未決算138,000円を計上している。

例18の仕訳	（未 収 入 金）	100,000	（未 決 算）	138,000
	（火 災 損 失）	38,000		

例19 ———— 保険金額が確定したとき（保険金額＞未決算の場合）

例17の火災について、保険金200,000円を支払う旨の連絡が保険会社からあった。なお、固定資産の焼失時に未決算138,000円を計上している。

例19の仕訳	（未 収 入 金）	200,000	（未 決 算）	138,000
			（保 険 差 益）	62,000

3 保険会社から保険金を受け取ったとき

保険会社から保険金を受け取ったときは、**未収入金** [資産] を減少させます。

☞ 資産の減少⇒貸方（右）

例20 ———————————————— 保険金を受け取ったとき

例17の火災について、保険会社から保険金200,000円が当座預金口座に入金された。

例20の仕訳	（当 座 預 金）	200,000	（未 収 入 金）	200,000

10 圧縮記帳

I 圧縮記帳とは

地球温暖化防止のためなど、ある政策のために固定資産を取得するさい、国や地方公共団体から補助金（**国庫補助金**）を受け取ることがあります。また、電力やガスなどの公共事業を営む企業が、その利用者から施設や設備

143

の建設資金（**工事負担金**）を受け取ることがあります。

　国庫補助金や工事負担金によって、固定資産を取得した場合には、その金額だけ固定資産の取得原価を減額（圧縮）する処理をします。これを**圧縮記帳**といいます。

Ⅱ　圧縮記帳の処理

1　国庫補助金や工事負担金を受け取ったとき

　国庫補助金や工事負担金を受け取ったときは、**国庫補助金受贈益** [収益]や**工事負担金受贈益** [収益] で処理します。

☞収益の増加⇒貸方（右）

▼ 例21　　　　　　　　　**国庫補助金や工事負担金を受け取ったとき**

　A社は、国から国庫補助金5,000円を受け取り、当座預金口座に入金した。

例21の仕訳	（当　座　預　金）	5,000	（国庫補助金受贈益）	5,000

2　固定資産を取得したとき

　固定資産を取得したときは、いったん購入価額を取得原価として記帳します。そして、受け取った国庫補助金の金額（工事負担金の金額）だけ、固定資産の取得原価を減額するとともに、相手科目（借方科目）は**固定資産圧縮損** [費用] で処理します。

☞資産の減少⇒貸方（右）　　☞費用の増加⇒借方（左）

▼ 例22　　　　　　　　　　　　　　**固定資産を取得したとき**

　A社は、**例21**で受け取った国庫補助金5,000円に自己資金10,000円を加えて建物15,000円を購入し、代金は当座預金口座から支払った。なお、この建物については補助金に相当する額の圧縮記帳（直接減額方式）を行った。

例22の仕訳	（建　　　　物）	15,000	（当　座　預　金）	15,000
	（固定資産圧縮損）	5,000	（建　　　　物）	5,000

ひとこと

前記の仕訳をすることにより、建物の帳簿価額（取得原価）が受け入れた国庫補助金の分（5,000円）だけ減額（圧縮）されます。だから、この処理を圧縮記帳というのです。

> 圧縮記帳前の帳簿価額：15,000円
> 圧縮記帳後の帳簿価額：15,000円－5,000円＝10,000円

ひとこと

圧縮記帳の方法には、前記のように固定資産の取得原価を直接減らす方法（直接減額方式）と、固定資産の取得原価を直接減らさない方法（積立金方式）がありますが、2級では直接減額方式のみが試験範囲なので、直接減額方式だけおさえておいてください。

これならわかる!!

例21のように、国庫補助金を受け入れたときには、**国庫補助金受贈益**[収益]として処理します。でも、収益のままにしておくと、その収益には税金がかかるので、せっかく国庫補助金をもらったのに、使えるお金が減ってしまいます。

そこで、固定資産を取得したときに、国庫補助金受入額を**固定資産圧縮損**[費用]として処理することにより、受け入れた時点では国庫補助金に税金がかからないようにしているのです（「収益5,000円－費用5,000円＝利益0円」となるので、受け入れた時点では国庫補助金に税金がかからなくなるのです）。

3 圧縮記帳をした固定資産の減価償却

　決算において、固定資産について減価償却をしますが、圧縮記帳をした固定資産の減価償却費は、圧縮記帳後の帳簿価額をもとに計算します。

例23 ─────────── **圧縮記帳をした固定資産の減価償却**

　決算において、A社は当期首に取得した**例22**の建物（購入価額15,000円、圧縮記帳額5,000円、直接減額方式）について、定額法（耐用年数20年、残存価額は0円、間接法で記帳）により減価償却を行う。

例23の仕訳	（減 価 償 却 費）	500*	（建物減価償却累計額）	500

> ＊　①圧縮記帳後の帳簿価額：15,000円－5,000円＝10,000円
> 　　②減価償却費：10,000円÷20年＝500円

11 固定資産（管理）台帳

固定資産（管理）台帳は、所有する固定資産の状況を管理するために作成する補助簿です。

固定資産（管理）台帳には、次のような内容が記載されます。

取得日	名称	期末数量	償却方法	耐用年数
01年4月1日	備品A	2	定率法	5年
02年10月1日	備品B	4	定率法	8年

❶ 取得原価	❷ 期首減価償却累計額	❸ 差引期首帳簿価額	❹ 当期減価償却費	❺ 期末帳簿価額
400,000	160,000	240,000	96,000	144,000
1,200,000	150,000	1,050,000	262,500	787,500

❶ 取得原価を記入します。
❷ 期首における減価償却累計額を記入します。
❸ 期首における帳簿価額（❶−❷）を記入します。
❹ 当期の減価償却費を記入します。
❺ 期末における帳簿価額（❸−❹）を記入します。

CHAPTER 08　固定資産　基本問題

　次の取引について仕訳しなさい。なお、勘定科目はそれぞれ［　　］内に示すものの中から選ぶこと。

問1　固定資産の購入

［勘定科目：当座預金、受取手形、営業外受取手形、備品、支払手形、営業外支払手形、未払金］

(1)　A社は、備品6,000円を購入し、据付費用200円とともに当月末に支払うこととした。

(2)　B社は、備品5,000円を購入し、代金は約束手形を振り出して支払った。

問2　固定資産の割賦購入

［勘定科目：当座預金、前払利息、備品、未払金、支払利息］

(1)　当期首において、備品36,000円を、6か月の分割払い（月々の支払額は6,060円）の契約で購入した。なお、利息分については前払利息で処理する。

(2)　(1)の割賦金について、第1回目の支払いを当座預金口座を通じて行った。なお、支払い分に対応する利息を定額法により前払利息から支払利息に振り替える。

〔勘定科目：建物、備品、車両運搬具、建物減価償却累計額、備品減価償却累計額、車両運搬具減価償却累計額、減価償却費〕

⑴　決算において、当期の11月1日に購入した建物（取得原価540,000円）について、定額法（残存価額はゼロ、耐用年数30年）により減価償却を行う。なお、決算日は3月31日、記帳方法は直接法である。

⑵　決算において、×1年9月1日に購入した備品（取得原価300,000円）について、定率法（償却率20％）により減価償却を行う。なお、当期の決算日は×2年3月31日であり、記帳方法は間接法である。

⑶　⑵の備品について、購入後2期目（決算日は×3年3月31日）の決算整理仕訳をしなさい。

⑷　決算において、当期の10月1日に購入した車両（取得原価600,000円）について、生産高比例法（残存価額は取得原価の10％、総走行可能距離は27,000km）により減価償却を行う。この車両の当期の走行距離は5,000kmであった。なお、決算日は3月31日、記帳方法は間接法である。

問4　固定資産の売却

〔勘定科目：未収入金、備品、備品減価償却累計額、固定資産売却益、減価償却費、固定資産売却損〕

⑴　当期首において、備品（取得原価200,000円、減価償却累計額120,000円）を70,000円で売却し、代金は月末に受け取ることとした。なお、決算日は3月31日、記帳方法は直接法である。

⑵　×4年8月31日に、備品（×1年4月1日に取得、取得原価300,000円）を120,000円で売却し、代金は翌月末に受け取ることとした。この備品は定額法（残存価額は取得原価の10％、耐用年数は5年）により減価償却しており、当期の減価償却費は月割計上する。なお、決算日は3月31日であり、記帳方法は間接法による。

問5 固定資産の買換え・除却・廃棄

［勘定科目：現金、貯蔵品、備品、車両運搬具、未払金、減価償却費、備品減価
償却累計額、車両運搬具減価償却累計額、固定資産売却益、固定資
産売却損、固定資産除却損、固定資産廃棄損］

(1) 当期首において、車両（取得原価400,000円、期首減価償却累計額270,000円、
記帳方法は間接法）を下取りに出し、新車両550,000円を購入した。旧車両の
下取価額は140,000円であり、新車両の購入価額との差額は翌月末に支払うこ
ととした。

(2) 当期首において、不用となった備品（取得原価180,000円、期首減価償却累
計額129,600円、記帳方法は間接法）を除却した。なお、除却資産の見積処分
価額は30,000円である。

(3) 当期首（×4年4月1日）において、不用となった備品（×1年4月1日に購
入、取得原価120,000円、記帳方法は間接法）を廃棄し、廃棄費用10,000円を現
金で支払った。なお、この備品は定額法（残存価額は取得原価の10％、耐用年
数5年）で減価償却を行っている。

問6 建設仮勘定

［勘定科目：当座預金、建物、建設仮勘定］

(1) 本社ビルの新築のため、建設会社と請負契約（請負金額800,000円）を結び、
手付金として100,000円を小切手を振り出して支払った。

(2) (1)の工事が完成し、引き渡しを受けた。請負金額の残額は小切手を振り出し
て支払った。

［勘定科目：当座預金、未収入金、建物、建物減価償却累計額、修繕費、火災損失、保険差益、未決算］

(1)　建物の改修工事を行い、300,000円を小切手を振り出して支払った。このうち、40％は資本的支出で、残額は収益的支出である。

(2)　当期首において、建物（取得原価600,000円、期首減価償却累計額324,000円、記帳方法は間接法）が火災により焼失した。なお、この建物には保険を掛けていない。

(3)　当期首において、建物（取得原価800,000円、期首減価償却累計額528,000円、記帳方法は間接法）が火災により焼失した。なお、この建物には400,000円の保険を掛けているため、ただちに保険会社に連絡をした。

(4)　(3)の火災について、保険金300,000円を支払う旨の連絡が保険会社からあった。

問8　圧縮記帳

［勘定科目：当座預金、国庫補助金受贈益、建物、減価償却費、建物減価償却累計額、固定資産圧縮損］

(1)　×1年4月1日　A社は、国から国庫補助金40,000円を受け取り、当座預金口座に入金した。

(2)　×1年8月1日　A社は、(1)で受け取った国庫補助金40,000円に自己資金60,000円を加えて建物100,000円を購入し、代金は当座預金口座から支払った。なお、この建物については補助金に相当する額の圧縮記帳（直接減額方式）を行った。

(3)　×2年3月31日　決算において、A社は当期に取得した(2)の建物について、定額法（耐用年数20年、残存価額は0円、間接法で記帳）により月割りで減価償却を行う。なお、当期は×1年4月1日から×2年3月31日までの1年である。

解答

問1 固定資産の購入

(1) （備　　　　品）　6,200* （未　払　金）　6,200

(2) （備　　　　品）　5,000 （営業外支払手形）　5,000

　　* 6,000円＋200円＝6,200円

問2 固定資産の割賦購入

(1) （備　　　　品）　36,000 （未　払　金）　36,360*¹

　　（前 払 利 息）　360*²

(2) （未　払　金）　6,060 （当 座 預 金）　6,060

　　（支 払 利 息）　60*³ （前 払 利 息）　60

　　*1 6,060円×6か月＝36,360円

　　*2 36,360円－36,000円＝360円

　　*3 360円÷6か月＝60円

問3 固定資産の減価償却

(1) （減 価 償 却 費）　7,500*¹ （建　　　　物）　7,500

(2) （減 価 償 却 費）　35,000*² （備品減価償却累計額）　35,000

(3) （減 価 償 却 費）　53,000*³ （備品減価償却累計額）　53,000

(4) （減 価 償 却 費）　100,000*⁴ （車両運搬具減価償却累計額）　100,000

　　*1 $540,000円÷30年×\dfrac{5か月}{12か月}＝7,500円$

　　*2 $300,000円×20\%×\dfrac{7か月}{12か月}＝35,000円$

　　*3 $(300,000円－35,000円)×20\%＝53,000円$

　　*4 $600,000円×0.9×\dfrac{5,000km}{27,000km}＝100,000円$

問4 固定資産の売却

(1)　（未　収　入　金）　　70,000　　（備　　　　　品）　　80,000[*1]

　　　（固定資産売却損）　　10,000[*2]

(2)　（備品減価償却累計額）　162,000[*3]　（備　　　　　品）　　300,000

　　　（減　価　償　却　費）　22,500[*4]　（固定資産売却益）　　4,500[*5]

　　　（未　収　入　金）　　120,000

　　　　＊1　200,000円 − 120,000円 = 80,000円
　　　　＊2　貸借差額
　　　　＊3　$300,000円 \times 0.9 \times \dfrac{3\,年}{5\,年} = 162,000円$

　　　　＊4　$300,000円 \times 0.9 \div 5\,年 \times \dfrac{5\,か月}{12\,か月} = 22,500円$

　　　　＊5　貸借差額

問5 固定資産の買換え・除却・廃棄

(1)　（車　両　運　搬　具）　550,000　　（車　両　運　搬　具）　400,000

　　　（車両運搬具減価償却累計額）　270,000　　（固定資産売却益）　10,000

　　　　　　　　　　　　　　　　　　　　（未　　払　　金）　410,000

(2)　（備品減価償却累計額）　129,600　　（備　　　　　品）　　180,000

　　　（貯　　蔵　　品）　　30,000

　　　（固定資産除却損）　　20,400

(3)　（備品減価償却累計額）　64,800[*]　（備　　　　　品）　　120,000

　　　（固定資産廃棄損）　　65,200　　（現　　　　　金）　　10,000

　　　　＊　$120,000円 \times 0.9 \times \dfrac{3\,年}{5\,年} = 64,800円$

〈解説〉
(1)について

旧車両の売却：　(車両運搬具減価償却累計額)　270,000　　(車両運搬具)　400,000
　　　　　　　　(現　　　　金)　140,000　　(固定資産売却益)　10,000

＋

新車両の購入：　(車両運搬具)　550,000　　(現　　　　金)　140,000
　　　　　　　　　　　　　　　　　　　　　　(未　払　金)　410,000

▼

解答の仕訳：　(車両運搬具)　550,000　　(車両運搬具)　400,000
　　　　　　　(車両運搬具減価償却累計額)　270,000　　(固定資産売却益)　10,000
　　　　　　　　　　　　　　　　　　　　　　(未　払　金)　410,000

問6　建設仮勘定

(1)　(建 設 仮 勘 定)　100,000　　(当 座 預 金)　100,000
(2)　(建　　　　物)　800,000　　(建 設 仮 勘 定)　100,000
　　　　　　　　　　　　　　　　(当 座 預 金)　700,000

問7　固定資産の改良・修繕・滅失

(1)　(建　　　　物)　120,000*1　(当 座 預 金)　300,000
　　　(修　繕　費)　180,000*2
(2)　(建物減価償却累計額)　324,000　　(建　　　　物)　600,000
　　　(火 災 損 失)　276,000
(3)　(建物減価償却累計額)　528,000　　(建　　　　物)　800,000
　　　(未　決　算)　272,000
(4)　(未 収 入 金)　300,000　　(未　決　算)　272,000
　　　　　　　　　　　　　　　　(保 険 差 益)　28,000

　　*1　300,000円×40%＝120,000円
　　*2　300,000円×60%＝180,000円

問8　圧縮記帳

(1)　(当 座 預 金)　40,000　　(国庫補助金受贈益)　40,000
(2)　(建　　　　物)　100,000　　(当 座 預 金)　100,000
　　　(固定資産圧縮損)　40,000　　(建　　　　物)　40,000
(3)　(減 価 償 却 費)　2,000*　(建物減価償却累計額)　2,000

　　*　$(100,000円－40,000円)÷20年×\dfrac{8か月（×1年8/1～×2年3/31）}{12か月}$
　　　＝2,000円

153

リース取引

2級で学習する内容

取引と処理

株式会社特有の取引

商品売買取引

伝　　票

その他の取引

- ✓ 手　形 ―――――――CHAPTER 06
- ✓ 電子記録債権（債務）――CHAPTER 06
- ✓ その他の債権の譲渡――CHAPTER 06
- ✓ 銀行勘定調整表――――CHAPTER 07
- ✓ 固定資産――――――CHAPTER 08
- ✓ リース取引――――――CHAPTER 09
- ✓ 研究開発費―――――CHAPTER 10
- ✓ 無形固定資産――――CHAPTER 10
- ✓ 有価証券――――――CHAPTER 11
- ✓ 引当金―――――――CHAPTER 12
- ✓ 収益・費用の認識基準――CHAPTER 13
- ✓ サービス業の処理――――CHAPTER 13
- ✓ 外貨建取引―――――CHAPTER 14

決算、本支店会計、連結会計、製造業会計

決　　算

- ✓ 決算整理――――――CHAPTER 04～14
- ✓ 精算表の作成――――CHAPTER 16
- ✓ 財務諸表の作成―――CHAPTER 16
- ✓ 税効果会計――――――CHAPTER 17
- ✓ 帳簿の締め切り―――――CHAPTER 18

本支店会計

連結会計Ⅰ～Ⅲ

製造業会計

1 リース取引とは

リース取引とは、パソコンやファックスなど、事業を行うのに必要な固定資産（**リース物件**）をあらかじめ決められた期間（**リース期間**）にわたって借りる契約を結び、借手（**レッシー**）が貸手（**レッサー**）に使用料を支払う取引をいいます。

図解　リース取引とは

リース期間

リース物件

借手　←　貸手
レッシー　　　　　レッサー

使用料

2 リース取引の分類

リース取引は、**ファイナンス・リース取引**と**オペレーティング・リース取引**に分類されます。

Ｉ　ファイナンス・リース取引

ファイナンス・リース取引とは、リース取引のうち、❶**解約不能**（ノンキャンセラブル）、❷**フルペイアウト**の2要件を満たす取引をいいます。

要件①　解約不能

契約期間の中途で解約することができないリース取引であること

実質的に解約ができないリース取引も含む

要件②　フルペイアウト

借手　　リース物件　　貸手

リース物件

借手が

・リース物件から生じる経済的利益をほとんどすべて受けることができ、

かつ

・リース物件の使用にかかる費用を実質的に負担する

→ 要するに、リース物件を買ったのとほとんど同じ効果

Ⅱ　オペレーティング・リース取引

　オペレーティング・リース取引とは、ファイナンス・リース取引以外のリース取引をいいます。

3　ファイナンス・リース取引の処理

　ファイナンス・リース取引では、通常の売買取引（固定資産の購入）と同様の処理を行います。

ひとこと

ふむふむ…

　ここでは、ファイナンス・リース取引の処理のうち、2級の試験範囲のもののみを学習します。なお、2級では借手側の処理だけ学習します。

Ⅰ 利息相当額の処理（原則と例外）

　借手が貸手に支払うリース料（リース物件の使用料）の中には、利息相当額が含まれますが、この利息相当額の処理については、原則（1級で学習）と例外（2級で学習）があります。

図解 **利息相当額の処理**（原則と例外）

■**原　則**■ ←1級で学習
利息法

☆ **所有権移転ファイナンス・リース取引** については必ず利息法
　　　リース期間が終了したあと、リース物件の
　　　所有権が自動的に借手に移転する取引

■**例外**■ ←2級で学習
　　　　　　　　　　　リース期間が終了したあと、リース物件
　　　　　　　　　　　の所有権が借手に移転しない取引
所有権移転外ファイナンス・リース取引 で、重要性が乏しい
場合には下記の①または②のいずれかを選択できる

①　利子込み法
②　利子抜き法（利息相当額を定額法により配分する方法）

ひとこと

ふむふむ…

　2級では例外の処理についてみていきます。

Ⅱ 利子込み法と利子抜き法

　リース取引を開始したときは、リース物件を購入し、代金を分割で後払いにした場合と同様の処理をします。

　具体的には、**リース資産** [資産] を計上するとともに、**リース債務** [負債] を計上します。

New
リース資産

New
リース債務

なお、**リース資産**［資産］として計上する価額は、**利子込み法**と**利子抜き法**で異なります。

図解 リース資産として計上する価額

1 利子込み法

利息相当額を含んだリース料総額をリース資産の価額として計上

リース料総額｛ 利息相当額 / 見積現金購入価額 ｝ リース資産の価額

2 利子抜き法

リース料総額から利息相当額部分を除いた金額（見積現金購入価額）をリース資産の価額として計上

リース料総額｛ 利息相当額 / 見積現金購入価額 ｝→ リース資産の価額

ひとこと

本書では、利子抜き法の場合におけるリース資産の価額は、見積現金購入価額を前提とします。なお、貸手の購入価額と問題文に与えられる場合などもあります。ただし試験では、リース資産の価額（利息相当額を含まない価額）がどの金額かを明示されると考えられますので、その場合は問題文の指示にしたがってください。

Ⅲ 利子込み法の場合

まず、利子込み法の場合の処理です。

1 リース取引を開始したとき

利子込み法において、リース取引を開始したときは、利息相当額を含んだリース料総額で、**リース資産** [資産] を計上するとともに、**リース債務** [負債] を計上します。

☞資産の増加⇒借方（左）　☞負債の増加⇒貸方（右）

図解　リース取引を開始したとき（利子込み法）

たとえば、X1年4月1日（期首）に下記の内容で備品についてリース契約を結んだ場合には・・・

リース期間：5年
見積現金購入価額：8,800円
年間リース料：2,000円（毎年3月31日に後払い）

利息相当額
1,200円

リース料総額
10,000円
2,000円×5年

見積現金
購入価額
8,800円

リース資産の価額
10,000円

10,000円－8,800円

（リース資産）　10,000　（リース債務）　10,000

2 リース料を支払ったとき

　リース料を支払ったときは、支払ったリース料の分だけ**リース債務**［負債］を減少させます。

☞**負債の減少⇒借方（左）**

図解 リース料を支払ったとき（利子込み法）

たとえば、下記のリース資産（備品）について、X2年3月31日にリース料を現金で支払ったときは…

リース契約日：X1年4月1日（期首）
リース期間：5年
見積現金購入価額：8,800円
年間リース料：2,000円（毎年3月31日に後払い）

リース料総額
10,000円

利息相当額
1,200円

見積現金
購入価額
8,800円

リース資産の価額
10,000円
リース債務計上額

（リース債務）　2,000　（現　　金）　2,000

3　決算時

　決算時には、リース資産の計上価額をもとに、耐用年数をリース期間、残存価額を0円として減価償却を行います。

ひとこと

　残存価額や耐用年数については、問題文の指示にしたがって解答してください。

図解 決算時　減価償却費の計上（利子込み法）

たとえば、下記のリース資産（備品）について、X2年3月31日（決算日）に定額法（残存価額は0円、耐用年数はリース期間、記帳方法は間接法）によって減価償却を行う場合は…

リース契約日：X1年4月1日（期首）
リース期間：5年
リース資産の計上価額：10,000円（利子込み法）

減価償却費：10,000円÷5年＝2,000円

（減価償却費）　2,000　（リース資産減価償却累計額）　2,000

ちなみに！　期中にリース契約を結んだ場合には、
　　　　　　減価償却費は月割計上する
たとえば！　上記のリース契約日がX1年7月1日だった場合は…

X1年7/1〜X2年3/31

減価償却費：10,000円÷5年× $\dfrac{9か月}{12か月}$ ＝1,500円

Ⅳ　利子抜き法の場合

つづいて、利子抜き法の場合の処理です。

１　リース取引を開始したとき

　利子抜き法において、リース取引を開始したときは、リース料総額から利息相当額を控除した金額（見積現金購入価額）で、**リース資産** [資産] を計上するとともに、**リース債務** [負債] を計上します。

☞資産の増加⇒借方（左）　　☞負債の増加⇒貸方（右）

図解 リース取引を開始したとき（利子抜き法）

たとえば、X1年4月1日（期首）に下記の内容で備品についてリース契約を結んだ場合には・・・

リース期間：5年
見積現金購入価額：8,800円
年間リース料：2,000円（毎年3月31日に後払い）

リース料総額
10,000円
2,000円×5年

利息相当額
1,200円 ← 10,000円−8,800円

見積現金
購入価額
8,800円

リース資産の価額
8,800円

（リース資産）8,800 （リース債務）8,800

2 リース料を支払ったとき

　リース料を支払ったときは、支払ったリース料（利息相当額を除いた額）の分だけ**リース債務**［負債］を減少させます。　　　☞**負債の減少⇒借方（左）**

　また、利子抜き法で処理している場合には、リース料総額に含まれる利息相当額を**支払利息**［費用］として計上します。　　　☞**費用の増加⇒借方（左）**

　この場合の利息相当額（支払ったリース料に含まれる利息相当額）は、**定額法**（毎回、均等額が発生しているとして処理する方法）によって計算します。

図解 リース料を支払ったとき（利子抜き法）

たとえば、下記のリース資産（備品）について、X2年3月31日にリース料を現金で支払ったときは…

リース契約日：X1年4月1日（期首）
リース期間：5年
見積現金購入価額：8,800円
年間リース料：2,000円（毎年3月31日に後払い）

利息相当額
1,200円

これは5年間の利息相当額
→このうち当期分（1年分）を
支払利息[費用]として計上

リース料総額
10,000円

見積現金購入価額
8,800円

→リース資産の価額
8,800円
リース債務計上額

8,800円÷5年

（リース債務） 1,760 （現　　金） 2,000
（支払利息）　 240
1,200円÷5年

3 決算時①

決算時には、リース資産の計上価額をもとに、耐用年数をリース期間、残存価額を0円として減価償却を行います。

たとえば、下記のリース資産（備品）について、X2年3月31日（決算日）に定額法（残存価額は0円、耐用年数はリース期間、記帳方法は間接法）によって減価償却を行う場合は…

リース契約日：X1年4月1日（期首）
リース期間：5年
リース資産の計上価額：8,800円（利子抜き法）

減価償却費：8,800円÷5年＝1,760円

（減価償却費）　1,760　（リース資産減価償却累計額）　1,760

ちなみに！　期中にリース契約を結んだ場合には、減価償却費は月割計上する

たとえば！　上記のリース契約日がX1年7月1日だった場合は…

↙X1年7/1～X2年3/31

減価償却費：8,800円÷5年×$\dfrac{9か月}{12か月}$＝1,320円

4　決算時②

リース料の支払日と決算日が異なる場合には、当期に発生している利息相当額のうち、まだ支払っていない分について利息の未払計上を行います。

ひとこと

この場合の貸方科目（未払利息）は**リース債務**［負債］で処理することもあります。

図解 決算時② 利息の未払計上（利子抜き法）

たとえば、下記のリース資産（備品）について、X2年3月31日（決算日）に利息相当額の未払計上を行うときは…

リース契約日：X1年7月1日
リース期間：5年
見積現金購入価額：8,800円
年間リース料：2,000円（毎年6月30日に後払い）

リース料総額
10,000円

利息相当額
1,200円

見積現金
購入価額
8,800円

→ リース資産の価額
8,800円

| 期首 | リース契約日 | | 決算日 | リース料支払日 | リース期間終了日 |
X1年4/1　7/1　　X2年3/31　6/30　　X6年6/30

当期

9か月分の利息

「リース債務」で処理することもある！

（支 払 利 息） 180 （未 払 利 息） 180

1,200円÷5年×9か月／12か月

5 翌期首

決算日において、支払利息の未払計上を行った場合は、翌期首において再振替仕訳をします。

ひとこと

再振替仕訳は決算日に行った仕訳の逆仕訳です。3級で学習した内容なので、自信のない人は3級の教科書で確認を！

利子込み法と利子抜き法の処理をまとめると、次のとおりです。

図解 利子込み法と利子抜き法の処理のまとめ

①リース取引を開始したとき

利子込み法
（リース資産）10,000 （リース債務）10,000
☆ リース資産の計上価額は利息相当額を含んだ金額

利子抜き法
（リース資産）8,800 （リース債務）8,800
☆ リース資産の計上価額は利息相当額を含まない金額

②リース料を支払ったとき

利子込み法
（リース債務）2,000 （現金など）2,000
☆ 支払利息の計上はない

利子抜き法
（リース債務）1,760 （現金など）2,000
（支払利息）240
☆ 支払利息の計上がある

③決算時① 減価償却費の計上

利子込み法（減価償却費）2,000 （リース資産減価償却費計額）2,000
利子抜き法（減価償却費）1,760 （リース資産減価償却費計額）1,760

☆ リース資産の計上価額をもとに、残存価額を0円、耐用年数を
　リース期間として減価償却費を計算
☆ 期中にリース取引を開始したときは減価償却費は月割計上

④決算時② 決算日とリース料支払日がずれている場合

利子込み法
仕訳なし
☆ 支払利息の未払計上はなし

利子抜き法
（支払利息）180 （未払利息）180
☆ 支払利息の未払計上あり
☆ 翌期首において再振替仕訳をする

例1 ————————————————— 利子込み法の処理

以下の条件で契約したリース取引（ファイナンス・リース取引に該当）について、利子込み法（利息相当額を控除しない方法）によって、下記の(1)～(4)の日付の仕訳をしなさい。なお、決算日は毎年3月31日である。

[条 件]
リース契約日：×1年7月1日
リース期間：5年
見積現金購入価額：8,800円
年間リース料：2,000円（毎年6月30日に現金で後払い）
減価償却：残存価額を0円、耐用年数をリース期間とした定額法により行う。記帳方法は間接法

(1) ×1年7月1日（リース契約日）の仕訳
(2) ×2年3月31日（決算日）の仕訳
(3) ×2年4月1日（翌期首）の仕訳
(4) ×2年6月30日（リース料支払日）の仕訳

例1の仕訳(1)	（リース資産）	10,000*1	（リース債務）	10,000
(2)	（減価償却費）	1,500*2	（リース資産減価償却累計額）	1,500
(3)		仕訳なし		
(4)	（リース債務）	2,000	（現　　金）	2,000

＊1　2,000円×5年＝10,000円

$$＊2 \quad 10,000円 ÷ 5年 × \frac{9か月（×1年7/1～×2年3/31）}{12か月} = 1,500円$$

例2 ————————————————— 利子抜き法の処理

以下の条件で契約したリース取引（ファイナンス・リース取引に該当）について、利子抜き法（利息相当額を定額法で配分する方法）によって、下記の(1)～(4)の日付の仕訳をしなさい。なお、決算日は毎年3月31日である。

[条 件]
リース契約日：×1年7月1日
リース期間：5年
見積現金購入価額：8,800円
年間リース料：2,000円（毎年6月30日に現金で後払い）
減価償却：残存価額を0円、耐用年数をリース期間とした定額法により行う。記帳方法は間接法

(1) ×1年7月1日（リース契約日）の仕訳
(2) ×2年3月31日（決算日）の仕訳
(3) ×2年4月1日（翌期首）の仕訳
(4) ×2年6月30日（リース料支払日）の仕訳

例2の仕訳(1)	（リース資産）	8,800*1	（リース債務）	8,800
(2)	（減価償却費）	1,320*2	（リース資産減価償却累計額）	1,320
	（支払利息）	180*3	（未払利息）	180
(3)	（未払利息）	180	（支払利息）	180
(4)	（リース債務）	1,760*4	（現　　金）	2,000
	（支払利息）	240*5		

＊1　見積現金購入価額

＊2　$8,800円 \div 5年 \times \dfrac{9か月（×1年7/1 \sim ×2年3/31）}{12か月} = 1,320円$

＊3　①リース料総額：$2,000円 \times 5年 = 10,000円$

　　　②支払利息総額：$10,000円 - 8,800円 = 1,200円$

　　　③当期分の支払利息：

　　　　$1,200円 \div 5年 \times \dfrac{9か月（×1年7/1 \sim ×2年3/31）}{12か月} = 180円$

＊4　$8,800円 \div 5年 = 1,760円$

＊5　$1,200円 \div 5年 = 240円$

4 オペレーティング・リース取引の処理

　オペレーティング・リース取引では、通常の賃貸借取引（固定資産を借りたとき）に準じた処理を行います。

I リース取引を開始したとき

　オペレーティング・リース取引を開始したときには、なんの処理もしません。

ひとこと

借りた・貸したという契約が生じただけなので、会計処理はありません。

例3 ──────────── リース取引を開始したとき

　x1年4月1日（期首）において、リース契約（オペレーティング・リース取引に該当）を締結し、リース期間5年、年間リース料2,000円（毎年3月31日に後払い）で備品を取得した。

例3の仕訳	仕訳なし

Ⅱ　リース料を支払ったとき

　リース料を支払ったときは、支払ったリース料を**支払リース料** [費用] として計上します。

☞費用の増加⇒借方（左）

New　支払リース料

例4 ──────────── リース料を支払ったとき

　例3のリース契約について、x2年3月31日において、リース料2,000円を現金で支払った。

例4の仕訳	（支払リース料）	2,000	（現　　　金）	2,000

Ⅲ　決算時

　リース料の支払日と決算日が異なる場合には、当期に発生しているリース料（賃借料）のうち、まだ支払っていない分についてリース料の未払計上を行います。

ひとこと

　事務所を借りている場合の、家賃の未払計上と同じです。事務所を借りている場合には、賃借料（家賃）の支払いはありますが、減価償却費の計上はしませんよね？　オペレーティング・リース取引（賃貸借処理）も同じです。

×2年3月31日（決算日）において、×1年7月1日に締結したリース契約（オペレーティング・リース取引に該当）について、リース料の未払計上を行った。なお、リース期間は5年、年間リース料は2,000円（毎年6月30日に後払い）である。

例5の仕訳　（支払リース料）　　　1,500*　（未払リース料）　　　1,500

$$* \quad 2,000円 \times \frac{9\,か月（×1年7/1\sim×2年3/31）}{12か月} = 1,500円$$

Ⅳ　翌期首

リース料の未払計上を行った場合には、翌期首において再振替仕訳をします。

×2年4月1日（翌期首）において、**例5**で行ったリース料の未払計上の再振替仕訳を行う。

例6の仕訳　（未払リース料）　　　1,500　（支払リース料）　　　1,500

CHAPTER 09　リース取引　基本問題

次の各問に答えなさい。

問1　ファイナンス・リース取引

以下の条件で契約したリース取引（ファイナンス・リース取引に該当）について、（A）利子込み法（利息相当額を控除しない方法）と（B）利子抜き法（利息相当額を控除する方法）によって、下記の日付の仕訳をしなさい。なお、利子抜き法の場合には、利息相当額を定額法で配分するものとする。また、決算日は毎年3月31日である。勘定科目は［　　］内に示すものの中から選ぶこと。

［勘定科目：現金、リース資産、未払利息、リース債務、減価償却費、支払利息、
　　　　　　リース資産減価償却累計額］

［条　件］

　リース契約日：×1年10月1日

　リース期間：5年

　見積現金購入価額：132,000円

　年間リース料：30,000円（毎年9月30日に現金で後払い）

　減価償却：残存価額を0円、耐用年数をリース期間とした定額法により行う。
　　　　　　記帳方法は間接法

(1)　×1年10月1日（リース契約日）の仕訳

(2)　×2年3月31日（決算日）の仕訳

(3)　×2年4月1日（翌期首）の仕訳

(4)　×2年9月30日（リース料支払日）の仕訳

　×1年8月1日において、リース契約（オペレーティング・リース取引に該当）を締結し、リース期間5年、年間リース料48,000円（毎年7月31日に現金で後払い）で備品を取得した。この場合における下記の日付の仕訳をしなさい。なお、決算日は毎年3月31日である。勘定科目は［　　］内に示すものの中から選ぶこと。

［勘定科目：現金、未払リース料、支払リース料］

(1)　×1年8月1日（リース契約日）の仕訳

(2)　×2年3月31日（決算日）の仕訳

(3)　×2年4月1日（翌期首）の仕訳

(4)　×2年7月31日（リース料支払日）の仕訳

問1 ファイナンス・リース取引

（A）利子込み法の場合

(1)（リース資産） 150,000*1 （リース債務） 150,000

(2)（減価償却費） 15,000*2 （リース資産減価償却累計額） 15,000

(3) 仕訳なし

(4)（リース債務） 30,000 （現　金） 30,000

（B）利子抜き法の場合

(1)（リース資産） 132,000*3 （リース債務） 132,000

(2)（減価償却費） 13,200*4 （リース資産減価償却累計額） 13,200

　　（支払利息） 1,800*5 （未払利息） 1,800

(3)（未払利息） 1,800 （支払利息） 1,800

(4)（リース債務） 26,400*6 （現　金） 30,000

　　（支払利息） 3,600*7

* 1　30,000円 × 5 年 = 150,000円

* 2　$150,000円 \div 5 年 \times \dfrac{6 か月（×1年10/1～×2年3/31）}{12か月} = 15,000円$

* 3　見積現金購入価額

* 4　$132,000円 \div 5 年 \times \dfrac{6 か月（×1年10/1～×2年3/31）}{12か月} = 13,200円$

* 5　①リース料総額：30,000円 × 5 年 = 150,000円
　　②支払利息総額：150,000円 − 132,000円 = 18,000円
　　③当期分の支払利息：

$$18,000円 \div 5 年 \times \dfrac{6 か月（×1年10/1～×2年3/31）}{12か月} = 1,800円$$

* 6　132,000円 ÷ 5 年 = 26,400円

* 7　18,000円 ÷ 5 年 = 3,600円

問2 オペレーティング・リース取引

(1) 仕訳なし

(2)（支払リース料） 32,000* （未払リース料） 32,000

(3)（未払リース料） 32,000 （支払リース料） 32,000

(4)（支払リース料） 48,000 （現　金） 48,000

$$* \quad 48,000円 \times \dfrac{8 か月（×1年8/1～×2年3/31）}{12か月} = 32,000円$$

CHAPTER 10

研究開発費と無形固定資産

◆具体的な形はないが、価値はある

　ここでは、研究開発費と無形固定資産について学習します。研究開発費は費用ですが、無形固定資産は資産です。

　無形固定資産については、特に、のれん、特許権、ソフトウェアの処理をくわしくみておきましょう。

2級で学習する内容

取引と処理

株式会社特有の取引	その他の取引

その他の取引
- ✓手　形‥‥‥‥‥‥‥‥‥‥CHAPTER 06
- ✓電子記録債権（債務）‥‥CHAPTER 06
- ✓その他の債権の譲渡‥‥‥‥CHAPTER 06
- ✓銀行勘定調整表‥‥‥‥‥‥CHAPTER 07
- ✓固定資産‥‥‥‥‥‥‥‥‥CHAPTER 08
- ✓リース取引‥‥‥‥‥‥‥‥CHAPTER 09
- ✓研究開発費‥‥‥‥‥‥‥‥CHAPTER 10
- ✓無形固定資産‥‥‥‥‥‥‥CHAPTER 10
- ✓有価証券‥‥‥‥‥‥‥‥‥CHAPTER 11
- ✓引当金‥‥‥‥‥‥‥‥‥‥CHAPTER 12
- ✓収益・費用の認識基準‥‥‥CHAPTER 13
- ✓サービス業の処理‥‥‥‥‥CHAPTER 13
- ✓外貨建取引‥‥‥‥‥‥‥‥CHAPTER 14

商品売買取引

伝　　　票

決算、本支店会計、連結会計、製造業会計

決　　算

- ✓決算整理‥‥‥‥‥‥‥CHAPTER 04〜14
- ✓精算表の作成‥‥‥‥‥‥CHAPTER 16
- ✓財務諸表の作成‥‥‥‥‥CHAPTER 16
- ✓税効果会計‥‥‥‥‥‥‥CHAPTER 17
- ✓帳簿の締め切り‥‥‥‥‥CHAPTER 18

本支店会計

連結会計Ⅰ〜Ⅲ

製造業会計

1 研究開発費

I 研究開発費とは

研究開発費とは、新技術や新製品の発見、発明を目的とした研究・開発に支出した費用をいいます。

II 研究開発費の処理

研究開発費は、支出をしたときに全額を**研究開発費** [費用] で処理します。 *New*

☞**費用の増加⇒借方（左）**

例 1 ————————————————— **研究開発費を支出したとき**

研究開発目的にのみ使用する実験装置10,000円を購入し、代金は小切手を振り出して支払った。

例 1 の仕訳 （**研 究 開 発 費**） 10,000 （当 座 預 金） 10,000

2 無形固定資産

I 無形固定資産とは

無形固定資産とは、長期にわたって使用する資産で、具体的な形がないものをいいます。

無形固定資産には次のようなものがあります。

●無形固定資産の種類

◆法律上の権利
特許権：新規の発明を独占的に使用できる権利
商標権：商標を独占的に使用できる権利
※　ほかに、実用新案権、借地権など
◆経済的な価値
のれん：合併や買収で取得したブランド力など、ほかの会社に対して優位になる
　　　　もの（超過収益力）
ソフトウェア：後述

Ⅱ　無形固定資産 （ソフトウェア以外） の処理

1　無形固定資産を取得したとき

New
特許権

　無形固定資産を取得したときは、その取得に要した支出額で**特許権**[資産]
などで処理します。

☞**資産の増加⇒借方（左）**

例2　　　　　　　　　　　　　　無形固定資産を取得したとき

特許権を8,000円で取得し、代金は小切手を振り出して支払った。

| 例2の仕訳 | （特　　許　　権） | 8,000 | （当　座　預　金） | 8,000 |

2 決算時

無形固定資産は有形固定資産と同様、決算において償却します。償却方法は、残存価額をゼロとした定額法で、記帳方法は直接法です。

図解 **無形固定資産の償却と有形固定資産の減価償却の違い**

無形固定資産	有形固定資産
支出額 ÷○年	取得原価 残存価額 この部分を償却
・残存価額はゼロ ・償却方法は定額法 ・記帳方法は直接法	・残存価額はゼロではない ・償却方法は定額法、定率法、 　生産高比例法がある ・記帳方法は直接法または間接法

なお、のれんについては、会計基準により取得後20年以内に、定額法によって償却することが定められています。

無形固定資産の償却額は、**特許権償却**［費用］や**のれん償却**［費用］などで処理します。

☞ 費用の増加⇒借方（左）

New　特許権償却

New　のれん償却

▶ **例3** ────────────────────── 決算時

決算において、当期首に発生した特許権8,000円（償却期間8年）とのれん20,000円（償却期間10年）を償却する。

例3の仕訳	（**特 許 権 償 却**）	1,000*1	（特　許　権）	1,000
	（**の れ ん 償 却**）	2,000*2	（の　れ　ん）	2,000

* 1　8,000円÷8年＝1,000円
* 2　20,000円÷10年＝2,000円

3　ソフトウェア

Ⅰ　ソフトウェアとは

ソフトウェアとは、コンピュータを機能させるためのプログラムをいいます。

Ⅱ　ソフトウェアの目的別分類

　ソフトウェアの制作費は、そのソフトウェアがどんな目的で作成されたのかによって処理が異なります。ソフトウェアを目的によって分類すると、次のとおりです。

> ●ソフトウェアの目的別分類
>
> ❶　自社利用のソフトウェア…2級で学習
> ❷　市場販売目的のソフトウェア ⎫
> ❸　受注制作のソフトウェア 　　⎭ …1級で学習

ひとこと

　以下、2級の試験範囲である❶自社利用のソフトウェアについて学習します。

Ⅲ　自社利用のソフトウェアの処理

　自社利用のソフトウェアとは、自分の会社で利用するために制作したソフトウェアや、自社で利用するために購入したソフトウェアをいいます。

1　自社利用のソフトウェアを制作、購入したとき

New
ソフトウェア

　自分の会社で利用するために制作したソフトウェアの制作費や、自社で利用するために購入したソフトウェアの購入費は、それを利用することによって将来の収益獲得が確実な場合（または費用の削減が確実な場合）には、**ソフトウェア**［資産］で処理します。　　　　　☞**資産の増加⇒借方（左）**

ふむふむ…

ひとこと

会社の役に立つなら、資産計上するよ、ということです。

ただし、ソフトウェア開発費のうち、研究開発部分に関する費用は**研究開発費**［費用］で処理します。　　　　　　　　　　☞**費用の増加⇒借方（左）**

▎**例4**　　　　　　　**自社利用のソフトウェアを制作、購入したとき**

　A社は、当期首において、自社利用のソフトウェアを10,000円で購入し、代金は現金で支払った。

例4の仕訳　（ソフトウェア）　　10,000　（現　　　　金）　　10,000

　なお、制作途中のソフトウェアの制作費は**ソフトウェア仮勘定**［資産］で処理しておき、完成したときに**ソフトウェア仮勘定**［資産］から**ソフトウェア**［資産］に振り替えます。

New
ソフトウェア仮勘定

2　**決算時**

　自社利用のソフトウェアの取得原価は、利用可能期間（原則として5年以内）にわたって、残存価額をゼロとした定額法で償却します。記帳方法は直接法です。また、ソフトウェアの償却額は、**ソフトウェア償却**［費用］で処理します。　　　　　　　　　☞**費用の増加⇒借方（左）**

New
ソフトウェア償却

▎**例5**　　　　　　　　　　　　　　　　　　　**決算時**

　決算において、当期首に購入した**例4**のソフトウェア（購入原価10,000円）を利用可能期間5年で償却する。

例5の仕訳　（ソフトウェア償却）　　2,000*　（ソフトウェア）　　2,000

　　　　＊　10,000円÷5年＝2,000円

ひとこと

　決算において、ソフトウェアの償却を行うことによって、当期末のソフトウェアの帳簿価額は8,000円（10,000円－2,000円）となります。

次の取引について仕訳しなさい。なお、勘定科目はそれぞれ [　　] 内に示すものの中から選ぶこと。

問1　研究開発費と無形固定資産

[勘定科目：現金、諸資産、のれん、諸負債、資本金、研究開発費、のれん償却]

(1)　もっぱら研究・開発のために使用する器具を10,000円で購入し、代金は現金で支払った。

(2)　当期首に岩手産業株式会社は秋田商事株式会社を吸収合併し、株式40株を@5,500円で発行した。なお、秋田商事株式会社の諸資産は800,000円（時価）、諸負債は600,000円（時価）である。

(3)　決算において、(2)で発生したのれんを20年で償却する。

問2　ソフトウェア

[勘定科目：現金、ソフトウェア、ソフトウェア償却]

(1)　当期首において、自社利用のソフトウェア20,000円を購入し、代金は現金で支払った。

(2)　決算において、(1)のソフトウェアを利用可能期間5年で償却する。

(3)　前期首において、自社利用のソフトウェアを購入し、ソフトウェア（無形固定資産）として計上していた。当期首における帳簿残高（未償却残高）は8,000円である。このとき、当期の決算時について仕訳しなさい。なお、このソフトウェアの前期首における利用可能期間は5年である。

解答

問1 研究開発費と無形固定資産

(1)	(研 究 開 発 費)	10,000	(現 金)	10,000
(2)	(諸 資 産)	800,000	(諸 負 債)	600,000
	(の れ ん)	20,000[*2]	(資 本 金)	220,000[*1]
(3)	(のれん償却)	1,000[*3]	(の れ ん)	1,000

   * 1 @5,500円×40株＝220,000円
   * 2 貸借差額
   * 3 20,000円÷20年＝1,000円

問2 ソフトウェア

(1)	(ソフトウェア)	20,000	(現 金)	20,000
(2)	(ソフトウェア償却)	4,000[*]	(ソフトウェア)	4,000
(3)	(ソフトウェア償却)	2,000	(ソフトウェア)	2,000

   * 20,000円÷5年＝4,000円

〈解説〉
(3)について
 前期に取得しているため、前期末において1年分の償却がされています。そのため、当期首における帳簿残高を4年（5年−1年）で償却します。
 ソフトウェア償却：8,000円÷4年＝2,000円

有価証券

◆保有目的によって処理が異なる

ここでは、有価証券について学習します。

有価証券は保有目的によって4つに分類されます。それぞれの内容と処理について
しっかり理解しましょう。

2級で学習する内容

取引と処理

株式会社特有の取引	その他の取引

その他の取引

✓ 手　形·······················CHAPTER 06
✓ 電子記録債権（債務）···CHAPTER 06
✓ その他の債権の譲渡······CHAPTER 06
✓ 銀行勘定調整表·············CHAPTER 07
✓ 固定資産·······················CHAPTER 08
✓ リース取引··················CHAPTER 09
✓ 研究開発費··················CHAPTER 10
✓ 無形固定資産·············CHAPTER 10
✓ 有価証券·····················CHAPTER 11
✓ 引当金·························CHAPTER 12
✓ 収益·費用の認識基準···CHAPTER 13
✓ サービス業の処理·········CHAPTER 13
✓ 外貨建取引··················CHAPTER 14

株式会社特有の取引

商品売買取引

伝　　票

決算、本支店会計、連結会計、製造業会計

決　　算

✓ 決算整理·····················CHAPTER 04～14
✓ 精算表の作成··················CHAPTER 16
✓ 財務諸表の作成·············CHAPTER 16
✓ 税効果会計·····················CHAPTER 17
✓ 帳簿の締め切り·············CHAPTER 18

本支店会計

連結会計Ⅰ～Ⅲ

製造業会計

1 有価証券の分類

I 有価証券とは

　有価証券とは、株式会社が発行する**株式**や**社債**、国が発行する**国債**、地方自治体が発行する**地方債**などをいいます。また、国債、地方債、社債をまとめて**公社債**といいます。

図解 有価証券とは

ひとこと

　有価証券は、株式会社や国、地方自治体が、資金を集めるために発行します。株式会社等が株式等を発行し、これを一般の人やほかの企業が買うことによって、株式会社等は資金を集めることができるのです。

　ただし、何の見返りもなく、株式等を買う人はいないので、株式会社等は購入者に対して配当金や利息を支払います。

　また、株式等は時価（そのときの価額）で売買することができ、売却することによってお金に換えることができます。つまり、「お金に換えられる、**価**値の**有**る**証券**（紙片）」なのです。だから、「有価証券」というのです。

II 有価証券の分類

　有価証券は、保有目的により、次のように分類されます。

1 売買目的有価証券

売買目的有価証券とは、価格が低いときに購入し、価格が上がったときに売却することによって、その差額分の儲けを得ることを目的として保有している有価証券のことをいいます。

2 満期保有目的債券

満期保有目的債券とは、利息を受け取ることを目的として、満期まで所有するつもりで保有している公社債のことをいいます。

3 子会社・関連会社株式

子会社や関連会社が発行した株式を、それぞれ**子会社株式**、**関連会社株式**といいます。

これならわかる!!

　たとえば、A社がB社の発行する株式のうち、過半数（50％超）を所有しているとします。

　会社の基本的な経営方針は、株主総会において、所有する株式数に応じた多数決で決定します。ということは、過半数の株式を持っているA社が、ある議案に対して「賛成」というと、ほかの人が反対したとしても、「賛成」で決まります。

　このように、ある会社（A社）が他の会社（B社）の意思決定機関（株主総会など）を支配している場合の、ある会社（A社）を**親会社**、他の会社（B社）を**子会社**といいます。

また、意思決定機関を支配しているとまではいえないけれども、他の企業の意思決定に重要な影響を与えることができる場合の、他の会社を**関連会社**といいます。

4 その他有価証券

前記の**1**から**3**のどの分類にもあてはまらない有価証券を**その他有価証券**といいます。

2 有価証券の購入と売却

I 有価証券を購入したとき

有価証券を購入したときは、保有目的に応じて**売買目的有価証券**［資産］、**満期保有目的債券**［資産］、**子会社株式**［資産］、**関連会社株式**［資産］、**その他有価証券**［資産］で処理します。 **資産の増加⇒借方（左）**

この場合の計上価額は、有価証券を購入するために支払った金額（**取得原価**といいます）で、取得原価は有価証券の価額（**購入代価**といいます）に、証券会社に支払った売買手数料（**付随費用**といいます）を加算した金額です。

New
売買目的有価証券

New
満期保有目的債券

New
子会社株式

New
関連会社株式

New
その他有価証券

図解　有価証券の取得原価

有価証券の取得原価＝ 購入代価 ＋ 付随費用

有価証券の本体価額

証券会社に支払った売買手数料

取得原価
- 付随費用 ← 証券会社に支払った売買手数料
- 購入代価 ← 有価証券の本体価額

☆手数料などの付随費用は取得原価に含める！

忘れてしまう人が多いので注意！

◼ 株式を購入したとき

　株式を購入したときは、1株あたりの購入単価（株価）に購入株数を掛けて購入代価を計算します。

購入代価

株式の取得原価 ＝ 購入単価（1株あたり）× 購入株数 ＋付随費用

◼ 公社債を購入したとき

　株式は1株、2株と数えるのに対し、公社債は1口、2口と数えます。

　公社債を購入したときは、1口あたりの購入単価に購入口数を掛けて購入代価を計算します。なお、公社債の場合、額面総額（公社債の券面に記載されている金額）から以下のようにして購入口数を計算します（1口あたりの額面金額は100円を前提としています）。

$$\boxed{\text{公社債の取得原価}} = \underbrace{\underset{\text{（1口あたり）}}{\boxed{\text{購入単価}}} \times \boxed{\text{購入口数}}}_{\boxed{\text{購入代価}}} + \text{付随費用}$$

$$\boxed{\text{購入口数} = \frac{\text{公社債の額面総額}}{100\text{円}}}$$

例1 有価証券を購入したとき

(1) 売買目的で、A社株式10株を@100円で購入し、代金は購入手数料100円とともに4営業日後に支払うこととした。

(2) 満期保有目的で、B社社債（額面総額1,000円）を額面100円につき96円で購入し、代金は売買手数料30円とともに普通預金口座から支払った。

(3) C社株式80株を@50円で購入し、購入手数料100円とともに普通預金口座から支払った。なお、C社の発行済株式総数は100株である。

(4) D社株式（その他有価証券）10株を@200円で購入し、代金は購入手数料100円とともに4営業日後に支払うこととした。

例1の仕訳					
(1)	（売買目的有価証券）	1,100*1	（未 払 金）		1,100
(2)	（満期保有目的債券）	990*2	（普 通 預 金）		990
(3)	（子 会 社 株 式）	4,100*3	（普 通 預 金）		4,100
(4)	（その他有価証券）	2,100*4	（未 払 金）		2,100

* 1 @100円×10株＋100円＝1,100円

* 2 $1,000円 \times \frac{96円}{100円} + 30円 = 990円$

* 3 C社の発行済株式100株のうち80株（過半数）を取得しているので、子会社株式に分類される。
@50円×80株＋100円＝4,100円

* 4 @200円×10株＋100円＝2,100円

Ⅱ 有価証券を売却したとき

有価証券を売却したときは、売却した有価証券の帳簿価額（帳簿に記載されている金額）だけ、**有価証券** [資産] を減少させます。 ☞資産の減少⇒貸方（右）

また、売却価額と帳簿価額との差額は、**有価証券売却益** [収益] または**有価証券売却損** [費用] で処理します。

New
有価証券売却益

New
有価証券売却損

1 **売却益が生じる場合**（売却価額＞帳簿価額の場合）

　有価証券の帳簿価額よりも高い価額で売却できたときには、儲けが生じます。この儲けは**有価証券売却益** [収益] で処理します。

☞**収益の増加⇒貸方（右）**

▼ **例2** ━━━━━━━━━━ **有価証券を売却したとき**（売却益の場合）

　売買目的で保有するX社株式10株（帳簿価額2,100円）を1株あたり230円で売却し、代金は現金で受け取った。

例2の仕訳	（現　　　　金）	2,300*1	（売買目的有価証券）	2,100
			（有価証券売却益）	200*2

　＊1　@230円×10株＝2,300円
　＊2　2,300円－2,100円＝200円
　　　　売却価額＞帳簿価額 →売却益

2 **売却損が生じる場合**（売却価額＜帳簿価額の場合）

　有価証券の帳簿価額よりも低い価額でしか売却できなかったときには、損失が生じます。この損失は**有価証券売却損** [費用] で処理します。

☞**費用の増加⇒借方（左）**

▼ **例3** ━━━━━━━━━━ **有価証券を売却したとき**（売却損の場合）

　売買目的で保有するY社社債（額面総額1,000円、帳簿価額970円）を額面100円につき95円で売却し、代金は現金で受け取った。

例3の仕訳	（現　　　　金）	950*1	（売買目的有価証券）	970
	（有価証券売却損）	20*2		

　＊1　95円×$\dfrac{1{,}000円}{100円}$＝950円
　＊2　950円－970円＝△20円
　　　　売却価額＜帳簿価額→売却損

3 **同一銘柄の有価証券を複数回に分けて購入し、これを売却した場合**

　同一銘柄の有価証券を複数回に分けて購入し、これを売却したときは、売却した有価証券の帳簿価額は**平均原価法**によって計算します。

平均原価法の計算式は次のとおりです（ここでは株式の場合に限定していますが、公社債の場合も同様です）。

平均単価＝ $\dfrac{1回目の取得原価＋2回目の取得原価＋\cdots}{1回目の取得株式数＋2回目の取得株式数＋\cdots}$

売却した株式の帳簿価額＝ 平均単価 × 売却株式数

ひとこと

有価証券を売却するときに証券会社に支払う手数料の処理については、巻末の参考で説明しています。

例4 ━━━━━━━━━━━━━━━━━━━━ **有価証券を売却したとき**

当期中に2回にわたって売買目的で購入したZ社株式200株のうち、150株を1株あたり525円で売却し、代金は月末に受け取ることとした。なお、Z社株式は1回目に1株あたり500円で100株を、2回目に1株あたり520円で100株を購入している。当社は平均原価法で記帳している。

例4の仕訳	（未 収 入 金）	78,750*1	（売買目的有価証券）	76,500*2
			（**有価証券売却益**）	2,250*3

＊1 ＠525円×150株＝78,750円

＊2 平均単価： $\dfrac{＠500円×100株＋＠520円×100株}{100株＋100株}＝＠510円$

売却株式の帳簿価額：＠510円×150株＝76,500円

＊3 貸借差額

3 配当金・利息の受け取り

I 配当金を受け取ったとき

　株式を所有していると、株式の発行会社から利益の分配として配当金を受け取ることがあります。

New
受取配当金

　所有する株式について、配当金を受け取ったときは、**受取配当金** [収益] で処理します。

☞収益の増加⇒貸方（右）

　株主総会で配当金額が決定すると、株主のもとに配当金領収証が送付され、株主はそれを金融機関に持ち込むことによって現金等を受け取ります。そのため配当金領収証は、簿記上、**現金** [資産] で処理します。

☞資産の増加⇒借方（左）

> **例5** ───────────────── 配当金を受け取ったとき
>
> 保有するX社株式について、配当金領収証100円を受け取った。

例5の仕訳	（現　　　　金）	100	（受取配当金）	100

II 利息を受け取ったとき

New
有価証券利息

　所有する公社債について、利息を受け取ったときは、**有価証券利息** [収益] で処理します。

☞収益の増加⇒貸方（右）

　公社債の利息は、公社債の発行者から受け取っている利札のうち、支払期限が経過したものを金融機関に持ち込むことによって現金等を受け取ります。そのため、期限到来済みの公社債利札は簿記上、**現金** [資産] で処理します。

☞資産の増加⇒借方（左）

ひとこと

ふむふむ…　　期限が到来する前の公社債利札は、「現金」で処理してはいけません。期限が到来していないので、その利札を金融機関に持ち込んだところで現金を受け取ることができないからです。

例6 —————————————————————— 利息を受け取ったとき

保有するＹ社社債について、半年分の利息100円の利払日が到来した。

| 例6の仕訳 | （現　　　　金） | 100 | （有価証券利息） | 100 |

ひとこと

配当金領収証や期限到来後の公社債利札は**現金**[資産]として処理します。

4 端数利息の処理

Ⅰ 端数利息とは

公社債の利息は、利払日に、その時点の所有者に対して支払われます。

そこで、利払日以外の日に公社債を売買した場合、買主は売主に、前回の利払日の翌日から売買日までの利息を支払います。この場合の利息（前回の利払日の翌日から売買日までの利息）を**端数利息**といいます。

これならわかる!!

Ａさんは Ｙ社が発行した社債を持っていたとしましょう。このＹ社社債は「利払日は年２回、６月末日と12月末日」という条件で発行されたもので、半年分の利息は1,800円とします。

このＹ社社債を８月10日にＢさんに売却した場合を考えてみましょう。

まず、6月30日時点のY社社債の所有者はAさんなので、6月30日にAさんは半年分の利息1,800円をY社から受け取ります。

　次に12月31日時点ですが、この時点のY社社債の所有者はBさんです。ですから、12月31日にBさんは半年分の利息1,800円をY社から受け取ります。

　12月31日にBさんが受け取る利息は、7月1日から12月31日までの半年分ですが、このうち7月1日から8月10日まではAさんが所有者なので、本来、Aさんに支払われるべきです。それにもかかわらず、この分も含めて12月31日にBさんが受け取ってしまうわけです。

　そこで、売買日（8月10日）に、買主であるBさんが、売主であるAさんに対して、7月1日から8月10日までの利息（Aさんが受け取るべき利息）を支払うのです。本来ならばY社がAさんに支払うべきところ、Y社に代わってBさんが支払っておき、あとで（12月31日に）Y社からその分も含めて受け取るのです。

　このような場合の、7月1日から8月10日までの利息を端数利息といい、端数利息の処理を行うことによって、公社債の所有期間に応じた利息の受け払いができるのです。

Ⅱ 端数利息の計算

端数利息は、次の計算式によって求めます。

$$\text{端数利息} = \text{額面金額} \times \text{年利率} \times \frac{\text{前回の利払日の翌日から売買日までの日数}}{365日}$$

Ⅲ 端数利息の処理

1 売主の処理

売主は公社債の売却日に、前回の利払日の翌日から売却日までの利息（端数利息）を買主から受け取ります。

▶ 例7 ─────────────────── 端数利息を受け取ったとき

×1年8月10日　A社は売買目的で購入したY社社債（額面金額50,000円、年利率7.3%、利払日は6月末日と12月末日、帳簿価額48,000円）を、額面100円につき97円でB社に売却し、代金は端数利息とともに現金で受け取った。

例7の仕訳

（現　　　　金）	48,910	（売買目的有価証券）	48,000
		（有価証券売却益）	500
		（有価証券利息）	410

〈解説〉

　有価証券の売却と端数利息の受け取りに分けて考えると、次のようになります。

① 有価証券の売却

（現　　　　金）	48,500*1	（売買目的有価証券）	48,000
		（有価証券売却益）	500

+

② 端数利息の受け取り

（現　　　　金）	410	（有価証券利息）	410*2

↓

③ 解答の仕訳

（現　　　　金）	48,910	（売買目的有価証券）	48,000
		（有価証券売却益）	500
		（有価証券利息）	410

* 1　$50,000円 \times \dfrac{97円}{100円} = 48,500円$

* 2　$50,000円 \times 7.3\% \times \dfrac{41日}{365日} = 410円$

2 買主の処理

買主は公社債の購入日に、前回の利払日の翌日から購入日までの利息（端数利息）を、公社債の発行者に代わって売主に立替払いします。

なお、次の利払日に公社債の発行者から受け取る利息には、端数利息分も含まれているため、購入時には立替払いした端数利息を**有価証券利息** [収益] の減少として処理します。

☞**収益の減少⇒借方（左）**

▶ 例8 ─────────────── 端数利息を支払ったとき

×1年8月10日　B社はA社から売買目的でY社社債（額面金額50,000円、年利率7.3%、利払日は6月末日と12月末日）を、額面100円につき97円で購入し、代金は端数利息とともに現金で支払った。

例8の仕訳	（売買目的有価証券）	48,500	（現　　　　金）	48,910
	（**有 価 証 券 利 息**）	410		

〈解説〉

有価証券の購入と端数利息の支払いに分けて考えると、次のようになります。

① 有価証券の購入

（売買目的有価証券）	48,500[*1]	（現　　　　金）	48,500

＋

② 端数利息の支払い

（有 価 証 券 利 息）	410[*2]	（現　　　　金）	410

⬇

③ 解 答 の 仕 訳

（売買目的有価証券）	48,500	（現　　　　金）	48,910
（有 価 証 券 利 息）	410		

$$*1 \quad 50{,}000円 \times \frac{97円}{100円} = 48{,}500円$$

$$*2 \quad 50{,}000円 \times 7.3\% \times \frac{41日}{365日} = 410円$$

5 売買目的有価証券の評価替え

I 売買目的有価証券の評価替えとは

売買目的で所有している有価証券については、時価を反映させるため、決算において帳簿価額を時価に修正します（**時価法**）。これを**有価証券の評価替え**といいます。

II 売買目的有価証券の評価替えの処理

有価証券の評価替えにおいて生じた帳簿価額と時価との差額は、**有価証券評価損** [費用] または**有価証券評価益** [収益] で処理します。

New
有価証券評価損

New
有価証券評価益

図解 評価損益の判定と処理

有価証券評価損の場合

| 時価 | < | 帳簿価額 | → | 損失 | 有価証券評価損 [費用] |

80円 － 100円 ＝ △20円

（有価証券評価損）　20　（売買目的有価証券）　20

有価証券評価益の場合

| 時価 | > | 帳簿価額 | → | 利益 | 有価証券評価益 [収益] |

110円 － 100円 ＝ 10円

（売買目的有価証券）　10　（有価証券評価益）　10

1 時価が値下がりしたとき

　有価証券の時価が帳簿価額よりも低いときは、その分だけ有価証券の価値が減っていることになります。したがって、**売買目的有価証券**［資産］の減少として処理します。

☞**資産の減少⇒貸方（右）**

　また、時価が値下がりしているわけですから、決算時に売却したら損失が生じることになります。そこで、相手科目は**有価証券評価損**［費用］で処理します。

☞**費用の増加⇒借方（左）**

▶ **例9 ──── 売買目的有価証券の評価替え（時価が値下がりしたとき）**

　決算において、売買目的有価証券の時価は980円であった。なお、帳簿価額は1,100円である。

| 例9の仕訳 | （有価証券評価損） | 120 | （売買目的有価証券） | 120* |

＊　980円−1,100円＝△120円（評価損）

2 時価が値上がりしたとき

　有価証券の時価が帳簿価額よりも高いときは、その分だけ有価証券の価値が増えていることになります。したがって、**売買目的有価証券**［資産］の増加として処理します。

☞**資産の増加⇒借方（左）**

　また、時価が値上がりしているわけですから、決算時に売却したら儲けが生じることになります。そこで、相手科目は**有価証券評価益**［収益］で処理します。

☞**収益の増加⇒貸方（右）**

▶ **例10 ──── 売買目的有価証券の評価替え（時価が値上がりしたとき）**

　決算において、売買目的有価証券の時価は1,150円であった。なお、帳簿価額は1,100円である。

| 例10の仕訳 | （売買目的有価証券） | 50* | （有価証券評価益） | 50 |

＊　1,150円−1,100円＝50円（評価益）

ひとこと

　売買目的有価証券について、期中の売買取引を**売買目的有価証券勘定**と**有価証券売却損益勘定**に分けて記帳する方法（前述の方法）を**分記法**といいます。

　また、期中の売買取引を**売買目的有価証券勘定**のみで記帳する方法を**総記法**（1級の出題範囲）といいます。

　実務では総記法が一般的ですが、2級では分記法のみが出題範囲なので、2級を受験するにあたっては、本書で学習した方法をしっかり確認しておいてください。

ひとこと

　売買目的有価証券の評価差額（有価証券評価損や有価証券評価益）の処理には、切放法と洗替法の2つの方法があります。切放法と洗替法については巻末の参考で説明していますので、余裕のある方は読んでおいてください。

6　満期保有目的債券の評価

Ⅰ　満期保有目的債券の評価

　満期保有目的債券については、原則として取得原価を貸借対照表上の価額とします（決算において時価に評価替えしません）。ただし、額面金額と異なる価額で取得した満期保有目的債券で、額面金額と取得価額の差額が金利調整差額と認められるときは、**償却原価法**で評価します。

Ⅱ　償却原価法とは

　償却原価法とは、満期保有目的債券の額面金額と取得価額との差額が金利の差を調整するためのもの（金利調整差額）であると認められるとき、取得日から満期日の間、決算において、満期保有目的債券の帳簿価額が額面金額になるよう、毎期一定の方法によって算出した金額を、**満期保有目的債券**［資産］の帳簿価額に加減する方法をいいます。

　なお、相手科目は**有価証券利息**［収益］で処理します。

Ⅲ 償却原価法による評価

償却原価法にはいくつかの方法がありますが、2級で学習するのは**定額法**という方法です。

定額法では次の計算式によって、満期保有目的債券の帳簿価額の調整額を求めます。

図解 満期保有目的債券の帳簿価額の調整

$$\text{満期保有目的債券の帳簿価額の調整額} = \underbrace{(\text{額面金額} - \text{取得価額})}_{\text{金利調整差額}} \times \frac{\text{当期の経過月数}}{\text{取得日から満期日までの月数}}$$

取得日	決算日		満期日
×1年7/1	×2年3/31		×6年6/30

9か月

60か月（5年×12か月）

取得価額 9,600円 ← 金利調整差額400円 → 額面金額 10,000円

当期の調整額：$(10,000円 - 9,600円) \times \dfrac{9か月}{60か月} = 60円$

例11 ──────────────────────── 満期保有目的債券の評価

(1) ×1年7月1日　満期保有目的で、Y社の社債（額面総額10,000円、満期日は×6年6月30日）を額面100円につき96円で購入し、代金は現金で支払った。

(2) ×2年3月31日　決算において、(1)の満期保有目的債券について償却原価法（定額法）により評価する。

| 例11の仕訳(1) | （満期保有目的債券） | 9,600*1 | （現　　　　金） | 9,600 |
| (2) | （満期保有目的債券） | 60*2 | （有価証券利息） | 60 |

$$*1 \quad 10,000円 \times \frac{96円}{100円} = 9,600円$$

$$*2 \quad (10,000円 - 9,600円) \times \frac{9か月}{60か月（5年 \times 12か月）} = 60円$$

7 子会社株式・関連会社株式の評価

　子会社株式や関連会社株式は、長期的に保有するものなので、決算において評価替えをしません。

ひとこと

ふむふむ…

　たとえば、子会社株式は支配目的で保有しているものです。ですから、売買目的有価証券とは異なり、めったに売買しないものなんですね。だから、いちいち決算において時価に修正する必要はないのです。

例12　　　　　　　　　　　　　　　　子会社株式・関連会社株式の評価

　決算において、子会社株式の時価は4,200円であった。なお、帳簿価額は4,100円である。

| 例12の仕訳 | 仕訳なし |

8 その他有価証券の評価

Ⅰ その他有価証券の評価

　その他有価証券は、「いつかは売却するもの」と考え、時価で評価します。しかし、売買目的有価証券とは異なり、すぐに売却するものではありません。そのため、評価差額（帳簿価額と時価との差額）は原則として損益計算書には計上しません。

　評価差額の計上方法には、**全部純資産直入法**（ぜんぶじゅんしさんちょくにゅうほう）と、**部分純資産直入法**（ぶぶんじゅんしさんちょくにゅうほう）の2

つの方法がありますが、2級で学習するのは**全部純資産直入法**です。

Ⅱ　全部純資産直入法

New
その他有価証券評価差額金

全部純資産直入法は、評価差額の合計額を貸借対照表の純資産の部に**その他有価証券評価差額金** [純資産] として計上する方法です。

☞純資産の増加⇒貸方（右）　☞純資産の減少⇒借方（左）

▶ **例13** ─────────────── その他有価証券の評価

(1)　決算において、D社株式（その他有価証券）の時価は2,200円であった。なお、帳簿価額は2,000円である。

(2)　決算において、E社株式（その他有価証券）の時価は1,300円であった。なお、帳簿価額は1,450円である。

例13の仕訳(1)	（その他有価証券）	200*1	（その他有価証券評価差額金）	200
(2)	（その他有価証券評価差額金）	150	（その他有価証券）	150*2

＊1　2,200円－2,000円＝200円（評価益）
＊2　1,300円－1,450円＝△150円（評価損）

ひとこと

　その他有価証券は洗替法で処理します。洗替法とは、決算時に評価差額を計上しても、翌期首に再振替仕訳（決算時の仕訳の逆仕訳）をして、決算時に計上した評価差額を振り戻す処理をいいます。

ひとこと

　そのほかの有価証券の論点として、権利落ち株式があります。権利落ち株式の処理については巻末の参考に記載していますので、すべての学習を終えて、余裕がある人は参考も確認しておいてください。

CHAPTER 11　有価証券　基本問題

　次の取引について仕訳しなさい。なお、勘定科目はそれぞれ［　　］内に示す
ものの中から選ぶこと。

問1　有価証券の購入と売却

［勘定科目：売買目的有価証券、満期保有目的債券、その他有価証券、子会社株
　　　　　　式、未収入金、未払金、有価証券売却益、有価証券売却損］

(1)　売買目的で、新潟IT株式会社の株式2,000株を1株あたり400円で購入し、代
　　金は売買手数料4,000円とともに月末に支払うこととした。

(2)　(1)の株式のうち1,500株を1株あたり401円で売却し、代金は月末に受け取る
　　こととした。

(3)　売買目的で、福島車体株式会社の社債（額面総額1,000,000円）を額面100円
　　につき95円で購入し、代金は売買手数料5,000円とともに月末に支払うことと
　　した。

(4)　(3)の社債のすべてを額面100円につき97円で売却し、代金は月末に受け取る
　　こととした。

(5)　山梨商会株式会社の株式3,000株を1株あたり300円で購入し、代金は購入手
　　数料2,000円とともに月末に支払うこととした。なお、山梨商会株式会社の発
　　行済株式総数は4,000株である。

(6)　静岡工業株式会社の株式（その他有価証券）1,000株を1株あたり400円で購
　　入し、代金は購入手数料2,000円とともに月末に支払うこととした。

(7)　売買目的で所有する長野商業株式会社株式のうち750株を1株あたり203円で
　　売却し、代金は月末に受け取ることとした。なお、当該株式は2回に分けて取
　　得したものであり、1回目は1,000株を1株あたり200円で、2回目は500株を
　　1株あたり206円で取得している。また、当社は平均原価法で記帳している。

問2 配当金・利息の受け取り

［勘定科目：現金、未収入金、受取配当金、有価証券利息］

(1) 保有する新潟IT株式会社株式について、配当金額収証80,000円を受け取った。

(2) 保有する栃木産業株式会社社債について、半年分の利息6,000円の利払日が到来したため、利札を取引銀行に持ち込み、現金を受け取った。

問3 端数利息の処理

［勘定科目：現金、売買目的有価証券、有価証券売却損、有価証券売却益、有価証券利息］

(1) ×1年9月13日　茨城商事㈱は売買目的で購入した千葉水産株式会社社債（額面総額600,000円、年利率7.3%、利払日は6月末日と12月末日）を、額面100円につき95.3円で埼玉商事㈱に売却し、代金は端数利息とともに現金で受け取った。なお、当該社債は額面100円につき95円で取得したものである。

(2) ×1年9月13日　埼玉商事㈱は売買目的で千葉水産株式会社社債（条件は(1)と同じである）を額面100円につき95.3円で購入し、代金は端数利息とともに現金で支払った。

問4 売買目的有価証券の評価替え

［勘定科目：売買目的有価証券、有価証券評価益、有価証券評価損］

(1) 決算において、売買目的有価証券の帳簿価額60,000円を時価59,000円に評価替えする。

(2) 決算において、売買目的有価証券の帳簿価額62,000円を時価65,000円に評価替えする。

問5 満期保有目的債券の評価

［勘定科目：現金、当座預金、売買目的有価証券、満期保有目的債券、有価証券
利息］

(1) ×1年4月1日　満期保有目的で、東京精機株式会社の社債（額面総額
1,000,000円、満期日は×7年3月31日）を額面100円につき97円で購入し、代金
は小切手を振り出して支払った。

(2) ×2年3月31日　決算において、(1)の満期保有目的債券について償却原価法
（定額法）により評価する。

問6 子会社株式、その他有価証券の評価

［勘定科目：その他有価証券、子会社株式、その他有価証券評価差額金、有価証
券評価損、有価証券評価益］

(1) 決算時の埼玉産業株式会社株式（子会社株式）の時価は432,000円であった。
なお、帳簿価額は450,000円である。

(2) 決算において、神奈川中央株式会社株式（その他有価証券）の帳簿価額
380,000円を時価395,000円に評価替えする。なお、評価差額は全部純資産直入
法によって処理する。

(3) 翌期首において、(2)の評価差額について再振替仕訳を行う。

解答

問1 有価証券の購入と売却

(1)	(売買目的有価証券)	804,000 [*1]	(未　払　金)	804,000
(2)	(未　収　入　金)	601,500 [*2]	(売買目的有価証券)	603,000 [*3]
	(有価証券売却損)	1,500		
(3)	(売買目的有価証券)	955,000 [*4]	(未　払　金)	955,000
(4)	(未　収　入　金)	970,000 [*5]	(売買目的有価証券)	955,000
			(有価証券売却益)	15,000
(5)	(子 会 社 株 式)	902,000 [*6]	(未　払　金)	902,000
(6)	(その他有価証券)	402,000 [*7]	(未　払　金)	402,000
(7)	(未　収　入　金)	152,250 [*8]	(売買目的有価証券)	151,500 [*9]
			(有価証券売却益)	750

*1　@400円×2,000株＋4,000円＝804,000円

*2　@401円×1,500株＝601,500円

*3　804,000円÷2,000株＝@402円
　　@402円×1,500株＝603,000円

*4　$1,000,000円 \times \dfrac{95円}{100円} + 5,000円 = 955,000円$

*5　$1,000,000円 \times \dfrac{97円}{100円} = 970,000円$

*6　山梨商会株式会社の発行済株式総数4,000株のうち3,000株（過半数）を取得しているので子会社株式に分類される。
　　@300円×3,000株＋2,000円＝902,000円

*7　@400円×1,000株＋2,000円＝402,000円

*8　@203円×750株＝152,250円

*9　$\dfrac{@200円 \times 1,000株 + @206円 \times 500株}{1,000株 + 500株} = @202円$
　　@202円×750株＝151,500円

問2 配当金・利息の受け取り

(1)	(現　　　金)	80,000	(受 取 配 当 金)	80,000
(2)	(現　　　金)	6,000	(有 価 証 券 利 息)	6,000

問3 端数利息の処理

(1) （現 金） 580,800 （売買目的有価証券） 570,000
（有価証券売却益） 1,800
（有価証券利息） 9,000

(2) （売買目的有価証券） 571,800 （現 金） 580,800
（有価証券利息） 9,000

〈解説〉

(1)について

① 有価証券の売却
（現 金） 571,800*1 （売買目的有価証券） 570,000*2
（有価証券売却益） 1,800

$+$

② 端数利息の受け取り
（現 金） 9,000 （有価証券利息） 9,000*3

$\downarrow$

③ 解 答 の 仕 訳
（現 金） 580,800 （売買目的有価証券） 570,000
（有価証券売却益） 1,800
（有価証券利息） 9,000

$* 1 \quad 600,000円 \times \dfrac{95.3円}{100円} = 571,800円$

$* 2 \quad 600,000円 \times \dfrac{95円}{100円} = 570,000円$

$* 3 \quad 600,000円 \times 7.3\% \times \dfrac{75日}{365日} = 9,000円$

| 利払日 | 翌 日 | | 売却日 | | 利払日 |
| 6 /30 | 7 / 1 | | 9 /13 | | 12/31 |

31日（7月）＋31日（8月）＋13日（9月）
＝75日

(2)について（＊1、＊3の金額の計算は(1)を参照してください）

① 有価証券の購入

（売買目的有価証券）　571,800[*1]　（現　　　　金）　571,800

② 端数利息の支払い

（有価証券利息）　9,000[*3]　（現　　　　金）　9,000

③ 解 答 の 仕 訳

（売買目的有価証券）　571,800　（現　　　　金）　580,800
（有 価 証 券 利 息）　9,000

問4 売買目的有価証券の評価替え

(1)　（有価証券評価損）　1,000　（売買目的有価証券）　1,000[*1]

(2)　（売買目的有価証券）　3,000[*2]　（有価証券評価益）　3,000

＊1　59,000円 − 60,000円 = △1,000円 （評価損）

＊2　65,000円 − 62,000円 = 3,000円 （評価益）

問5 満期保有目的債券の評価

(1)　（満期保有目的債券）　970,000[*1]　（当 座 預 金）　970,000

(2)　（満期保有目的債券）　5,000　（有 価 証 券 利 息）　5,000[*2]

$$＊1　1,000,000円 \times \frac{97円}{100円} = 970,000円$$

＊2　（1,000,000円 − 970,000円）÷ 6 年 = 5,000円

問6 子会社株式、その他有価証券の評価

(1)　仕訳なし

(2)　（その他有価証券）　15,000[*]　（その他有価証券
評 価 差 額 金）　15,000

(3)　（その他有価証券
評 価 差 額 金）　15,000　（その他有価証券）　15,000

＊　395,000円 − 380,000円 = 15,000円 （評価益）

CHAPTER 12

引当金

◆第3問の決算整理事項の一つとして出題される

　ここでは引当金について学習します。

　3級で学習した貸倒引当金のほか、2級では修繕引当金、商品保証引当金、退職給付引当金、賞与引当金、役員賞与引当金、売上割戻引当金、返品調整引当金について学習していきます。

2級で学習する内容

取引と処理

株式会社特有の取引

その他の取引

- ✓ 手　形 …………………… CHAPTER 06
- ✓ 電子記録債権（債務）… CHAPTER 06
- ✓ その他の債権の譲渡 …… CHAPTER 06
- ✓ 銀行勘定調整表 ………… CHAPTER 07
- ✓ 固定資産 ………………… CHAPTER 08
- ✓ リース取引 ……………… CHAPTER 09
- ✓ 研究開発費 ……………… CHAPTER 10
- ✓ 無形固定資産 …………… CHAPTER 10
- ✓ 有価証券 ………………… CHAPTER 11
- ✓ 引当金 …………………… CHAPTER 12
- ✓ 収益・費用の認識基準 … CHAPTER 13
- ✓ サービス業の処理 ……… CHAPTER 13
- ✓ 外貨建取引 ……………… CHAPTER 14

商品売買取引

伝　　　票

決算、本支店会計、連結会計、製造業会計

決　　　算

- ✓ 決算整理 ……………… CHAPTER 04〜14
- ✓ 精算表の作成 …………… CHAPTER 16
- ✓ 財務諸表の作成 ………… CHAPTER 16
- ✓ 税効果会計 ……………… CHAPTER 17
- ✓ 帳簿の締め切り ………… CHAPTER 18

本支店会計

連結会計Ⅰ〜Ⅲ

製造業会計

1 貸倒引当金

Ⅰ 貸倒れと貸倒引当金

得意先の倒産などを理由に、その得意先に対する売掛金や受取手形が回収できなくなることを**貸倒れ**といいます。

また、貸倒れに備えて、決算において設定した金額を**貸倒引当金**といいます。

ひとこと

貸倒れの処理については、3級ですでに学習したため、ここでは詳細な説明は省略します。

貸倒れの処理について、ポイントをまとめると次のとおりです。

◎**貸倒れの処理**　　　　　　　　　　　　♪*Review*　**3級**
　✓　当期に発生した売掛金や受取手形が貸し倒れたとき
　　　→全額、**貸倒損失**〔費用〕で処理
　✓　前期以前に発生した売掛金や受取手形が貸し倒れたとき
　　　→まずは設定している**貸倒引当金**を取り崩し、これを超える額は**貸倒損失**〔費用〕で処理
　✓　前期以前に貸倒処理した売掛金や受取手形を回収したとき
　　　→回収額を**償却債権取立益**〔収益〕で処理

Ⅱ 貸倒引当金の設定

貸倒引当金は、決算日における債権（売掛金、受取手形など）について、次期以降に貸倒れが生じると予想される金額を見積もって設定する引当金です。

> 貸倒引当金の設定額＝債権の期末残高×貸倒設定率
> （貸倒実績率）

一般的な債権については、一括して貸倒引当金を設定します（一括評価）。

一方、回収可能性に問題がある債権については、個別に貸倒引当金を設定します（個別評価）。

　このとき、相手方（債務者）から担保を受け入れている場合には、債権金額から担保処分見込額を差し引いた残高に貸倒設定率を掛けて計算します。

$$\text{貸倒引当金の設定額} = \left(\text{債権の期末残高} - \text{担保処分見込額} \right) \times \text{貸倒設定率}$$

例1　　　　　　　　　　　　　　　　　貸倒引当金の設定

　決算において、売掛金の期末残高10,000円に対し、下記のように貸倒引当金を設定する。なお、貸倒引当金の期末残高は120円である。

(1)　A社に対する売掛金2,000円については、債権額から担保処分見込額400円を控除した残高に対して50％を貸倒引当金として設定する。

(2)　B社に対する売掛金1,000円については、債権額の４％を貸倒引当金として設定する。

(3)　その他の売掛金に対しては、貸倒実績率２％として貸倒引当金を設定する。

例1の仕訳　（**貸倒引当金繰入**）　　　860*　（**貸 倒 引 当 金**）　　　860

＊　(1)に対する貸倒引当金（個別評価）：(2,000円－400円)×50％＝800円
　　(2)に対する貸倒引当金（個別評価）：1,000円×4％＝40円
　　(3)に対する貸倒引当金（一括評価）：(10,000円－2,000円－1,000円)
　　　　　　　　　　　　　　　　　　　　×2％＝140円
　　貸倒引当金の合計：800円＋40円＋140円＝980円
　　貸倒引当金繰入：980円－120円＝860円

Ⅲ 売上債権と営業外債権

　債権には、売掛金、受取手形、貸付金などがありますが、売掛金や受取手形のように通常の営業（商品売買など）から生じた債権を**売上債権**（または**営業債権**）といいます。

　一方、貸付金などのように、通常の営業から生じた債権以外のものを**営業外債権**といいます。

　売上債権にかかる**貸倒引当金繰入** [費用] と、営業外債権にかかる**貸倒引当金繰入** [費用] は、計算や処理は同じですが、損益計算書上の表示位置が異なります。これについては CHAPTER 16 で学習します。

2 修繕引当金

Ⅰ 修繕引当金とは

　企業が所有する建物や機械などについて、毎年定期的に修繕を行っている場合で、当期に行うはずの修繕を次期に延期することがあります。この場合、当期に行われるはずの修繕費用を見積り、**修繕引当金繰入** [費用] として処理します。このときの貸方科目が**修繕引当金** [負債] です。

New
修繕引当金繰入

New
修繕引当金

1 決算時

決算において、修繕引当金を設定するときは、**修繕引当金繰入** [費用] を計上するとともに、貸方科目は**修繕引当金** [負債] で処理します。

☞ **費用の増加⇒借方（左）** ☞ **負債の増加⇒貸方（右）**

例2 ——————————————— 修繕引当金の設定（決算時）

決算において、修繕引当金を設定する。当期の繰入額は1,000円である。

例2の仕訳	（修繕引当金繰入）	1,000	（修 繕 引 当 金）	1,000

---

2 修繕費を支払ったとき

修繕を行い、修繕費を支払ったときは、設定している**修繕引当金** [負債] を取り崩します。 ☞ **負債の減少⇒借方（左）**

また、修繕引当金を超える金額については**修繕費** [費用] で処理します。

☞ **費用の増加⇒借方（左）**

例3 ————————————————— 修繕費を支払ったとき

建物の定期修繕を行い、修繕費1,500円を現金で支払った。なお、修繕引当金の残高は1,000円である。

例3の仕訳	（修 繕 引 当 金）	1,000	（現　　　　金）	1,500
	（修　繕　費）	500		

---

3 支出額に資本的支出が含まれているとき

支出額に資本的支出が含まれているときは、資本的支出については固定資産の取得原価に加算します。 ☞ **資産の増加⇒借方（左）**

ひとこと

資本的支出は CHAPTER 08 固定資産で学習しました。忘れてしまった人は復習しておいてください。 ☞*Review* CH.08 **8**

例4 ——————————— 支出額に資本的支出が含まれているとき

建物の定期修繕と改良を行い、3,500円を現金で支払った。このうち、2,000円は資本的支出である。なお、修繕引当金の残高は1,000円である。

例4の仕訳	(建 物)	2,000	(現 金)	3,500
	(修 繕 引 当 金)	1,000		
	(修 繕 費)	500		

3 商品保証引当金

Ⅰ 商品保証引当金とは

商品の販売後、一定期間内であれば無料で修理を行うという保証をつけることがあります。この場合、当期に販売した商品の修理を、次期以降に行うということもあります。

当期に販売した商品にかかる費用は当期の費用とすべきです。そこで、決算において、当期に販売した商品に対して次期以降に発生するであろう修理費用を見積り、**商品保証引当金繰入** [費用] として処理します。このときの貸方科目が**商品保証引当金** [負債] です。

Ⅱ 商品保証引当金の処理

1 決算時

決算において、商品保証引当金を設定するときは、**商品保証引当金繰入** [費用] を計上するとともに、貸方科目は**商品保証引当金** [負債] で処理します。

☞費用の増加⇒借方（左） ☞負債の増加⇒貸方（右）

New **商品保証引当金繰入**

New **商品保証引当金**

例5 ——————————— 商品保証引当金の設定（決算時）

決算において、商品保証引当金を設定する。当期の繰入額は1,000円である。

例5の仕訳	(商品保証引当金繰入)	1,000	(商品保証引当金)	1,000

213

保証内容にもとづいて修理を行い、修理にかかった費用を支払ったときは、設定している**商品保証引当金** [負債] を取り崩します。

☞**負債の減少⇒借方（左）**

▶ **例6** ──────────────── **修理を行ったとき**

　前期に販売した商品について、修理の申し出があったため、無料修理に応じた。この修理にかかった費用700円は現金で支払った。なお、商品保証引当金の残高は1,000円である。

例6の仕訳	（**商品保証引当金**)	700	（現　　　　金）	700

---

4 退職給付引当金

I 退職給付引当金とは

　退職金の支給規定のある企業では、従業員の退職にさいし、退職金が支払われます。この退職金は退職した年度のみの費用ではなく、従業員の全労働期間にわたる費用（入社時から退職時までの費用）と考えられます。

　そこで、決算において、将来支払う退職金のうち、当期の労働に対する分の金額を見積り、**退職給付費用** [費用] として処理します。このときの貸方科目が**退職給付引当金** [負債] です。

New
退職給付費用

II 退職給付引当金の処理

New
退職給付引当金

1 決算時

　決算において、退職給付引当金を設定するときは、**退職給付費用** [費用] を計上するとともに、貸方科目は**退職給付引当金** [負債] で処理します。

☞**費用の増加⇒借方（左）**　☞**負債の増加⇒貸方（右）**

> **例7** ──────────── 退職給付引当金の設定（決算時）

　決算において、退職給付引当金を設定する。当期の繰入額は1,000円である。

例7の仕訳	（退職給付費用）	1,000	（退職給付引当金）	1,000

2 退職金を支払ったとき

　従業員が退職し、退職金を支払ったときは、設定している**退職給付引当金** [負債] を取り崩します。 ☞**負債の減少⇒借方（左）**

> **例8** ──────────────── 退職金を支払ったとき

　従業員が退職し、退職金400円を当座預金口座から支払った。なお、退職給付引当金の残高は1,000円である。

例8の仕訳	（退職給付引当金）	400	（当座預金）	400

5 賞与引当金

I 賞与引当金とは

　たとえば、当期（会計期間）はX1年4月1日からX2年3月31日までの1年で、賞与は毎年6月10日（計算期間：12月1日～5月31日）と12月10日（計算期間：6月1日～11月30日）に支払うという会社があったとします。

　この場合、会計期間と賞与の計算期間がずれているため、当期に発生しているはずの賞与にもかかわらず、決算日においてまだ支給されていない分があります。このような、次期に支給される賞与ではあるけれども、当期に発生している分については当期の費用とすべきです。そこで、決算において、次期に支給される賞与で、当期に発生している分を**賞与引当金繰入** [費用] として処理します。このときの貸方科目が**賞与引当金** [負債] です。

図解 賞与引当金

```
        ┌─────┐                      ┌──────┐  ┌──────┐
        │期首 │                      │決算日│  │支給日│
        └─────┘                      └──────┘  └──────┘
    ├────┼──────────────┼────────┼──────┼──────┼──────→
  x1年4/1            12/1    x2年3/31  5/31   6/10
    ├───────────当期───────────┤
                        ┌──賞与計算期間──┐   支給は
                        │当期分          │   次期
                        │(4か月分)       │
  当期の費用とするべき！→ 賞与引当金繰入 [費用]
                            │相手科目は…
                        賞与引当金 [負債]
```

Ⅱ 賞与引当金の処理

1 決算時

New
賞与引当金繰入

決算において、賞与引当金を設定するときは、**賞与引当金繰入** [費用] を計上するとともに、貸方科目は**賞与引当金** [負債] で処理します。

☞費用の増加⇒借方（左）　☞負債の増加⇒貸方（右）

New
賞与引当金

例9 ―――――――――――――――― 賞与引当金の設定（決算時）

決算において、賞与引当金を設定する。当期の繰入額は1,000円である。

例9の仕訳　（賞与引当金繰入）　　1,000　（賞 与 引 当 金）　　1,000

2 賞与を支給したとき

賞与引当金の設定後、賞与を支給したときは、計上してある**賞与引当金** [負債] を取り崩します。

☞負債の減少⇒借方（左）

New
賞与

また、賞与支給額と取り崩した賞与引当金との差額は、**賞与** [費用] で処理します。

☞費用の増加⇒借方（左）

例10 ─────────────────────────── **賞与を支給したとき**

　賞与支給日において、賞与1,500円を当座預金口座から支払った。なお、賞与引当金の残高は1,000円である。

例10の仕訳	（**賞 与 引 当 金**）	1,000	（当 座 預 金）	1,500
	（**賞　　　　　与**）	500		

ひとこと

ふむふむ…

　以上の引当金のほか、役員賞与引当金、売上割戻引当金、返品調整引当金も2級の試験範囲です。これらの引当金については、巻末の参考で説明していますので、余裕のある方は読んでおいてください。

CHAPTER 12　引当金　基本問題

　次の取引について仕訳しなさい。なお、勘定科目はそれぞれ［　　］内に示すものの中から選ぶこと。

問1　貸倒引当金
［勘定科目：貸倒引当金、貸倒引当金繰入］

⑴　売掛金の期末残高20,000円に対し、下記のように貸倒引当金を設定する。なお、貸倒引当金の期末残高は200円である。

　　①　A社に対する売掛金4,000円については、債権額から担保処分見込額1,000円を控除した残高に対して50％を貸倒引当金として設定する。

　　②　B社に対する売掛金2,000円については、債権額の4％を貸倒引当金として設定する。

　　③　その他の売掛金に対しては、貸倒実績率2％として貸倒引当金を設定する。

⑵　貸付金に対し、期末残高3,000円の2％を貸倒引当金として設定する。なお、貸倒引当金の期末残高は50円である。

問2　修繕引当金
［勘定科目：現金、建物、修繕引当金、修繕引当金繰入、修繕費］

⑴　決算において、修繕引当金を設定する。当期の繰入額は120,000円である。

⑵　建物の定期修繕を行い、修繕費150,000円を現金で支払った。なお、修繕引当金の残高は120,000円である。

⑶　建物の定期修繕と改良を行い、400,000円を現金で支払った。このうち、200,000円は資本的支出である。なお、修繕引当金の残高は150,000円である。

問3 商品保証引当金

［勘定科目：現金、商品保証引当金、商品保証引当金繰入］

(1) 決算において、当期の売上高2,000,000円に対して1％の商品保証引当金を設定する。

(2) 前期に販売した商品について、修理の申し出があったため、無料修理に応じた。この修理にかかった費用3,000円は現金で支払った。なお、商品保証引当金の残高は20,000円である。

問4 退職給付引当金

［勘定科目：当座預金、退職給付引当金、退職給付費用］

(1) 決算において、退職給付引当金を設定する。当期の繰入額は300,000円である。

(2) 従業員が退職し、退職金500,000円を当座預金口座から支払った。なお、退職給付引当金の残高は2,650,000円である。

問5 賞与引当金

［勘定科目：当座預金、賞与引当金、賞与引当金繰入、賞与］

(1) 決算において、賞与引当金を設定する。当期の繰入額は2,000円である。

(2) 賞与支給日において、賞与3,000円を当座預金口座から支払った。なお、賞与引当金2,000円が設定されている。

解答

問1 貸倒引当金

(1) （貸倒引当金繰入）　　1,660[*1]　（貸 倒 引 当 金）　　1,660

(2) （貸倒引当金繰入）　　10[*2]　（貸 倒 引 当 金）　　10

　　＊1　①A社の売掛金に対する貸倒引当金
　　　　　（4,000円 − 1,000円）× 50% ＝ 1,500円
　　　　②B社の売掛金に対する貸倒引当金
　　　　　2,000円 × 4 % ＝ 80円
　　　　③その他の売掛金に対する貸倒引当金
　　　　　（20,000円 − 4,000円 − 2,000円）× 2 % ＝ 280円
　　　　④貸倒引当金繰入：（①1,500円 + ②80円 + ③280円）− 200円 ＝ 1,660円
　　＊2　3,000円 × 2 % − 50円 ＝ 10円

問2 修繕引当金

(1) （修 繕 引 当 金 繰 入）　　120,000　（修 繕 引 当 金）　　120,000

(2) （修 繕 引 当 金）　　120,000　（現　　　　　　金）　　150,000

　　（修　　繕　　費）　　30,000

(3) （建　　　　　物）　　200,000　（現　　　　　　金）　　400,000

　　（修 繕 引 当 金）　　150,000

　　（修　　繕　　費）　　50,000

問3 商品保証引当金

(1) （商品保証引当金繰入）　　20,000　（商品保証引当金）　　20,000[*]

(2) （商品保証引当金）　　3,000　（現　　　　　　金）　　3,000

　　＊　2,000,000円 × 1 % ＝ 20,000円

問4 退職給付引当金

(1) （退 職 給 付 費 用）　　300,000　（退 職 給 付 引 当 金）　　300,000

(2) （退 職 給 付 引 当 金）　　500,000　（当 座 預 金）　　500,000

問5 賞与引当金

(1) （賞 与 引 当 金 繰 入）　　2,000　（賞 与 引 当 金）　　2,000

(2) （賞 与 引 当 金）　　2,000　（当 座 預 金）　　3,000

　　（賞　　　　　与）　　1,000[*]

　　＊　3,000円 − 2,000円 ＝ 1,000円

CHAPTER 13

収益・費用

◆「サービス」のことを役務という！

商品売買業における処理についてはCHAPTER05商品売買で学習しました。ここでは、サービス業における基本的な処理についてみていきます。その前に、収益や費用の認識基準（収益や費用をいつ計上するか）についてもみておきましょう。

2級で学習する内容

取引と処理

株式会社特有の取引	その他の取引

その他の取引
- ✓ 手　形 ················· CHAPTER 06
- ✓ 電子記録債権（債務）··· CHAPTER 06
- ✓ その他の債権の譲渡 ····· CHAPTER 06
- ✓ 銀行勘定調整表 ··········· CHAPTER 07
- ✓ 固定資産 ················· CHAPTER 08
- ✓ リース取引 ··············· CHAPTER 09
- ✓ 研究開発費 ··············· CHAPTER 10
- ✓ 無形固定資産 ············· CHAPTER 10
- ✓ 有価証券 ················· CHAPTER 11
- ✓ 引当金 ··················· CHAPTER 12
- ✓ 収益・費用の認識基準 ··· CHAPTER 13
- ✓ サービス業の処理 ········ CHAPTER 13
- ✓ 外貨建取引 ·············· CHAPTER 14

株式会社特有の取引 / 商品売買取引 / 伝　票

決算、本支店会計、連結会計、製造業会計

決　算
- ✓ 決算整理 ················· CHAPTER 04〜14
- ✓ 精算表の作成 ············· CHAPTER 16
- ✓ 財務諸表の作成 ··········· CHAPTER 16
- ✓ 税効果会計 ··············· CHAPTER 17
- ✓ 帳簿の締め切り ··········· CHAPTER 18

本支店会計

連結会計Ⅰ〜Ⅲ

製造業会計

1 収益・費用の認識基準

Ⅰ 発生主義

収益や費用は、その発生した期間に計上します。この考え方を**発生主義**といいます。

ここで、**発生**とは、収益の場合は企業活動によって経済価値が増加することをいい、費用の場合は企業活動によって経済価値が減少することをいいます。

ひとこと

ここは考え方の話なので、軽く読み流しておけばOKです。

Ⅱ 実現主義

収益については、発生主義をベースとしながらも、発生主義よりも限定された**実現主義**によって計上します。

なお、実現主義とは、発生した価値が明確（収益が確実）で客観的になったときに収益を計上するという考え方をいいます。

ひとこと

たとえば、木材（材料）から雑貨（商品）を作って販売するという場合、木材を使って徐々に形（商品）になる過程で価値（収益）は発生していますが、完成したからといって、それがお客さんに売れるとは限りません。そこで収益については、発生した価値が明確で客観的になったとき、簡単にいうと、お客さんに商品が売れたときに収益を計上する、というルールになっているのです。

「発生した価値が明確で客観的になったとき」とは、次の2要件を満たした場合をいいます。

● **「実現」の2要件**

❶財貨（商品）の引渡しまたは役務（サービス）の提供

かつ

❷対価としての現金等（売掛金などを含む）の受け取り

Ⅲ 費用収益対応原則

費用収益対応原則とは、一定期間に発生した費用のうち、実現主義によって計上された収益に対応する金額が、当期の損益計算書に計上されるという原則をいいます。

ひとこと

商品を販売したとき、**売上**［収益］を計上し、その販売した商品の原価を当期の**売上原価**［費用］として損益計算書に記載しますよね？　これは費用収益対応原則の一例です。

2 売上の計上基準

Ⅰ 引渡基準

引渡基準とは、商品を相手に引き渡したときに**売上**［収益］の計上を行うという基準をいいます。

通常の店頭販売の場合は、引渡基準で**売上**［収益］が計上されます。

Ⅱ 出荷基準

出荷基準とは、商品を出荷した日に**売上**［収益］の計上を行うという基準をいいます。

遠隔地に商品を販売するときなどには出荷基準が用いられます。

Ⅲ 検収基準

検収基準とは、納品した商品の品質や数量などを相手方が検収し、確認

の通知を受けた日に**売上** [収益] の計上を行うという基準をいいます。

▷ **例1** ————————————————————— **検収基準**

(1)　得意先Ｂ社から商品1,400円（原価1,000円）の注文が入り、代金は掛けとして商品を発送した。なお、当社では売上の認識について、検収基準を採用している。

(2)　(1)について、Ｂ社から注文どおりの商品が届いた旨の連絡を受けた。

例1の仕訳(1)			**仕訳なし**		
(2)	（売　掛　金）	1,400	（売　　　　上）		1,400

3　サービス業の処理

Ⅰ　役務とは

　商品売買業では、商品という形のあるモノを介して取引が行われますが、サービス業では、サービスという形のないモノを介して取引が行われます。

　このようなサービスのことを**役務**といいます。

ひとこと

　サービス業には、飲食、宿泊、レジャー、教育、医療、コンサルティングなど多種多様なサービスを提供する業種があります。

Ⅱ　役務収益の計上時期

　サービス業においては、サービスを提供したときに**役務収益** [収益] を計上します。

　なお、資格試験の受験指導サービスを行っている会社など（一定期間、継続してサービスを提供している会社）では、❶カリキュラムの進度に応じて収益を計上する場合と、❷全カリキュラムが終了したときに一括して収益を計上する場合があります。

New

Ⅲ サービス業の処理…❶カリキュラムの進度に応じて収益を計上する場合

1 代金を前受けしたとき

サービスを提供する前に、代金を受け取ったときには、まだ**役務収益** [収益] を計上することはできず、**前受金** [負債] で処理しておきます。

☞**負債の増加⇒貸方（右）**

例2 ──────────────── 代金を前受けしたとき

資格の学校Ｔ社は来月開講予定の講座（受講期間12か月）の受講料10,000円を現金で受け取った。

例2の仕訳	（現 金）	10,000	（前 受 金）	10,000

2 サービスの提供に先立ち、費用を支払ったとき

サービス業においては、サービスを提供したときに収益を計上するとともに、そのサービスの提供分にかかる費用を計上します。

そのため、まだ提供していないサービスにかかる費用（そのサービスのために直接費やされたものであることが明らかな費用）については、**仕掛品** [資産] という勘定科目で処理しておきます。

☞**資産の増加⇒借方（左）**

New

仕掛品

例3 ——————— サービスの提供に先立ち、費用を支払ったとき

　講座の教材作成費等4,000円を現金で支払った。全額について来月開講予定の講座のために直接費やされたものであるため、仕掛品勘定で処理する。

例3の仕訳	（仕　　掛　　品）	4,000	（現　　　　金）	4,000

ひとこと

　いったん費用の勘定科目で処理し、そのうち当該サービスに直接費やされた分を**仕掛品**［資産］に振り替える場合もあります。

例3−1　講師の給料6,000円を現金で支払った。
　　　　　仕訳：（給　　　料）　6,000　（現　　　金）　6,000

例3−2　例3−1の給料のうち4,000円が来月開講予定の講座のために直接
　　　　　費やされたものであることが明らかとなったので、これを仕掛品勘
　　　　　定に振り替える。
　　　　　仕訳：（仕　掛　品）　4,000　（給　　　料）　4,000

③　決算時

　カリキュラムの進度に応じて収益を計上する場合では、決算において、先に前受けしている受講料のうち、カリキュラムが終了している分だけ**前受金**［負債］から**役務収益**［収益］に振り替えます。

☞負債の減少⇒借方（左）　　☞収益の増加⇒貸方（右）

　また、それに対応する費用を**仕掛品**［資産］から**役務原価**［費用］に振り替えます。

☞資産の減少⇒貸方（右）　　☞費用の増加⇒借方（左）

New
役務原価

例4 ——————————————————————— 決算時

　決算日を迎えた。決算日現在、講座の25％が終了している。なお、受講料10,000円は先に受け取っており、前受金で処理している（**例2**）。また、講座にかかる費用4,000円は仕掛品勘定で処理している（**例3**）。

例4の仕訳	（前　受　金）	2,500	（役　務　収　益）	2,500[*1]
	（役　務　原　価）	1,000[*2]	（仕　　掛　　品）	1,000

　＊1　役務収益の計上：10,000円×25％＝2,500円
　＊2　役務原価の計上：4,000円×25％＝1,000円

4 全カリキュラムが終了したとき

全カリキュラムが終了したときには、残りの期間分について、**役務収益**[収益]および**役務原価**[費用]を計上します。

例5 ――――――――――――― 全カリキュラムが終了したとき

本日、講座のすべてのカリキュラムが終了した（資料は**例4**を参照）。

例5の仕訳	（前　受　金）	7,500	（役　務　収　益）	7,500[*1]
	（役　務　原　価）	3,000[*2]	（仕　掛　品）	3,000

　＊1　役務収益の計上：10,000円－2,500円＝7,500円
　＊2　役務原価の計上：4,000円－1,000円＝3,000円

IV **サービス業の処理**…**❷**全カリキュラムが終了したときに一括して収益を計上する場合

全カリキュラムが終了したときに一括して収益を計上する場合には、決算時には何の処理もせず、全カリキュラムが終了したときに**役務収益**[収益]および**役務原価**[費用]を計上します。

例6 ——— 全カリキュラムが終了したときに一括して収益を計上する場合

(1) 資格の学校T社は来月開講予定の講座（受講期間12か月）の受講料10,000円を現金で受け取った。

(2) 講座の教材作成費等4,000円を現金で支払った。全額について当該講座のために直接費やされたものであるため、仕掛品勘定で処理する。

(3) 決算日を迎えた。決算日現在、講座の25%が終了している。

(4) 本日、講座のすべてのカリキュラムが終了した。

例6の仕訳					
(1)	(現　　　金)	10,000	(前　受　金)	10,000
(2)	(仕　掛　品)	4,000	(現　　　金)	4,000
(3)			仕訳なし	
(4)	(前　受　金)	10,000	(役　務　収　益)	10,000
	(役　務　原　価)	4,000	(仕　掛　品)	4,000

Ⅴ 仕掛品を経由しないケース

役務費用（サービスにかかる費用）の発生が、役務収益の発生とほぼ同時である場合には、**仕掛品** [資産] を経由することなく、**役務原価** [費用] に計上することができます。

例7 ————————————————— 仕掛品を経由しないケース

(1) 旅行業を営むABCトラベル㈱が企画したパッケージツアーについて、顧客からの申し込みがあり、旅行代金10,000円を現金で受け取った。

(2) ABCトラベル㈱は、(1)のツアーを催行した。なお、移動のための交通費など4,000円を現金で支払った。

例7の仕訳					
(1)	(現　　　金)	10,000	(前　受　金)	10,000
(2)	(前　受　金)	10,000	(役　務　収　益)	10,000
	(役　務　原　価)	4,000	(現　　　金)	4,000

次の取引について仕訳しなさい。また、勘定科目はそれぞれ［　　］内に示すものの中から選ぶこと。

問1　サービス業の処理－Ⅰ

［勘定科目：現金、仕掛品、前受金、役務収益、役務原価］

(1)　資格の学校Ｔ社は、来月開講予定の講座（受講期間１年）の受講料80,000円を現金で受け取った。

(2)　講座の教材作成費等50,000円を現金で支払った。全額について当該講座のために直接費やされたものであるため、仕掛品勘定で処理する。

(3)　決算日を迎えた。決算日現在、講座の60％が終了している。なお、カリキュラムの進度に応じて収益を計上する。

(4)　本日、講座のすべてのカリキュラムが終了した。

問2　サービス業の処理－Ⅱ

［勘定科目：現金、前受金、役務収益、役務原価］

(1)　旅行業を営むABCトラベル㈱が企画したパッケージツアーについて、顧客からの申し込みがあり、旅行代金60,000円を現金で受け取った。

(2)　ABCトラベル㈱は、(1)のツアーを催行した。なお、移動のための交通費や添乗員に対する報酬など30,000円を現金で支払った。

解答

問1 サービス業の処理ーⅠ

(1)	(現 金)	80,000		(前 受 金)	80,000	
(2)	(仕 掛 品)	50,000		(現 金)	50,000	
(3)	(前 受 金)	48,000		(役 務 収 益)	48,000*1	
	(役 務 原 価)	30,000*2		(仕 掛 品)	30,000	
(4)	(前 受 金)	32,000		(役 務 収 益)	32,000*3	
	(役 務 原 価)	20,000*4		(仕 掛 品)	20,000	

    ＊1　80,000円×60％＝48,000円
    ＊2　50,000円×60％＝30,000円
    ＊3　80,000円－48,000円＝32,000円
    ＊4　50,000円－30,000円＝20,000円

問2 サービス業の処理ーⅡ

(1)	(現 金)	60,000		(前 受 金)	60,000	
(2)	(前 受 金)	60,000		(役 務 収 益)	60,000	
	(役 務 原 価)	30,000		(現 金)	30,000	

外貨建取引

◆どの時点の為替レートで換算するか？

ここでは2017年度から試験範囲に加わった外貨建取引についてみていきます。

取引発生時、代金の決済時、決算時においてどのように換算するのかを確認しましょう。また、為替予約を付したときの処理についても、軽くみておきましょう。

2級で学習する内容

取引と処理

株式会社特有の取引	その他の取引

その他の取引

✓手　形‥‥‥‥‥‥‥‥‥‥CHAPTER 06
✓電子記録債権（債務）‥‥CHAPTER 06
✓その他の債権の譲渡‥‥‥CHAPTER 06
✓銀行勘定調整表‥‥‥‥‥CHAPTER 07
✓固定資産‥‥‥‥‥‥‥‥CHAPTER 08
✓リース取引‥‥‥‥‥‥‥CHAPTER 09
✓研究開発費‥‥‥‥‥‥‥CHAPTER 10
✓無形固定資産‥‥‥‥‥‥CHAPTER 10
✓有価証券‥‥‥‥‥‥‥‥CHAPTER 11
✓引当金‥‥‥‥‥‥‥‥‥CHAPTER 12
✓収益・費用の認識基準‥‥CHAPTER 13
✓サービス業の処理‥‥‥‥CHAPTER 13
✓外貨建取引‥‥‥‥‥‥‥CHAPTER 14

商品売買取引

伝　　　票

決算、本支店会計、連結会計、製造業会計

決　　算

✓決算整理‥‥‥‥‥‥‥CHAPTER 04〜14
✓精算表の作成‥‥‥‥‥‥CHAPTER 16
✓財務諸表の作成‥‥‥‥‥CHAPTER 16
✓税効果会計‥‥‥‥‥‥‥CHAPTER 17
✓帳簿の締め切り‥‥‥‥‥CHAPTER 18

本支店会計

連結会計Ⅰ〜Ⅲ

製造業会計

1 外貨建取引の換算

　日本の会社が海外の会社と外貨（ドル建てやユーロ建てなど）で取引をした場合、仕訳をしたり、財務諸表を作成するときに、一定のルールにもとづいて日本円に換算する必要があります。

　取引が発生したときには、原則としてその**取引発生時の為替相場**によって換算します。

2 輸入時の処理

Ⅰ 商品を輸入したとき

　商品を輸入したとき（仕入れたとき）は、取引発生時（輸入時）の為替相場によって換算した金額で仕入の処理をします。

> **例1** ━━━━━━━━━━━━━━━ **商品を輸入したとき**
>
> 　×1年4月20日、アメリカのＡ社から商品100ドルを輸入し、代金は翌月末日に支払うこととした。
>
> ［為替相場］ ×1年4月20日：1ドル110円

例1の仕訳 　（仕　　　　　入）　**11,000***　（買　　掛　　金）　**11,000**

　　　　　　　*　100ドル×110円＝11,000円

Ⅱ 前払金の支払いがある場合

1 前払金を支払ったとき

　商品の輸入（仕入）に先立って、前払金を支払ったときは、取引発生時（前払金を支払ったとき）の為替相場によって換算した金額で**前払金** [資産] を計上します。　　　　　　　　　　☞**資産の増加⇒借方（左）**

×1年4月10日、アメリカのB社から商品100ドルを輸入する契約をし、前払金10ドルを現金で支払った。

[為替相場] ×1年4月10日：1ドル100円

例2の仕訳　（前　払　金）　1,000* （現　　　金）　1,000

＊　10ドル×100円＝1,000円

2 商品を輸入したとき

　商品を輸入したときは、商品を仕入れたときの仕訳をしますが、商品の輸入に先立って前払金を支払っていた場合には、まずは❶計上している**前払金** [資産] を減少させます。　　　　　　　　☞**資産の減少⇒貸方（右）**

　そして、❷外貨建ての輸入金額と前払金の額との差額は、取引発生時（輸入時）の為替相場によって換算した金額で計上します。

　上記の❶と❷の金額の合計が**仕入** [費用] の金額となります。

▶ 例3 ━━━━━━━━━━━━━ 商品を輸入したとき（前払金あり）

×1年4月20日、アメリカのB社から商品100ドルを輸入し、×1年4月10日に支払った前払金10ドル（**例2**：1,000円で計上）との差額90ドルは翌月末日に支払うこととした。

[為替相場] ×1年4月10日：1ドル100円
　　　　　　×1年4月20日：1ドル110円

例3の仕訳　（仕　　　入）　10,900*2 （前　払　金）　1,000
　　　　　　　　　　　　　　　　　　（買　掛　金）　9,900*1

＊1　90ドル×110円＝9,900円
＊2　1,000円＋9,900円＝10,900円

ひとこと

仕入の金額は11,000円（100ドル×110円）ではありません。
前払金がある場合には、まず❶前払金（1,000円）を減少させ、次に❷買掛金（9,900円）を計上し、❶と❷の合計が仕入の金額（10,900円）となります。

3 輸出時の処理

I 商品を輸出したとき

商品を輸出したとき（売り上げたとき）は、<u>取引発生時（輸出時）の為替相場</u>によって換算した金額で売上の処理をします。

> **例4** ―――――――――――――――――――― **商品を輸出したとき**
>
> ×1年4月20日、アメリカのC社に商品200ドルを輸出し、代金は翌月末日に受け取ることとした。
>
> ［為替相場］　×1年4月20日：1ドル110円

例4の仕訳	（売　掛　金）	22,000*	（売　　　　　上）	22,000

＊　200ドル×110円＝22,000円

II 前受金の受取りがある場合

1 前受金を受け取ったとき

商品の輸出（売上）に先立って、前受金を受け取ったときは、取引発生時（前受金を受け取ったとき）の為替相場によって換算した金額で**前受金** [負債]を計上します。

☞**負債の増加⇒貸方（右）**

> **例5** ―――――――――――――――――――― **前受金を受け取ったとき**
>
> ×1年4月10日、アメリカのD社に商品200ドルを輸出する契約をし、前受金20ドルを現金で受け取った。
>
> ［為替相場］　×1年4月10日：1ドル100円

例5の仕訳	（現　　　　　金）	2,000	（前　受　金）	2,000*

＊　20ドル×100円＝2,000円

---

2 商品を輸出したとき

商品を輸出したときは、商品を売り上げたときの仕訳をしますが、商品

の輸出に先立って前受金を受け取っていた場合には、まずは❶計上している**前受金**［負債］を減少させます。　　　　　　　☞**負債の減少⇒借方（左）**

そして、❷外貨建ての輸出金額と前受金の額との差額は、取引発生時（輸出時）の為替相場によって換算した金額で計上します。

上記の❶と❷の金額の合計が**売上**［収益］の金額となります。

▶ **例6** ────────── **商品を輸出したとき（前受金あり）**

×1年4月20日、アメリカのD社に商品200ドルを輸出し、×1年4月10日に受け取った前受金20ドル（**例5**：2,000円で計上）との差額180ドルは翌月末日に受け取ることとした。

［為替相場］　×1年4月10日：1ドル100円
　　　　　　　×1年4月20日：1ドル110円

例6の仕訳　（前　受　金）　　2,000　（売　　　　上）　21,800*2

　　　　　　（売　掛　金）　19,800*1

　　　　＊1　180ドル×110円＝19,800円
　　　　＊2　2,000円＋19,800円＝21,800円

ひとこと

売上の金額は22,000円（200ドル×110円）ではありません。
前受金がある場合には、まず❶前受金（2,000円）を減少させ、次に❷売掛金（19,800円）を計上し、❶と❷の合計が売上の金額（21,800円）となります。

---

4 決済時の処理

買掛金や売掛金を決済したときは、対応する**買掛金**［負債］や**売掛金**［資産］を減少させます。

ひとこと

これらの**買掛金**［負債］や**売掛金**［資産］は輸入時または輸出時の為替相場で換算されています。

なお、現金等の支払額については、決済時の為替相場で換算します。

ここで、輸入時・輸出時の為替相場と決済時の為替相場が異なる場合、仕訳に貸借差額が生じます。この貸借差額（換算差額）は**為替差損** [費用] または**為替差益** [収益] で処理します。

CH **14** 外貨建取引

輸出時の処理／決済時の処理

New
為替差損

New
為替差益

ひとこと

仕訳の時点では、**為替差損** [費用] も**為替差益** [収益] も、「為替差損益」という勘定科目で処理しておきます。

図解 決済時の処理

たとえば、
① ×1年4月10日（為替相場：1ドル100円）に商品100ドルを輸入して、代金は×1年5月31日に支払うこととした場合の輸入時の仕訳は…

（仕　入）　10,000　（買 掛 金）　**10,000**

　　　　　　　　　　　　　　　100ドル×100円

そして、
② ×1年5月31日（為替相場：1ドル105円）に上記①の買掛金100ドルを現金で支払った場合の仕訳は…

1ドル100円で
換算されている

（買 掛 金）　**10,000**　（現　　金）　**10,500**
（為替差損益）　　**500**

貸借差額

1ドル105円で
換算する
（100ドル×105円）

また、
③ ×1年4月10日（為替相場：1ドル100円）に商品200ドルを輸出して、代金は×1年5月31日に受け取ることとした場合の輸出時の仕訳は…

（売 掛 金）　**20,000**　（売　　上）　20,000

200ドル×100円

そして、

④ ×1年5月31日（為替相場：1ドル105円）に上記③の売掛金200ドルを現金で受け取った場合の仕訳は…

（現　金）　21,000　（売 掛 金）　20,000
　　　　　　　　　　　（為替差損益）　1,000

1ドル105円で換算する（200ドル×105円）

1ドル100円で換算されている

貸借差額

　外貨建ての資産および負債は、取得時または発生時の為替相場（**HR**）で換算された金額で計上されていますが、決算時にはこのうち**貨幣項目**（外国通貨、外貨預金、外貨建金銭債権債務など）については、決算時の為替相場（**CR**）によって換算替えをします。このときの換算差額は**為替差損益**で処理します。

ひとこと

ふむふむ…

取得時または発生時の為替相場を**ヒストリカル・レート**（HR）といいます。また、決算時の為替相場を**カレント・レート**（CR）といいます。

図解 決算時の処理

	貨幣項目	非貨幣項目
資産	・外国通貨　・外貨預金 ・受取手形　・売掛金 　　　　　　　　　　など	・棚卸資産 ・前払金　など
負債	・支払手形　・買掛金 　　　　　　　　　　など	・前受金　など

決算時の為替相場
で換算替えをする
CR

決算時の為替相場
で換算替えをしない
HR

たとえば、
売掛金期末残高のうち、期中にドル建てで生じた
売掛金50ドル(輸出時の為替相場:1ドル100円)があった
(決算日の為替相場:1ドル105円)場合は…

① 売掛金の帳簿残高:50ドル×100円=5,000円
② CRで換算した金額:50ドル×105円=5,250円

105円
100円

①
5,000円
50ドル

②
5,250円
50ドル

売掛金が
250円
増えた!

(売掛金) 250 (為替差損益) 250

相手科目はコレ

次の資料にもとづき、決算時に必要な換算替えの仕訳をしなさい。なお、決算時の為替相場は1ドル105円である。

［資　料］
(1)　売掛金期末残高のうち、期中にドル建てで生じた売掛金30ドル（輸出時の為替相場は1ドル110円）がある。
(2)　買掛金期末残高のうち、期中にドル建てで生じた買掛金20ドル（輸入時の為替相場は1ドル100円）がある。

例7の仕訳(1)　（為 替 差 損 益）　　　150　（売　　掛　　金）　　　150*¹
　　　　(2)　（為 替 差 損 益）　　　100　（買　　掛　　金）　　　100*²

　　＊1　①帳簿上の金額：30ドル×110円＝3,300円
　　　　②ＣＲで換算した金額：30ドル×105円＝3,150円
　　　　③②－①＝△150円　→売掛金が150円減少
　　＊2　①帳簿上の金額：20ドル×100円＝2,000円
　　　　②ＣＲで換算した金額：20ドル×105円＝2,100円
　　　　③②－①＝100円　→買掛金が100円増加

6 為替予約

Ⅰ 為替予約とは

たとえば、現時点で買掛金100ドル（取引発生時の為替相場は100円）があって、この買掛金の決済日が3か月後であったとしましょう。

すでに学習したように、買掛金を決済するときの現金支払額は決済時の為替相場で換算します。したがって、もし3か月後の為替相場が現時点よりも円高（たとえば90円）となった場合には、現金支払額が少なくなりますが、反対に円安（たとえば120円）となった場合には、現金支払額が多くなってしまいます。

ひとこと

ふむふむ…

　決済時の為替相場が1ドル90円であれば、現金支払額は9,000円（100ドル×90円）ですみますが、決済時の為替相場が1ドル120円となった場合、現金支払額は12,000円（100ドル×120円）になってしまいます。

このような為替相場の変動リスクを回避するため、あらかじめ決済時の為替相場を契約で決めておくことができます。これを**為替予約**といいます。

II 独立処理と振当処理

為替予約の処理には、**独立処理**と**振当処理**という方法がありますが、2級では振当処理のみが試験範囲となっています。

ひとこと

振当処理とは、外貨建取引と為替予約取引を一体のものとして処理する方法をいいます。…でも、意味を覚える必要はありません。下記の処理をしっかりおさえておいてください。

III 取引発生時（まで）に為替予約を付した場合の処理

1 為替予約を付したとき（取引が発生したとき）

取引発生時（まで）に為替予約を付したときは、外貨建債権債務（外貨建ての売掛金や買掛金など）を**為替予約時の先物為替相場**（**予約レート**ともいいます）で換算します。

ひとこと

先物為替相場とは、先物（先渡）取引に適用される為替相場をいいます。これに対して直物為替相場とは、直物（現物）取引に適用される為替相場をいいます。

例8 ──────── 為替予約を付したとき（取引が発生したとき）

x2年2月10日、アメリカのA社から商品100ドルを輸入し、代金は3か月後（5月10日）に支払うこととした。また、取引と同時に為替予約を行った。

［為替相場］
　x2年2月10日の直物為替相場：1ドル100円
　　　　　　　先物為替相場：1ドル105円

例8の仕訳　（仕　　　　入）　**10,500**　（買　掛　金）　**10,500**＊

　　　　　＊　100ドル×105円＝10,500円

2　決算時

　取引発生時（まで）に為替予約を付したときは、決算において買掛金等の換算替えは行いません。

▶例9 ─────────────────────────────── **決算時**

　決算日において、**例8**の買掛金100ドルがある。

［為替相場］
　決算日の直物為替相場：1ドル108円

例9の仕訳　　　　　　　　　　　**仕訳なし**

3　決済時

　為替予約を付したときは、為替予約時の先物為替相場（予約レート）によって決済が行われます。そのため、換算差額（為替差損益）は生じません。

▶例10 ────────────────────────────── **決済時**

　×2年5月10日、**例8**の買掛金100ドル（為替予約を付している。帳簿価額は10,500円）について、現金で決済した。

［為替相場］
　×2年2月10日の先物為替相場（予約レート）：1ドル105円
　×2年5月10日の直物為替相場：1ドル120円

例10の仕訳　（買　掛　金）　**10,500**　（現　　　金）　**10,500**

ひとこと

　為替予約を付していなかったら、現金支払額は12,000円（100ドル×120円）でしたが、為替予約を付しておいたため、現金支払額は10,500円となります。

Ⅳ 取引発生後に為替予約を付した場合の処理

1 取引が発生したとき

取引発生時には、取引発生時の直物為替相場で換算します。

取引が発生したとき

▶ 例11 ─────────────────────── **取引が発生したとき**

　×2年2月10日、アメリカのＡ社から商品100ドルを輸入し、代金は3か月後
（5月10日）に支払うこととした。

［為替相場］
　　×2年2月10日の直物為替相場：1ドル100円

例11の仕訳	（仕　　　　入）	10,000	（買　掛　金）	10,000*

　　　　　　　＊　100ドル×100円＝10,000円

2 為替予約を付したとき

　外貨建債権債務について、取引発生後に為替予約を付したときは、外貨
建債権債務を為替予約時の先物為替相場（予約レート）で換算します。

　このとき生じた換算差額は**為替差損益**で処理します。

ひとこと

　　厳密には（1級では）、換算差額を分解して、当期の為替差損益とするものと、
次期以降の為替差損益にするものに分けるのですが、重要性が乏しい場合に
は、換算差額をすべて当期の損益（為替差損益）にすることができます（2級の場
合）。

▶ 例12 ─────────────────────── **為替予約を付したとき**

　×2年3月10日、**例11**の買掛金100ドル（×2年2月10日に発生）について、為
替予約を付した。

［為替相場］
　　×2年2月10日（取引発生時）の直物為替相場：1ドル100円
　　×2年3月10日（為替予約時）の直物為替相場：1ドル103円
　　　　　　　　　　　　　　　　先物為替相場：1ドル106円

例12の仕訳	（為 替 差 損 益）	600	（買　　掛　　金）	600*

* ①買掛金の帳簿価額：100ドル×100円＝10,000円
　②為替予約を付したときの買掛金の価額：100ドル×106円＝10,600円
　③②−①＝600円　→買掛金が**600円**増加

　上記の仕訳をすることにより、買掛金の帳簿価額が10,600円（10,000円＋600円）になります。

3 決済時

　為替予約を付したときは、為替予約時の先物為替相場（予約レート）によって決済が行われます。そのため、換算差額（為替差損益）は生じません。

例13 　　　　　　　　　　　　　　　　　　　　　　　　決済時

　×2年5月10日、**例11**の買掛金100ドル（為替予約を付している。帳簿価額は10,600円）について、現金で決済した。

［為替相場］
　×2年2月10日（取引発生時）の直物為替相場：1ドル100円
　×2年3月10日（為替予約時）の直物為替相場：1ドル103円
　　　　　　　　　　　　　　先物為替相場：1ドル106円（予約レート）
　×2年5月10日の直物為替相場：1ドル120円

例13の仕訳	（買　　掛　　金）	10,600	（現　　　　　金）	10,600

CHAPTER 14　外貨建取引　基本問題

問1　外貨建取引－Ⅰ

　次の一連の取引について、仕訳しなさい。なお、勘定科目は〔　　〕内に示すものの中から選ぶこと。

〔勘定科目：現金、前払金、買掛金、仕入、為替差損益〕

(1)　×1年4月10日（為替相場は1ドル100円）、アメリカのA社から商品200ドルを輸入する契約をし、前払金10ドルを現金で支払った。

(2)　×1年4月30日（為替相場は1ドル105円）、A社から上記(1)の商品200ドルを輸入し、(1)で支払った前払金10ドルとの差額は翌月末日に支払うこととした。

(3)　×1年5月31日（為替相場は1ドル106円）、上記(2)の買掛金について、現金で支払った。

問2　外貨建取引－Ⅱ

　次の一連の取引について、仕訳しなさい。なお、勘定科目は〔　　〕内に示すものの中から選ぶこと。

〔勘定科目：現金、売掛金、前受金、売上、為替差損益〕

(1)　×1年6月10日（為替相場は1ドル110円）、アメリカのB社に商品200ドルを輸出する契約をし、前受金10ドルを現金で受け取った。

(2)　×1年7月20日（為替相場は1ドル108円）、B社へ上記(1)の商品200ドルを輸出し、(1)で受け取った前受金10ドルとの差額は翌月末日に受け取ることとした。

(3)　×1年8月31日（為替相場は1ドル106円）、上記(2)の売掛金について、現金で受け取った。

問3　決算時の換算

　次の資料にもとづき、決算時に必要な換算替えの仕訳をしなさい。なお、決算時の為替相場は1ドル105円である。また、勘定科目は〔　　〕内に示すものの中から選ぶこと。

〔勘定科目：売掛金、繰越商品、買掛金、為替差損益〕

〔資　料〕

(1)　売掛金期末残高のうち、期中にドル建てで生じた売掛金100ドル（輸出時の為替相場は1ドル108円）がある。

(2)　買掛金期末残高のうち、期中にドル建てで生じた買掛金50ドル（輸入時の為替相場は1ドル110円）がある。

(3)　期末商品棚卸高のうち、期中にドル建てで仕入れた商品40ドル（輸入時の為替相場は1ドル106円）がある。

問4　為替予約

　次の一連の取引について、仕訳しなさい。なお、勘定科目は〔　　〕内に示すものの中から選ぶこと。

〔勘定科目：現金、売掛金、売上、為替差損益〕

(1)　×2年1月20日（直物為替相場は1ドル110円、先物為替相場は1ドル108円）、アメリカのC社に商品300ドルを輸出し、代金は3か月後に受け取ることとした。

(2)　×2年2月20日（直物為替相場は1ドル109円、先物為替相場は1ドル107円）、(1)の売掛金300ドルについて、為替予約を付した。なお、振当処理を適用するが、(1)の為替相場による円換算額と為替予約による円換算額との差額はすべて当期の損益として処理する。

(3)　×2年3月31日（直物為替相場は1ドル106円、先物為替相場は1ドル104円）、決算日を迎えた。

(4)　×2年4月20日（直物為替相場は1ドル108円、先物為替相場は1ドル105円）、売掛金300ドルを現金で回収した。

解答

問1 外貨建取引－Ⅰ

(1) （前　払　金）　　1,000*¹　（現　　　　金）　　1,000

(2) （仕　　　　入）　20,950*³　（前　払　金）　　1,000

　　　　　　　　　　　　　　　（買　掛　金）　19,950*²

(3) （買　掛　金）　19,950　　（現　　　　金）　20,140*⁴

　　（為 替 差 損 益）　　190*⁵

　　＊1　10ドル×100円＝1,000円
　　＊2　（200ドル－10ドル）×105円＝19,950円
　　＊3　1,000円＋19,950円＝20,950円
　　＊4　（200ドル－10ドル）×106円＝20,140円
　　＊5　20,140円－19,950円＝190円

問2 外貨建取引－Ⅱ

(1) （現　　　　金）　　1,100　　（前　受　金）　　1,100*¹

(2) （前　受　金）　　1,100　　（売　　　　上）　21,620*³

　　（売　掛　金）　20,520*²

(3) （現　　　　金）　20,140*⁴　（売　掛　金）　20,520

　　（為 替 差 損 益）　　380*⁵

　　＊1　10ドル×110円＝1,100円
　　＊2　（200ドル－10ドル）×108円＝20,520円
　　＊3　1,100円＋20,520円＝21,620円
　　＊4　（200ドル－10ドル）×106円＝20,140円
　　＊5　20,520円－20,140円＝380円

問3 決算時の換算

(1) （為 替 差 損 益）　　300　　（売　掛　金）　　300*¹

(2) （買　掛　金）　　250*²　（為 替 差 損 益）　　250

(3) 仕訳なし*³

　　＊1　①帳簿上の金額：100ドル×108円＝10,800円
　　　　　②ＣＲで換算した金額：100ドル×105円＝10,500円
　　　　　③②－①＝△300円　→売掛金が300円減少
　　＊2　①帳簿上の金額：50ドル×110円＝5,500円
　　　　　②ＣＲで換算した金額：50ドル×105円＝5,250円
　　　　　③②－①＝△250円　→買掛金が250円減少
　　＊3　商品はＣＲ換算しません（ＨＲ換算のままです）。

問4 為替予約

(1) （売　　掛　　金）　33,000[*1]　（売　　　　　上）　33,000

(2) （為 替 差 損 益）　　900　　（売　　掛　　金）　　900[*2]

(3) 仕訳なし[*3]

(4) （現　　　　金）　32,100　（売　　掛　　金）　32,100[*4]

　＊1　300ドル×110円＝33,000円

　＊2　①売掛金の帳簿価額：33,000円

　　　②為替予約を付したときの売掛金の価額：300ドル×107円＝32,100円

　　　③②－①＝△900円　→売掛金が900円減少

　＊3　為替予約を付したとき、決算において売掛金の換算替えは行いません。

　＊4　33,000円－900円＝32,100円

伝票と仕訳日計表

◆試験では推定問題が出題されることも！

ここでは伝票と仕訳日計表について学習します。

3級でも学習した内容ですが、再度、復習しておきましょう。

2級で学習する内容

取引と処理

株式会社特有の取引	伝　　　票
商品売買取引	✓伝　　票 ·················· CHAPTER 15
その他の取引	✓仕訳日計表 ·················· CHAPTER 15

決算、本支店会計、連結会計、製造業会計

決　　算	本支店会計
連結会計Ⅰ～Ⅲ	製造業会計

1 三伝票制

Ⅰ 伝票とは

Review 3級

伝票（でんぴょう）とは、仕訳帳の代わりに取引を記入する紙片のことをいいます。

Ⅱ 三伝票制

Review 3級

　三伝票制とは、取引を入金取引、出金取引、それ以外の取引に分け、それぞれ**入金伝票**、**出金伝票**、**振替伝票**（ふりかえでんぴょう）の3種類の伝票に記入する方法をいいます。

図解 三伝票制

入金伝票 ← 入金取引を記入

出金伝票 ← 出金取引を記入

振替伝票 ← その他の取引を記入

2 仕訳日計表の作成と各勘定元帳への転記

　取引を伝票に記入したあと、伝票から総勘定元帳へ転記しますが、転記ミスを防止するため、**仕訳日計表**を用いることがあります。

図解 取引の記帳方法には次の3パターンがある！

パターン1　仕訳帳を使う場合

☆ 取引量が多くない場合

取引 → 仕訳帳（現　金）××（売掛金）×× → 総勘定元帳　現　金　売掛金

パターン2　伝票を使う場合

☆ 取引量がソコソコ多い場合

取引 → 伝　票 → 総勘定元帳　現　金　売掛金

仕訳帳の代わりにこれを使う

パターン3　伝票と仕訳日計表を使う場合

☆ 取引量が多い場合

取引 → 伝　票 → 仕訳日計表 → 総勘定元帳　現　金　売掛金

これを使うと転記ミスが防げる！

Ⅰ 仕訳日計表とは

仕訳日計表とは、伝票に記入した１日分の取引を勘定科目ごとに集計しておく表をいいます。

仕 訳 日 計 表

×1年７月１日 　　　　　　　.4 ❶

借　　方	元丁	勘 定 科 目	元丁	貸　　方
××		現　　　　金		××
××	❷	売　　掛　　金	❷	××
⋮				⋮
××				×× ❸

❶ 仕訳日計表のページ数です。
❷ 元丁欄には、転記先の総勘定元帳の番号を記入します。
❸ 借方合計と貸方合計は一致します。

次の例を使って、伝票から仕訳日計表を作成してみましょう。

▶ **例1** ─────────────────────── **仕訳日計表の作成**

7月1日に作成された各伝票にもとづいて、仕訳日計表を作成しなさい。なお、元丁欄には記入しなくてよい。

入金伝票	No.101
売掛金（A社）	300

出金伝票	No.201
買掛金（甲社）	200

入金伝票	No.102
受取手形	500

出金伝票	No.202
支払手形	400

振替伝票	No.301
仕　　入	200
買掛金（甲社）	200

振替伝票	No.304
売掛金（A社）	700
売　　上	700

振替伝票	No.307
受取手形	100
売掛金（A社）	100

振替伝票	No.302
仕　　入	100
買掛金（乙社）	100

振替伝票	No.305
売掛金（B社）	600
売　　上	600

振替伝票	No.308
買掛金（乙社）	150
支払手形	150

振替伝票	No.303
買掛金（甲社）	10
仕　　入	10

振替伝票	No.306
売　　上	20
売掛金（B社）	20

例1の解答

仕　訳　日　計　表
×1年7月1日　　　　　4

借　　方	元丁	勘　定　科　目	元丁	貸　　方
800		現　　　　　金		600
100		受　取　手　形		500
1,300		売　　掛　　金		420
400		支　払　手　形		150
360		買　　掛　　金		300
20		売　　　　　上		1,300
300		仕　　　　　入		10
3,280				3,280

〈解説〉
① 伝票の仕訳
伝票に記載された仕訳を示すと次のとおりです。

入金伝票

| No.101 | （現　　　　金） | 300 | （売　掛　金） | 300 |
| No.102 | （現　　　　金） | 500 | （受　取　手　形） | 500 |

出金伝票

| No.201 | （買　掛　金） | 200 | （現　　　　金） | 200 |
| No.202 | （支　払　手　形） | 400 | （現　　　　金） | 400 |

振替伝票

No.301	（仕　　　　入）	200	（買　掛　金）	200
No.302	（仕　　　　入）	100	（買　掛　金）	100
No.303	（買　掛　金）	10	（仕　　　　入）	10
No.304	（売　掛　金）	700	（売　　　上）	700
No.305	（売　掛　金）	600	（売　　　上）	600
No.306	（売　　　上）	20	（売　掛　金）	20
No.307	（受　取　手　形）	100	（売　掛　金）	100
No.308	（買　掛　金）	150	（支　払　手　形）	150

② 金額の集計

現　　金（借方）：300円＋500円＝800円
　　　　（貸方）：200円＋400円＝600円
受 取 手 形（借方）：100円
　　　　（貸方）：500円
売　掛　金（借方）：700円＋600円＝1,300円
　　　　（貸方）：300円＋20円＋100円＝420円
支 払 手 形（借方）：400円
　　　　（貸方）：150円
買　掛　金（借方）：200円＋10円＋150円＝360円
　　　　（貸方）：200円＋100円＝300円
売　　　上（借方）：20円
　　　　（貸方）：700円＋600円＝1,300円
仕　　　入（借方）：200円＋100円＝300円
　　　　（貸方）：10円

Ⅱ 仕訳日計表から総勘定元帳への転記

仕訳日計表に記入したあと、総勘定元帳に転記します。

> ☆ 仕訳日計表の元丁欄には転記先の総勘定元帳の番号を記入します。

❶ 摘要欄には、「仕訳日計表」と記入します。
❷ 仕丁欄には、転記元の仕訳日計表のページ数を記入します。
❸ 借方欄には、借方の金額を記入します。
❹ 貸方欄には、貸方の金額を記入します。
❺ 借／貸欄には、借方残高なら「借」、貸方残高なら「貸」と記入します。
❻ 残高欄には、記入時点の残高を記入します。

Ⅲ 得意先元帳、仕入先元帳への転記

　得意先元帳（売掛金元帳）や仕入先元帳（買掛金元帳）に転記する場合には、伝票から直接記入していきます。

日 付		摘　　　要	仕丁	借　方	貸　方	借/貸	残　高
7	1	前 月 繰 越	✓	900		借	900
	〃	入 金 伝 票❶ 101❷			300	〃	600
	〃	振 替 伝 票 304		700		〃	1,300
	〃	〃 307			100	〃	1,200

❶ 摘要欄には、転記元の伝票名を記入します。
❷ 仕丁欄には、転記元の伝票番号を記入します。
❸ 借方欄には、借方の金額を記入します。
❹ 貸方欄には、貸方の金額を記入します。
❺ 借／貸欄には、借方残高なら「借」、貸方残高なら「貸」と記入します。
❻ 残高欄には、記入時点の残高を記入します。

例2 ━━━━━━━━ 得意先元帳、仕入先元帳への転記

7月1日に作成された各伝票にもとづいて、得意先元帳と仕入先元帳に転記しなさい。

入金伝票	No.101
売掛金（A社）	300

出金伝票	No.201
買掛金（甲社）	200

入金伝票	No.102
受取手形	500

出金伝票	No.202
支払手形	400

振替伝票	No.301
仕　　入	200
買掛金（甲社）	200

振替伝票	No.304
売掛金（A社）	700
売　　上	700

振替伝票	No.307
受取手形	100
売掛金（A社）	100

振替伝票	No.302
仕　　入	100
買掛金（乙社）	100

振替伝票	No.305
売掛金（B社）	600
売　　上	600

振替伝票	No.308
買掛金（乙社）	150
支払手形	150

振替伝票	No.303
買掛金（甲社）	10
仕　　入	10

振替伝票	No.306
売　　上	20
売掛金（B社）	20

例2の解答

得　意　先　元　帳
A　　　　　社　　　　　1

日付		摘　　要	仕丁	借　方	貸　方	借/貸	残　高
7	1	前 月 繰 越	✓	900		借	900
	〃	入 金 伝 票	101		300	〃	600
	〃	振 替 伝 票	304	700		〃	1,300
	〃	〃	307		100	〃	1,200

B　　　　　社　　　　　2

日付		摘　　要	仕丁	借　方	貸　方	借/貸	残　高
7	1	前 月 繰 越	✓	400		借	400
	〃	振 替 伝 票	305	600		〃	1,000
	〃	〃	306		20	〃	980

仕 入 先 元 帳

甲　　社　　　　　　　　　1

日　付	摘　　要	仕丁	借　方	貸　方	借/貸	残　高
7　1	前 月 繰 越	✓		500	貸	500
〃	出 金 伝 票	201	200		〃	300
〃	振 替 伝 票	301		200	〃	500
〃	〃	303	10		〃	490

乙　　社　　　　　　　　　2

日　付	摘　　要	仕丁	借　方	貸　方	借/貸	残　高
7　1	前 月 繰 越	✓		400	貸	400
〃	振 替 伝 票	302		100	〃	500
〃	〃	308	150		〃	350

〈解説〉
　　該当する伝票の仕訳を示すと、次のとおりです。

入金伝票
No.101　（現　　　　金）　　300　（売　　掛　　金）　　300
　　　　　　　　　　　　　　　　　　　A社

出金伝票
No.201　（買　　掛　　金）　　200　（現　　　　金）　　200
　　　　　　甲社

振替伝票
No.301　（仕　　　　入）　　200　（買　　掛　　金）　　200
　　　　　　　　　　　　　　　　　　　甲社

No.302　（仕　　　　入）　　100　（買　　掛　　金）　　100
　　　　　　　　　　　　　　　　　　　乙社

No.303　（買　　掛　　金）　　10　（仕　　　　入）　　10
　　　　　　甲社

No.304　（売　　掛　　金）　　700　（売　　　　上）　　700
　　　　　　A社

No.305　（売　　掛　　金）　　600　（売　　　　上）　　600
　　　　　　B社

No.306　（売　　　　上）　　20　（売　　掛　　金）　　20
　　　　　　　　　　　　　　　　　　　B社

No.307　（受　取　手　形）　　100　（売　　掛　　金）　　100
　　　　　　　　　　　　　　　　　　　A社

No.308　（買　　掛　　金）　　150　（支　払　手　形）　　150
　　　　　　乙社

3 推定問題の解き方

Ⅰ 伝票の推定問題

　試験では、一部空欄となっている伝票の金額を、総勘定元帳および得意先元帳、仕入先元帳に記入されている金額等から推定し、仕訳日計表を作成する問題が出題されることがあります。

　推定問題の場合、得意先元帳や仕入先元帳から会社ごとにみていき、わかる金額から埋めていきます。

Ⅱ 推定問題の解き方

　次の例を使って、具体的な問題の解き方をみてみましょう。

▼ 例3 ──────────────────────── 推定問題の解き方

　7月1日に作成された各伝票および各関連元帳にもとづいて、仕訳日計表を完成させなさい。

260

得意先元帳

A社　1

日付	摘要	仕丁	借方	貸方	借貸	残高
7 1	前月繰越	省略	900		借	900
〃	入金伝票	〃		（　）	〃	（　）
〃	振替伝票	〃	900		〃	1,300
〃	振替伝票	〃			〃	1,200

B社　2

日付	摘要	仕丁	借方	貸方	借貸	残高
7 1	前月繰越	省略	400		借	400
〃	振替伝票	〃	600		〃	1,000
〃	振替伝票	〃		（　）	〃	980

仕入先元帳

甲社　1

日付	摘要	仕丁	借方	貸方	借貸	残高
7 1	前月繰越	省略		500	貸	500
〃	出金伝票	〃	（　）		〃	300
〃	振替伝票	〃		200	〃	490

乙社　2

日付	摘要	仕丁	借方	貸方	借貸	残高
7 1	前月繰越	省略		400	貸	400
〃	振替伝票	〃	400		〃	（　）
〃	振替伝票	〃	100		〃	（　）

1 **得意先元帳からの推定**

得意先元帳のA社勘定とB社勘定から関連する伝票の金額を推定すると次のようになります。

A社

A 社 1

日 付		摘　　　要	仕丁	借　方	貸　方	借/貸	残　高
7	1	前 月 繰 越	省略	900		借	900
	〃	入 金 伝 票			(❶　300)	〃	(❷　600)
	〃	振 替 伝 票		(❸　700)		〃	1,300
	〃	〃			(❹　100)	〃	1,200

- ❶ 入金伝票No.101より →「300」
- ❷ 900円−300円＝600円 →「600」
- ❸ 1,300円−600円＝700円→「700」
　→借方（売掛金の増加）なので、振替伝票No.304へ
- ❹ 1,300円−1,200円＝100円→「100」
　→貸方（売掛金の減少）なので、振替伝票No.307へ

入金伝票	No.101
売掛金（A社）	❶ 300

振替伝票		No.304
売掛金（A社）		（❸ 700）
売　　上		（　700）

振替伝票		No.307
受取手形		（　100）
売掛金（A社）		（❹ 100）

B社

B 社 2

日 付		摘　　　要	仕丁	借　方	貸　方	借/貸	残　高
7	1	前 月 繰 越	省略	400		借	400
	〃	振 替 伝 票		600		〃	1,000
	〃	〃			(❺　20)	〃	980

- ❺ 1,000円−980円＝20円 →「20」→ 振替伝票No.306へ

振替伝票	No.305
売掛金（B社）	600
売　　上	600

振替伝票		No.306
売　　上		（❺ 20）
売掛金（B社）		（　20）

2 仕入先元帳からの推定

仕入先元帳の甲社勘定と乙社勘定から関連する伝票の金額を推定すると次のようになります。

甲社

甲 社							1
日 付	摘 要	仕丁	借 方	貸 方	借/貸	残 高
7　1	前月繰越	省略		500	貸	500
〃	出金伝票		(❻ 200)		〃	300
〃	振替伝票			200	〃	(❼ 500)
〃	〃		(❽ 10)		〃	490

❻ 500円－300円＝200円 →「200」→ 出金伝票No.201へ
❼ 300円＋200円＝500円 →「500」
❽ 500円－490円＝10円 →「10」→ 振替伝票No.303へ

出金伝票	No.201
買掛金（甲社）	(❻ 200)

振替伝票		No.301
仕　入	200	
	買掛金（甲社）	200

振替伝票		No.303
買掛金（甲社）	(❽ 10)	
	仕　入	(　10)

乙社

日 付		摘　　　要	仕丁	借　方	貸　方	借／貸	残　高
7	1	前 月 繰 越	省略		400	貸	400
	〃	振 替 伝 票			⑨ 100	〃	⑩ (500)
	〃	〃		⑪ (150)		〃	⑫ (350)

⑨　乙社勘定の貸方「100」
　　→貸方（買掛金の増加）なので、振替伝票No.302へ
⑩　400円＋100円＝500円 →「500」
⑪　振替伝票No.308より →「150」
⑫　500円－150円＝350円→「350」

振替伝票		No.302
仕　入		（⑨ 100）
	買掛金(乙社)	（ 100）

振替伝票		No.308
買掛金(乙社)	⑪	150
	支払手形	150

❸ 伝票の金額の判明

以上より、各伝票の空欄は次のようになります。

入金伝票	No.101
売掛金（A社）	300

出金伝票	No.201
買掛金(甲社)	（ 200）

入金伝票	No.102
受取手形	500

出金伝票	No.202
支払手形	400

振替伝票		No.301
仕　入		200
	買掛金(甲社)	200

振替伝票		No.304
売掛金(A社)		（ 700）
	売　上	（ 700）

振替伝票		No.307
受取手形		（ 100）
	売掛金(A社)	（ 100）

振替伝票		No.302
仕　入		（ 100）
	買掛金(乙社)	（ 100）

振替伝票		No.305
売掛金(B社)		600
	売　上	600

振替伝票		No.308
買掛金(乙社)		150
	支払手形	150

振替伝票		No.303
買掛金(甲社)		（ 10）
	仕　入	（ 10）

振替伝票		No.306
売　上		（ 20）
	売掛金(B社)	（ 20）

4　伝票から仕訳日計表の作成

　伝票の金額を推定し終わったら、推定後の伝票から仕訳日計表を作成します。

例3の解答

仕 訳 日 計 表
×1年7月1日　　　　　　　　4

借　　方	元丁	勘　定　科　目	元丁	貸　　方
800		現　　　　　金		600
100		受　取　手　形		500
1,300	省	売　　掛　　金	省	420
400		支　払　手　形		150
360	略	買　　掛　　金	略	300
20		売　　　　　上		1,300
300		仕　　　　　入		10
3,280				3,280

〈解説〉
　仕訳日計表の作成方法は**例1**と同様なので、解説は**例1**を参照してください。

ひとこと

　例3は得意先元帳と仕入先元帳からすべての金額を推定することができましたが、試験ではこれ以外に、総勘定元帳（一部）の金額から伝票の金額を推定しなければならないこともあります。
　推定問題が出題されたら、伝票と得意先元帳、仕入先元帳、総勘定元帳をしっかり見比べて、わかるところから埋めるようにしましょう。

CHAPTER 15　伝票と仕訳日計表　基本問題　解答用紙あり

　埼玉商事㈱では、日々の取引を入金伝票、出金伝票、振替伝票に記入し、1日分ずつ集計して仕訳日計表を作成後、各関係元帳に転記している。

　同商事の5月1日に作成された以下の各伝票にもとづいて、仕訳日計表を作成するとともに、各関係元帳へ転記しなさい。

解答

仕　訳　日　計　表
×1年5月1日　　　　　　5

借　　　方	元丁	勘　定　科　目	元丁	貸　　　方
13,000	1	現　　　　　金	1	10,000
		当　座　預　金		3,000
1,000		受　取　手　形		4,000
15,000	4	売　　掛　　金	4	6,000
		貸　　付　　金		1,000
2,500		備　　　　　品		
1,000		支　払　手　形		500
5,500		買　　掛　　金		11,000
		未　　払　　金		2,500
		売　　　　　上		15,000
11,000		仕　　　　　入		
4,000		給　　　　　料		
53,000				53,000

総　勘　定　元　帳
現　　　　　金　　　　　　　1

日	付	摘　　要	仕丁	借　方	貸　方	借／貸	残　高
5	1	前　月　繰　越	✓	20,000		借	20,000
	〃	仕訳日計表	5	13,000		〃	33,000
	〃	〃	〃		10,000	〃	23,000

売　　掛　　金　　　　　　　4

日	付	摘　　要	仕丁	借　方	貸　方	借／貸	残　高
5	1	前　月　繰　越	✓	23,000		借	23,000
	〃	仕訳日計表	5	15,000		〃	38,000
	〃	〃	〃		6,000	〃	32,000

得 意 先 元 帳
群 馬 商 事　　　　　　　　1

日 付		摘　　　要	仕丁	借　方	貸　方	借／貸	残　高
5	1	前月繰越	✓	18,000		借	18,000
	〃	入金伝票	101		5,000	〃	13,000
	〃	振替伝票	303	8,000		〃	21,000

茨 城 商 事　　　　　　　　2

日 付		摘　　　要	仕丁	借　方	貸　方	借／貸	残　高
5	1	前月繰越	✓	5,000		借	5,000
	〃	振替伝票	304	7,000		〃	12,000
	〃	〃	305		1,000	〃	11,000

仕 入 先 元 帳
静 岡 商 事　　　　　　　　1

日 付		摘　　　要	仕丁	借　方	貸　方	借／貸	残　高
5	1	前月繰越	✓		10,000	貸	10,000
	〃	出金伝票	201	2,000		〃	8,000
	〃	振替伝票	301		6,000	〃	14,000

山 梨 商 事　　　　　　　　2

日 付		摘　　　要	仕丁	借　方	貸　方	借／貸	残　高
5	1	前月繰越	✓		7,000	貸	7,000
	〃	出金伝票	203	3,000		〃	4,000
	〃	振替伝票	302		5,000	〃	9,000
	〃	〃	306	500		〃	8,500

〈解説〉

各伝票の仕訳を示すと次のとおりです。

入金伝票 No.101：	（現　　　　金）	5,000	（売　掛　　金）	5,000
No.102：	（現　　　　金）	4,000	（受　取　手　形）	4,000
No.103：	（現　　　　金）	3,000	（当　座　預　金）	3,000
No.104：	（現　　　　金）	1,000	（貸　付　　金）	1,000

出金伝票 No.201：	（買　掛　　金）	2,000	（現　　　　金）	2,000
No.202：	（支　払　手　形）	1,000	（現　　　　金）	1,000
No.203：	（買　掛　　金）	3,000	（現　　　　金）	3,000
No.204：	（給　　　料）	4,000	（現　　　　金）	4,000

振替伝票 No.301：	（仕　　　　入）	6,000	（買　掛　　金）	6,000
No.302：	（仕　　　　入）	5,000	（買　掛　　金）	5,000
No.303：	（売　掛　　金）	8,000	（売　　　　上）	8,000
No.304：	（売　掛　　金）	7,000	（売　　　　上）	7,000
No.305：	（受　取　手　形）	1,000	（売　掛　　金）	1,000
No.306：	（買　掛　　金）	500	（支　払　手　形）	500
No.307：	（備　　　品）	2,500	（未　払　　金）	2,500

CHAPTER 16

精算表と財務諸表

◆精算表の作成はよく出題される！

　ここでは精算表と財務諸表について学習します。

　2級で学習する決算整理事項については CHAPTER 14 まででみてきましたので、ここでは精算表と財務諸表の作成方法についてみていきます。

　試験では、損益計算書の各段階利益の名称を記入させる問題も出題されているので、しっかり確認しておきましょう。

2級で学習する内容

取引と処理

株式会社特有の取引	その他の取引
商品売買取引	伝　票

決算、本支店会計、連結会計、製造業会計

決　算	本支店会計
✓ 決算整理 ……………… CHAPTER 04〜14 ✓ 精算表の作成 ………… CHAPTER 16 ✓ 財務諸表の作成 ……… CHAPTER 16 ✓ 税効果会計 …………… CHAPTER 17 ✓ 帳簿の締め切り ……… CHAPTER 18	連結会計Ⅰ〜Ⅲ
	製造業会計

1 精算表の作成

Ⅰ 精算表の形式

◆Review　3級

　精算表とは、決算整理前の試算表から決算整理を行い、損益計算書および貸借対照表を作成するまでの過程を1つにまとめた表をいいます。

精 算 表

勘 定 科 目	試 算 表		修 正 記 入		損益計算書		貸借対照表	
	借方	貸方	借方	貸方	借方	貸方	借方	貸方
現　　　　金 ❶			❹		❺		❻	❼
当 座 預 金								
売　　掛　　金								
⋮								
買　　掛　　金								
⋮								
資　　本　　金								
売　　　　上 ❷								
⋮								
仕　　　　入								
⋮								
貸倒引当金繰入 ❸								
減 価 償 却 費								
前 受 地 代								
未 払 利 息								
当 期 純 利 益							❽	

❶ 貸借対照表の勘定科目（資産・負債・純資産の勘定科目）

❷ 損益計算書の勘定科目（収益・費用の勘定科目）

❸ 決算整理で新たに出てきた勘定科目

❹ 試 算 表 欄：決算整理前の残高を記入

❺ 修 正 記 入 欄：決算整理仕訳の金額を記入

❻ 損益計算書欄：費用は借方に、収益は貸方に金額を記入

❼ 貸借対照表欄：資産は借方に、負債と純資産は貸方に金額を記入

❽ 当 期 純 利 益：損益計算書および貸借対照表の差額で当期純利益（または当期純損失）を計算

棚卸減耗損と商品評価損については、精算表上、仕入勘定に振り替える場合と、独立の勘定として表示する場合（仕入勘定に振り替えない場合）があります。

ひとこと

どちらも CHAPTER 05 で説明済みなので、内容を忘れてしまった方はCHAPTER 05 に戻って復習しておいてください。　♪Review CH.05 **5**

2 2級で出題される決算整理事項

決算整理とは、経営成績や財政状態を正しく表すために、決算で行う修正手続をいいます。

2級で出題される決算整理事項には、次のものがあります。

●2級で出題される決算整理事項

- ❶ 現金過不足の処理………………………………………………3級
- ❷ 売上原価の算定……………………………………… CHAPTER 05
- ❸ 当座預金残高の修正………………………………… CHAPTER 07
- ❹ 固定資産の減価償却……………………………… CHAPTER 08、09
  →定額法、定率法、生産高比例法
- ❺ 無形固定資産の償却………………………………… CHAPTER 10
- ❻ 有価証券の評価替え………………………………… CHAPTER 11
- ❼ 引当金の設定………………………………………… CHAPTER 12
- ❽ 費用と収益の前払い・前受けと未払い・未収……………………3級
- ❾ 外貨建項目の換算…………………………………… CHAPTER 14

3 財務諸表の作成

財務諸表には、**損益計算書**、**貸借対照表**、**株主資本等変動計算書**などがあります。

4 損益計算書

Ⅰ 損益計算書とは

Review 3級

損益計算書は、一会計期間の収益と費用から当期純利益（または当期純損失）を計算した表で、企業の経営成績を明らかにするために作成します。

損益計算書の形式には、**勘定式**と**報告式**の2つがあります。

Ⅱ 勘定式の損益計算書

Review 3級

勘定式は3級で学習した形式で、借方と貸方に分けて記入する方法です（金額は仮定です）。

損 益 計 算 書

㈱東京産業　　　×1年4月1日～×2年3月31日　　　　（単位：円）

費　　用	金　　額	収　　益	金　　額
売 上 原 価❶	20,200	売 上 高❷	42,000
給　　　料	10,000	受 取 手 数 料	600
保 険 料	260	有価証券評価益	500
減 価 償 却 費	5,400		
貸倒引当金繰入	40		
雑　　　損	100		
当 期 純 利 益❸	7,100		
	43,100		43,100

❶ 決算整理後の**仕入**【費用】は売上原価を表します。損益計算書では「仕入」ではなく、「売上原価」で表示します。

❷ 「売上」ではなく、「売上高」で表示します。

❸ 収益＞費用ならば当期純利益となり、借方に表示します。
収益＜費用ならば当期純損失となり、貸方に表示します。
当期純利益の場合は赤字で記入します（試験では黒の鉛筆で記入します）。

Ⅲ 報告式の損益計算書

　報告式は、借方と貸方に分けず、縦に並べて記入する方法です（金額は仮定です）。

損　益　計　算　書

㈱東京産業	自×1年4月1日　至×2年3月31日		（単位：円）
Ⅰ　売　　上　　高			250,000
Ⅱ　売　上　原　価			
1．期首商品棚卸高		25,000	
2．当期商品仕入高		150,000	
合　　　計		175,000	
3．期末商品棚卸高		40,000	135,000
❶ 売　上　総　利　益			115,000
Ⅲ　販売費及び一般管理費			
1．広　告　宣　伝　費		10,000	
2．貸倒引当金繰入		5,000	
3．減　価　償　却　費		50,000	
4．退　職　給　付　費　用		2,000	
5．の　れ　ん　償　却		10,000	77,000
❷ 営　業　利　益			38,000
Ⅳ　営　業　外　収　益			
1．受　取　利　息		1,200	
2．有価証券利息		3,700	4,900
Ⅴ　営　業　外　費　用			
1．支　払　利　息			500
❸ 経　常　利　益			42,400
Ⅵ　特　別　利　益			
1．保　険　差　益			3,000
Ⅶ　特　別　損　失			
1．固定資産売却損			2,400
❹ 税引前当期純利益			43,000
法人税、住民税及び事業税			17,200
❺ 当　期　純　利　益			25,800

❶ **売上総利益＝売上高－売上原価**
　↳当期の販売活動から生じた利益を表します

❷ **営業利益＝売上総利益－販売費および一般管理費**
　↳会社の主な営業活動から生じた利益を表します

> **販売費及び一般管理費**…商品の販売に要した費用
> 給料、広告宣伝費、水道光熱費、租税公課、支払地代、貸倒引当金繰入、減価償却費、退職給付費用、のれん償却など

❸ **経常利益＝営業利益＋営業外収益－営業外費用**
　↳会社の経常的な（通常の）活動から生じた利益を表します

> **営業外収益**…会社の主な営業活動以外の活動から生じた収益
> 受取利息、有価証券利息、雑益、為替差益など

> **営業外費用**…会社の主な営業活動以外の活動から生じた費用
> 支払利息、雑損、為替差損など

❹ **税引前当期純利益＝経常利益＋特別利益－特別損失**
　↳法人税等を差し引く前の会社全体の利益を表します

> **特別利益**…会社の活動で臨時的に生じた利益
> 固定資産売却益、保険差益、国庫補助金受贈益など

> **特別損失**…会社の活動で臨時的に生じた損失
> 固定資産売却損、固定資産除却損、固定資産廃棄損、火災損失、固定資産圧縮損など

❺ **当期純利益＝税引前当期純利益－法人税、住民税及び事業税**
　↳当期の最終的な会社の利益を表します

Ⅳ 損益計算書上の表示

1 棚卸減耗損と商品評価損の表示

　棚卸減耗損（原価性のあるもの）は損益計算書上、売上原価の内訳項目として表示、または販売費及び一般管理費に表示します。

ひとこと

　「原価性がある棚卸減耗損」とは、毎期発生する程度の棚卸減耗損をいいます。なお、原価性のない棚卸減耗損の場合は、営業外費用（重要性が低い場合）または特別損失（重要性が高い場合）に表示します。

商品評価損は損益計算書上、原則として<u>売上原価の内訳項目</u>として表示します。

図解 棚卸減耗損と商品評価損の表示

損 益 計 算 書

Ⅰ 売 上 高		250,000
Ⅱ 売 上 原 価		
1.期首商品棚卸高	25,000	
2.当期商品仕入高	150,000	
合 計	175,000	
3.期末商品棚卸高	40,000	
差 引	135,000	
4.棚 卸 減 耗 損 ⊕	800	
5.商 品 評 価 損 ⊕	1,000	136,800
売 上 総 利 益		113,200
Ⅲ 販売費及び一般管理費		
1.棚 卸 減 耗 損		800

棚卸減耗損
売上原価の
内訳項目
または
販売費及び
一般管理費
に表示

商品評価損
売上原価の
内訳項目
として表示

どちらかに表示

2 貸倒引当金繰入の表示

売上債権（売掛金や受取手形）にかかる**貸倒引当金繰入** [費用] は損益計算書上、<u>販売費及び一般管理費</u>に表示します。

一方、営業外債権（貸付金など）にかかる**貸倒引当金繰入** [費用] は損益計算書上、<u>営業外費用</u>に表示します。

図解 貸倒引当金繰入の表示

5 貸借対照表

I 貸借対照表とは

Review 3級

　貸借対照表は、決算日における資産・負債・純資産をまとめた表で、企業の財政状態を明らかにするために作成します。

　貸借対照表の形式には、**勘定式**と**報告式**の2つがありますが、試験では主に勘定式で出題されるので、ここでは勘定式の貸借対照表のみ説明します。

II 勘定式の貸借対照表

Review 3級

　勘定式は3級で学習した形式で、借方と貸方に分けて記入する方法です（金額は仮定です）。

貸借対照表

㈱東京産業　　　　　　　　　　×2年3月31日　　　　　　　　　　（単位：円）

❶ 資産の部

I 流動資産		
1 現金預金		242,000
2 受取手形	200,000	
3 売掛金	300,000	
貸倒引当金	10,000	490,000
4 有価証券		175,000
5 商品		40,000
6 前払費用		5,000
流動資産合計		952,000
II 固定資産		
1 有形固定資産		
(1)建物	500,000	
減価償却累計額	225,000	275,000
(2)備品	250,000	
減価償却累計額	135,000	115,000
(3)土地		310,000
有形固定資産合計		700,000
2 無形固定資産		
(1)のれん		90,000
無形固定資産合計		90,000
3 投資その他の資産		
(1)投資有価証券		150,000
投資その他の資産合計		150,000
固定資産合計		940,000
資産合計		1,892,000

❷ 負債の部

I 流動負債		
1 支払手形		100,000
2 買掛金		250,000
3 短期借入金		100,000
4 前受収益		12,500
5 未払法人税等		16,800
流動負債合計		479,300
II 固定負債		
1 長期借入金		250,000
2 退職給付引当金		120,000
固定負債合計		370,000
負債合計		849,300

❸ 純資産の部

I 株主資本		
1 資本金		750,000
2 資本剰余金		
(1)資本準備金	80,000	
(2)その他資本剰余金	20,000	100,000
3 利益剰余金		
(1)利益準備金	60,000	
(2)別途積立金	19,000	
(3)繰越利益剰余金	112,700	191,700
株主資本合計		1,041,700
II 評価・換算差額等		
1 その他有価証券評価差額金		1,000
評価・換算差額等合計		1,000
純資産合計		1,042,700
負債および純資産合計		1,892,000

❶ 資産の部

> **流動資産**…営業活動にともなって発生した債権（売掛金や受取手形）および決算日の翌日から1年以内に現金化する資産（短期的に現金化する資産）

> 現金預金、受取手形、売掛金、有価証券（売買目的有価証券）、商品、短期貸付金、前払費用、未収収益など

> **固定資産**…決算日の翌日から1年を超えて現金化する資産（短期的に現金化しない資産）

> 有形固定資産…建物、備品、車両運搬具、土地、建設仮勘定など
> 無形固定資産…のれん、特許権、ソフトウェアなど
> 投資その他の資産…投資有価証券（満期保有目的債券、その他有価証券）、
> 　　　　　　　　　子会社株式、長期貸付金、長期前払費用など

❷ 負債の部

> **流動負債**…営業活動にともなって発生した債務（買掛金や支払手形）および決算日の翌日から1年以内に支払期限が到来する負債（短期的に支払期限が到来する負債）

> 支払手形、買掛金、短期借入金、前受収益、未払費用、未払金、未払法人税等など

> **固定負債**…決算日の翌日から1年を超えて支払期限が到来する負債（短期的に支払期限が到来しない負債）

> 長期借入金、退職給付引当金など

❸ 純資産の部

> **株主資本**…会社の元手である資本金や経営活動によって生じた剰余金
> 資　本　金…株式会社が最低限維持しなければならない金額
> 資本剰余金…資本準備金、その他資本剰余金
> 利益剰余金…利益準備金、任意積立金、繰越利益剰余金*

> $$ *\quad \frac{貸借対照表の}{繰越利益剰余金} = \frac{残高試算表}{の金額} + \frac{当期}{純利益} $$

> **評価・換算差額等**…資産または負債にかかる評価差額で、損益計算書に計上していないもの

> その他有価証券評価差額金など

Ⅲ 資産と負債の流動・固定分類

　流動資産と固定資産、流動負債と固定負債は次の２つの基準によって分けられています。

1 正常営業循環基準

　正常営業循環基準とは、企業の主な営業活動のサイクル（仕入→代金の決済→売上→代金の回収）の中にある資産・負債を流動資産・流動負債とする基準をいいます。したがって、現金や売掛金、受取手形は回収期限にかかわらず常に流動資産に表示し、買掛金と支払手形は決済期限にかかわらず常に流動負債に表示します。

2 一年基準

　一年基準とは、決算日の翌日から１年以内に現金化される資産・負債を流動資産・流動負債とし、１年を超えて現金化される資産を固定資産、決済期限が１年を超えて到来する負債を固定負債とする基準をいいます。

　一年基準は正常営業循環基準の適用を受けない資産や負債（貸付金や借入金、前払費用など）に対して適用されます。

3 前払費用と長期前払費用（一年基準の適用例）

　当期において、次期以降の費用もまとめて支払った場合には、次期以降の費用分については決算において前払処理をします。この場合、当期の決算日の翌日から1年を超える期間の費用については**長期前払費用** [資産] で処理します。なお、長期前払費用は貸借対照表上、**固定資産**に表示します。

図解 前払費用と長期前払費用（一年基準の適用例）

例1　　　　　　　　　　　　　　前払費用と長期前払費用（一年基準の適用）

(1)　×1年12月1日に建物が完成したとき、2年分の火災保険料2,400円を現金で支払った。

(2)　×2年3月31日、決算において(1)の保険料のうち、次期分を前払処理する。なお、当期は×1年4月1日から×2年3月31日までの1年である。

例1の仕訳(1)	(保　険　料)	2,400	(現　　　金)	2,400
(2)	(前 払 保 険 料)	1,200*1	(保　険　料)	2,000
	(長期前払保険料)	800*2		

$*1$　$2,400円 \times \dfrac{12か月　（×2年4/1 \sim ×3年3/31）}{24か月} = 1,200円$

$*2$　$2,400円 \times \dfrac{8か月　（×3年4/1 \sim 11/30）}{24か月} = 800円$

Ⅳ その他有価証券評価差額金の表示

　その他有価証券の評価替えによって生じた評価差額（その他有価証券評価差額金）は、相殺した純額を貸借対照表の純資産の部に表示します。

図解　その他有価証券評価差額金の表示

6 株主資本等変動計算書

Ⅰ 株主資本等変動計算書とは

株主資本等変動計算書は、株主資本等（純資産）の変動を表す財務諸表で、貸借対照表の純資産の部について、項目ごとに、当期首残高、当期変動額、当期末残高を記載します。株主資本の変動額は、変動原因ごとに記載します。

株主資本等変動計算書の形式は、次のとおりです。

株 主 資 本 等 変 動 計 算 書
自×1年4月1日 至×2年3月31日

	株　　主　　資　　本								株主資本合計
❶	資本金	資本剰余金			利益剰余金				
		資本準備金	その他資本剰余金	資本剰余金合計	利益準備金	その他利益剰余金		利益剰余金合計	
						別途積立金	繰越利益剰余金		
当 期 首 残 高 ❷	50,000	5,000	2,000	7,000	1,000	500	3,000	4,500	61,500
当 期 変 動 額 ❸									
新 株 の 発 行	2,000	2,000		2,000					4,000
剰余金の配当等					100	200	△1,300	△1,000	△1,000
当 期 純 利 益							800	800	800
株主資本以外の項目の当期変動額（純額）									
当期変動額合計	2,000	2,000	0	2,000	100	200	△500	△200	3,800
当 期 末 残 高 ❹	52,000	7,000	2,000	9,000	1,100	700	2,500	4,300	65,300

下段へ続く

上段より続く

	評価・換算差額等		純資産合計
❶	その他有価証券評価差額金	評価・換算差額等合計	
当 期 首 残 高 ❷	300	300	61,800
当 期 変 動 額 ❸			
新 株 の 発 行			4,000
剰余金の配当等			△1,000
当 期 純 利 益			800
株主資本以外の項目の当期変動額（純額）❺	100	100	100
当期変動額合計	100	100	3,900
当 期 末 残 高 ❹	400	400	65,700

- ❶ 株主資本等（純資産）の項目
- ❷ 当期首時点の残高
- ❸ 当期の株主資本等（純資産）の変動額
  - → 株主資本の当期変動額は変動原因（新株の発行、剰余金の配当等、当期純利益など）ごとに分けて記載します
  - → 株主資本以外（その他有価証券評価差額金など）の当期変動額は一括して純額で記載します…✿
- ❹ 当期末時点の残高
  - → 当期首残高に当期変動額合計を加減算して計算します

Ⅱ 株主資本等変動計算書の記入

具体例を使って、株主資本等変動計算書の記入の仕方についてみてみましょう。

1 当期首残高の記入

まずは、純資産の部の項目について、当期首残高を記入します。

▼ **例2** ────────────── **株主資本等変動計算書の記入①**

当期首における純資産の部の項目の金額は次のとおりである。

資　本　金	50,000円…❶	資 本 準 備 金	5,000円…❷
その他資本剰余金	2,000円…❸	利 益 準 備 金	1,000円…❹
別 途 積 立 金	500円…❺	繰越利益剰余金	3,000円…❻

例2の解答

資本剰余金合計：5,000円＋2,000円 ＝7,000円
利益剰余金合計：1,000円＋500円＋3,000円 ＝4,500円
株主資本合計：50,000円 ＋ 7,000円 ＋ 4,500円 ＝61,500円

2 当期変動額の記入

次に、純資産の部の当期変動額を変動原因ごとに記入します。なお、株主資本等変動計算書には、純資産の部の変動額のみ記入し、それ以外（資産や負債）の項目の変動額については記入しません。

また、純資産の減少については金額の前に「△」などを付します。

ひとこと

　　仕訳で借方に純資産の勘定科目が記入される場合は、純資産の減少となります。

例3 ──────────────── 株主資本等変動計算書の記入②

当期中の株主資本等が変動する取引は次のとおりである。

(1) 新株を発行したさいの仕訳

（当 座 預 金）　　4,000　　　　（資　　本　　金）　　2,000…❼

　┗純資産の項目では　　　　　　　　（資 本 準 備 金）　　2,000…❽
　　ないので記載しない
　　　　　　　　　　　　　　　　　　　　　　　　┗純資産の項目では
(2) 剰余金の配当等をしたさいの仕訳　　　　　　　　　　ないので記載しない

（繰越利益剰余金）　　1,300…❾　　（未 払 配 当 金）　　1,000

　┗純資産の減少なので、　　　　　　（利 益 準 備 金）　　　100…❿
　　金額の前に「△」を付す
　　　　　　　　　　　　　　　　　　（別 途 積 立 金）　　　200…⓫

(3) 当期純利益を損益勘定から繰越利益剰余金勘定に振り替えたさいの仕訳

（損　　　　　益）　　　800　　　　（繰越利益剰余金）　　　800…⓬

　┗純資産の項目では
　　ないので記載しない

例3の解答

株 主 資 本 等 変 動 計 算 書
自×1年4月1日　至×2年3月31日

		株		主	資			本		
		資 本 剰 余 金				利 益 剰 余 金				株主資本合計
	資本金	資本準備金	その他資本剰余金	資本剰余金合計	利益準備金	その他利益剰余金		利益剰余金合計	
						別途積立金	繰越利益剰余金		
当 期 首 残 高	50,000	5,000	2,000	7,000	1,000	500	3,000	4,500	61,500
当 期 変 動 額									
新 株 の 発 行	❼ 2,000	❽ 2,000		2,000					4,000
剰余金の配当等					❿ 100	⓫ 200	❾ △1,300	△1,000	△1,000
当 期 純 利 益							⓬ 800	800	800
当期変動額合計	2,000	2,000	0	2,000	100	200	△ 500	△ 200	3,800

当期変動額合計（縦の合計）を記入

3 当期末残高の記入

　最後に、当期末残高を記入します。当期末残高は当期首残高に当期変動額合計を加減算して計算します。

▶ 例4 ——————————————— 株主資本等変動計算書の記入③

　例2と**例3**の株主資本等変動計算書の記入にもとづいて、当期末残高の欄を埋めなさい。

例4の解答

株 主 資 本 等 変 動 計 算 書
自×1年4月1日　至×2年3月31日

		株		主	資			本		
		資 本 剰 余 金				利 益 剰 余 金				株主資本合計
	資本金	資本準備金	その他資本剰余金	資本剰余金合計	利益準備金	その他利益剰余金		利益剰余金合計	
						別途積立金	繰越利益剰余金		
当 期 首 残 高	ⓐ 50,000	5,000	2,000	7,000	1,000	500	3,000	4,500	61,500
当 期 変 動 額									
新 株 の 発 行	2,000	2,000		2,000					4,000
剰余金の配当等					100	200	△ 1,300	△ 1,000	△ 1,000
当 期 純 利 益							800	800	800
当期変動額合計	ⓑ 2,000	2,000	0	2,000	100	200	△ 500	△ 200	3,800
当 期 末 残 高	ⓒ 52,000	7,000	2,000	9,000	1,100	700	2,500	4,300	65,300

ⓒ=ⓐ+ⓑ

CHAPTER 16　精算表と財務諸表　基本問題

問1　**精算表の作成**　解答用紙あり

　次の決算整理事項等にもとづいて、解答用紙の精算表を完成させなさい。なお、当期は×3年4月1日から×4年3月31日までである。

［決算整理事項等］

1．当座預金の帳簿残高と銀行の残高証明書の残高が一致していなかったため、原因を調べたところ、次の事実が判明した。

　⑴　買掛金の支払いのため、1,000円の小切手を振り出していたが、取引先がこの小切手をまだ銀行に呈示していなかった。

　⑵　得意先から売掛金2,000円が当座預金口座に振り込まれていたが、この取引が未記帳であった。

2．受取手形および売掛金の期末残高について、次のように貸倒引当金の設定を行う。

　　　　A社に対する売掛金7,000円：債権額から担保処分見込額4,000円を控除した残高の50％の金額

　　　　B社に対する売掛金5,000円：債権額の5％

　　　その他の売掛金および受取手形に対しては、貸倒実績率2％で貸倒引当金を設定する。

3．期末商品棚卸高は以下のとおりである。なお、売上原価は仕入の行で計算することとし、商品評価損および棚卸減耗損は精算表上、独立の勘定として表示すること。

　　　帳簿棚卸高：数量　100個　　原　　　価　@100円
　　　実地棚卸高：数量　 95個　　正味売却価額　@ 90円

4．売買目的有価証券の内訳は次のとおりである。決算にあたって時価に評価替えする。

銘　柄	帳簿価額	数　量	時　価
A社株式	@200円	150株	@180円
B社株式	@100円	125株	@134円

5．固定資産の減価償却を以下のとおり行う。

　　　建物：定額法；耐用年数30年　残存価額は取得原価の10％

　　　備品：定率法；償却率20％

　　なお、建物のうち45,000円は当期の12月1日に取得（同日より使用を開始）したものであり、当期の減価償却費は残存価額をゼロとし、月割りで計上する。

6．満期保有目的債券は、前期の期首に額面40,000円のC社社債を購入したものであり、満期日までの期間は当期を含めて残り3年である。満期保有目的債券の評価は償却原価法（定額法）による。

7．保険料のうち、次期分600円を前払処理する。

8．長期貸付金は、×2年9月1日に貸付期間4年、年利率3％、利払日は年1回、8月31日という条件で貸し付けたものである。決算にあたって利息の未収分を計上する。

問2　財務諸表の作成　解答用紙あり

　次の決算整理前残高試算表および［期末修正事項］にもとづいて、解答用紙の損益計算書と貸借対照表を完成させなさい。なお、当期は×4年4月1日から×5年3月31日までである。

決算整理前残高試算表
×5年3月31日

借　　　方	勘　定　科　目	貸　　　方
120,000	現　金　預　金	
42,000	受　取　手　形	
58,000	売　　掛　　金	
44,000	売買目的有価証券	
18,000	繰　越　商　品	
10,000	貸　　付　　金	
80,000	建　　　　　物	
30,000	備　　　　　品	
5,400	その他有価証券	
	買　　掛　　金	83,320
	貸　倒　引　当　金	900
	退職給付引当金	23,500
	建物減価償却累計額	28,800
	備品減価償却累計額	4,200
	資　　本　　金	150,000
	利　益　準　備　金	12,000
	別　途　積　立　金	7,000
	繰越利益剰余金	6,000
	売　　　　　上	359,640
	受　取　利　息	3,600
210,000	仕　　　　　入	
55,000	給　　　　　料	
4,500	保　　険　　料	
2,060	固定資産売却損	
678,960		678,960

[期末修正事項]

1. 債権について、次のように貸倒引当金の設定を行う。なお、期末貸倒引当金のうち、800円は売上債権に対するものであり、100円は貸付金に対するものである。

- ・A社に対する売掛金8,000円：債権額から担保処分見込額5,000円を控除した残高の50％の金額
- ・B社に対する売掛金4,000円：債権額の4％
- ・その他の売上債権に対しては、貸倒実績率2％で貸倒引当金を設定する。
- ・貸付金（返済期限は×5年12月31日）に対しては、期末残高の2％の貸倒引当金を設定する。

2. 期末商品棚卸高は以下のとおりである。なお、商品評価損は売上原価の内訳科目として表示し、棚卸減耗損は販売費および一般管理費に表示すること。

帳簿棚卸高：数量　220個　　原　　　価　@110円
実地棚卸高：数量　210個　　正味売却価額　@105円

3. 売買目的有価証券の内訳は次のとおりである。決算にあたって時価に評価替えする。

銘　柄	帳簿価額	時　価
A社株式	38,000円	37,200円
B社株式	6,000円	5,900円

4. 固定資産の減価償却を以下のとおり行う。

建物：定額法：耐用年数30年　残存価額は取得原価の10％
備品：定率法；償却率20％

なお、備品のうち9,000円は当期の11月1日に取得（同日より使用を開始）したものであり、当期の減価償却費は月割りで計上する。

5. その他有価証券の期末時価は6,000円であった。なお、評価差額は全部純資産直入法により処理している（税効果会計は無視すること）。

6. 当期の退職給付引当金の繰入額は1,500円である。

7. 保険料は当期の8月1日に向こう1年分の火災保険料を支払ったものである。

8. 税引前当期純利益に対して40％の法人税、住民税及び事業税を計上する。

解答

問1 　精算表の作成

精 算 表

勘 定 科 目	試 算 表 借方	試 算 表 貸方	修 正 記 入 借方	修 正 記 入 貸方	損益計算書 借方	損益計算書 貸方	貸借対照表 借方	貸借対照表 貸方
現　　　　　金	21,400						21,400	
当 座 預 金	38,060		2,000				40,060	
受 取 手 形	48,000						48,000	
売 　 掛 　 金	57,000			2,000			55,000	
売買目的有価証券	42,500		1,250				43,750	
繰 越 商 品	14,000		10,000	14,000			8,550	
				500				
				950				
建　　　　　物	145,000						145,000	
備　　　　　品	45,000						45,000	
満期保有目的債券	38,800		400				39,200	
長 期 貸 付 金	40,000						40,000	
買 　 掛 　 金		44,140						44,140
貸 倒 引 当 金		860		2,710				3,570
建物減価償却累計額		45,000		3,500				48,500
備品減価償却累計額		9,000		7,200				16,200
資 　 本 　 金		345,000						345,000
利 益 準 備 金		6,000						6,000
繰越利益剰余金		5,000						5,000
売　　　　　上		510,000				510,000		
受 取 利 息		500		700		1,200		
有 価 証 券 利 息		960		400		1,360		
仕　　　　　入	382,000		14,000	10,000	386,000			
給　　　　　料	76,000				76,000			
保 　 険 　 料	8,700			600	8,100			
水 道 光 熱 費	10,000				10,000			
	966,460	966,460						
貸倒引当金(繰入)			2,710		2,710			
棚 卸 減 耗 損			500		500			
商 品 評 価 損			950		950			
有価証券評価(益)				1,250		1,250		
減 価 償 却 費			10,700		10,700			
(前　払)保険料			600				600	
(未　収)利　息			700				700	
当期純(利　益)					18,850			18,850
			43,810	43,810	513,810	513,810	487,260	487,260

〈解説〉
決算整理仕訳を示すと次のとおりです。

1. (1) 未取付小切手のため、仕訳なし

   (2) (当 座 預 金) 2,000 (売 掛 金) 2,000

2. (貸倒引当金繰入) 2,710[*1] (貸 倒 引 当 金) 2,710

    *1 ①A社に対する売掛金にかかる貸倒引当金

        (7,000円 − 4,000円) × 50% = 1,500円

      ②B社に対する売掛金にかかる貸倒引当金

        5,000円 × 5 % = 250円

      ③その他の売掛金・受取手形にかかる貸倒引当金

        (48,000円 + 57,000円 − 2,000円 − 7,000円 − 5,000円)

        × 2 % = 1,820円

      ④貸倒引当金繰入：(1,500円 + 250円 + 1,820円)

             − 860円 = 2,710円

3. (仕 入) 14,000 (繰 越 商 品) 14,000

   (繰 越 商 品) 10,000[*2] (仕 入) 10,000

   (棚 卸 減 耗 損) 500[*3] (繰 越 商 品) 500

   (商 品 評 価 損) 950[*4] (繰 越 商 品) 950

      → *2 期末商品棚卸高：@100円 × 100個 = 10,000円

@100円

@ 90円

*4 商品評価損
(@100円 − @90円) × 95個
= 950円

*3 棚卸減耗損
@100円 ×
(100個 − 95個)
= 500円

貸借対照表の金額

95個   100個

4. (売買目的有価証券) 1,250 (有価証券評価益) 1,250[*5]

    *5 ①時 価：@180円 × 150株 + @134円 × 125株 = 43,750円

      ②帳簿価額：@200円 × 150株 + @100円 × 125株 = 42,500円

      ③評価損益：① − ② = 1,250円 （評価益）

5. (減 価 償 却 費) 10,700 (建物減価償却累計額) 3,500[*6]

                       (備品減価償却累計額) 7,200[*7]

    *6 ①旧建物：(145,000円 − 45,000円) × 0.9 ÷ 30年 = 3,000円

      ②新建物：45,000円 ÷ 30年 × $\dfrac{4 \text{か月}}{12 \text{か月}}$ = 500円

      ③① + ② = 3,500円

$$* 7 \quad (45,000円 - 9,000円) \times 20\% = 7,200円$$

6. （満期保有目的債券）　　400　　（有価証券利息）　　400*8

$$* 8 \quad (40,000円 - 38,800円) \div 3 年 = 400円$$

7. （前 払 保 険 料）　　600　　（保　険　料）　　600

8. （未 収 利 息）　　700*9　　（受 取 利 息）　　700

$$* 9 \quad 40,000円 \times 3\% \times \frac{7 か月}{12か月} = 700円$$

問2　財務諸表の作成

$$損　益　計　算　書$$

自×4年4月1日　至×5年3月31日　　　　（単位：円）

Ⅰ　売　上　高			（	359,640 ）
Ⅱ　売　上　原　価				
1．期首商品棚卸高	（	18,000 ）		
2．当期商品仕入高	（	210,000 ）		
合　　計	（	228,000 ）		
3．期末商品棚卸高	（	24,200 ）		
差　　引	（	203,800 ）		
4．(商品評価損)	（	1,050 ）	（	204,850 ）
売上総利益			（	154,790 ）
Ⅲ　販売費及び一般管理費				
1．給　　　料	（	55,000 ）		
2．保　険　料	（	3,000 ）		
3．貸倒引当金繰入【売上債権に対する】	（	2,620 ）		
4．退職給付費用	（	1,500 ）		
5．(棚卸減耗損)	（	1,100 ）		
6．減価償却費	（	6,510 ）	（	69,730 ）
(営　業　利　益)			（	85,060 ）
Ⅳ　営業外収益				
1．受　取　利　息			（	3,600 ）
Ⅴ　営業外費用				
1．有価証券評価損【貸付金に対する】	（	900 ）		
2．貸倒引当金繰入	（	100 ）	（	1,000 ）
経　常　利　益			（	87,660 ）
Ⅵ　特　別　損　失				
1．(固定資産売却損)			（	2,060 ）
税引前当期純利益			（	85,600 ）
法人税,住民税及び事業税			（	34,240 ）
当　期　純　利　益			（	51,360 ）

貸 借 対 照 表
×5年3月31日　　　　　　　　　　　　（単位：円）

資 産 の 部			負 債 の 部	
Ⅰ　流 動 資 産			Ⅰ　流 動 負 債	
1　現 金 預 金		（ 120,000 ）	1　買 　掛 　金	（ 83,320 ）
2　受 取 手 形	（ 42,000 ）		2　未払法人税等	（ 34,240 ）
3　売 　掛 　金	（ 58,000 ）		流動負債合計	（ 117,560 ）
貸倒引当金	（ 3,420 ）	（ 96,580 ）	Ⅱ　固 定 負 債	
4　短期貸付金	（ 10,000 ）		1　退職給付引当金	（ 25,000 ）
貸倒引当金	（ 200 ）	（ 9,800 ）	固定負債合計	（ 25,000 ）
5　有 価 証 券	売買目的有価証券	（ 43,100 ）	負 債 合 計	（ 142,560 ）
6　商 　　　品		（ 22,050 ）	純 資 産 の 部	
7　前 払 費 用	前払保険料	（ 1,500 ）	Ⅰ　株 主 資 本	
流動資産合計		（ 293,030 ）	1　資 　本 　金	（ 150,000 ）
Ⅱ　固 定 資 産			2　利 益 剰 余 金	
1　有形固定資産			(1)利益準備金	（ 12,000 ）
(1)建 　　　物	（ 80,000 ）		(2)別途積立金	（ 7,000 ）
減価償却累計額	（ 31,200 ）	（ 48,800 ）	(3)繰越利益剰余金	（ 57,360 ） （ 76,360 ）
(2)備 　　　品	（ 30,000 ）		Ⅱ　評価・換算差額等	
減価償却累計額	（ 8,310 ）	（ 21,690 ）	1　その他有価証券評価差額金	（ 600 ）
2　投資その他の資産	その他有価証券		純 資 産 合 計	（ 226,960 ）
(1)投資有価証券		（ 6,000 ）		
固定資産合計		（ 76,490 ）		
資 産 合 計		（ 369,520 ）	負債および純資産合計	（ 369,520 ）

※　繰越利益剰余金：6,000円＋51,360円＝57,360円
　　　　　　　　　　　　　　当期純利益

〈解説〉
　決算整理仕訳を示すと次のとおりです。
　　　　1.　（貸倒引当金繰入）　　2,620[*1]（貸 倒 引 当 金）　　2,620
　　　　　　（貸倒引当金繰入）　　　 100[*2]（貸 倒 引 当 金）　　　 100
　　　　　　*1　[売上債権]
　　　　　　　　①A社に対する売掛金にかかる貸倒引当金
　　　　　　　　　（8,000円－5,000円）×50％＝1,500円
　　　　　　　　②B社に対する売掛金にかかる貸倒引当金
　　　　　　　　　4,000円×4％＝160円
　　　　　　　　③その他の売上債権にかかる貸倒引当金
　　　　　　　　　（42,000円＋58,000円－8,000円－4,000円）×2％
　　　　　　　　　＝1,760円
　　　　　　　　④貸倒引当金（合計）：1,500円＋160円＋1,760円
　　　　　　　　　　　　　　　　　　　＝3,420円
　　　　　　　　⑤貸倒引当金繰入：3,420円－800円＝2,620円

＊2　［貸付金］

　　貸倒引当金：10,000円 × 2 ％ = 200円

　　貸倒引当金繰入：200円 − 100円 = 100円

2.　（仕　　　　　　入）　18,000　（繰 越 商 品）　18,000

　　（繰 越 商 品）　24,200＊3（仕　　　　　　入）　24,200

　　（棚 卸 減 耗 損）　1,100＊4（繰 越 商 品）　1,100

　　（商 品 評 価 損）　1,050＊5（繰 越 商 品）　1,050

　　（仕　　　　　　入）　1,050　（商 品 評 価 損）　1,050

＊3　期末商品棚卸高：@110円 × 220個 = 24,200円

@110円

＊5　商品評価損
（@110円 − @105円）× 210個
= 1,050円

@105円

＊4
棚卸減耗損
@110円 ×
（220個 − 210個）
= 1,100円

貸借対照表の「商品」
@105円 × 210個 = 22,050円

210個　　　　220個

3.　（有価証券評価損）　900＊6（売買目的有価証券）　900

　　＊6　①時　価：37,200円 + 5,900円 = 43,100円

　　　　②帳簿価額：38,000円 + 6,000円 = 44,000円

　　　　③評価損益：① − ② = △900円（評価損）

4.　（減 価 償 却 費）　6,510　（建物減価償却累計額）　2,400＊7

　　　　　　　　　　　　　　　（備品減価償却累計額）　4,110＊8

　　＊7　80,000円 × 0.9 ÷ 30年 = 2,400円

　　＊8　①旧備品：（30,000円 − 9,000円 − 4,200円）× 20％ = 3,360円

　　　　②新備品：9,000円 × 20％ × $\dfrac{5 か月}{12 か月}$ = 750円

　　　　③① + ② = 4,110円

期首　　　　取得日　　　　決算日

×4年4 / 1　　11/ 1　　×5年3 /31

当期

5 か月

5.　（その他有価証券）　600＊9（その他有価証券評価差額金）　600

　　＊9　6,000円 − 5,400円 = 600円

6.　（退 職 給 付 費 用）　1,500　（退職給付引当金）　1,500

7.　（前 払 保 険 料）　1,500＊10（保　　険　　料）　1,500

　　＊10　4,500円 × $\dfrac{4 か月}{12 か月}$ = 1,500円

8. （法人税,住民税及び事業税）　34,240^{*11}　（未 払 法 人 税 等）　34,240

　　　＊11　85,600円×40％＝34,240円
　　　　　　税引前当期純利益

税効果会計

◆会計上の利益と税法上の利益のズレを調整しよう！

ここでは、税効果会計についてみていきます。

税法上の利益（課税所得）の話も出てくるので、CHAPTER04 **2** の課税所得の算定方法を一読しておいてください。

2級で学習する内容

取引と処理

株式会社特有の取引	その他の取引
商品売買取引	伝　　票

決算、本支店会計、連結会計、製造業会計

決　　算

✓決算整理 ················CHAPTER 04〜14
✓精算表の作成 ············CHAPTER 16
✓財務諸表の作成 ··········CHAPTER 16
✓税効果会計 ··············CHAPTER 17
✓帳簿の締め切り ··········CHAPTER 18

本支店会計
連結会計Ⅰ〜Ⅲ
製造業会計

1 税効果会計とは

Ⅰ 税効果会計とは

損益計算書では、会計上の収益から費用を差し引いて、税引前当期純利益を計算しますが、税引前当期純利益から差し引く法人税等（法人税、住民税及び事業税）は税法上の利益（益金から損金を差し引いた金額）をベースに計算します。

そのため、会計上の利益に対応した法人税等が計上されていないことがあります。

そこで、会計と税法の違いから生じるズレ（一時的な差異）を調整して、会計上の利益（税引前当期純利益）と法人税等を対応させる処理をします。この処理を**税効果会計**といいます。

図解 税効果会計とは

損益計算書

Ⅰ 売 上 高	××	
Ⅱ 売 上 原 価	××	
売 上 総 利 益	××	
Ⅲ 販売費及び一般管理費	××	
営 業 利 益	××	
Ⅳ 営 業 外 収 益	××	
Ⅴ 営 業 外 費 用	××	
経 常 利 益	××	
Ⅵ 特 別 利 益	××	
Ⅶ 特 別 損 失	××	
税引前当期純利益	××	
法人税、住民税及び事業税	××	
当 期 純 利 益	××	

ここまでは 収益－費用 で計算しているのに…

これは 益金－損金 で計算した金額が計上されている

だから…

会計上と税法上のズレを調整して、税引前当期純利益と法人税等を適切に対応させよう！（税効果会計）

Ⅱ 税効果会計の対象となる差異

　会計と税法の違いから生じる差異には、**一時差異**と**永久差異**があります。一時差異とは、差異が生じてもいつかは解消される差異をいい、一時差異には税効果会計を適用します。

　一方、いったん生じたら永久に解消されない差異を永久差異といいますが、永久差異には税効果会計を適用しません。

　主な一時差異と永久差異には次のようなものがあります。

●主な一時差異と永久差異

一時差異 税効果会計 の対象	◆引当金の繰入限度超過額 ◆減価償却費の償却限度超過額 ◆その他有価証券の評価差額 } 2級で学習 ◆棚卸資産の評価損 ◆積立金方式による圧縮記帳　など
永久差異 税効果会計 の対象外	◆受取配当等の益金不算入額 ◆交際費の損金不算入額　など

ひとこと

　損金算入・損金不算入、益金算入・益金不算入については、CHAPTER 04 で確認してください。簡単にまとめると、次のとおりです。

損金不算入	会計上：費用として計上 税法上：損金とならない
損金算入	会計上：費用として計上していない 税法上：損金となる
益金不算入	会計上：収益として計上 税法上：益金とならない
益金算入	会計上：収益として計上していない 税法上：益金となる

ふむふむ…

2 法人税等の調整

Ⅰ 会計処理

法人税等の調整は、法人税等の金額を直接増減させるのではなく、**法人税等調整額**という勘定科目を用いて行います。

また、相手科目は**繰延税金資産** [資産] または**繰延税金負債** [負債] で処理します。

> **ひとこと**
>
> ふむふむ…
>
> **繰延税金資産** [資産] は法人税等の前払いを、**繰延税金負債** [負債] は法人税等の未払いを表します。

New
法人税等調整額

New
繰延税金資産

New
繰延税金負債

税効果会計とは／法人税等の調整

Ⅱ 税効果会計の仕訳の作り方

税効果会計を適用する場合の（簡単な）仕訳の作り方は次のとおりです。

図解 税効果会計の仕訳の作り方

たとえば、会計上で費用計上した貸倒引当金繰入額が1,100円であったが、税法上の損金算入（限度額）は1,000円である（実効税率は40%）という場合は…

→ 1,100円－1,000円=100円 →100円が損金不算入

Step1 会計上の仕訳を考える

会計上の仕訳	（貸倒引当金繰入）	1,100	（貸倒引当金）	1,100

---

① 会計上の仕訳のうち、損益項目（費用または収益）に
注目し、損益項目が記載されている逆側に**法人税等
調整額**を記入する

② 金額は会計上の金額のうち損金不算入額に法人
税等の実効税率を掛けた金額となる

**会計上
の仕訳** （貸倒引当金繰入）　1,100　（貸倒引当金）　1,100
　　　　　　　└損益項目┘

　　　　　　　　　　　　　①

**税効果
の仕訳** （　　　　　　　）　　　（法人税等調整額）　　40
　　　　　　　　　　　　　　　└損益項目┘　　　　②

　　　　　（1,100円−1,000円）×40%＝40円

Step 3 相手科目を埋める

仕訳の空欄が借方ならば　**繰延税金資産** [資産]、
貸方ならば　**繰延税金負債** [負債] を記入する

**税効果
の仕訳** （**繰延税金資産**）　　40　（法人税等調整額）　　40

　　借方が空欄なので、
　　「繰延税金資産」を記入

ひとこと

　ちょっと難しい話になりますが、税効果会計の適用方法には❶資産負債法と
❷繰延法があり、制度上は❶資産負債法が採用されています。しかし、❷繰延
法で考えたほうが仕訳をしやすいので、本書では繰延法にもとづいて説明して
います。なお、資産負債法や繰延法の内容については1級で学習します。

Ⅲ　法人税等調整額の表示

　法人税等調整額が借方残高の場合には、（法人税等の増加を意味するので）損
益計算書の法人税等に加算します。

　法人税等調整額が貸方残高の場合には、（法人税等の減少を意味するので）損
益計算書の法人税等から減算します。

図解 法人税等調整額の表示

法人税等調整額が借方残高の場合（金額は仮定）

（法人税等調整額）50 （繰延税金負債）50 の場合

損 益 計 算 書

⋮		
税引前当期純利益		1,000
法人税、住民税及び事業税	350	
法人税等調整額	＋50	400
当 期 純 利 益		600

法人税等調整額が貸方残高の場合（金額は仮定）

（繰延税金資産）80 （法人税等調整額）80 の場合

損 益 計 算 書

⋮		
税引前当期純利益		1,000
法人税、住民税及び事業税	350	
法人税等調整額	△ 80	270
当 期 純 利 益		730

3 貸倒引当金の繰入限度超過額

I 貸倒引当金繰入の損金不算入と税効果会計の仕訳

　会計上で費用計上した貸倒引当金の繰入額のうち、税法上の繰入額（限度額）を超える金額については、損金に算入することができません（損金不算入）。そこで、超過額について法人税等の調整を行います。

第1期末において、貸倒引当金300円を繰り入れたが、そのうち100円については損金不算入となった。なお、法人税等の実効税率は40%とする。

例1の仕訳　（繰延税金資産）　　　40　（法人税等調整額）　　　40

① 会計上の仕訳を考える

会計上の仕訳（貸倒引当金繰入）　300　（貸倒引当金）　300

② 損益項目の逆側に **法人税等調整額** を記入する
金額は 損金不算入額×実効税率

会計上の仕訳（貸倒引当金繰入）　300　（貸倒引当金）　300

損益項目

税効果の仕訳（　　　　　　　　）　　　（法人税等調整額）　40*

＊　100円×40%＝40円

③ 相手科目を記入する

税効果の仕訳（繰延税金資産）　40　（法人税等調整額）　40

Ⅱ 差異が解消したときの税効果会計の仕訳

　貸倒引当金を設定した翌年以降に、その貸倒引当金を取り崩した場合には、差異が解消します。したがって、この場合は差異が発生したときと逆の仕訳をします。

　なお、法人税等の調整は期末に行うため、前期までに発生した差異の解消と当期に発生した差異の処理は一括して行います。

▼ 例2 ─────── 差異が解消したときの税効果会計の仕訳

　第2期において、貸倒引当金350円を繰り入れたが、そのうち150円については損金不算入となった（法人税等の実効税率は40%とする）。なお、第1期に発生した売掛金が貸し倒れたため、貸倒引当金を全額取り崩している。第1期末に設定した貸倒引当金にかかる税効果会計の仕訳は次のとおりである。

　（繰延税金資産）　　　40　　　（法人税等調整額）　　　40

例2の仕訳 　（繰 延 税 金 資 産）　　　20　　（法人税等調整額）　　　20

① 　第1期に発生した差異の解消（貸倒れの発生）
　　　　　　　　（法人税等調整額）　　40　　（繰 延 税 金 資 産）　　40
② 　第2期に発生した差異
　　　　　　　　（繰 延 税 金 資 産）　　60　　（法人税等調整額）　　60*
　　　　　＊　　150円×40%＝60円
③ 　第2期の仕訳（①＋②）
　　　　　　　　（繰 延 税 金 資 産）　　20　　（法人税等調整額）　　20

4 減価償却費の償却限度超過額

I 減価償却費の損金不算入と税効果会計の仕訳

　会計上で費用計上した減価償却費のうち、税法上の減価償却費（限度額）を超える金額については、損金に算入することができません（損金不算入）。そこで、超過額について法人税等の調整を行います。

▶ **例3 ━━━━━━━━ 減価償却費の損金不算入と税効果会計の仕訳**

　第1期末において、備品1,000円について定額法（耐用年数4年、残存価額は0円）により減価償却を行った。なお、備品の法定耐用年数（税法上の耐用年数）は5年であり、法人税等の実効税率は40%とする。

例3の仕訳 　（繰 延 税 金 資 産）　　　20　　（法人税等調整額）　　　20

① 　会計上の仕訳を考える
　会計上の仕訳（減 価 償 却 費）　　250*1（備品減価償却累計額）　　250
　　　＊1　　1,000円÷4年＝250円
② 　損益項目の逆側に**法人税等調整額**を記入する
　金額は 損金不算入額×実効税率
　会計上の仕訳（減 価 償 却 費）　　250　　（備品減価償却累計額）　　250
　　　　　　　 損益項目
　税効果の仕訳（　　　　　　　　）　　　　 （法人税等調整額）　　20*2
　　　＊2　　税法上の減価償却費：1,000円÷5年＝200円
　　　　　　　法人税等調整額：（250円－200円）×40%＝20円
③ 　相手科目を記入する
　税効果の仕訳（繰 延 税 金 資 産）　　20　　（法人税等調整額）　　20

Ⅱ 翌年度の仕訳

　備品を売却したり、除却した場合には、差異が解消します。したがって、この場合は差異が発生したときと逆の仕訳をします。

　なお、法人税等の調整は期末に行うため、前期までに発生した差異の解消と当期に発生した差異の処理は一括して行います。

▶例4 ────────────────────────────────── 翌年度の仕訳

　第2期末において、第1期末（**例3**）と同様の減価償却を行った。なお、当期に売却等した備品はない。

例4の仕訳　（繰 延 税 金 資 産）　　　20　（法人税等調整額）　　　20

① 第1期に発生した差異の解消…売却等していないので差異は解消していない

仕訳なし

② 第2期に発生した差異

（繰 延 税 金 資 産）　　20　（法人税等調整額）　　20*

＊　計算式は例3と同じ

③ 第2期の仕訳（①＋②）

（繰 延 税 金 資 産）　　20　（法人税等調整額）　　20

5 その他有価証券の評価差額

Ⅰ その他有価証券の評価差額と税効果会計の仕訳

　会計上では、その他有価証券の評価替えを行いますが、税法上ではその他有価証券の評価替えは認められていません。

　そこで、税効果会計を適用して法人税等を調整する必要があります。

　その他有価証券の評価替えを全部純資産直入法（2級で学習する方法）で処理している場合には、評価差額は**その他有価証券評価差額金** [純資産] で処理します。

ひとこと

有価証券評価損〔費用〕や**有価証券評価益**〔収益〕のような損益項目では処理しません。

この場合には、**法人税等調整額**で法人税等を調整することができないので、かわりに**その他有価証券評価差額金**で調整します。

例5 ─────── その他有価証券の評価差額と税効果会計の仕訳①

決算において、その他有価証券（取得原価1,000円）を時価800円に評価替えした（全部純資産直入法）が、税法上では、その他有価証券の評価替えは認められていない。なお、法人税等の実効税率は40%とする。

例5の仕訳	（繰延税金資産）	80	(その他有価証券 評価差額金)	80

① 会計上の仕訳を考える

会計上の仕訳	(その他有価証券 評価差額金)	200*1	（その他有価証券）	200

＊1　800円−1,000円＝△200円

② 「その他有価証券評価差額金」の逆側に**その他有価証券評価差額金**を記入する

会計上の仕訳	(その他有価証券 評価差額金)	200	（その他有価証券）	200

純資産項目

税効果の仕訳	（　　　　　）		(その他有価証券 評価差額金)	80*2

＊2　200円×40%＝80円

③ 相手科目を記入する

税効果の仕訳	（繰延税金資産）	80	(その他有価証券 評価差額金)	80

例6 ─────── その他有価証券の評価差額と税効果会計の仕訳②

決算において、その他有価証券（取得原価1,000円）を時価1,100円に評価替えした（全部純資産直入法）が、税法上では、その他有価証券の評価替えは認められていない。なお、法人税等の実効税率は40%とする。

例6の仕訳 $\begin{pmatrix} その他有価証券 \\ 評 価 差 額 金 \end{pmatrix}$ 40 （繰延税金負債） 40

① 会計上の仕訳を考える

会計上の仕訳 （その他有価証券） 100*1 $\begin{pmatrix} その他有価証券 \\ 評 価 差 額 金 \end{pmatrix}$ 100

＊1　1,100円－1,000円＝100円

② 「その他有価証券評価差額金」の逆側にその他有価証券評価差額金を記入する

会計上の仕訳 （その他有価証券） 100 $\begin{pmatrix} その他有価証券 \\ 評 価 差 額 金 \end{pmatrix}$ 100

純資産項目

税効果の仕訳 $\begin{pmatrix} その他有価証券 \\ 評 価 差 額 金 \end{pmatrix}$ 40*2 （　　　　　　　）

＊2　100円×40%＝40円

③ 相手科目を記入する

税効果の仕訳 $\begin{pmatrix} その他有価証券 \\ 評 価 差 額 金 \end{pmatrix}$ 40 （繰延税金負債） 40

Ⅱ 翌期首の仕訳

　その他有価証券の評価替え（全部純資産直入法）をした場合、翌期首に評価差額の再振替仕訳を行います。これと同時に税効果会計の仕訳も逆仕訳をして振り戻します。

例7　　　　　　　　　　　　　　　　　　　　　　　翌期首の仕訳

　前期末の決算において、その他有価証券（取得原価1,000円）を時価800円に評価替えした（全部純資産直入法）さい、以下の仕訳を行っている。

評価替えの仕訳 : $\begin{pmatrix} その他有価証券 \\ 評 価 差 額 金 \end{pmatrix}$ 200 （その他有価証券） 200

税効果の仕訳 : （繰延税金資産） 80 $\begin{pmatrix} その他有価証券 \\ 評 価 差 額 金 \end{pmatrix}$ 80

　当期首における仕訳をしなさい。

例7の仕訳 （その他有価証券） 200 $\begin{pmatrix} その他有価証券 \\ 評 価 差 額 金 \end{pmatrix}$ 200

$\begin{pmatrix} その他有価証券 \\ 評 価 差 額 金 \end{pmatrix}$ 80 （繰延税金資産） 80

6 繰延税金資産と繰延税金負債の表示

　税効果会計を適用した結果生じた繰延税金資産は、貸借対照表上、資産の部の投資その他の資産の区分に、繰延税金負債は、貸借対照表上、負債の部の固定負債の区分に表示します。なお、繰延税金資産と繰延税金負債は相殺して表示します。

図解　繰延税金資産と繰延税金負債の表示

たとえば①
売掛金にかかる貸倒引当金繰入について発生した繰延税金資産の場合は…

税効果の仕訳　（繰延税金資産）　××　（法人税等調整額）　××

投資その他の資産に表示

たとえば②
その他有価証券の評価替えによって生じた評価差額について発生した繰延税金負債の場合は…

税効果の仕訳　（その他有価証券評価差額金）　××　（繰延税金負債）　××

固定負債に表示

次の各取引（**問1**・**問2**の(1)、(2)は一連の取引）について、税効果会計に関する仕訳をしなさい。なお、法人税等の実効税率は各年度ともに40％である。また、勘定科目はそれぞれ〔　　〕内に示すものの中から選ぶこと。

問1　貸倒引当金の繰入限度超過額

〔勘定科目：繰延税金資産、繰延税金負債、法人税等調整額〕

(1)　第1期末　売掛金の期末残高に対して800円の貸倒引当金を設定したが、税法上の繰入限度額は700円である。期首における一時差異はない。

(2)　第2期末　第1期に発生した売掛金が貸し倒れ、貸倒引当金800円を取り崩した。また、第2期末の売掛金の期末残高に対して1,400円の貸倒引当金を設定したが、税法上の繰入限度額は1,000円である。

問2　減価償却費の償却限度超過額

〔勘定科目：繰延税金資産、繰延税金負債、法人税等調整額〕

(1)　第1期末　期首において、備品50,000円を購入し、定額法（残存価額は0円、耐用年数は4年、記帳方法は間接法）で減価償却を行ったが、税法上の法定耐用年数は5年である。

(2)　第2期末　第1期と同様に減価償却の処理を行った。なお、当期に売却等した備品はない。

問3　その他有価証券の評価差額

〔勘定科目：繰延税金資産、繰延税金負債、その他有価証券評価差額金、法人税等調整額〕

決算において、その他有価証券（取得原価2,000円）を時価2,200円に評価替えした（全部純資産直入法）が、税法上ではその他有価証券の評価替えは認められていない。

解答

問1 貸倒引当金の繰入限度超過額

(1) （繰 延 税 金 資 産）　　40　　（法人税等調整額）　　40

(2) （繰 延 税 金 資 産）　　120　　（法人税等調整額）　　120

〈解説〉

(1)について

会計上の仕訳：（貸倒引当金繰入）　800　（貸 倒 引 当 金）　800
　　　　　　　損益項目

税効果の仕訳：（繰 延 税 金 資 産）　40　（法人税等調整額）　40*1

　　＊1　（800円 − 700円）× 40% = 40円

(2)について

①第1期に発生した差異の解消（貸倒れの発生）

　　（法人税等調整額）　40　（繰 延 税 金 資 産）　40

②第2期に発生した差異

会計上の仕訳：（貸倒引当金繰入）　1,400　（貸 倒 引 当 金）　1,400
　　　　　　　損益項目

税効果の仕訳：（繰 延 税 金 資 産）　160　（法人税等調整額）　160*2

　　＊2　（1,400円 − 1,000円）× 40% = 160円

③第2期の仕訳（①＋②）

　　（繰 延 税 金 資 産）　120　（法人税等調整額）　120*3

　　＊3　160円 − 40円 = 120円

問2　減価償却費の償却限度超過額

(1)　（繰 延 税 金 資 産）　　　1,000　　（法人税等調整額）　　　1,000

(2)　（繰 延 税 金 資 産）　　　1,000　　（法人税等調整額）　　　1,000

〈解説〉

(1)について

　　　　会計上の仕訳：（減 価 償 却 費）　12,500[*1]（備品減価償却累計額）　12,500
　　　　　　　　　　　　　　損益項目

　　　　税効果の仕訳：（繰 延 税 金 資 産）　1,000　　（法人税等調整額）　1,000[*2]

(2)について

　　①第1期に発生した差異の解消…売却等していないので差異は解消していない
　　　　　　　　　　　　　　　　　仕訳なし

　　②第2期に発生した差異

　　　　会計上の仕訳：（減 価 償 却 費）　12,500[*1]（備品減価償却累計額）　12,500
　　　　　　　　　　　　　　損益項目

　　　　税効果の仕訳：（繰 延 税 金 資 産）　1,000　　（法人税等調整額）　1,000[*2]

　　③第2期の仕訳（①＋②）

　　　　　　　　　　　　（繰 延 税 金 資 産）　1,000　　（法人税等調整額）　1,000

　　　　　　　*1　50,000円÷4年＝12,500円
　　　　　　　*2　税法上の減価償却費：50,000円÷5年＝10,000円
　　　　　　　　　法人税等調整額：（12,500円−10,000円）×40%
　　　　　　　　　　　　　　　　　　＝1,000円

問3　その他有価証券の評価差額

（その他有価証券
評 価 差 額 金）　　　80　　（繰 延 税 金 負 債）　　　80

〈解説〉

　　　　会計上の仕訳：（その他有価証券）　200[*1]（その他有価証券
　　　　　　　　　　　　　　　　　　　　　　　　評 価 差 額 金）　200
　　　　　　　　　　　　　　　　　　　　　純資産項目

　　　　税効果の仕訳：（その他有価証券
　　　　　　　　　　　　評 価 差 額 金）　80　　（繰 延 税 金 負 債）　80[*2]

　　　　　　　*1　2,200円−2,000円＝200円
　　　　　　　*2　200円×40%＝80円

帳簿の締め切り

◆損益勘定、繰越利益剰余金勘定の関係をおさえよう

ここでは帳簿の締め切りについて学習します。

帳簿の締切方法には英米式決算法と大陸式決算法の２つの方法がありますが、本書では英米式決算法について説明します。

2級で学習する内容

取引と処理

株式会社特有の取引	その他の取引
商品売買取引	伝　　票

決算、本支店会計、連結会計、製造業会計

決　　算	本支店会計
✓決算整理 ·················· CHAPTER 04〜14 ✓精算表の作成 ················· CHAPTER 16 ✓財務諸表の作成 ············· CHAPTER 16 ✓税効果会計 ····················· CHAPTER 17 ✓帳簿の締め切り ············· CHAPTER 18	連結会計Ⅰ〜Ⅲ 製造業会計

1 帳簿の締切方法

決算の最後に、次期の帳簿記入に備えて帳簿を締め切ります。

帳簿の締切方法には**英米式決算法**と**大陸式決算法**の２つの方法があります が、本書では２級の試験範囲である英米式決算法について説明します。

2 英米式決算法　　　　　　　　　　　　🔗*Review*　3級

英米式決算法による帳簿の締め切りの流れは次のとおりです。

●英米式決算法による帳簿の締め切りの流れ

❶　収益・費用の各勘定残高を損益勘定に振り替える
❷　当期純利益（または当期純損失）を繰越利益剰余金勘定に振り替える
❸　各勘定を締め切る

Ⅰ　収益・費用の各勘定残高を損益勘定に振り替える

帳簿の締め切りは収益・費用の各勘定から行います。

総勘定元帳上で当期純利益（または当期純損失）を計算するために、総勘定元帳に損益勘定を設け、損益勘定に収益・費用の各勘定残高を振り替えます。

具体的には、収益の各勘定残高は損益勘定の貸方に、費用の各勘定残高は損益勘定の借方に振り替えます。

　収益・費用の金額は当期の利益または損失を計算するためのものなので、次期には関係ありません。そこで、決算の最後に収益・費用の各勘定残高がゼロになるようにしておくのです。

| 収益の振り替え | （売 | 上） | 2,500 | （損 | 益） | 2,500 |
| 費用の振り替え | （損 | 益） | 1,000 | （仕 | 入） | 1,000 |

Ⅱ 当期純利益（または当期純損失）を繰越利益剰余金勘定に振り替える

　収益・費用の各勘定残高を損益勘定に集めることにより、損益勘定で当期純利益（または当期純損失）を計算することができます。

　損益勘定で計算された当期純利益（または当期純損失）は**繰越利益剰余金勘定**[純資産]に振り替えます。

　具体的には、当期純利益は純資産の増加として**繰越利益剰余金勘定**の貸方に振り替えます。　　　　　　　　　☞**純資産の増加⇒貸方（右）**

　一方、当期純損失は純資産の減少として**繰越利益剰余金勘定**の借方に振り替えます。　　　　　　　　　　☞**純資産の減少⇒借方（左）**

当期純利益の場合

	繰越利益剰余金				損			益		
x/x 利益準備金	20	4/1 前期繰越	300	3/31 仕	入	1,000	3/31 売	上	2,500
x/x 未払配当金	200	3/31 損　益	1,500	←ー〃 繰越利益剰余金	1,500				

| | （損 | 益） | 1,500 | （繰越利益剰余金） | 1,500 |

当期純損失の場合

繰越利益剰余金					損　　益				
x/x 利益準備金	20	4/1 前期繰越	300	3/31 仕　入	1,000	3/31 売　上	800		
x/x 未払配当金	200					〃 繰越利益剰余金	200		
3/31 損　益	200								

（繰越利益剰余金）　200　（損　　益）　200

Ⅲ 各勘定を締め切る

損益勘定から当期純利益（または当期純損失）を**繰越利益剰余金勘定**に振り替えたあと、総勘定元帳の各勘定を締め切ります。

1 収益と費用の各勘定の締め切り

収益と費用の各勘定について、借方合計と貸方合計が一致していることを確認し、締め切ります。

仕　　入				売　　上			
x/x 現　金	200	3/31 損　益	1,000	3/31 損　益	2,500	x/x 現　　金	500
x/x 買掛金	800					x/x 売掛金	2,000
	1,000		**1,000** ⭐		**2,500**		**2,500** ⭐

損　　益			
3/31 仕　入	1,000	3/31 売　上	2,500
〃 繰越利益剰余金	1,500		
	2,500		**2,500** ⭐

> ⭐ 借方合計と貸方合計を計算し、二重線を引いて締め切ります。

2 資産・負債・純資産の各勘定の締め切り

資産・負債・純資産の各勘定の締切方法は次のとおりです。

現 金						
4/1	前期繰越	600	x/x	仕 入	200	
x/x	売 上	500	x/x	買掛金	400	
x/x	売 掛 金	2,300	3/31	次期繰越	2,800 ❶	
		3,400			3,400 ❷	
4/1	前期繰越	2,800 ❸				

売 掛 金						
4/1	前期繰越	650	x/x	現 金	1,300	
x/x	売 上	2,000	3/31	次期繰越	1,350	
		2,650			2,650	
4/1	前期繰越	1,350				

買 掛 金						
x/x	現 金	400	4/1	前期繰越	150	
3/31	次期繰越	550	x/x	仕 入	800	
		950			950	
			4/1	前期繰越	550	

資 本 金						
3/31	次期繰越	800	4/1	前期繰越	800	
			4/1	前期繰越	800	

繰越利益剰余金						
x/x	利益準備金	20	4/1	前期繰越	300	
x/x	未払配当金	200	3/31	損 益	1,500	
3/31	次期繰越	1,580				
		1,800			1,800	
			4/1	前期繰越	1,580	

> ❶ 資産・負債・純資産の各勘定残高は次期に繰り越すので、勘定の貸借差額を「**次期繰越**」と赤字で記入します（試験では黒の鉛筆で記入します）。
> ❷ 借方合計と貸方合計を記入し、一致していることを確認したあと、二重線を引いて締め切ります。
> ❸ 次期の記入に備えて、「次期繰越」と記入した逆側に「**前期繰越**」と繰越額を記入します。

CHAPTER 18 帳簿の締め切り 基本問題 解答用紙あり

次の決算整理前残高試算表および［決算整理事項等］にもとづいて、解答用紙の損益勘定と繰越利益剰余金勘定を完成させなさい。なお、当期は×4年10月1日から×5年9月30日までである。

決算整理前残高試算表
×5年9月30日

借　方	勘定科目	貸　方
412,500	現　金　預　金	
170,000	受　取　手　形	
380,000	売　掛　金	
229,000	売買目的有価証券	
110,000	繰　越　商　品	
300,000	建　　　物	
200,000	備　　　品	
120,000	建　設　仮　勘　定	
	支　払　手　形	270,000
	買　掛　金	367,300
	貸　倒　引　当　金	10,200
	建物減価償却累計額	162,000
	備品減価償却累計額	50,000
	資　本　金	450,000
	利　益　準　備　金	65,000
	別　途　積　立　金	8,000
	繰　越　利　益　剰　余　金	22,000
	売　　　上	1,500,000
	受　取　家　賃	68,000
782,000	仕　　　入	
210,000	給　　　料	
54,000	保　険　料	
5,000	手　形　売　却　損	
2,972,500		2,972,500

[決算整理事項等]

1. 現金預金について調査したところ、次の事実が判明した。
   (1) 群馬商事株式会社株式の配当金領収証2,500円を受け取っていたが、未処理であった。
   (2) 買掛金の支払いのために振り出した小切手10,000円が未渡しであった。

2. 当期の8月1日に倉庫が完成し、引き渡しを受けた（同日より使用開始）。なお、残高試算表の建設仮勘定は全額この倉庫に関する支出額である。

3. 受取手形および売掛金の期末残高に対して3%の貸倒引当金を設定する（差額補充法）。

4. 期末商品棚卸高は以下のとおりである。売上原価は仕入勘定で算定している。なお、商品評価損は売上原価に算入するが、棚卸減耗損は売上原価に算入しない。

   帳簿棚卸高：数量　900個　　原　　　　価　@140円
   実地棚卸高：数量　850個　　正味売却価額　@120円

5. 売買目的有価証券の時価は240,000円である。

6. 固定資産の減価償却を以下のとおり行う。なお、当期に取得した倉庫については、残存価額をゼロ、耐用年数20年の定額法により減価償却し、月割計算を行う。

   建物：定額法；耐用年数20年　残存価額は取得原価の10%
   備品：定率法；償却率25%

7. 保険料のうち4,000円、受取家賃のうち5,000円を前払処理する。

8. 税引前当期純利益に対して40%の法人税、住民税及び事業税を計上する。

損　　　益

9/30 仕　　　　　入	(　783,000)	9/30 売　　　　　上	(1,500,000)
〃　給　　　　料	(　210,000)	〃　受　取　家　賃	(　63,000)
〃　保　　険　　料	(　50,000)	〃（受取配当金）	(　2,500)
〃　棚　卸　減　耗　損	(　7,000)	〃　有価証券（評価益）	(　11,000)
〃　貸倒引当金繰入	(　6,300)		
〃　減　価　償　却　費	(　52,000)		
〃　手　形　売　却　損	(　5,000)		
〃　法人税、住民税及び事業税	(　185,280)		
〃　（繰越利益剰余金）	(　277,920)		
	(1,576,500)		(1,576,500)

※　仕入：782,000円＋110,000円－126,000円＋17,000円＝783,000円

繰越利益剰余金

12/20 利　益　準　備　金	2,000	10/1 前　期　繰　越	(　48,000)
〃　未　払　配　当　金	20,000	9/30（損　　　益）	(　277,920)
〃　別　途　積　立　金	4,000		
9/30 次　期　繰　越	(　299,920)		
	(　325,920)		(　325,920)

※　前期繰越額の求め方

　　　　? 円 － (2,000円＋20,000円＋4,000円) ＝22,000円

　　　　前期繰越　　当期の剰余金の配当・処分額　　残高試算表の金額

　　　　? 円 ＝22,000円＋ (2,000円＋20,000円＋4,000円) ＝48,000円

※　次期繰越：貸借差額

〈解説〉

　　決算整理仕訳を示すと次のとおりです。

1.	(1)	(現　　　　金)	2,500	(受取配当金)	2,500
	(2)	(当　座　預　金)	10,000	(買　掛　金)	10,000
2.		(建　　　　物)	120,000	(建設仮勘定)	120,000
3.		(貸倒引当金繰入)	6,300[*1]	(貸倒引当金)	6,300

　　　　＊1　(170,000円＋380,000円) × 3％ －10,200円＝6,300円

4.
(仕 入)	110,000	(繰 越 商 品)	110,000
(繰 越 商 品)	126,000*2	(仕 入)	126,000
(棚 卸 減 耗 損)	7,000*3	(繰 越 商 品)	7,000
(商 品 評 価 損)	17,000*4	(繰 越 商 品)	17,000
(仕 入)	17,000	(商 品 評 価 損)	17,000

*2　期末商品棚卸高：@140円×900個＝126,000円

5.
| (売買目的有価証券) | 11,000 | (有価証券評価益) | 11,000*5 |

*5　240,000円－229,000円＝11,000円（評価益）

6.
| (減 価 償 却 費) | 52,000 | (建物減価償却累計額) | 14,500*6 |
| | | (備品減価償却累計額) | 37,500*7 |

*6　①旧建物：300,000円×0.9÷20年＝13,500円

②新建物：$120{,}000円 \div 20年 \times \dfrac{2\,か月}{12\,か月} = 1{,}000円$

③①＋②＝14,500円

*7　(200,000円－50,000円)×25％＝37,500円

7.
| (前 払 保 険 料) | 4,000 | (保 険 料) | 4,000 |
| (受 取 家 賃) | 5,000 | (前 受 家 賃) | 5,000 |

8.
| (法人税、住民税及び事業税) | 185,280*8 | (未 払 法 人 税 等) | 185,280 |

*8　①税引前当期純利益：<u>1,576,500円</u>－<u>1,113,300円</u>
　　　　　　　　　　　　収益合計　　　　費用合計

＝463,200円

②法人税、住民税及び事業税：463,200円×40％
＝185,280円

本支店会計

◆本支店間の取引に注目

ここでは、本支店会計について学習します。

　本支店間の取引において、本店または支店でどのような処理をするのか、しっかり確認しておきましょう。

2級で学習する内容

取引と処理

株式会社特有の取引	その他の取引
商品売買取引	伝　　票

決算、本支店会計、連結会計、製造業会計

決　　算	本支店会計
連結会計Ⅰ～Ⅲ	
製造業会計	

本支店会計

✓ 本支店会計 ·······················CHAPTER 19

✓ 本支店合併財務諸表の作成
·······················CHAPTER 19

✓ 本店と支店の帳簿の締め切り
·······················CHAPTER 19

1 本支店会計とは

　企業活動が拡大すると、全国に支店を設けるようになります。このような、本店と支店がある場合の会計制度を**本支店会計**といいます。

　支店の取引を記録する方法には、**本店集中会計制度**と**支店独立会計制度**の２つがあります。

1 本店集中会計制度

　本店集中会計制度とは、本店のみに帳簿をおき、支店で行った取引も本店の帳簿に記入する方法をいいます。

2 支店独立会計制度

　支店独立会計制度とは、本店と支店に帳簿をおき、支店で行った取引は支店の帳簿に記入する方法をいいます。

図解　本店集中会計制度と支店独立会計制度

本支店会計

本店集中会計制度　　　支店独立会計制度

──A社──　　　　　　──A社──

本店　支店　　　　　　本店　支店
帳簿　　　　　　　　　帳簿　帳簿

本店の取引も、　　　本店の取引は本店の帳簿に、
支店の取引も、　　　支店の取引は支店の帳簿に
本店の帳簿に記入　　記入

　支店独自の業績を明らかにするためには支店独立会計制度のほうが適しています。また、試験でも支店独立会計制度が出題されているため、本書では支店独立会計制度を前提として説明していきます。

2 本支店間の取引

I 支店勘定と本店勘定

本支店会計では、本店と支店の間で取引（本支店間の取引）が行われた場合、本店では**支店勘定**を、支店では**本店勘定**を用いて処理します。

New 支店
New 本店

これならわかる!!

たとえば、本店が支店に現金1,000円を送付したという取引を考えてみましょう。

この場合、本店では現金を送付しているので、**現金**［資産］が減少します。また、支店では現金を受け取っているので、**現金**［資産］が増加します。
そうすると、本店と支店の仕訳は次のようになりますよね。

つづいて、相手科目（空欄に記入される勘定科目）を考えます。
通常、「商品を仕入れて現金を支払った（仕入・現金）」とか、「商品を売り上げて現金を受け取った（現金・売上）」というように、取引を2つの側面に分けることができるのですが、本店と支店で行った取引を、それぞれの帳簿に記入する場合、取引を2つの側面に分けることができないため、相手科目が不在となってしまいます。
そこで、本店と支店で行われた取引について、**支店勘定**または**本店勘定**を用いて相手科目を処理するのです。
また、**支店勘定**または**本店勘定**を用いて処理することによって、会社内部の取引であることが明らかになります。

なお、**支店勘定**の残高と**本店勘定**の残高は貸借逆で必ず一致します。

Ⅱ 本支店間の取引の処理

　本支店間の取引には、送金取引や債権・債務の決済取引、費用の立替払いなどがあります。

1 送金取引の処理

本店が支店に現金を送った場合の処理をみてみましょう。

本店から支店に現金を送った場合、本店の現金は減るので、本店では**現金** [資産] の減少として処理します。

☞**資産の減少⇒貸方（右）**

一方、支店の現金は増えるので、支店では**現金** [資産] の増加として処理します。

☞**資産の増加⇒借方（左）**

相手科目は、本店では「**支店**」、支店では「**本店**」で処理します。

▎例1 ━━━━━━━━━━━━━━━━━━━━ 送金取引の処理

本店は支店に現金1,000円を送付し、支店はこれを受け取った。

例1の仕訳　本店：（支　　　店）　1,000　（現　　　金）　1,000

　　　　　支店：（現　　　金）　1,000　（本　　　店）　1,000

2 債権・債務の決済取引の処理

　次に支店が本店の買掛金を現金で支払った場合の処理をみてみましょう。

図解 **債権・債務の決済取引の処理**

　支店が本店の買掛金を現金で支払った場合、本店の**買掛金** [負債] が減少します。

☞**負債の減少⇒借方（左）**

　一方、支店が現金で支払うことにより、支店の**現金** [資産] が減少します。

☞**資産の減少⇒貸方（右）**

　相手科目は、本店では**「支店」**、支店では**「本店」**で処理します。

例2　　　　　　　　　　　　　　　　債権・債務の決済取引の処理

　支店は本店の買掛金100円を現金で支払った。

例2の仕訳	本店：	（買　掛　金）	100	（支　　　店）	100
	支店：	（本　　　店）	100	（現　　　金）	100

こんどは本店が支店の営業費を現金で支払った場合の処理をみてみましょう。

本店が支店の営業費を現金で支払った場合、本店の**現金**［資産］が減少します。

☞資産の減少⇒貸方（右）

一方、支店の営業費を本店が立替払いしているので、支店では**営業費**［費用］を計上します。

☞費用の増加⇒借方（左）

相手科目は、本店では「**支店**」、支店では「**本店**」で処理します。

> **例3** 　　　　　　　　　　　　　　　　　　　　**費用の立替払いの処理**
>
> 本店は支店の営業費200円を現金で支払った。

例3の仕訳　本店：（支　　　　　店）　200　（現　　　　　金）　200

　　　　　　支店：（営　　業　　費）　200　（本　　　　　店）　200

4 本店が支店に商品を送付したときの処理

本店が支店に原価のまま商品を送付したときは、本店では**仕入** [費用] の減少として処理し、支店では**仕入** [費用] の増加として処理します。

相手科目は、本店では**「支店」**、支店では**「本店」**で処理します。

例4 本店が支店に商品を送付したときの処理

本店は商品1,200円（原価）を支店へ送付し、支店はこれを受け取った。

例4の仕訳　本店：（支　　　　店）　1,200　（仕　　　　入）　1,200
　　　　　　支店：（仕　　　　入）　1,200　（本　　　　店）　1,200

ひとこと

　ここでは支店が1つの場合の処理をみてきましたが、試験では支店が複数ある場合の処理もまれに出題されています。支店が複数ある場合の処理については、巻末の参考で説明していますので、余裕のある方は読んでおいてください。

3 本支店合併財務諸表の作成

Ⅰ 本支店合併財務諸表とは

　本店と支店が別々に帳簿をつけていたとしても、実際は1つの会社なので、外部の人（株主や投資家など）に報告するための財務諸表は本店と支店の帳簿を合算して作成します。

　本店と支店の帳簿を合算した会社全体の財務諸表を**本支店合併財務諸表**といいます。

Ⅱ 本支店合併財務諸表の作成手順

　本支店合併財務諸表は次の手順で作成します。

図解　本支店合併財務諸表の作成手順

Ⅲ 決算整理

　決算において、本店および支店で、それぞれの決算整理を行います。なお、決算整理については、これまでに学習した決算整理と同じです。

例5 決算整理

決算において、下記の備品について定率法（償却率20%）により減価償却を行う。なお、記帳方法は間接法による。

本店：取得原価　5,000円　　減価償却累計額　1,000円
支店：取得原価　3,000円　　減価償却累計額　　600円

例5の仕訳　本店：（減 価 償 却 費）　　800[*1]（備品減価償却累計額）　　800

　　　　　　支店：（減 価 償 却 費）　　480[*2]（備品減価償却累計額）　　480

　　　　　　　　　＊1　（5,000円－1,000円）×20%＝800円
　　　　　　　　　＊2　（3,000円－600円）×20%＝480円

Ⅳ 内部取引の相殺

本支店合併財務諸表には、企業外部との取引高のみを計上するため、本支店間の取引を表す**「支店」**と**「本店」**は相殺して消去します（本支店合併財務諸表には計上しません）。

Ⅴ 本支店合併財務諸表の作成

本支店合併財務諸表の作成について、具体例を使ってみてみましょう。

例6 ── 本支店合併財務諸表の作成

次の資料にもとづいて、本支店合併損益計算書と本支店合併貸借対照表を作成しなさい。

[資料1] 決算整理前残高試算表

残 高 試 算 表

借 方	本 店	支 店	貸 方	本 店	支 店
現 金 預 金	60,000	25,000	買 掛 金	66,100	43,700
売 掛 金	90,000	50,000	貸 倒 引 当 金	900	300
繰 越 商 品	48,000	21,000	備品減価償却累計額	10,000	4,000
備 品	50,000	20,000	本 店	—	48,000
支 店	48,000	—	資 本 金	120,000	—
仕 入	450,000	310,000	繰越利益剰余金	38,000	—
営 業 費	95,000	40,000	売 上	606,000	370,000
	841,000	466,000		841,000	466,000

[資料2] 決算整理事項

(1) 期末商品棚卸高は次のとおりである。
   本店：54,000円　支店：40,000円

(2) 売掛金の期末残高に対し、2％の貸倒引当金を設定する。

(3) 備品について、定率法（償却率20％）により減価償却を行う。

(4) 営業費の未払い　本店：800円　支店：200円

334

例6の解答

CH 19 本支店会計 本支店合併財務諸表の作成

本支店合併損益計算書

費　　　用	金　　　額	収　　　益	金　　　額
期首商品棚卸高	(69,000)	売　上　高	(976,000)
当期商品仕入高	(760,000)	期末商品棚卸高	(94,000)
貸倒引当金繰入	(1,600)		
営　業　費	(136,000)		
減 価 償 却 費	(11,200)		
当 期 純 利 益	(92,200)		
	(1,070,000)		(1,070,000)

本支店合併貸借対照表

資　　　産	金　　　額	負債・純資産	金　　　額
現 金 預 金	(85,000)	買　掛　金	(109,800)
売　掛　金	(140,000)	資　本　金	(120,000)
貸 倒 引 当 金 (2,800)	(137,200)	未 払 営 業 費	(1,000)
商　　　品	(94,000)	繰越利益剰余金	(130,200)
備　　　品 (70,000)			
減価償却累計額 (25,200)	(44,800)		
	(361,000)		(361,000)

〈解説〉
(1) 売上原価の算定

本店：（仕　　　入）	48,000	（繰 越 商 品）	48,000
（繰 越 商 品）	54,000	（仕　　　入）	54,000
支店：（仕　　　入）	21,000	（繰 越 商 品）	21,000
（繰 越 商 品）	40,000	（仕　　　入）	40,000

損益計算書 期首商品棚卸高：48,000円＋21,000円＝69,000円
損益計算書 期末商品棚卸高：54,000円＋40,000円＝94,000円
　　　　　　　　　　　　　　　　（貸借対照表の「商品」）

(2) 貸倒引当金の設定

本店：（貸倒引当金繰入）	900*1	（貸 倒 引 当 金）	900
支店：（貸倒引当金繰入）	700*2	（貸 倒 引 当 金）	700

＊1　90,000円×2％－900円＝900円
＊2　50,000円×2％－300円＝700円

貸借対照表 貸 倒 引 当 金：(90,000円＋50,000円)×2％＝2,800円
損益計算書 貸倒引当金繰入：900円＋700円＝1,600円

335

(3) 備品の減価償却

本店：（ 減 価 償 却 費 ）　8,000*3　（ 備品減価償却累計額 ）　8,000

支店：（ 減 価 償 却 費 ）　3,200*4　（ 備品減価償却累計額 ）　3,200

　　　　　　　　　　＊3　（50,000円－10,000円）×20％＝8,000円

　　　　　　　　　　＊4　（20,000円－4,000円）×20％＝3,200円

| 損益計算書 | 減 価 償 却 費：8,000円＋3,200円＝11,200円 |

| 貸借対照表 | （備品)減価償却累計額：10,000円＋4,000円＋8,000円 |
| | 　　　　　　　　　　＋3,200円＝25,200円 |

(4) 営業費の未払い

本店：（ 営 業 費 ）　　800　（ 未 払 営 業 費 ）　800

支店：（ 営 業 費 ）　　200　（ 未 払 営 業 費 ）　200

| 損益計算書 | 営 業 費：95,000円＋40,000円＋800円＋200円 |
| | 　　　　　＝136,000円 |

| 貸借対照表 | 未 払 営 業 費：800円＋200円＝1,000円 |

(5) その他の金額

| 損益計算書 | 売 上 高：606,000円＋370,000円＝976,000円 |

| 損益計算書 | 当期商品仕入高：450,000円＋310,000円＝760,000円 |

| 貸借対照表 | 繰越利益剰余金：38,000円＋ 92,200円 ＝130,200円 |
| | 　　　　　　　　　　当期純利益 |

4 帳簿の締め切り

Ⅰ 帳簿の締め切り

　決算が終わったら、次期の帳簿記入に備えて本店と支店の帳簿を締め切ります。

　本支店会計における帳簿の締め切りは、次の手順で行います。

図解 帳簿の締め切りの手順

Ⅱ 当期純利益の振り替え（損益振替）

　本店と支店の帳簿において、決算整理後の収益と費用を損益勘定に振り替えます。

ふむふむ… **ひとこと**

　これは、ふつうの（支店がない場合の）損益振替と同じです。

図解 損益勘定への振り替え

収益・費用の諸勘定から
振り替えたあとの損益勘定

――本店――			――支店――		
損 益			損 益		
仕　入	300	売　上 1,100	仕　入	300	売　上 600
その他費用	100		その他費用	50	

そして、損益勘定で、本店・支店独自の当期純利益を算定します。

なお、本支店会計では、本店に**総合損益勘定**を設け、本店と支店のそれぞれの当期純利益を総合損益勘定に振り替えます。

1　本店の当期純利益の振り替え

本店の損益勘定で算定した当期純利益を総合損益勘定に振り替えます。

図解　本店の当期純利益の振り替え

2 支店の当期純利益の振り替え

　支店の損益勘定で算定した当期純利益を（本店の）総合損益勘定に振り替えます。この取引は本店・支店間の取引と考え、本店と支店の両方で仕訳をします。なお、相手科目は**本店勘定**または**支店勘定**で処理します。

図解　支店の当期純利益の振り替え

Ⅲ　法人税等の計上

　法人税等（法人税、住民税及び事業税）は、会社全体の利益にかかるものです。したがって、法人税等を計上する処理をしたあと、その法人税等の金額を総合損益勘定に振り替えます。

ひとこと

総合損益勘定には、会社全体の利益（本店の当期純利益＋支店の当期純利益）が計上されているので、ここに法人税等の金額も集計していきます。

図解 法人税等の計上

たとえば、当期の法人税等が350円で、法人税等を計上する前の総合損益勘定が右記のとおりであった場合は…

総合損益		
	損　益	700
	支　店	250

——本店——

総合損益		
法人税、住民税及び事業税　350	損　益	700
	支　店	250

法人税等は利益の減少となるものなので、総合損益勘定の借方に！

まず、法人税等を計上する

（法人税、住民税及び事業税）　350
　（未払法人税等）　350

次に、総合損益勘定に振り替える

（総合損益）　350
　（法人税、住民税及び事業税）　350

Ⅳ　繰越利益剰余金勘定への振り替え（資本振替）

総合損益勘定で算定した会社全体の当期純利益は、総合損益勘定から**繰越利益剰余金勘定**に振り替えます。

図解 繰越利益剰余金勘定への振り替え（資本振替）

たとえば、総合損益勘定の記入が右記のとおりであった場合は…

会社全体の当期純利益は600円

総合損益			
法人税、住民税及び事業税	350	損　益	700
		支　店	250

本店

総合損益			
法人税、住民税及び事業税	350	損　益	700
繰越利益剰余金	600	支　店	250
	950		950

繰越利益剰余金			
当期の配当等	××	期首残高	××
期末残高	××	総合損益	600
	××		××

当期純「利益」なので、

繰越利益剰余金
〔純資産〕 の増加

（総合損益）600
（繰越利益剰余金）600

ひとこと

なお、総合損益勘定を設けない方法もあります。これについては参考で説明しているので、余裕のある人はみておいてください。

CHAPTER 19 本支店会計 基本問題

問1 本支店間の取引

次の取引について、本店と支店の仕訳を示しなさい。なお、勘定科目は
[　　　]内に示すものの中から選ぶこと。

[勘定科目：現金、当座預金、売掛金、買掛金、営業費、支店、本店、仕入]

(1) 本店は支店に現金10,000円を送付し、支店はこれを受け取った。

(2) 支店は本店の売掛金20,000円を現金で受け取った。

(3) 本店は支店の買掛金25,000円を現金で支払った。

(4) 本店は支店の営業費30,000円を小切手を振り出して支払った。

(5) 本店は支店に対し、商品48,000円（原価）を送付し、支店はこれを受け取った。

問2 本支店合併財務諸表の作成 　解答用紙あり

次の資料にもとづいて、本支店合併損益計算書と本支店合併貸借対照表を作成しなさい。

[資料1] 決算整理前残高試算表

残 高 試 算 表

借　　方	本　店	支　店	貸　　方	本　店	支　店
現 金 預 金	316,000	225,000	買　　掛　　金	83,100	56,400
売　掛　金	60,000	60,000	貸 倒 引 当 金	900	500
繰 越 商 品	62,000	40,000	備品減価償却累計額	40,000	12,000
備　　　品	200,000	60,000	本　　　店	－	272,000
支　　　店	272,000	－	資　本　金	320,000	－
仕　　　入	568,000	380,000	繰越利益剰余金	170,000	－
営　業　費	214,000	83,900	売　　　上	1,080,000	508,000
支 払 利 息	2,000	－			
	1,694,000	848,900		1,694,000	848,900

［資料２］決算整理事項

(1) 期末商品棚卸高は次のとおりである。

本店：61,000円　　支店：43,000円

(2) 売掛金の期末残高に対し、２％の貸倒引当金を設定する。

(3) 備品について、定率法（償却率20％）により減価償却を行う。

(4) 営業費の前払い　本店：4,000円　　支店：2,000円

解答

問1 本支店間の取引

(1)	本店	（支　　　店）	10,000	（現　　　金）	10,000
	支店	（現　　　金）	10,000	（本　　　店）	10,000
(2)	本店	（支　　　店）	20,000	（売　掛　金）	20,000
	支店	（現　　　金）	20,000	（本　　　店）	20,000
(3)	本店	（支　　　店）	25,000	（現　　　金）	25,000
	支店	（買　掛　金）	25,000	（本　　　店）	25,000
(4)	本店	（支　　　店）	30,000	（当　座　預　金）	30,000
	支店	（営　業　費）	30,000	（本　　　店）	30,000
(5)	本店	（支　　　店）	48,000	（仕　　　入）	48,000
	支店	（仕　　　入）	48,000	（本　　　店）	48,000

問2 本支店合併財務諸表の作成

本支店合併損益計算書

費　　　用	金　　額	収　　　益	金　　額
期首商品棚卸高	(102,000)	売　上　高	(1,588,000)
当期商品仕入高	(948,000)	期末商品棚卸高	(104,000)
貸倒引当金繰入	(1,000)		
営　業　費	(291,900)		
減価償却費	(41,600)		
支　払　利　息	(2,000)		
当　期　純　利　益	(305,500)		
	(1,692,000)		(1,692,000)

本支店合併貸借対照表

資　　　産	金　　額	負債・純資産	金　　額
現　金　預　金	(541,000)	買　掛　金	(139,500)
売　掛　金	(120,000)	資　本　金	(320,000)
貸倒引当金	(2,400)(117,600)	繰越利益剰余金	(475,500)
前　払　営　業　費	(6,000)		
商　　　品	(104,000)		
備　　　品	(260,000)		
減価償却累計額	(93,600)(166,400)		
	(935,000)		(935,000)

〈解説〉

1. 決算整理事項

(1) 売上原価の算定

本店：(仕   入) 62,000   (繰 越 商 品) 62,000

       (繰 越 商 品) 61,000   (仕   入) 61,000

支店：(仕   入) 40,000   (繰 越 商 品) 40,000

       (繰 越 商 品) 43,000   (仕   入) 43,000

| 損益計算書 | 期首商品棚卸高：62,000円＋40,000円＝102,000円 |

| 損益計算書 | 期末商品棚卸高：61,000円＋43,000円＝104,000円 |

（貸借対照表の「商品」）

(2) 貸倒引当金の設定

本店：(貸倒引当金繰入)   300[*1] (貸 倒 引 当 金)   300

支店：(貸倒引当金繰入)   700[*2] (貸 倒 引 当 金)   700

    *1   60,000円×2％−900円＝300円

    *2   60,000円×2％−500円＝700円

| 貸借対照表 | 貸 倒 引 当 金：(60,000円＋60,000円)×2％ |

             ＝2,400円

| 損益計算書 | 貸倒引当金繰入：300＋700円＝1,000円 |

(3) 備品の減価償却

本店：(減 価 償 却 費) 32,000[*3] (備品減価償却累計額) 32,000

支店：(減 価 償 却 費) 9,600[*4] (備品減価償却累計額) 9,600

    *3 (200,000円−40,000円)×20％＝32,000円

    *4 (60,000円−12,000円)×20％＝9,600円

| 損益計算書 | 減 価 償 却 費：32,000円＋9,600円＝41,600円 |

| 貸借対照表 | 減価償却累計額：40,000円＋12,000円＋32,000円＋9,600円 |

             ＝93,600円

(4) 営業費の前払い

本店：(前 払 営 業 費) 4,000 (営   業   費) 4,000

支店：(前 払 営 業 費) 2,000 (営   業   費) 2,000

| 損益計算書 | 営   業   費：214,000円＋83,900円−(4,000円＋2,000円) |

             ＝291,900円

| 貸借対照表 | 前 払 営 業 費：4,000円＋2,000円＝6,000円 |

2. その他の金額

| 損益計算書 | 売   上   高：1,080,000円＋508,000円＝1,588,000円 |

| 損益計算書 | 当期商品仕入高：568,000円＋380,000円＝948,000円 |

| 貸借対照表 | 繰越利益剰余金：170,000円＋305,500円＝475,500円 |

             当期純利益

連結会計Ⅰ

◆親会社の投資と子会社の資本は相殺する！

　グループ企業では、会社ごとの財務諸表（個別財務諸表）のほか、グループ全体の財務諸表（連結財務諸表）を作成する必要があります。

　連結財務諸表を作成するさいには、連結修正仕訳というものを行います。ここでは、連結修正仕訳のうち、投資と資本の相殺消去（いわゆる資本連結といわれるもの）について学習します。

2級で学習する内容

取引と処理

株式会社特有の取引	その他の取引
商品売買取引	伝　　票

決算、本支店会計、連結会計、製造業会計

決　　算	本支店会計	製造業会計

連結会計Ⅰ～Ⅲ

✓投資と資本の相殺消去 ………………………………………………… CHAPTER 20
✓支配獲得日の連結 ……………………………………………………… CHAPTER 20
✓支配獲得日後１年目、２年目の連結 ………………………………… CHAPTER 20
✓内部取引高と債権債務の相殺消去 …………………………………… CHAPTER 21
✓貸倒引当金の修正 ……………………………………………………… CHAPTER 21
✓未実現利益の消去 ……………………………………………………… CHAPTER 21
✓連結財務諸表 …………………………………………………………… CHAPTER 22
✓連結精算表 ……………………………………………………………… CHAPTER 22
✓連結会計の総合問題の解き方 ………………………………………… CHAPTER 22

1 連結財務諸表とは

I 親会社と子会社

　株式会社の株主総会は会社の基本的事項を決める意思決定機関です。そして、株主総会では株主の持株数に応じた多数決によって、会社の基本的事項が決定されます。

　したがって、たとえば、P社がS社の株式の全部を所有した場合、P社はS社の経営方針などを決定することができるようになります。

　この場合のP社のように、他の会社（S社）の意思決定機関を実質的に支配している会社を**親会社**といいます。また、S社のように、意思決定機関を実質的に支配されている他の会社を**子会社**といいます。

　なお、P社とS社のような関係を**支配従属関係**といいます。

図解　親会社と子会社

意思決定機関を支配している

P社　100%　S社株式 ← S社

親会社　支配従属関係　子会社

Parent Company だから「P社」　Subsidiary Company だから「S社」

II 連結財務諸表

　P社とS社のように、支配従属関係がある場合、親会社（P社）は、子会社（S社）を含めたグループ全体の経営成績や財政状態を報告しなければなりません。

　このように、支配従属関係にある2つ以上の会社からなる企業グループの経営成績や財政状態を総合的に報告するために親会社（P社）が作成す

る財務諸表を**連結財務諸表**といいます。

連結財務諸表は、親会社と子会社の個別財務諸表をもとにして、これに必要な調整（連結修正仕訳）をして作成します。

図解 連結財務諸表

Ⅲ 連結の範囲

親会社は、原則としてすべての子会社を連結の範囲に含めなければなりません。

なお、他の会社（S社）が子会社に該当するかどうかは、他の会社（S社）の意思決定機関を実質的に支配しているかどうか（**支配力基準**）によって判定します。

他の会社（S社）の意思決定機関を実質的に支配している場合とは、他の会社（S社）の株式（**議決権**）の過半数（50％超）を所有している場合などをいいます。

ひとこと

ふむふむ…
　議決権とは、株主総会等に参加して票を入れる（賛成か反対かを表明する）権利をいいます。

2 支配獲得日の連結

Ⅰ 支配獲得日の連結① 基本パターン

1 投資と資本の相殺消去

ある会社（P社）が他の会社（S社）の株式（議決権）の過半数（50％超）を取得するなどして、他の会社に対する支配を獲得した日を**支配獲得日**といいます。

支配獲得日には、親会社の投資（S社株式）と子会社の資本（純資産）を相殺消去する仕訳をします。

  ひとこと

相殺消去とは、お互いに消し合って、なかったことにすることをいいます。

図解 投資と資本の相殺消去

たとえば、
①S社が会社設立にあたって、株式1,000円を発行し、全額を資本金として処理した場合のS社の仕訳は…

S社 （現金など） 1,000 （資 本 金） 1,000

②P社が①のS社株式を1,000円で全部取得した場合のP社の仕訳は…

P社 （S社株式） 1,000 （現金など） 1,000
　　　　└ 分類は「子会社株式」

---

③上記の取引は連結グループ内の取引になるから、相殺する

S社 （現 金 な ど） 1,000 （資 本 金） 1,000

なかったことにするには、
逆仕訳をする

Ⓐ （資 本 金） 1,000 （現金など） 1,000

P社 （S 社 株 式） 1,000 （現 金 な ど） 1,000

なかったことにするには、
逆仕訳をする

Ⓑ （現 金 な ど） 1,000 （S 社 株 式） 1,000

Ⓐ+Ⓑ

投資と資本の相殺消去！

連結
修正仕訳 （資 本 金） 1,000 （S 社 株 式） 1,000

S社の資本　　　　　　　　　P社の投資

2 支配獲得日の連結の手順

支配獲得日には、次の手順によって連結貸借対照表を作成します。

図解 支配獲得日の連結の手順

Step1 親会社と子会社の貸借対照表を合算する

Step2 投資と資本の相殺消去をする（連結修正仕訳）

Step3 連結貸借対照表を作成する

ひとこと

具体的な処理を例と図解でみてみましょう。

例1 　　　　　　　　　　支配獲得日の連結①　基本パターン

P社は、×0年3月31日にS社の発行済株式（S社株式）の100％を400円で取得し、実質的に支配した。このときの連結修正仕訳を示し、連結貸借対照表を作成しなさい。

［資　料］貸借対照表

貸　借　対　照　表
×0年3月31日　　　　　　　　　　　（単位：円）

借　　方	P社	S社	貸　　方	P社	S社
諸　資　産	1,000	800	諸　負　債	600	400
S 社 株 式	400	−	資　本　金	500	300
			利益剰余金	300	100
	1,400	800		1,400	800

図解　支配獲得日の連結①　基本パターン

Step1　親会社と子会社の貸借対照表を合算する

合算貸借対照表（P社+S社）
（単位：円）

借　　方	P社+S社	貸　　方	P社+S社
諸　資　産	1,000+800 → 1,800	諸　負　債	600+400 → 1,000
S 社 株 式	400	資　本　金	500+300 → 800
		利益剰余金	300+100 → 400

Step2 投資と資本の相殺消去をする（連結修正仕訳）

貸借対照表
X0年3月31日
（単位：円）

借　方	P社	S社	貸　方	P社	S社
諸　資　産	1,000	800	諸　負　債	600	400
S　社　株　式	400	－	資　本　金	500	300
			利益剰余金	300	100
	1,400	800		1,400	800

P社の投資　　　　　S社の資本

連結修正仕訳
（資　本　金）300　（S 社 株 式）400
（利益剰余金）100

Step3 連結貸借対照表を作成する

連結貸借対照表
X0年3月31日
（単位：円）

借　方	金　額	貸　方	金　額	
諸　資　産	1,800	諸　負　債	1,000	
		資　本　金	500	←800円−300円
		利益剰余金	300	←400円−100円
	1,800		1,800	

S社株式はなくなる

Ⅱ　支配獲得日の連結②　部分所有の場合

1　非支配株主

　基本パターンでは、親会社（P社）が子会社（S社）の株式（議決権）をすべて（100%）取得していましたが、親会社（P社）が子会社（S社）の株式（議決権）のすべてを取得していない場合もあります。

　たとえば、親会社（P社）が子会社（S社）の株式（議決権）のうち、60%を取得している場合、子会社（S社）には親会社（P社）以外の株主が40%いることになります。この場合の、親会社（P社）以外の株主を**非支配株**

主といいます。

ひとこと

100%所有の場合を**完全所有**、100%所有でない場合を**部分所有**といいます。

2 部分所有となる場合の投資と資本の相殺消去

　部分所有の場合でも、親会社（P社）は子会社（S社）を支配しているため、投資と資本の相殺消去を行います。ただし、子会社（S社）の資本のうち、非支配株主の持分については、**非支配株主持分**［純資産］に振り替えます。

New

非支配株主持分

図解 部分所有となる場合の投資と資本の相殺消去

たとえば、
P社がS社（資本金300円、利益剰余金100円）の発行済株式（S社株式）の60%を240円で取得し、実質的に支配したという場合の連結修正仕訳は…

①P社が所有するS社株式と、S社の資本のうち
　P社の持分（60%）を相殺する

Ⓐ | （資本金） | 180 | （S社株式） | 240 |
| （利益剰余金） | 60 | | |

---

② S社の資本のうち非支配株主の持分（40%）を　**非支配株主持分**［純資産］に振り替える

S社の純資産

資　本　金 300円　→ 300円×40% ＝120円

利益剰余金 100円　→ 100円×40% ＝40円

親会社持分 60%　　非支配株主持分 40%

Ⓑ　（資　本　金）　120　（非支配株主持分）　160
　　（利益剰余金）　 40

③ Ⓐ + Ⓑ ＝ 連結修正仕訳

P社の投資（S社株式）

連結修正仕訳　（資　本　金）　300　（S　社　株　式）　240
　　　　　　　（利益剰余金）　100　（非支配株主持分）　160

結局、子会社の資本を全額減少させることになる

×40%（非支配株主持分）

ひとこと

 ふむふむ…

　部分所有の場合の投資と資本の相殺消去について、具体的な処理を例と図解でみてみましょう。

▶ **例2**　　　　　　**支配獲得日の連結②　部分所有の場合**

　P社は、×0年3月31日にS社の発行済株式（S社株式）の60%を240円で取得し、実質的に支配した。このときの連結修正仕訳を示し、連結貸借対照表を作成しなさい。

[資　料] 貸借対照表

貸 借 対 照 表
×0年 3 月31日 （単位：円）

借　　方	P社	S社	貸　　方	P社	S社
諸　資　産	1,160	800	諸　負　債	600	400
S　社　株　式	240	－	資　本　金	500	300
			利益剰余金	300	100
	1,400	800		1,400	800

図解 支配獲得日の連結② 部分所有の場合

Step1 親会社と子会社の貸借対照表を合算する

合算貸借対照表（P社+S社） （単位:円）

借　方	P社+S社	貸　方	P社+S社
諸 資 産	1,160+800→1,960	諸 負 債	600+400→1,000
S社株式	240	資 本 金	500+300→ 800
		利益剰余金	300+100→ 400

Step2 投資と資本の相殺消去をする（連結修正仕訳）

貸 借 対 照 表
×0年3月31日 （単位:円）

借　方	P社	S社	貸　方	P社	S社
諸 資 産	1,160	800	諸 負 債	600	400
S社株式	240	－	資 本 金	500	300
			利益剰余金	300	100
	1,400	800		1,400	800

P社の投資　　　　　　　S社の資本

連結 修正仕訳	（資 本 金）	300	（S 社 株 式）	240
	（利益剰余金）	100	（非支配株主持分）	160

×40%

355

Ⅲ 支配獲得日の連結③ 投資消去差額が生じる場合

　親会社の投資（S社株式）の金額と、子会社の資本（純資産）のうち親会社に帰属する部分の金額が異なる場合には、投資と資本の相殺消去で差額が生じます。

　この差額を**投資消去差額**といい、投資消去差額が借方に生じたときは**のれん** [資産] で処理します。

▶ 例3 ───── 支配獲得日の連結③ 投資消去差額が生じる場合

　P社は、×0年3月31日にS社の発行済株式（S社株式）の60％を260円で取得し、実質的に支配した。このときの連結修正仕訳を示し、連結貸借対照表を作成しなさい。

[資 料] 貸借対照表

貸 借 対 照 表
×0年3月31日
（単位：円）

借　　方	P社	S社	貸　　方	P社	S社
諸　資　産	1,140	800	諸　負　債	600	400
S　社　株　式	260	－	資　本　金	500	300
			利益剰余金	300	100
	1,400	800		1,400	800

図解 支配獲得日の連結③ 投資消去差額が生じる場合

Step1 親会社と子会社の貸借対照表を合算する

合算貸借対照表(P社+S社) （単位：円）

借　方	P社+S社	貸　方	P社+S社
諸　資　産	1,140+800→1,940	諸　負　債	600+400→1,000
S 社 株 式	260	資　本　金	500+300→800
		利益剰余金	300+100→400

Step2 投資と資本の相殺消去をする(連結修正仕訳)

貸 借 対 照 表
x0年3月31日 （単位：円）

借　方	P社	S社	貸　方	P社	S社
諸　資　産	1,140	800	諸　負　債	600	400
S 社 株 式	260	－	資　本　金	500	300
			利益剰余金	300	100
	1,400	800		1,400	800

P社の投資　　　　　　　S社の資本

連結
修正仕訳

(資　本　金)	300	（S 社 株 式）	260
(利益剰余金)	100	（非支配株主持分）	160
(の れ ん)	20		×40%

貸借差額

Step3 連結貸借対照表を作成する

連結貸借対照表
x0年3月31日 （単位：円）

借　方	金　額	貸　方	金　額
諸　資　産	1,940	諸　負　債	1,000
の れ ん	20	資　本　金	500 ←800円−300円
		利益剰余金	300 ←400円−100円
		非支配株主持分	160
	1,960		1,960

3 支配獲得日後1年目の連結

Ⅰ 支配獲得日後の連結

支配獲得日には、貸借対照表のみを合算して、連結貸借対照表を作成しましたが、支配獲得日後は連結損益計算書や連結株主資本等変動計算書も作成します。

図解 支配獲得日後の連結

Ⅱ 開始仕訳

連結財務諸表は、親会社と子会社の当期の個別財務諸表をもとに作成します。この当期の個別財務諸表には前期までに行った連結修正仕訳は反映されていませんので、当期の連結財務諸表を作成するにあたって連結修正仕訳を再度行う必要があります。これを**開始仕訳**といいます。

開始仕訳は、支配獲得日から前期末までに行った連結修正仕訳を再度行います。なお、連結株主資本等変動計算書を作成する場合には、純資産の項目について連結株主資本等変動計算書の科目で仕訳します。

具体的には、純資産の勘定科目のうしろに「**当期首残高**」をつけて「資本金当期首残高」などで処理します。

ひとこと

「○○当期首残高」や「○○当期変動額」は連結株主資本等変動計算書上の科目です。なお、「当期首残高」にかえて、「期首残高」で仕訳することもあるので、試験では指定された科目で解答しましょう。

また、連結株主資本等変動計算書を作成しない場合には、「当期首残高」などをつけなくてもかまいません。本書では「当期首残高」などをつけた科目で説明します。

P社は、前期末（×0年3月31日）にS社の発行済株式（S社株式）の60%を260円で取得し、実質的に支配した。前期末のS社の貸借対照表は［資料］のとおりである。当期末（×1年3月31日）における開始仕訳をしなさい。

［資　料］S社の貸借対照表

S社の個別貸借対照表
×0年3月31日　　　　　　　　　　（単位：円）

諸　資　産	800	諸　負　債	400
		資　本　金	300
		利 益 剰 余 金	100
	800		800

例4の仕訳	（資本金**当期首残高**）	300	（S　社　株　式）	260
	（利 益 剰 余 金 **当 期 首 残 高**）	100	（非支配株主持分 **当 期 首 残 高**）	160*1
	（の　　れ　　ん）	20*2		

＊1　（300円＋100円）×40%＝160円
＊2　貸借差額

Ⅲ　当期の連結修正仕訳

　開始仕訳（前期末までの連結修正仕訳）を行ったあと、当期の連結修正仕訳を行い、当期の連結財務諸表を作成します。

　当期の連結修正仕訳（支配獲得日後の連結修正仕訳）には、**❶のれんの償却**、**❷子会社の当期純損益の振り替え**、**❸子会社の配当金の修正**などがあります。

❶　のれんの償却

　投資と資本の相殺消去によって、**のれん** [資産] が生じた場合は、原則として20年以内に定額法等の方法によって償却します。

ひとこと

償却期間は問題文の指示に従ってください。

　具体的には、**のれん** [資産] を減少させるとともに、**のれん償却** [費用] を計上します。

例5 のれんの償却

P社は、前期末（×0年3月31日）にS社の発行済株式（S社株式）の60％を260円で取得し、実質的に支配した。支配獲得日にのれん20円が生じている。当期末（×1年3月31日）における連結修正仕訳で必要なのれんの償却の仕訳をしなさい。なお、のれんは発生年度の翌年度（当期）から10年間で均等額を償却する。

| 例5の仕訳 | （のれん償却） | 2* | （の れ ん） | 2 |

＊　20円÷10年＝2円

2 子会社の当期純損益の振り替え

子会社の当期純損益のうち、非支配株主に帰属する部分を**非支配株主持分**［純資産］に振り替えます。なお、仕訳上は、**非支配株主持分当期変動額**（連結株主資本等変動計算書上の科目）で処理します。また、相手科目は**非支配株主に帰属する当期純損益**で処理します。

New

ひとこと

「非支配株主に帰属する当期純損益」は「非支配株主に帰属する当期純利益」という科目で仕訳する場合もあります。問題文の指示に従いましょう。

図解　**子会社の当期純損益の振り替え**

たとえば、S社の当期純利益が40円、非支配株主持分が40％であった場合は…

P社の当期純利益　＋　S社の当期純利益 40円

P社＋S社の当期純利益

非支配株主持分
40円×40％
＝16円

連結修正仕訳　（非支配株主に帰属する当期純損益）　16　（非支配株主持分当期変動額）　16

例6 —————— 子会社の当期純損益の振り替え

P社は、前期末（×0年3月31日）にS社の発行済株式（S社株式）の60%を260円で取得し、実質的に支配した。S社の当期純利益は40円であった。当期末（×1年3月31日）における連結修正仕訳で必要な子会社の当期純損益の振り替えの仕訳をしなさい。

| 例6の仕訳 | 非支配株主に帰属する
当 期 純 損 益 | 16 | 非支配株主持分
当 期 変 動 額 | 16* |

* 40円×40%＝16円

3 子会社の配当金の修正

子会社が配当金を支払った場合、親会社は子会社から配当金を受け取ることになりますが、子会社から親会社への配当金の支払いは連結グループ内の取引になるので、相殺消去する必要があります。

具体的には、子会社で行った配当の全額について、**剰余金の配当**（連結株主資本等変動計算書上の科目）という科目を用いて取り消す（貸方に計上する）処理をします。

ひとこと

なお、連結株主資本等変動計算書を作成しない場合には **利益剰余金** で処理します。

また、親会社が受け取った配当金は **受取配当金** [収益] で処理しているので、これを取り消します。　　　　　　　　　☞収益の減少→借方（左）

さらに、子会社の配当金のうち、非支配株主に帰属する部分を **非支配株主持分** [純資産] の減少として処理します。　　☞純資産の減少→借方（左）

なお、仕訳上は、**非支配株主持分当期変動額**（連結株主資本等変動計算書上の科目）で処理します。

図解 **子会社の配当金の修正**

たとえば、S社が当期中に30円の配当をした場合
（親会社持分60%、非支配株主持分40%）は…

362

例7 — 子会社の配当金の修正

　P社は、前期末（×0年3月31日）にS社の発行済株式（S社株式）の60%を260円で取得し、実質的に支配した。S社は当期中に30円の配当をしている。当期末（×1年3月31日）における連結修正仕訳で必要な子会社の配当金の修正の仕訳をしなさい。

例7の仕訳	（受 取 配 当 金）	18*1	（剰余金の配当）	30
	（非支配株主持分 当 期 変 動 額）	12*2		

　　＊1　30円×60％＝18円
　　＊2　30円×40％＝12円

4 支配獲得日後2年目の連結

支配獲得日後2年目（以降）の連結は、支配獲得日後1年目と同様に、前期末までに行った連結修正仕訳を再度行います（開始仕訳）。

図解 支配獲得日後2年目の連結

このとき、純資産項目には「当期首残高」をつけて仕訳します（連結株主資本等変動計算書を作成する場合）。

「利益剰余金当期首残高」や「非支配株主持分当期首残高」などとなります。
また、連結株主資本等変動計算書を作成しない場合には「当期首残高」をつけなくてもかまいません。

また、利益に影響を与える項目（のれん償却など）は**利益剰余金当期首残高**で処理します。

図解 支配獲得日後 2 年目の連結（開始仕訳）

たとえば、前期末（x1 年 3 月 31 日）の連結財務諸表を作成するさいに行った連結修正仕訳が次のとおりであった場合は…

①開始仕訳（投資と資本の相殺消去）

（資 本 金）当期首残高	300	（S 社 株 式）	260
（利益剰余金）当期首残高	100	（非支配株主持分）当期首残高	160
（の れ ん）	20		

②のれんの償却

| （のれん償却） | 2 | （の れ ん） | 2 |

③子会社の当期純損益の振り替え

| （非支配株主に帰属する当期純損益） | 16 | （非支配株主持分）当期変動額 | 16 |

④子会社の配当金の修正

| （受取配当金） | 18 | （剰余金の配当） | 30 |
| （非支配株主持分）当期変動額 | 12 | | |

ポイント

☆ 前期末までの連結修正仕訳を再度する（開始仕訳）
☆ 純資産項目には「当期首残高」をつけて仕訳する
☆ 利益に影響を与える項目は **利益剰余金当期首残高** で仕訳する

①開始仕訳（投資と資本の相殺消去）

（資 本 金）当期首残高	300	（S 社 株 式）	260
（利益剰余金）当期首残高 ★1	100	（非支配株主持分）当期首残高 ◆1	160
（の れ ん）◎1	20		

②のれんの償却

（利益剰余金 当期首残高）★2　2　（の れ ん）◎2　2

のれん償却〔費用〕

③子会社の当期純損益の振り替え

（利益剰余金 当期首残高）★3　16　（非支配株主持分 当期首残高）◆2　16

非支配株主に帰属 する当期純損益〔損益〕　　非支配株主持分 当期変動額〔純資産〕

④子会社の配当金の修正

（利益剰余金 当期首残高）★4　18　（利益剰余金 当期首残高）★5　30

（非支配株主持分 当期首残高）◆3　12

受取配当金 〔収益〕　　非支配株主持分 当期変動額〔純資産〕

剰余金の配当 〔利益剰余金〕

開始仕訳	（資 本 金 当期首残高）	300	（S 社 株 式）	260
	（利益剰余金 当期首残高）★	106	（非支配株主持分 当期首残高）◆	164
	（の れ ん）◎	18		

★ 利益剰余金当期首残高：100円 + 2円 + 16円 + 18円 − 30円 = 106円
　　　　　　　　　　　　　　★1　★2　★3　★4　★5

◆ 非支配株主持分当期首残高：160円 + 16円 − 12円 = 164円
　　　　　　　　　　　　　　　◆1　◆2　◆3

◎ のれん：20円 − 2円 = 18円
　　　　　◎1　◎2

ひとこと

　基本的には、上記のように、各期の仕訳をしてから開始仕訳をするのですが
…これだと少し面倒ですね。そこで、タイムテーブルを使って開始仕訳を行う
方法もあります。タイムテーブルを使って開始仕訳を行う方法は、巻末の参考
に記載していますので、余裕がある人は確認しておいてくださいね。

CHAPTER 20 連結会計Ⅰ 基本問題

問 開始仕訳と連結修正仕訳

　次の［資料］にもとづいて、連結第1年度（×0年4月1日から×1年3月31日）の連結財務諸表を作成するために必要な開始仕訳および連結修正仕訳をしなさい。なお、勘定科目は［　　］内に示すものの中から選ぶこと。

［勘定科目：S社株式、のれん、資本金当期首残高、資本剰余金当期首残高、利益剰余金当期首残高、非支配株主持分当期首残高、非支配株主持分当期変動額、受取配当金、のれん償却、非支配株主に帰属する当期純損益、剰余金の配当］

［資　料］

⑴　P社は×0年3月31日にS社の発行済株式総数の60％を60,000円で取得して支配を獲得した。

⑵　のれんは支配獲得日の翌年度から10年間で均等に償却する。

⑶　×0年3月31日におけるS社の個別貸借対照表は次のとおりである。

S社の個別貸借対照表
×0年3月31日　　　　（単位：円）

諸 資 産	150,000	諸 　 負 　 債	70,000
		資 　 本 　 金	60,000
		資 本 剰 余 金	16,000
		利 益 剰 余 金	4,000
	150,000		150,000

⑷　S社の連結第1年度（×0年4月1日から×1年3月31日）の当期純利益は16,000円であった。

⑸　S社は連結第1年度（×0年4月1日から×1年3月31日）において5,000円の配当を行っている。

解答

問 開始仕訳と連結修正仕訳

［開始仕訳］

$\begin{pmatrix}資 本 金\\当 期 首 残 高\end{pmatrix}$　60,000　（S 社 株 式）　60,000

$\begin{pmatrix}資 本 剰 余 金\\当 期 首 残 高\end{pmatrix}$　16,000　$\begin{pmatrix}非支配株主持分\\当 期 首 残 高\end{pmatrix}$　32,000[*1]

$\begin{pmatrix}利 益 剰 余 金\\当 期 首 残 高\end{pmatrix}$　4,000

（の　　れ　　ん）　12,000[*2]

［連結修正仕訳］

①のれんの償却

（の れ ん 償 却）　1,200[*3]　（の　　れ　　ん）　1,200

②子会社の当期純損益の振り替え

$\begin{pmatrix}非支配株主に帰属する\\当 期 純 損 益\end{pmatrix}$　6,400　$\begin{pmatrix}非支配株主持分\\当 期 変 動 額\end{pmatrix}$　6,400[*4]

③子会社の配当金の修正

（受 取 配 当 金）　3,000[*5]　（剰余金の配当）　5,000

$\begin{pmatrix}非支配株主持分\\当 期 変 動 額\end{pmatrix}$　2,000[*6]

* 1　(60,000円＋16,000円＋4,000円)×40％＝32,000円
* 2　貸借差額
* 3　12,000円÷10年＝1,200円
* 4　16,000円×40％＝6,400円
* 5　5,000円×60％＝3,000円
* 6　5,000円×40％＝2,000円

連結株主資本等変動計算書を作成しない場合

　本問の指定勘定科目が次のとおりであった場合には、以下の解答となります。

［勘定科目：S社株式、のれん、資本金、資本剰余金、利益剰余金、非支配株主持分、受取配当金、のれん償却、非支配株主に帰属する当期純損益］

［開始仕訳］

(資　本　金)	60,000		(S　社　株　式)	60,000
(資 本 剰 余 金)	16,000		(非支配株主持分)	32,000
(利 益 剰 余 金)	4,000			
(の　　れ　　ん)	12,000			

［連結修正仕訳］

①のれんの償却

(の れ ん 償 却)	1,200	(の　　れ　　ん)	1,200

②子会社の当期純損益の振り替え

(非支配株主に帰属する当期純損益)	6,400	(非支配株主持分)	6,400

③子会社の配当金の修正

(受 取 配 当 金)	3,000	(利 益 剰 余 金)	5,000
(非支配株主持分)	2,000		

CHAPTER 21

連結会計 Ⅱ

◆親会社⇔子会社間の取引、債権債務は相殺する！

　連結会計のうち、ここでは親会社・子会社間の取引の相殺、債権債務の相殺について学習します。

　期末商品等に含まれる未実現利益の消去など、少々難しい話もありますが、よく理解しながら読み進めてください。

2級で学習する内容

取引と処理

株式会社特有の取引	その他の取引
商品売買取引	伝　　票

決算、本支店会計、連結会計、製造業会計

決　　算	本支店会計	製造業会計

連結会計 Ⅰ〜Ⅲ

✓投資と資本の相殺消去 ……………………………………………… CHAPTER 20
✓支配獲得日の連結 …………………………………………………… CHAPTER 20
✓支配獲得日後1年目、2年目の連結 ……………………………… CHAPTER 20
✓内部取引高と債権債務の相殺消去 ………………………………… CHAPTER 21
✓貸倒引当金の修正 …………………………………………………… CHAPTER 21
✓未実現利益の消去 …………………………………………………… CHAPTER 21
✓連結財務諸表 ………………………………………………………… CHAPTER 22
✓連結精算表 …………………………………………………………… CHAPTER 22
✓連結会計の総合問題の解き方 ……………………………………… CHAPTER 22

1 内部取引高と債権債務の相殺消去

　連結会社間（親会社と子会社の間）で行われた取引は、連結会計上、企業グループ内部の取引となるので、連結財務諸表の作成にあたって相殺消去します。

　また、親会社の子会社に対する売掛金など、連結会社間の債権債務の期末残高も相殺消去します。

　相殺消去する内部取引高、債権債務には次のようなものがあります。

図解　内部取引高と債権債務の相殺消去①

内部取引高の相殺消去	債権債務の相殺消去
売上高 ⟷ 売上原価	売掛金 ⟷ 買掛金
受取利息 ⟷ 支払利息	受取手形 ⟷ 支払手形
受取配当金 ⟷ 配当金	貸付金 ⟷ 借入金
	未収収益 ⟷ 未払費用
	前払費用 ⟷ 前受収益

ひとこと

　具体的な連結修正仕訳をみてみると、次のようになります。

図解　内部取引高と債権債務の相殺消去②

たとえば①
P社（親会社）が当期においてS社（子会社）に商品100円を売り上げていた場合は…

▼ 例1 ━━━━━━━━━━━━━━━ **内部取引高と債権債務の相殺消去**

　P社は、S社の発行済株式（S社株式）の60%を取得し、実質的に支配している。次の各取引について、当期の連結財務諸表を作成するために必要な連結修正仕訳をしなさい。

⑴　P社は当期においてS社に商品200円を売り上げている。

⑵　P社はS社に対する短期貸付金100円があり、この短期貸付金にかかる受取利息10円を計上している。

例1の仕訳(1)	（売　　上　　高）	200	（売 上 原 価）	200
(2)	（短 期 借 入 金）	100	（短 期 貸 付 金）	100
	（受 取 利 息）	10	（支 払 利 息）	10

2 貸倒引当金（期末貸倒引当金）の修正

　連結修正仕訳で債権債務を相殺消去した場合、債権（売掛金、受取手形、貸付金など）にかかる貸倒引当金も修正します。

Ⅰ 親会社の期末貸倒引当金の修正

　親会社が計上していた債権の相殺消去にともなって、**貸倒引当金**と**貸倒引当金繰入** [費用] の計上を取り消します。

　具体的には次のようにして、貸倒引当金を修正します。

図解　親会社の期末貸倒引当金の修正

たとえば、当期末におけるP社（親会社）の売掛金残高のうち100円はS社（子会社）に対するものであり、P社ではこの売掛金に対して5%の貸倒引当金を設定しているという場合は…

P社 ← → S社
売掛金 100円 ①相殺する 買掛金 100円

貸倒引当金：100円×5%＝5円

P社 の個別会計上の処理 ← ②消去する
（貸倒引当金繰入）　5　（貸倒引当金）　5

連結修正仕訳
①（買 掛 金）　100　（売 掛 金）　100
②（貸倒引当金）　5　（貸倒引当金繰入）　5

P社は、前期末にS社の発行済株式（S社株式）の60％を取得し、実質的に支配している。当期末におけるP社の売掛金残高のうち500円はS社に対するものであり、P社ではこの売掛金に対して5％の貸倒引当金を設定している。

当期の連結財務諸表を作成するために必要な連結修正仕訳をしなさい。

例2の仕訳❶	（買　掛　金）	500	（売　掛　金）	500
❷	（貸 倒 引 当 金）	25*	（貸倒引当金繰入）	25

❶ 債権債務の相殺消去
❷ 期末貸倒引当金の修正
 ＊　500円×5％＝25円

ふむふむ… **ひとこと**

期首貸倒引当金の修正については、巻末の参考で説明します。

II　子会社の期末貸倒引当金の修正

子会社（S社）の貸倒引当金を修正する場合の連結修正仕訳は、親会社（P社）の貸倒引当金を修正する場合（**I**で学習）と同じ仕訳を行いますが、さらに**貸倒引当金繰入** [費用] の減額分を非支配株主持分に負担させます。

具体的には、**貸倒引当金繰入** [費用] の減額分に非支配株主持分割合を掛けた金額を**非支配株主に帰属する当期純損益**に振り替え、相手科目は**非支配株主持分当期変動額** [純資産] で処理します。

図解 子会社の期末貸倒引当金の修正

たとえば、当期末におけるS社（子会社）の売掛金残高のうち100円はP社（親会社）に対するものであり、S社ではこの売掛金に対して5%の貸倒引当金を設定している場合（非支配株主持分割合は40%とする）は…

P社

S社

買掛金　100円　←①相殺する→　売掛金　100円

貸倒引当金：100円×5%＝5円

S社 の個別会計上の処理　←②消去する
（貸倒引当金繰入）　　5　　（貸倒引当金）　　5

連結
修正仕訳
①（買　掛　金）　　100　（売　掛　金）　　100
②（貸倒引当金）　　　5　（貸倒引当金繰入）［損益項目］　5

（非支配株主に帰属する当期純損益）［損益項目］　2　（非支配株主持分当期変動額）　2

非支配株主持分への按分：5円×40%＝2円

P社は、前期末にS社の発行済株式（S社株式）の60%を取得し、実質的に支配している。当期末におけるS社の売掛金残高のうち500円はP社に対するものであり、S社ではこの売掛金に対して5%の貸倒引当金を設定している。

当期の連結財務諸表を作成するために必要な連結修正仕訳をしなさい。

例3の仕訳❶	（買　　　掛　　　金）	500	（売　　　掛　　　金）	500
❷	（貸 倒 引 当 金）	25*1	（貸倒引当金繰入）	25
	（非支配株主に帰属する 当 期 純 損 益）	10*2	（非支配株主持分 当 期 変 動 額）	10

❶　債権債務の相殺消去
❷　期末貸倒引当金の修正
＊1　500円×5%＝25円
＊2　25円×40%＝10円

3 未実現利益の消去

Ⅰ 未実現利益の消去

　親会社が子会社に対して商品を販売するとき（または子会社が親会社に対して商品を販売するとき）は、ほかの得意先に対して商品を販売するのと同様に、原価に一定の利益を加算して販売します。

　したがって、親会社から仕入れた商品（または子会社から仕入れた商品）が、期末に残っていた場合、個別財務諸表上は加算された利益を含んだ金額で期末商品棚卸高が計上されています。

　しかし、連結会計上は親会社と子会社を同一のグループとして財務諸表を作成するため、期末商品棚卸高に親会社（または子会社）が加算した利益が含まれている場合には、これを消去しなければなりません。

　この場合の、期末商品棚卸高に含まれる親会社（または子会社）が加算した利益を**未実現利益**といいます。

ひとこと

ふむふむ…　　未実現利益の消去に関しては棚卸資産に対して行います。本書では、代表的な商品を用いて解説していますが、製造業会計における「原材料」や「製品」も同様に考えます。

図解　未実現利益の消去

たとえば、P社（親会社）が原価100円の商品に利益20円を加算してS社（子会社）に販売した（この商品は期末においてS社に残っている）という場合は…

企業グループ

P社　　商品　　S社　　　　　得意先

原価100円

原価100円
＋
利益 20円

原価100円
＋
利益 20円
↘未実現利益

連結貸借対照表上の「商品」の金額
＝100円

S社の個別貸借対照表上の「商品」の金額＝120円

Ⅱ　ダウンストリームとアップストリーム

　親会社（P社）が子会社（S社）に対して商品（またはその他の資産）を販売することを**ダウンストリーム**といいます。

　反対に子会社（S社）が親会社（P社）に対して商品（またはその他の資産）を販売することを**アップストリーム**といいます。

図解　ダウンストリームとアップストリーム

ダウンストリーム　　　　アップストリーム

Ⅲ　期末商品に含まれる未実現利益

⑴　ダウンストリーム

　ダウンストリームにおいて、子会社（S社）に、親会社（P社）から仕入れた商品が期末に残っていた場合には、連結修正仕訳において親会社（P社）が加算した利益（未実現利益）を消去します。

　具体的には、未実現利益の分だけ、個別貸借対照表の**商品**［資産］を減少させるとともに、相手科目は**売上原価**［費用］で処理します。

☞資産の減少⇒貸方（右）　☞費用の増加⇒借方（左）

図解　期末商品に含まれる未実現利益の消去　⑴ダウンストリーム

たとえば、S社（子会社）の個別貸借対照表の商品のうち、120円はP社（親会社）から仕入れた商品であり、P社はS社に商品を販売するさい、原価に20％の利益を加算しているという場合は…

企業グループ

P社　　　商品　　　S社

20％の利益を加算

原価に20%の利益を加算しているとは…

利益を加算した金額が120円のとき、原価と利益はいくら？

原価 : $120円×\dfrac{1}{1.2}=100円$

利益 : $120円×\dfrac{0.2}{1.2}=20円$

↓利益（未実現利益）を消去する

 （売上原価）　　20　（商　　品）　　20

ひとこと

　「原価に●%の利益を加算している」という指示の場合には、上記のようにして未実現利益を計算します。これ以外に、「売上利益率●%で販売している」という指示がつく場合もあります。

　売上利益率とは、売上高に対する利益の割合をいいます。

$$売上利益率＝\dfrac{利益}{売上高}$$

　したがって、たとえば「S社（子会社）の商品のうち120円はP社（親会社）から仕入れたもので、P社はS社に対して売上利益率20%で商品を販売している」という場合の未実現利益は次のように計算します。

　未実現利益：120円×20％＝24円

� **例4 — 期末商品に含まれる未実現利益の消去　(1)ダウンストリーム**

　P社は、S社の発行済株式（S社株式）の60%を取得し、実質的に支配している。P社はS社に対し、原価に20%の利益を加算して商品を販売しており、当期末におけるS社の商品棚卸高に含まれるP社からの仕入分は480円であった。

　当期の連結財務諸表を作成するために必要な連結修正仕訳をしなさい。

例4の仕訳　（**売　上　原　価**）　　80　（**商　　　　　品**）　　80*

$$* \quad 480円 \times \frac{0.2}{1.2} = 80円$$

ひとこと

　期首商品に含まれる未実現利益の消去については、巻末の参考で説明します。

(2)　アップストリーム

　アップストリームにおいても、親会社の期末商品に含まれる未実現利益（子会社が加算した利益）は消去します。

　ただし、子会社が加算した利益のうち親会社に帰属するのは、親会社の持分に相当する部分だけなので、消去した未実現利益のうち、非支配株主の持分に相当する部分については、非支配株主持分に負担させます。

　具体的には、ダウンストリームの場合の未実現利益を消去する仕訳をもとに、損益項目（売上原価）の逆側に**非支配株主に帰属する当期純損益**（損益項目）を記入し、相手科目を**非支配株主持分当期変動額**（または**非支配株主持分**）で処理します。

図解　期末商品に含まれる未実現利益の消去　(2)アップストリーム

たとえば、P社（親会社）の個別貸借対照表の商品のうち、120円はS社（子会社）から仕入れた商品であり、S社はP社に商品を販売するさい、原価に20%の利益を加算しているという場合（非支配株主持分割合は40%とする）は…

①…未実現利益の消去
②…非支配株主持分への按分

期末商品に含まれる未実現利益の消去 (2)アップストリーム

　P社は、S社の発行済株式（S社株式）の60%を取得し、実質的に支配している。S社はP社に対し、原価に20%の利益を加算して商品を販売しており、当期末におけるP社の商品棚卸高に含まれるS社からの仕入分は480円であった。
　当期の連結財務諸表を作成するために必要な連結修正仕訳をしなさい。

例5の仕訳	（売 上 原 価）	80	（商　　　品）	80*¹
	（非支配株主持分 当 期 変 動 額）	32	（非支配株主に帰属する 当 期 純 損 益）	32*²

$$*1 \quad 480円 × \frac{0.2}{1.2} = 80円$$

$$*2 \quad 80円 × 40\% = 32円$$

Ⅳ 非償却性固定資産の未実現利益の消去

建物や備品のように、決算において減価償却する固定資産を**償却性固定資産**、土地のように減価償却しない固定資産を**非償却性固定資産**といいます。

⑴ ダウンストリーム

親会社（P社）が子会社（S社）に対して土地を売却した場合、連結グループ内の取引なので、親会社が計上した**固定資産売却益** [収益]（または**固定資産売却損** [費用]）を消去する必要があります。

具体的には、次のような連結修正仕訳になります。

例6 —— 非償却性固定資産の未実現利益の消去　(1)ダウンストリーム

　P社は、S社の発行済株式（S社株式）の60%を取得し、実質的に支配している。当期において、P社はS社に対し、土地（帳簿価額700円）を850円で売却し、S社はこの土地を当期末現在保有している。
　当期の連結財務諸表を作成するために必要な連結修正仕訳をしなさい。

例6の仕訳　**（固定資産売却益）　　150　（土　　　　地）　　150***

* ＊　　850円－700円＝150円
* ①　P社の個別会計上の仕訳
* 　　　　（現　金　な　ど）　　850　（土　　　　地）　　700
* 　　　　　　　　　　　　　　　　　　（固定資産売却益）　　150
* ②　S社の個別会計上の仕訳
* 　　　　（土　　　　地）　　850　（現　金　な　ど）　　850

(2)　アップストリーム

　子会社（S社）が親会社（P社）に対して土地を売却した場合の未実現利益の消去も、ダウンストリームの場合の処理をもとにして、消去した未実現利益のうち非支配株主の持分に相当する部分については、非支配株主持分に負担させます。

図解　非償却固定資産の未実現利益の消去　(2)アップストリーム

たとえば、S社（子会社）がP社（親会社）に土地（帳簿価額500円）を600円で売却した（P社はこの土地を当期末現在保有している）という場合（非支配株主持分割合は40%とする）は…

▼ 例7 —— 非償却性固定資産の未実現利益の消去 (2)アップストリーム

　P社は、S社の発行済株式（S社株式）の60%を取得し、実質的に支配している。当期において、S社はP社に対し、土地（帳簿価額700円）を850円で売却し、P社はこの土地を当期末現在保有している。

　当期の連結財務諸表を作成するために必要な連結修正仕訳をしなさい。

例7の仕訳	（固定資産売却益）	150	（土　　　地）	150*1
	（非支配株主持分当期変動額）	60	（非支配株主に帰属する当期純損益）	60*2

　　＊1　850円－700円＝150円
　　①　P社の個別会計上の仕訳
　　　　　　　　（土　　　地）　850　（現 金 な ど）　850
　　②　S社の個別会計上の仕訳
　　　　　　　　（現 金 な ど）　850　（土　　　地）　700
　　　　　　　　　　　　　　　　　　　（固定資産売却益）　150
　　　＊2　150円×40%＝60円

CHAPTER 21　連結会計Ⅱ　基本問題

　次の各問について、連結財務諸表を作成するために必要な連結修正仕訳をしなさい。なお、Ｐ社はＳ社の発行済株式の60％を取得し、実質的に支配している。また、勘定科目はそれぞれ［　　］内に示すものの中から選ぶこと。

問1　内部取引高と債権債務の相殺消去

［勘定科目：短期貸付金、短期借入金、売上高、売上原価、受取利息、支払利息］

(1)　Ｐ社は当期においてＳ社に商品12,000円を売り上げている。

(2)　Ｐ社はＳ社に対する短期貸付金2,000円があり、この短期貸付金にかかる受取利息40円を計上している。

問2　貸倒引当金の修正

［勘定科目：売掛金、買掛金、貸倒引当金、貸倒引当金繰入、非支配株主に帰属する当期純損益、利益剰余金当期首残高、非支配株主持分当期首残高、非支配株主持分当期変動額］

(1)　当期末におけるＰ社の売掛金残高のうち2,000円はＳ社に対するものであり、Ｐ社ではこの売掛金に対して２％の貸倒引当金を設定している（差額補充法）。なお、前期末におけるＳ社に対する売掛金残高はない。

(2)　当期末におけるＳ社の売掛金残高のうち2,000円はＰ社に対するものであり、Ｓ社ではこの売掛金に対して５％の貸倒引当金を設定している（差額補充法）。なお、前期末におけるＰ社に対する売掛金残高はない。

問3 未実現利益の消去

［勘定科目：商品、土地、固定資産売却益、売上原価、非支配株主に帰属する当
期純損益、利益剰余金当期首残高、非支配株主持分当期首残高、非
支配株主持分当期変動額］

(1) P社は当期よりS社に対し、原価に20％の利益を加算して商品を販売してい
る。S社の期末商品棚卸高に含まれるP社からの仕入分は7,200円であった。

(2) S社はP社に対し、原価に20％の利益を加算して商品を販売しており、P社
の期末商品棚卸高に含まれるS社からの仕入分は7,200円であった。

(3) 当期において、P社はS社に対し、土地（帳簿価額8,000円）を9,000円で売
却し、S社はこの土地を当期末現在保有している。

(4) 当期において、S社はP社に対し、土地（帳簿価額8,000円）を9,000円で売
却し、P社はこの土地を当期末現在保有している。

解答

問1 内部取引高と債権債務の相殺消去

(1)　（売　　上　　高）　12,000　（売　上　原　価）　12,000

(2)　（短　期　借　入　金）　2,000　（短　期　貸　付　金）　2,000

　　　（受　取　利　息）　40　（支　払　利　息）　40

問2 貸倒引当金の修正

(1)❶（買　　掛　　金）　2,000　（売　　掛　　金）　2,000

　❷（貸　倒　引　当　金）　40[*1]　（貸倒引当金繰入）　40

　　❶　債権債務の相殺消去
　　❷　期末貸倒引当金の修正
　　　　＊1　2,000円×2％＝40円

(2)❶（買　　掛　　金）　2,000　（売　　掛　　金）　2,000

　❷（貸　倒　引　当　金）　100[*2]　（貸倒引当金繰入）　100

　　（非支配株主に帰属する
当　期　純　損　益）　40　（非支配株主持分
当　期　変　動　額）　40[*3]

　　❶　債権債務の相殺消去
　　❷　期末貸倒引当金の修正
　　　　＊2　2,000円×5％＝100円
　　　　＊3　100円×40％＝40円

問3 未実現利益の消去

(1)　（売　上　原　価）　1,200　（商　　　　品）　1,200[*1]

(2)　（売　上　原　価）　1,200　（商　　　　品）　1,200[*2]

　　（非支配株主持分
当　期　変　動　額）　480　（非支配株主に帰属する
当　期　純　損　益）　480[*3]

(3)　（固定資産売却益）　1,000　（土　　　　地）　1,000[*4]

(4)　（固定資産売却益）　1,000　（土　　　　地）　1,000[*5]

　　（非支配株主持分
当　期　変　動　額）　400　（非支配株主に帰属する
当　期　純　損　益）　400[*6]

　(1)　期末商品に含まれる未実現利益の消去（ダウンストリーム）
　　　　＊1　$7,200円 \times \dfrac{0.2}{1.2} = 1,200円$
　(2)　期末商品に含まれる未実現利益の消去（アップストリーム）
　　　　＊2　$7,200円 \times \dfrac{0.2}{1.2} = 1,200円$
　　　　＊3　1,200円×40％＝480円

(3) 土地に含まれる未実現利益の消去（ダウンストリーム）

    ＊4   9,000円 − 8,000円 = 1,000円

(4) 土地に含まれる未実現利益の消去（アップストリーム）

    ＊5   9,000円 − 8,000円 = 1,000円

    ＊6   1,000円 × 40％ = 400円

CHAPTER 22

連結会計Ⅲ

◆連結財務諸表を作成してみよう！

　ここでは、連結財務諸表と連結精算表の形式、作成方法について学習します。

　連結会計Ⅱまでに学習した連結修正仕訳がわかっていればさほど難しくはないのですが、問題となると難しく感じるので、理解していない連結修正仕訳があったらそのつど連結会計ⅠおよびⅡに戻って確認してください。

2級で学習する内容

取引と処理

株式会社特有の取引	その他の取引
商品売買取引	伝　　票

決算、本支店会計、連結会計、製造業会計

決　　算	本支店会計	製造業会計

連結会計Ⅰ～Ⅲ

- ✓投資と資本の相殺消去 …………………………………… CHAPTER 20
- ✓支配獲得日の連結 ………………………………………… CHAPTER 20
- ✓支配獲得日後1年目、2年目の連結 …………………… CHAPTER 20
- ✓内部取引高と債権債務の相殺消去 …………………… CHAPTER 21
- ✓貸倒引当金の修正 ………………………………………… CHAPTER 21
- ✓未実現利益の消去 ………………………………………… CHAPTER 21
- ✓連結財務諸表 ……………………………………………… CHAPTER 22
- ✓連結精算表 ………………………………………………… CHAPTER 22
- ✓連結会計の総合問題の解き方 ………………………… CHAPTER 22

1 連結財務諸表

Ⅰ 連結財務諸表

　親会社は、企業グループの経営成績や財政状態を総合的に報告するために連結財務諸表を作成します。

　連結財務諸表には、**連結損益計算書、連結貸借対照表、連結株主資本等変動計算書**があります。

Ⅱ 連結損益計算書

　連結損益計算書（連結P/L）は、企業グループ全体の経営成績を表します。

1 連結損益計算書の形式

連結損益計算書の形式は次のとおりです。

ひとこと

　　個別損益計算書と違う箇所に注目しましょう。

連 結 損 益 計 算 書

自×1年4月1日　至×2年3月31日　　　（単位：円）

Ⅰ	売　　上　　高		××
Ⅱ❶	**売 上 原 価**		××
	売 上 総 利 益		××
Ⅲ	販売費及び一般管理費		
	⋮		
❷	**の れ ん 償 却**	××	××
	営 業 利 益		××
Ⅳ	営 業 外 収 益		
	⋮		××
Ⅴ	営 業 外 費 用		
	⋮		××
	経 常 利 益		××
Ⅵ	特 別 利 益		
	⋮		××
Ⅶ	特 別 損 失		
	⋮		××
	税金等調整前当期純利益		××
	法人税、住民税及び事業税		××
❸	**当 期 純 利 益**		××
	非支配株主に帰属する当期純利益		××
	親会社株主に帰属する当期純利益		××

---

❶　**売上原価**

　　連結P/Lでは売上原価の内訳（期首商品棚卸高、当期商品仕入高、期末商品棚卸高）を表示しません。

❷　**のれん償却**

　　借方に生じたのれんの償却額は販売費及び一般管理費に表示します。

❸　**当期純利益以下**

　　企業グループ全体の当期純利益を計上したあと、非支配株主に帰属する当期純利益を差し引き（または非支配株主に帰属する当期純損失を加算し）、親会社株主に帰属する当期純利益を計算します。

2 非支配株主に帰属する当期純損益の表示

CHAPTER20で学習したように、子会社の当期純損益のうち、非支配株主持分に対応する部分については、**非支配株主持分（当期変動額）** に振り替えるとともに、相手科目は**非支配株主に帰属する当期純損益**で処理します。

非支配株主に帰属する当期純損益が借方残高の場合（子会社が当期純利益を計上した場合）、親会社にとっては利益の減少を表すので、連結損益計算書上は、当期純利益から減算します。ただし、非支配株主にとっては利益の増加を表す（子会社が当期純利益を計上している）ので、「**非支配株主に帰属する当期純利益**」として表示します。

図解 非支配株主に帰属する当期純損益の表示①

たとえば、S社（子会社）の当期純利益が40円、非支配株主持分が40%であった場合は…

P社の当期純利益 ＋ S社の当期純利益 40円

↓

P社＋S社の当期純利益

非支配株主持分
40円×40%＝16円

連結修正仕訳

| （非支配株主に帰属する当期純損益） | 16 | （非支配株主持分当期変動額） | 16 |

借方

連結損益計算書

当 期 純 利 益	100
非支配株主に帰属する当期純利益	△16
親会社株主に帰属する当期純利益	84

仮に企業グループの当期純利益が100円だったとすると…

借方に計上されているので、親会社にとっては利益の減少

非支配株主にとっては利益の増加

一方、**非支配株主に帰属する当期純損益**が貸方残高の場合（子会社が当期純損失を計上した場合）、親会社にとっては損失の減少を表すので、連結損益計算書上は、当期純利益に加算します。ただし、非支配株主にとっては利益の減少を表す（子会社が当期純損失を計上している）ので、「**非支配株主に帰属する当期純損失**」として表示します。

Ⅲ　連結貸借対照表

　連結貸借対照表（連結B/S）は、企業グループ全体の財政状態を表します。

1　連結貸借対照表の形式

連結貸借対照表の形式は次のとおりです。

ふむふむ…　**ひとこと**

個別貸借対照表と違う箇所に注目しましょう。

連 結 貸 借 対 照 表

×2年 3 月31日　　　　　　（単位：円）

資 産 の 部		負 債 の 部	
Ⅰ 流 動 資 産	××	Ⅰ 流 動 負 債	××
Ⅱ 固 定 資 産		Ⅱ 固 定 負 債	××
1 有形固定資産	××	負 債 合 計	××
2 無形固定資産	××	純 資 産 の 部	
の れ ん	××	Ⅰ 株 主 資 本	
3 投資その他の資産	××	1 資 本 金　××	
		❶2 資 本 剰 余 金　××	
		3 利 益 剰 余 金　××　××	
		❷Ⅱ 非支配株主持分　××	
		純 資 産 合 計	××
資 産 合 計	××	負債及び純資産合計	××

❶ **資本剰余金、利益剰余金**
　一括して表示し、その内訳（利益準備金、任意積立金、繰越利益剰余金など）は表示しません。
❷ **非支配株主持分**
　子会社の純資産のうち、非支配株主に帰属する部分の金額です。

Ⅳ 連結株主資本等変動計算書

　連結株主資本等変動計算書（連結S/S）は、企業グループ全体の株主資本等（純資産）の変動を表します。

連結株主資本等変動計算書
自×1年4月1日　至×2年3月31日　　　　　　（単位：円）

	株　　主　　資　　本			非支配株主持分 ☆
	資　本　金	資本剰余金	利益剰余金	
当 期 首 残 高	××	××	××	××
当 期 変 動 額				
剰 余 金 の 配 当			△××	
親会社株主に帰属する当期純利益			××	
株主資本以外の項目				××
の当期変動額（純額）				
当 期 変 動 額 合 計	××	××	××	××
当 期 末 残 高	××	××	××	××

> ☆ **非支配株主持分**
> 　連結S/Sには非支配株主持分の変動を記入する欄があります。

2　連結精算表

　個別財務諸表を作成するさいに精算表を作成したように、連結財務諸表を作成するさいにも**連結精算表**を作成します。

　連結精算表は、個別財務諸表の金額をもとに連結修正仕訳の金額を加減して、連結財務諸表（連結損益計算書、連結貸借対照表、連結株主資本等変動計算書）を作成するまでの過程を1つにまとめた表をいいます。

連 結 精 算 表　　　　　（単位：円）

勘定科目	個別財務諸表			消去・振替		連結財務諸表
	P 社	S 社	合 計			
貸借対照表			❶		❷	連結貸借対照表 ❸
現　　　金						
⋮	⋮	⋮	⋮			⋮
資 産 合 計						
買　掛　金	( )	( )	( )			( )
⋮	⋮	⋮	⋮			⋮
資　本　金	( )	( )	( )			( )
⋮	⋮	⋮	⋮			
非支配株主持分						( )
負債・純資産合計	( )	( )	( )			( )
損益計算書						連結損益計算書
売　上　高	( )	( )	( )			( )
売 上 原 価						
⋮	⋮	⋮	⋮			⋮
の れ ん 償 却						
⋮	⋮	⋮	⋮			⋮
当 期 純 利 益	( )	( )	( )			( )
非支配株主に帰属する当期純損益						
親会社株主に帰属する当期純利益	( )	( )	( )			( )
株主資本等変動計算書						連結株主資本等変動計算書
資本金当期首残高	( )	( )	( )			( )
資本金当期末残高	( )	( )	( )			( )
利益剰余金当期首残高	( )	( )	( )			( )
当 期 変 動 額						
剰余金の配当						
親会社株主に帰属する当期純利益	( )	( )	( )			( )
利益剰余金当期末残高	( )	( )	( )			( )
非支配株主持分当期首残高						( )
非支配株主持分当期変動額						( )
非支配株主持分当期末残高						( )

3　連結会計の総合問題の解き方

　日商2級で出題される連結会計の問題の解き方を、例題（連結精算表の作成）を使ってみてみましょう。

例1 ──────────────────── 連結精算表の作成

　次の資料にもとづき、P社の当期（×1年4月1日から×2年3月31日）における連結精算表を完成させなさい。

［資料1］解答上の注意事項

⑴　精算表の（　　）は貸方金額を表す。

⑵　のれんは発生年度の翌年度から10年間で均等額を償却する。

［資料2］支配獲得日の資料

⑴　P社は×0年3月31日にS社の発行済株式総数の60%を720円で取得し、支配を獲得した。

⑵　×0年3月31日（支配獲得時）のS社の個別財務諸表は次のとおりである。

S社の個別貸借対照表
×0年3月31日　　　　　　（単位：円）

諸　資　産	2,000	諸　負　債	900
		資　本　金	700
		利益剰余金	400
	2,000		2,000

[資料3] 連結第1年度（×0年4月1日から×1年3月31日）の資料

(1) ×1年3月31日（連結第1年度）のS社の個別財務諸表は次のとおりである。

S社の個別貸借対照表
×1年3月31日　　　　　（単位：円）

諸　資　産	2,200	諸　負　債	1,000
		資　本　金	700
		利益剰余金	500
	2,200		2,200

(2) S社の連結第1年度（×0年4月1日から×1年3月31日）の当期純利益は200円であり、配当額は100円であった。

[資料4] 当期（×1年4月1日から×2年3月31日）の資料

(1) 当期のP社とS社の個別財務諸表は解答用紙の連結精算表のとおりである。

(2) 当期において、S社は200円の配当を行った。

(3) 当期よりP社はS社に対し、原価に20％の利益を加算して商品を販売しており、当期において、P社はS社に対して商品2,400円を販売している。

(4) ×2年3月31日にS社が保有する期末商品のうち、P社からの仕入分は240円であった。

(5) P社は売掛金に対して5％の貸倒引当金を差額補充法により設定しており、売掛金の期末残高のうち300円はS社に対するものであった。

連 結 精 算 表　　　　（単位：円）

勘 定 科 目	個別財務諸表			消去・振替		連結財務諸表
	P 社	S 社	合 計			
貸借対照表						**連結貸借対照表**
諸　資　産	3,070	1,450	4,520			
売　掛　金	800	400	1,200			
商　　　品	1,200	520	1,720			
S 社 株 式	720	－	720			
の　れ　ん						
資 産 合 計	5,790	2,370	8,160			
諸　負　債	(1,250)	(660)	(1,910)			( )
買　掛　金	(400)	(420)	(820)			( )
貸 倒 引 当 金	(40)	(20)	(60)			( )
資　本　金	(3,500)	(700)	(4,200)			( )
利 益 剰 余 金	(600)	(570)	(1,170)			( )
非支配株主持分						( )
負債・純資産合計	(5,790)	(2,370)	(8,160)			( )
損益計算書						**連結損益計算書**
売　上　高	(6,000)	(4,500)	(10,500)			( )
売 上 原 価	4,500	3,600	8,100			
貸倒引当金繰入	30	15	45			
の れ ん 償 却						
その他の販売費及び一般管理費	1,190	715	1,905			
受 取 配 当 金	(160)	(50)	(210)			( )
その他の営業外収益	(190)	(200)	(390)			( )
営 業 外 費 用	300	150	450			
当 期 純 利 益	(330)	(270)	(600)			( )
非支配株主に帰属する当期純損益						
親会社株主に帰属する当期純利益	(330)	(270)	(600)			( )

次ページへ続く

前ページより続く

前ページより続く

CH
22
連結会計Ⅲ

連結会計の総合問題の解き方

連 結 精 算 表

勘 定 科 目	個別財務諸表			消去・振替		連結財務諸表
	P 社	S 社	合 計			
株主資本等変動計算書						連結株主資本等変動計算書
資本金当期首残高	(3,500)	(700)	(4,200)			( )
資本金当期末残高	(3,500)	(700)	(4,200)			( )
利益剰余金当期首残高	(520)	(500)	(1,020)			( )
当 期 変 動 額						
剰余金の配当	250	200	450			
親会社株主に帰属する当期純利益	(330)	(270)	(600)			( )
利益剰余金当期末残高	(600)	(570)	(1,170)			( )
非支配株主持分当期首残高						( )
非支配株主持分当期変動額						( )
非支配株主持分当期末残高						( )

Ⅰ 支配獲得日の連結修正仕訳

　［資料２］支配獲得日の資料から、支配獲得日（x0年3月31日）の連結修正仕訳（投資と資本の相殺消去）を行います。

支配獲得日の連結修正仕訳－投資と資本の相殺消去

［資料２］支配獲得日の資料
(1)　P社はx0年3月31日にS社の発行済株式総数の60%を 720円 で取得し、支配を獲得した。

> 親会社持分：60%
> 非支配株主持分：40%

(2)　x0年3月31日（支配獲得時）のS社の個別財務諸表は次のとおりである。

S社の個別貸借対照表
×0年3月31日　　　　（単位：円）

諸　資　産	2,000	諸　負　債	900
		資　本　金	700
		利 益 剰 余 金	400
	2,000		2,000

連結修正仕訳	（資　本　金）	700	（S　社　株　式）	720
	（利 益 剰 余 金）	400	（非支配株主持分）	440[*1]
	（の　れ　ん）	60[*2]		

*1　（700円＋400円）×40％＝440円
*2　貸借差額

Ⅱ　支配獲得日後1年目の連結修正仕訳

1　開始仕訳

　支配獲得日の連結修正仕訳（投資と資本の相殺消去）を再度行います。なお、純資産項目は「当期首残高」をつけます。

支配獲得日後1年目の連結修正仕訳①　開始仕訳

開始仕訳	（資　本　金 **当 期 首 残 高**）	700	（S　社　株　式）	720
	（利 益 剰 余 金 **当 期 首 残 高**）	400	（非支配株主持分 **当 期 首 残 高**）	440
	（の　れ　ん）	60		

2　支配獲得日後1年目の連結修正仕訳

　［資料1］解答上の注意事項と［資料3］連結第1年度（×0年4月1日から×1年3月31日）の資料から連結修正仕訳をします。

支配獲得日後1年目の連結修正仕訳②　のれんの償却

[資料1]　解答上の注意事項
(2)　のれんは発生年度の翌年度から 10年間 で均等額を償却する。
　　　▶開始仕訳より60円

連結修正仕訳　（の れ ん 償 却）　　　6*　（の　　れ　　ん）　　　6

　　　＊　60円÷10年＝6円

支配獲得日後1年目の連結修正仕訳③　子会社の当期純利益の振り替え

[資料3]　連結第1年度（×0年4月1日から×1年3月31日）の資料
(2)　S社の連結第1年度（×0年4月1日から×1年3月31日）の 当期純利益
は200円 であり、配当額は100円であった。
　　　▶このうち40%を非支配株主持分に振り替える

連結修正仕訳　$\begin{pmatrix} 非支配株主に帰属する \\ 当 期 純 損 益 \end{pmatrix}$　80　$\begin{pmatrix} 非支配株主持分 \\ 当 期 変 動 額 \end{pmatrix}$　80*

　　　＊　200円×40%＝80円

支配獲得日後1年目の連結修正仕訳④　子会社の配当金の修正

[資料3]　連結第1年度（×0年4月1日から×1年3月31日）の資料
(2)　S社の連結第1年度（×0年4月1日から×1年3月31日）の当期純利益
　　は200円であり、配当額は100円 であった。
　　　　　　　▶親会社持分→P社の受取配当金と相殺
　　　　　　　非支配株主持分→非支配株主持分に振り替え

連結修正仕訳　（受 取 配 当 金）　　60*1　（剰 余 金 の 配 当）　　100

　　　　　　　$\begin{pmatrix} 非支配株主持分 \\ 当 期 変 動 額 \end{pmatrix}$　40*2

　　　＊1　100円×60%＝60円
　　　＊2　100円×40%＝40円

当期（支配獲得日後２年目）の連結修正仕訳

1 開始仕訳

前期末（支配獲得日後１年目）に行った連結修正仕訳を再度行います。な
お、純資産項目は「当期首残高」をつけ、損益項目は**利益剰余金当期首残
高**で仕訳します。

当期の連結修正仕訳① 開始仕訳

前期末（支配獲得日後１年目）に行った連結修正仕訳は次のとおりである。

支配獲得日後１年目の連結修正仕訳① 開始仕訳（投資と資本の相殺消去）

（資本金当期首残高） 700	（S 社 株 式）	720
（利益剰余金当期首残高）★1 400	（非支配株主持分当期首残高）◆1	440
（の れ ん）◎1 60		

支配獲得日後１年目の連結修正仕訳② のれんの償却

（のれん償却）★2 6	（の れ ん）◎2	6

支配獲得日後１年目の連結修正仕訳③ 子会社の当期純利益の振り替え

（非支配株主に帰属する当期純損益）★3 80	（非支配株主持分当期変動額）◆2	80

支配獲得日後１年目の連結修正仕訳④ 子会社の配当金の修正

（受取配当金）★5 60	（剰余金の配当）★4	100
（非支配株主持分当期変動額）◆3 40		

開始仕訳

（資本金当期首残高） 700	（S 社 株 式）	720
（利益剰余金当期首残高）★1〜★5 446*1	（非支配株主持分当期首残高）◆1〜◆3	480*3
（の れ ん）◎1、◎2 54*2		

*1 400円＋6円＋80円−100円＋60円＝446円
　　★1　　★2　　★3　　★4　　★5

*2 60円−6円＝54円
　　◎1　　◎2

*3 440円＋80円−40円＝480円
　　◆1　　◆2　　◆3

連結精算表の記入

連 結 精 算 表　　　　　　（単位：円）

勘 定 科 目	個別財務諸表			消去・振替	連結財務諸表
	P 社	S 社	合 計		
貸借対照表					
S 社 株 式	720	−	720	720	
の れ ん				54	
株主資本等変動計算書					
資本金当期首残高	(3,500)	(700)	(4,200)	700	( )
資本金当期末残高	(3,500)	(700)	(4,200)		( )
利益剰余金当期首残高	(520)	(500)	(1,020)	446	( )
非支配株主持分当期首残高				480	( )

2 当期（支配獲得日後2年目）の連結修正仕訳

　［資料1］解答上の注意事項と［資料4］当期（×1年4月1日から×2年3月31日）の資料および解答用紙の連結精算表から当期の連結修正仕訳をします。

当期の連結修正仕訳② のれんの償却

［資料1］解答上の注意事項
　(2) のれんは発生年度の翌年度から 10年間 で均等額を償却する。
　　　　➤ 支配獲得日の連結修正仕訳（投資と資本の相殺消去）より60円

連結修正仕訳　（の れ ん 償 却）　　6* （の　れ　ん）　　　　6
　　　　＊　60円÷10年＝6円

連 結 精 算 表 （単位：円）

勘 定 科 目	個別財務諸表			消去・振替		連結財務諸表
	P 社	S 社	合 計			
貸借対照表						
の れ ん				54	6	
損益計算書						
の れ ん 償 却				6		

当期の連結修正仕訳③　子会社の当期純利益の振り替え

連 結 精 算 表 （単位：円）

勘 定 科 目	個別財務諸表			消去・振替		連結財務諸表
	P 社	S 社	合 計			
損益計算書						
⋮	⋮	⋮	⋮			
親会社株主に帰属する当期純利益	（　330）	（　270）	（　600）			（　　　　）

▶S社の当期純利益

連結修正仕訳　（非支配株主に帰属する当期純損益）　108　（非支配株主持分当期変動額）　108*

＊　270円×40％＝108円

連結精算表の記入

連 結 精 算 表 （単位：円）

勘 定 科 目	個別財務諸表			消去・振替		連結財務諸表
	P 社	S 社	合 計			
損益計算書						
非支配株主に帰属する当期純損益				108		
株主資本等変動計算書						
非支配株主持分当期変動額					108	（　　　　）

当期の連結修正仕訳④　子会社の配当金の修正

[資料４] 当期（×1年４月１日から×2年３月31日）の資料

(1)　当期のＰ社とＳ社の個別財務諸表は解答用紙の連結精算表のとおりである。

(2)　当期において、Ｓ社は200円の配当を行った。

連 結 精 算 表　　　　　　（単位：円）

勘 定 科 目	個別財務諸表			消去・振替	連結財務諸表
	Ｐ　社	Ｓ　社	合　計		
株主資本等変動計算書					
利益剰余金当期首残高	(　　520)	(　　500)	(　1,020)		(　　　　)
当 期 変 動 額					
剰余金の配当	250	200	450		
親会社株主に帰属する当期純利益	(　　330)	(　　270)	(　　600)		(　　　　)
利益剰余金当期末残高	(　　600)	(　　570)	(　1,170)		(　　　　)

親会社持分→Ｐ社の受取配当金と相殺
非支配株主持分→非支配株主持分に振り替え

ちなみに！ この当期純利益は損益計算書の当期純利益（連結精算表では「親会社株主に帰属する当期純利益」の欄に記入されている）と一致する

連結修正仕訳　（受 取 配 当 金）　　　120*1　（剰余金の配当）　　　　200

（非支配株主持分
当 期 変 動 額）　　80*2

＊１　200円×60％＝120円
＊２　200円×40％＝80円

連結精算表の記入

連 結 精 算 表　　　　　　（単位：円）

勘 定 科 目	個別財務諸表			消去・振替	連結財務諸表
	Ｐ　社	Ｓ　社	合　計		
損益計算書					
受 取 配 当 金	(　　160)	(　　50)	(　　210)	120	(　　　　)
株主資本等変動計算書					
利益剰余金当期首残高	(　　520)	(　　500)	(　1,020)	446	(　　　　)
当 期 変 動 額					
剰余金の配当	250	200	450	200	
非支配株主持分当期首残高				480	(　　　　)
非支配株主持分当期変動額				80　108	(　　　　)

当期の連結修正仕訳⑤　売上高と売上原価の相殺消去

［資料4］当期（×1年4月1日から×2年3月31日）の資料

(3)　当期よりP社はS社に対し、原価に20%の利益を加算して商品を販売しており、当期において、P社はS社に対して商品 2,400円 を販売している。

連結修正仕訳　（売　上　高）　2,400　（売 上 原 価）　　　2,400

連結精算表の記入

連　結　精　算　表　　　　　　　（単位：円）

勘 定 科 目	個別財務諸表			消去・振替	連結財務諸表
	P　社	S　社	合　計		
損益計算書					
売　　上　　高	(6,000)	(4,500)	(10,500)	2,400	( )
売　上　原　価	4,500	3,600	8,100	2,400	

当期の連結修正仕訳⑥　期末（期首）商品に含まれる未実現利益の消去

［資料4］当期（×1年4月1日から×2年3月31日）の資料

(3)　当期よりP社はS社に対し、原価に20%の利益を加算 して商品を販売しており、当期において、P社はS社に対して商品2,400円を販売している。

(4)　×2年3月31日にS社が保有する期末商品のうち、P社からの仕入分は 240円 であった。

連結修正仕訳　（売　上　原　価）　40　（商　　　　品）　　　40*

$$* \quad 240円 \times \frac{0.2}{1.2} = 40円$$

連結精算表の記入

連 結 精 算 表　　　　　（単位：円）

勘 定 科 目	個別財務諸表			消去・振替	連結 財務諸表
	P 社	S 社	合 計		
貸借対照表					
商　　　　品	1,200	520	1,720	40	
損益計算書					
売 上 原 価	4,500	3,600	8,100	40　2,400	

当期の連結修正仕訳⑦　債権債務の相殺消去、貸倒引当金の修正

［資料４］当期（×1年４月１日から×2年３月31日）の資料
(5)　P社は売掛金に対して 5 ％ の貸倒引当金を差額補充法により設定しており、売掛金の期末残高のうち 300円 はS社に対するものであった。

①P社の売掛金300円とS社の買掛金300円を相殺
②相殺した売掛金にかかる貸倒引当金の修正

連結修正仕訳	（買　掛　金）	300	（売　掛　金）	300
	（貸 倒 引 当 金）	15*	（貸倒引当金繰入）	15

　　＊　300円× 5 ％＝15円

連結精算表の記入

連 結 精 算 表　　　　　（単位：円）

勘 定 科 目	個別財務諸表			消去・振替	連結 財務諸表
	P 社	S 社	合 計		
貸借対照表					
売 掛 金	800	400	1,200	300	
買 掛 金	(400)	(420)	(820)	300	( )
貸 倒 引 当 金	(40)	(20)	(60)	15	( )
損益計算書					
貸倒引当金繰入	30	15	45	15	

Ⅳ 連結精算表の作成

1 貸借対照表欄の記入

（連結）貸借対照表欄のうち、資産と負債の金額については、個別財務諸表欄の合計に消去・振替欄の金額を加減して、連結財務諸表欄に記入します。

なお、純資産の金額については、あとで（連結）株主資本等変動計算書欄の金額を移記します。

連結精算表の記入

連 結 精 算 表 （単位：円）

勘定科目	個別財務諸表			消去・振替		連結財務諸表
	P 社	S 社	合 計			
貸借対照表						
諸 資 産	3,070	1,450	4,520			4,520
売 掛 金	800	400	1,200		⊖300	900
商 品	1,200	520	1,720		⊖ 40	1,680
S 社 株 式	720	－	720		⊖720	0
の れ ん				54	⊖ 6	48
資 産 合 計	5,790	2,370	8,160			7,148
諸 負 債	(1,250)	(660)	(1,910)			1,910)
買 掛 金	(400)	(420)	(820)	⊖300		520)
貸 倒 引 当 金	(40)	(20)	(60)	⊖ 15		45)
資 本 金	(3,500)	(700)	(4,200)			
利 益 剰 余 金	(600)	(570)	(1,170)			あとで記入
非支配株主持分						
負債・純資産合計	(5,790)	(2,370)	(8,160)			

ひとこと

資産は借方項目→消去・振替欄の借方金額は⊕、貸方金額は⊖
負債は貸方項目→消去・振替欄の借方金額は⊖、貸方金額は⊕

2 損益計算書欄の記入

（連結）損益計算書欄のうち、当期純利益（税金等調整前当期純利益と親会社株主に帰属する当期純利益）以外の金額については、個別財務諸表欄の合計に消去・振替欄の金額を加減して、連結財務諸表欄に記入します。

なお、当期純利益（税金等調整前当期純利益と親会社株主に帰属する当期純利益）の金額については、連結財務諸表欄の金額から計算します。

連結精算表の記入

連 結 精 算 表 （単位：円）

勘 定 科 目	個別財務諸表			消去・振替		連結財務諸表
	P 社	S 社	合 計			
損益計算書						
売 上 高	(6,000)	(4,500)	(10,500)	➖2,400		⟵→ 8,100)
売 上 原 価	4,500	3,600	8,100	➕ 40	➖2,400	→ 5,740
貸倒引当金繰入	30	15	45		➖ 15	→ 30
の れ ん 償 却				6		→ 6
その他の販売費及び一般管理費	1,190	715	1,905			→ 1,905
受 取 配 当 金	(160)	(50)	(210)	➖120		⟵→ 90)
その他の営業外収益	(190)	(200)	(390)			⟵→ 390)
営 業 外 費 用	300	150	450			→ 450
当 期 純 利 益	(330)	(270)	(600)	2,566	2,415	(★1 449)
非支配株主に帰属する当期純損益				108		→ 108
親会社株主に帰属する当期純利益	(330)	(270)	(600)			(★2 341)

★1　8,100円 － 5,740円 － 30円 － 6円 － 1,905円 ＋ 90円 ＋ 390円 － 450円
　　売上高　　売上原価　　貸倒引当金繰入　のれん償却　その他の販売費　受取配当金　その他の　営業外費用
　　　　　　　　　　　　　　　　　　　　及び一般管理費　　　　　営業外収益
　　＝449円

★2　449円 － 108円 ＝341円
　　★1　　非支配株主に帰属
　　　　　する当期純損益

ひとこと

収益は貸方項目→消去・振替欄の借方金額は➖、貸方金額は➕
費用は借方項目→消去・振替欄の借方金額は➕、貸方金額は➖

3 株主資本等変動計算書欄の記入

（連結）株主資本等変動計算書欄は、当期首残高に当期変動額を加減して、当期末残高に記入します。

なお、利益剰余金当期変動額の「親会社株主に帰属する当期純利益」の金額は、（連結）損益計算書の「親会社株主に帰属する当期純利益」の金額を記入します。

連結精算表の記入

連 結 精 算 表

（単位：円）

勘定科目	個別財務諸表			消去・振替	連結財務諸表
	P 社	S 社	合 計		
損益計算書					
親会社株主に帰属する当期純利益	(330)	(270)	(600)		(341)
株主資本等変動計算書					
資本金当期首残高	(3,500)	(700)	(4,200)	⊖700 →	(3,500)
資本金当期末残高	(3,500)	(700)	(4,200)		(3,500)
利益剰余金当期首残高	(520)	(500)	(1,020)	⊖446 →	(574)
当期変動額					
剰余金の配当	250	200	450	⊖200 →	250
親会社株主に帰属する当期純利益	(330)	(270)	(600)		(341)
利益剰余金当期末残高	(600)	(570)	(1,170)		(★1 665)
非支配株主持分当期首残高				480 →	480
非支配株主持分当期変動額				80 ⊖108 →	28
非支配株主持分当期末残高					(★2 508)

★1 574円 −250円＋341円＝665円
★2 480円＋28円＝508円

4 貸借対照表欄の純資産の記入

（連結）株主資本等変動計算書欄の当期末残高の金額を、（連結）貸借対照表欄に移記します。

連結精算表の記入

連結精算表 （単位：円）

勘定科目	個別財務諸表			消去・振替		連結財務諸表
	P　社	S　社	合　計			
貸借対照表						
資　本　金	(3,500)	(700)	(4,200)	省　略		(3,500)
利　益　剰　余　金	(600)	(570)	(1,170)			(665)
非支配株主持分						(508)
株主資本等変動計算書						
資本金当期末残高	(3,500)	(700)	(4,200)			(3,500)
利益剰余金当期末残高	(600)	(570)	(1,170)			(665)
非支配株主持分当期末残高						(508)

5　連結精算表の完成

以上より、**例1**の連結精算表（解答）は次のようになります。

例1の解答

消去・振替欄には通常、配点はないのでどのように記入してもOK

連結精算表 （単位：円）

勘定科目	個別財務諸表			消去・振替		連結財務諸表
	P　社	S　社	合　計			
貸借対照表						**連結貸借対照表**
諸　資　産	3,070	1,450	4,520			4,520
売　掛　金	800	400	1,200		300	900
商　　品	1,200	520	1,720		40	1,680
S　社　株　式	720	－	720		720	0
の　れ　ん				54	6	48
資　産　合　計	5,790	2,370	8,160			7,148
諸　負　債	(1,250)	(660)	(1,910)			(1,910)
買　掛　金	(400)	(420)	(820)	300		(520)
貸　倒　引　当　金	(40)	(20)	(60)	15		(45)

次ページへ続く

前ページより続く

連 結 精 算 表

（単位：円）

勘定科目	個別財務諸表			消去・振替		連結財務諸表
	P 社	S 社	合 計			
資　本　金	(3,500)	(700)	(4,200)			(3,500)
利 益 剰 余 金	(600)	(570)	(1,170)			(665)
非支配株主持分						(508)
負債・純資産合計	(5,790)	(2,370)	(8,160)			(7,148)
損益計算書						**連結損益計算書**
売　上　高	(6,000)	(4,500)	(10,500)	2,400		(8,100)
売　上　原　価	4,500	3,600	8,100	40	2,400	5,740
貸倒引当金繰入	30	15	45		15	30
の れ ん 償 却				6		6
その他の販売費及び一般管理費	1,190	715	1,905			1,905
受 取 配 当 金	(160)	(50)	(210)	120		(90)
その他の営業外収益	(190)	(200)	(390)			(390)
営 業 外 費 用	300	150	450			450
当 期 純 利 益	(330)	(270)	(600)	2,566	2,415	(449)
非支配株主に帰属する当期純損益				108		108
親会社株主に帰属する当期純利益	(330)	(270)	(600)			(341)
株主資本等変動計算書						**連結株主資本等変動計算書**
資本金当期首残高	(3,500)	(700)	(4,200)	700		(3,500)
資本金当期末残高	(3,500)	(700)	(4,200)			(3,500)
利益剰余金当期首残高	(520)	(500)	(1,020)	446		(574)
当 期 変 動 額						
剰余金の配当	250	200	450		200	250
親会社株主に帰属する当期純利益	(330)	(270)	(600)			(341)
利益剰余金当期末残高	(600)	(570)	(1,170)			(665)
非支配株主持分当期首残高					480	(480)
非支配株主持分当期変動額				80	108	(28)
非支配株主持分当期末残高						(508)

なお、連結株主資本等変動計算書の欄がない場合には、連結修正仕訳および解答は以下のようになります。

連結修正仕訳

① **当期（支配獲得後2年目）の開始仕訳**

（資　本　金）	700	（S 社 株 式）	720
（利 益 剰 余 金）	446	（非支配株主持分）	480
（の　　れ　　ん）	54		

② **のれんの償却**

| （の れ ん 償 却） | 6 | （の　　れ　　ん） | 6 |

③ **子会社の当期純利益の振り替え**

| （非支配株主に帰属する
当 期 純 損 益） | 108 | （非支配株主持分） | 108 |

④ **子会社の配当金の修正**

| （受 取 配 当 金） | 120 | （利 益 剰 余 金） | 200 |
| （非支配株主持分） | 80 | | |

⑤ **売上高と売上原価の相殺消去**

| （売　　上　　高） | 2,400 | （売　上　原　価） | 2,400 |

⑥ **期末（期首）商品に含まれる未実現利益の消去**

| （売 上 原 価） | 40 | （商　　　　品） | 40 |

⑦ **債権債務の相殺消去、貸倒引当金の修正**

| （買　　掛　　金） | 300 | （売　　掛　　金） | 300 |
| （貸 倒 引 当 金） | 15 | （貸倒引当金繰入） | 15 |

連結財務諸表の記入

連 結 精 算 表

（単位：円）

勘 定 科 目	個別財務諸表			消去・振替		連結財務諸表
	P 社	S 社	合 計			
貸借対照表						連結貸借対照表
諸 資 産	3,070	1,450	4,520			4,520
売 掛 金	800	400	1,200		300	900
商 品	1,200	520	1,720		40	1,680
S 社 株 式	720	－	720		720	0
の れ ん				54	6	48
資 産 合 計	5,790	2,370	8,160			7,148
諸 負 債	(1,250)	(660)	(1,910)			(1,910)
買 掛 金	(400)	(420)	(820)	300		(520)
貸 倒 引 当 金	(40)	(20)	(60)	15		(45)
資 本 金	(3,500)	(700)	(4,200)	700		(3,500)
利 益 剰 余 金	(600)	(570)	(1,170)	446	200	
				2,674	2,415	(★ 665)
非支配株主持分				80	480	
					108	(508)
負債・純資産合計	(5,790)	(2,370)	(8,160)			(7,148)
損益計算書						連結損益計算書
売 上 高	(6,000)	(4,500)	(10,500)	2,400		(8,100)
売 上 原 価	4,500	3,600	8,100	40	2,400	5,740
貸倒引当金繰入	30	15	45		15	30
の れ ん 償 却				6		6
その他の販売費及び一般管理費	1,190	715	1,905			1,905
受 取 配 当 金	(160)	(50)	(210)	120		(90)
その他の営業外収益	(190)	(200)	(390)			(390)
営 業 外 費 用	300	150	450			450
当 期 純 利 益	(330)	(270)	(600)	2,566	2,415	(449)
非支配株主に帰属する当期純損益				108		108
親会社株主に帰属する当期純利益	(330)	(270)	(600)	2,674	2,415	(341)

（連結）損益計算書の「親会社株主に帰属する当期純利益」の消去・振替欄の金額を（連結）貸借対照表の「利益剰余金」に記入

★ 1,170円－(446円＋2,674円)＋(200円＋2,415円)＝665円
または、最後に連結貸借対照表の差額で計算

ちなみに、**例1**について、連結損益計算書を作成すると次のようになります。

連結損益計算書
自×1年4月1日 至×2年3月31日 （単位：円）

Ⅰ	売 上 高		8,100
Ⅱ	売 上 原 価		5,740
	売 上 総 利 益		2,360
Ⅲ	販売費及び一般管理費		
	貸倒引当金繰入	30	
	の れ ん 償 却	6	
	その他の販売費及び一般管理費	1,905	1,941
	営 業 利 益		419
Ⅳ	営 業 外 収 益		
	受 取 配 当 金	90	
	その他の営業外収益	390	480
Ⅴ	営 業 外 費 用		450
	当 期 純 利 益		449
	非支配株主に帰属する当期純利益		108
	親会社株主に帰属する当期純利益		341

なお、試験では、連結精算表を作成しないで、連結貸借対照表の項目の金額を答えさせる問題が出題されることもあります。「受取配当金」や「商品」などの金額は、Ｐ社とＳ社の個別財務諸表の金額に連結修正仕訳の金額を加減すればＯＫですが、「利益剰余金」の金額を求めるにはちょっとコツが必要です。
　連結貸借対照表における利益剰余金の求め方については、巻末の参考を参照してください。

問　連結財務諸表の作成　解答用紙あり

　次の［資料］にもとづいて、連結第２年度（×1年４月１日から×2年３月31日）の連結損益計算書を作成するとともに、解答用紙に示した連結貸借対照表の項目の金額を答えなさい。

［資　料］

(1)　P社は×0年３月31日にS社の発行済株式総数の60％を60,000円で取得して支配を獲得した。

(2)　のれんは支配獲得日の翌年度から10年間で均等に償却する。

(3)　連結第２年度より、P社はS社に対し、原価に10％の利益を加算して商品を販売している。

(4)　P社は売掛金に対して２％の貸倒引当金を差額補充法により設定している。

(5)　×0年３月31日および×1年３月31日におけるS社の個別貸借対照表は次のとおりである。

S社の個別貸借対照表

×0年３月31日　　　　　　　　　　　　（単位：円）

諸　資　産	150,000	諸　　負　　債	70,000
		資　　本　　金	60,000
		資　本　剰　余　金	16,000
		利　益　剰　余　金	4,000
	150,000		150,000

S社の個別貸借対照表

×1年３月31日　　　　　　　　　　　　（単位：円）

諸　資　産	160,000	諸　　負　　債	64,000
		資　　本　　金	60,000
		資　本　剰　余　金	16,000
		利　益　剰　余　金	20,000
	160,000		160,000

(6)　S社の連結第１年度（×0年４月１日から×1年３月31日）の当期純利益は

16,000円であり、配当は行っていない。

(7)　P社およびS社の連結第2年度（×1年4月1日から×2年3月31日）の貸借対照表および損益計算書は次のとおりである。

貸借対照表
×2年3月31日　　　　　　　　　　（単位：円）

資　産	P　社	S　社	負債・純資産	P　社	S　社
諸　　資　　産	241,200	116,200	諸　　負　　債	80,000	41,000
売　　掛　　金	60,000	40,000	買　　掛　　金	32,000	34,000
(貸倒引当金)	△1,200	△800	資　　本　　金	280,000	60,000
商　　　　　品	100,000	41,600	資 本 剰 余 金	20,000	16,000
S　社　株　式	60,000	－	利 益 剰 余 金	48,000	46,000
	460,000	197,000		460,000	197,000

損益計算書
自×1年4月1日　至×2年3月31日　　　（単位：円）

	P　社	S　社
Ⅰ　売　　上　　高	480,000	360,000
Ⅱ　売　上　原　価	360,000	288,000
売 上 総 利 益	120,000	72,000
Ⅲ　販売費及び一般管理費	80,000	44,000
営 業 利 益	40,000	28,000
Ⅳ　営 業 外 収 益	28,000	20,000
Ⅴ　営 業 外 費 用	24,000	12,000
当 期 純 利 益	44,000	36,000

(8)　連結第2年度（×1年4月1日から×2年3月31日）において、S社は配当10,000円を行っている。

(9)　連結第2年度におけるP社のS社に対する商品の売上高は132,000円である。

(10)　S社の連結第2年度末（×2年3月31日）に保有する期末商品のうち、P社から仕入れた商品は22,000円であった。また、P社の売掛金残高のうち15,000円はS社に対するものであった。

解答

問 連結財務諸表の作成

連結損益計算書
自×1年4月1日 至×2年3月31日 （単位：円）

Ⅰ	売上高	（	708,000[*1] ）
Ⅱ	売上原価	（	518,000[*2] ）
	売上総利益	（	190,000 ）
Ⅲ	販売費及び一般管理費	（	124,900[*3] ）
	（うち、「のれん償却」額）	（	1,200 ）
	営業利益	（	65,100 ）
Ⅳ	営業外収益	（	42,000[*4] ）
Ⅴ	営業外費用	（	36,000 ）
	当期純利益	（	71,100 ）
	非支配株主に帰属する当期純利益	（	14,400 ）
	親会社株主に帰属する当期純利益	（	56,700 ）

＊1 480,000円＋360,000円－132,000円＝708,000円

＊2 360,000円＋288,000円－132,000円＋2,000円＝518,000円

＊3 80,000円＋44,000円＋ 1,200円 － 300円 ＝124,900円
　　　　　　　　　　　　のれん償却　貸倒引当金繰入

＊4 28,000円＋20,000円－6,000円＝42,000円
　　　　　　　　　　　　受取配当金

［連結貸借対照表の金額］

商　　　　　品	139,600円[*1]
の　れ　ん	9,600円[*2]
非支配株主持分	48,800円[*3]

＊1 100,000円＋41,600円－2,000円＝139,600円

＊2 10,800円－1,200円＝9,600円　または　12,000円－1,200円×2年＝9,600円

＊3 38,400円＋14,400円－4,000円＝48,800円

〈解説〉

1 連結第1年度に行う連結修正仕訳

[開始仕訳]

① 投資と資本の相殺消去

資　本　金 (当 期 首 残 高)	60,000	(S 社 株 式) 60,000
資 本 剰 余 金 (当 期 首 残 高)	16,000	(非支配株主持分) (当 期 首 残 高) 32,000*1
利 益 剰 余 金 (当 期 首 残 高)	4,000	
(の　　れ　　ん)	12,000*2	

※　本問は連結株主資本等変動計算書を作成しないので「当期首残
高」などをつけずに仕訳してもかまいません。

＊1　(60,000円＋16,000円＋4,000円)×40％＝32,000円

＊2　貸借差額

[連結修正仕訳]

② のれんの償却

(の れ ん 償 却)	1,200*	(の　　れ　　ん) 1,200

＊　12,000円÷10年＝1,200円

③ 子会社の当期純損益の振り替え

非支配株主に帰属する 当 期 純 損 益	6,400	(非支配株主持分) (当 期 変 動 額) 6,400*

＊　16,000円×40％＝6,400円

2 連結第2年度に行う連結修正仕訳　←解答に必要な仕訳

[開始仕訳] … **1**①～③

　1 連結第1年度に行う連結修正仕訳 について、損益項目 は「利益剰余金(当期
首残高)」、非支配株主持分当期変動額は「非支配株主持分(当期首残高)」として再
度仕訳を行います。

資　本　金 (当 期 首 残 高)	60,000	(S 社 株 式) 60,000
資 本 剰 余 金 (当 期 首 残 高)	16,000	(非支配株主持分) (当 期 首 残 高) 38,400*3
利 益 剰 余 金 (当 期 首 残 高)	11,600*1	
(の　　れ　　ん)	10,800*2	

＊1　4,000円＋1,200円＋6,400円＝11,600円

＊2　12,000円－1,200円＝10,800円

＊3　32,000円＋6,400円＝38,400円

［連結修正仕訳］

① のれんの償却

(のれん償却) 1,200* (の れ ん) 1,200

    * 12,000円 ÷ 10年 = 1,200円

② 子会社の当期純損益の振り替え

$\binom{非支配株主に帰属する}{当\ 期\ 純\ 損\ 益}$ 14,400 $\binom{非支配株主持分}{当\ 期\ 変\ 動\ 額}$ 14,400*

    * 36,000円 × 40% = 14,400円
       S社当期純利益

③ 子会社の配当金の修正

(受 取 配 当 金) 6,000*1 (剰 余 金 の 配 当) 10,000

$\binom{非支配株主持分}{当\ 期\ 変\ 動\ 額}$ 4,000*2 または「利益剰余金」

    *1 10,000円 × 60% = 6,000円
    *2 10,000円 × 40% = 4,000円

④ 売上高と売上原価の相殺消去

(売 上 高) 132,000 (売 上 原 価) 132,000

⑤ 期末商品に含まれる未実現利益の消去

(売 上 原 価) 2,000 (商 品) 2,000*

    * $22,000円 × \dfrac{0.1}{1.1} = 2,000円$

⑥ 債権債務の相殺消去

(買 掛 金) 15,000 (売 掛 金) 15,000

⑦ 期末貸倒引当金の修正

(貸 倒 引 当 金) 300* (貸倒引当金繰入) 300

    * 15,000円 × 2% = 300円

製造業会計

◆製造業会計

　製造業の会計処理は商業簿記と工業簿記をあわせた内容となります。ですから、工業簿記を学習したあと、再度、商業簿記に戻って、製造業会計の全体像をながめておくと、より理解を深めることができるでしょう。

2級で学習する内容

取引と処理	
株式会社特有の取引	その他の取引
商品売買取引	伝　票

決算、本支店会計、連結会計、製造業会計	
決　算	**製造業会計** ✓製造業の会計処理………CHAPTER 23 ✓製造業の財務諸表………CHAPTER 23
本支店会計	
連結会計Ⅰ〜Ⅲ	

1 製造業会計の基本

Ⅰ 商品売買業と製造業

　商品売買業とは、商品を仕入れ、それをそのままの形で販売する形態の業種をいいます。一方、**製造業**とは、材料を仕入れ、その材料に、切る、組み立てる、色を塗るなどの加工を施して製品を製造し、完成した製品を販売する形態の業種をいいます。

Ⅱ 製造業と原価計算

製造業では、材料に切る、組み立てるなどの加工を施すため、材料の仕入れや加工のための費用など製品の製造にかかった費用を計算しなければなりません。

この製品の製造にかかった費用を**原価**といい、製品の原価を計算することを**原価計算**といいます。

Ⅲ 仕掛品とは

製造業において、材料から完成品（製品）になるまでの、加工途中の未完成品のことを**仕掛品**といいます。

図解 仕掛品とは

材料 → 加工中 仕掛品 → 完成！ 製品

2 製造業の会計処理①

　まず、製造業の会計処理について、材料費、労務費、経費、製造間接費の処理をざっとみていきましょう。

ひとこと

　この内容は工業簿記の内容なので、詳しい処理については工業簿記を参照してください。

Ⅰ 材料費

　材料費は製品を製造するために消費した材料の金額です。ここでは、材料費について、分類と処理を簡単にみておきましょう。

1 材料費の分類

　材料費は製品との関連（ある製品にいくらかかったかが明らかかどうか）によって直接材料費と間接材料費に分類されます。

図解 材料費の分類

各材料の例

直接材料費	主要材料費	家具製造業における木材、パン製造業における小麦など
	買入部品費	自動車製造業におけるタイヤなど
間接材料費	補助材料費	接着剤、ペンキなど
	工場消耗品費	機械油、軍手など
	消耗工具器具備品費	ハンマー、ドライバーなど

2 材料を購入したときの処理

材料を購入したときは、購入した材料そのものの金額（**購入代価**）に、購入手数料や引取運賃などの**付随費用**を加算した金額（**購入原価**）で処理します。

▶ 例1 　　　　　　　　　　　　　　　　　　　　　材料を購入したときの処理

材料1,000円を仕入れ、代金は掛けとした。なお、引取運賃100円は現金で支払った。

| 例1の仕訳 | （材　　　料） | 1,100* | （買　掛　金） | 1,000 |
| | | | （現　　　金） | 100 |

＊　1,000円＋100円＝1,100円

3 材料を消費したときの処理

材料を消費したときは、その材料費が**直接材料費**（ある製品にいくらかかったかが直接的に把握できる材料費）の場合は、**材料**［資産］から**仕掛品**［資産］に振り替えます。

また、その材料費が**間接材料費**（ある製品にいくらかかったかが直接的に把握できない材料費）の場合は、**材料**[資産] から **製造間接費**[費用] に振り替えます。

4 材料の棚卸減耗が生じたときの処理

材料の棚卸減耗が生じたときは、原因を調べ、通常起こり得る範囲の減耗（正常な棚卸減耗）の場合には、棚卸減耗損の分だけ、**材料**[資産] から **製造間接費**[費用] に振り替えます。

Ⅱ 労務費

労務費は製品を製造するために消費した労働力の金額（工場における人件費など）です。ここでは、労務費について、分類と処理を簡単にみておきましょう。

1 労務費の分類

労務費は製品との関連（ある製品にいくらかかったかが明らかかどうか）によって直接労務費と間接労務費に分類されます。

2 賃金・給料を支払ったときの処理

賃金や給料を支払ったときは、**賃金**［費用］や**給料**［費用］で処理します。

当月の賃金支給額1,000円を現金で支払った。

| 例4の仕訳 | （賃　　　　金） | 1,000 | （現　　　　金） | 1,000 |

3 賃金・給料の消費額の計算

賃金や給料の消費額は次の計算式によって求めます。

図解　賃金・給料の消費額の計算

当月消費額＝当月支給額＋当月未払額ー前月未払額

たとえば、20日締め、25日払いの場合

支給額　1,000円

前月未払額 100円

当月未払額 200円

当月の賃金消費額 1,000円＋200円ー100円＝1,100円

前月の賃金だから、当月分から差し引く

当月分の賃金だから当月分に足す

当月の賃金支給額は1,000円であった。前月未払額は100円、当月未払額は200円である。当月の賃金消費額を計算しなさい。

| 例5の解答 | 当月の賃金消費額：1,100円* |

＊　1,000円＋200円ー100円＝1,100円

4 賃金・給料を消費したときの処理

直接労務費（直接工直接作業賃金）を消費したときは、**賃金**［費用］から**仕掛品**［資産］に振り替えます。

間接労務費（直接工間接作業賃金、間接工賃金、給料など）を消費したときは、**賃金**［費用］から**製造間接費**［費用］に振り替えます。

▼ 例6 ─────────────── 賃金・給料を消費したときの処理

当月の賃金消費額は1,100円であった。そのうち、880円は直接工直接作業賃金で、220円は間接工賃金であった。

例6の仕訳	（仕　　掛　　品）	880	（賃　　　　金）	1,100
	（製 造 間 接 費）	220		

Ⅲ 経費

経費は製品を製造するために消費した、材料費、労務費以外の金額（工場における水道光熱費など）です。ここでは、経費について、分類と処理を簡単にみておきましょう。

1 経費の分類

経費は製品との関連（ある製品にいくらかかったかが明らかかどうか）によって直接経費と間接経費に分類されます。

図解 経費の分類

- 支払経費
  - 外注加工賃 ── 直接経費
  - 特許権使用料 ─┘
  - 旅費交通費
- 月割経費
  - 減価償却費
  - 賃借料
  - 保険料
- 測定経費
  - 電気代
  - 水道代
  - ガス代 ─── 間接経費
- 発生経費
  - 材料棚卸減耗損

↑ 製造に関するもの
（工場で発生した、
材料費、労務費以外のもの）

2 経費の処理

　経費を消費したときは、直接経費（外注加工賃や特許権使用料）については、**仕掛品** [資産] で処理します。

　また、間接経費（工場減価償却費や賃借料、材料棚卸減耗損など）については、**製造間接費** [費用] で処理します。

▼ **例7** ──────────────────── **経費を消費したとき**

　工場の減価償却費100円を計上した（記帳方法は間接法）。

例7の仕訳	（減 価 償 却 費）	100	（減価償却累計額）	100
	（**製 造 間 接 費**）	**100**	（減 価 償 却 費）	100

Ⅳ 製造間接費

ここでは、製造間接費の配賦と、配賦差異が生じたときの処理について簡単にみておきましょう。

1 製造間接費の配賦

製造間接費は、何らかの配賦基準を用いて製品に配賦します。

具体的には、**製造間接費** [費用] から **仕掛品** [資産] に振り替える処理をします。

なお、製造間接費の実際発生額をもとにして配賦することもありますが、予定配賦率を用いて予定配賦をすることもあります。

製造間接費の予定配賦など、具体的な計算については工業簿記の教科書で確認してください。

例8　　　　　　　　　　　　　　　　　　　　　　　　　　**製造間接費の配賦**

当月の製造間接費の予定配賦額は1,200円である。

例8の仕訳　　(**仕　掛　品**)　　　1,200　　(**製 造 間 接 費**)　　　1,200

---

2 製造間接費を予定配賦したときの月末の処理

製造間接費を予定配賦している場合、月末において製造間接費の実際発生額を計算し、予定配賦額と実際発生額の差額を**製造間接費** [費用] から**製造間接費配賦差異**に振り替えます。

製造間接費の実際発生額が予定配賦額よりも多い場合には、不利差異（借方差異）となり、製造間接費配賦差異勘定の借方に金額を記入します。

また、製造間接費の実際発生額が予定配賦額よりも少ない場合には、有利差異（貸方差異）となり、製造間接費配賦差異勘定の貸方に金額を記入します。

図解 製造間接費を予定配賦したときの月末の処理

不利差異（借方差異）の場合

製造間接費

| 実際発生額 | 予定配賦額 |
| | 差　　異 |

製造間接費配賦差異

| 差　　　異 | |

（製造間接費配賦差異）　××　（製造間接費）　××

有利差異（貸方差異）の場合

製造間接費

| 実際発生額 | 予定配賦額 |
| 差　　異 | |

製造間接費配賦差異

| | 差　　　異 |

（製造間接費）　××　（製造間接費配賦差異）　××

ひとこと

予定配賦額から実際発生額を差し引いて、金額がマイナスであれば不利差異（借方差異）、プラスであれば有利差異（貸方差異）と判定します。

例9 ——————— 製造間接費を予定配賦したときの月末の処理

　当月の製造間接費の実際発生額は1,300円であった。なお、製造間接費は予定配賦をしており、予定配賦額は1,200円である。

| 例9の仕訳 | （製造間接費配賦差異） | 100* | （製 造 間 接 費） | 100 |

　＊　1,200円－1,300円＝△100円（不利差異・借方差異）
　　　予定配賦額　　実際発生額

ひとこと

　「製造間接費配賦差異」は、「原価差異」で処理することもあります。

3 製造業の会計処理②

　次に、製品が完成したとき、製品を販売したとき、製品に棚卸減耗が生じたときの処理をみてみましょう。

I 製品が完成したときの処理

　製品が完成したときは、**仕掛品**［資産］から**製品**［資産］に振り替えます。

例10 ——————————————— 製品が完成したときの処理

　製品2,000円が完成した。

| 例10の仕訳 | （**製　　　　品**） | 2,000 | （**仕　掛　品**） | 2,000 |

Ⅱ 製品を販売したときの処理

　完成した製品を販売したときは、**売価**で**売上**［収益］を計上するとともに、その**原価**を**製品**［資産］から**売上原価**［費用］に振り替えます。

▎例11 ————————————————— 製品を販売したときの処理
　製品1,500円（原価）を1,800円（売価）で販売し、代金は掛けとした。

例11の仕訳	（売　掛　金）	1,800	（売　　上）	1,800
	（売上原価）	1,500	（製　品）	1,500

Ⅲ 製品に棚卸減耗が生じたときの処理

　決算において、製品に棚卸減耗が生じたときは、**棚卸減耗損**［費用］で処理します。

　また、製品の棚卸減耗損は損益計算書上、**売上原価の内訳項目**または**販売費及び一般管理費**に計上します。

▎例12 ————————————————— 製品に棚卸減耗が生じたときの処理
　決算において、製品の実地棚卸をしたところ、200円の棚卸減耗（すべて正常な範囲のもの）があった。なお、製品の棚卸減耗損は売上原価に賦課する。

例12の仕訳	（売上原価）	200	（製　品）	200

ひとこと

　商品の棚卸減耗のときと同様です。なお、例12は棚卸減耗損を直接売上原価に賦課しています。

4 製造業の会計処理③

製造間接費を予定配賦したさいに生じた製造間接費配賦差異などの原価差異は、決算において、**売上原価** [費用] に振り替えます。

たとえば、製造間接費配賦差異が借方残高（不利差異＝借方差異）の場合は**売上原価** [費用] の増加として売上原価勘定の借方に振り替え、製造間接費配賦差異が貸方残高（有利差異＝貸方差異）の場合は**売上原価** [費用] の減少として売上原価勘定の貸方に振り替えます。

▌例13　　　　　　　　　　　　　　　　　　　　会計年度末の処理
① 決算において、製造間接費配賦差異勘定の残高200円（借方残高）を売上原価勘定に振り替える。
② 決算において、製造間接費配賦差異勘定の残高100円（貸方残高）を売上原価勘定に振り替える。

例13の仕訳①	（売 上 原 価）	200	（製造間接費配賦差異）	200
②	（製造間接費配賦差異）	100	（売 上 原 価）	100

5 製造業の財務諸表

製造業を営む会社が作成する財務諸表には、損益計算書、貸借対照表、製造原価報告書があります。

なお、製造原価報告書の作成は工業簿記での出題となるため、ここでは、損益計算書と貸借対照表について、商品売買業と異なる点のみ説明します。

I 損益計算書の形式

製造業の損益計算書は、基本的には商品売買業と同じですが、いくつか項目の名称が異なるものがあります。

損 益 計 算 書

自 ×1年4月1日　至 ×2年3月31日

Ⅰ 売　　上　　高		××
Ⅱ 売　上　原　価		
期首製品棚卸高	××	
当期製品製造原価	××	
合　　計	××	
期末製品棚卸高	××	
差　　引	××	
原　価　差　異	××	××
売　上　総　利　益		××

製造間接費配賦差異などの原価差異がある場合には、売上原価に賦課する！

商品売買業と製造業の損益計算書項目の違い

商 品 売 買 業		製 造 業
期首商品棚卸高	➡	期首製品棚卸高
当期商品仕入高	➡	当期製品製造原価
期末商品棚卸高	➡	期末製品棚卸高

Ⅱ 貸借対照表の形式

　製造業の貸借対照表は、商品売買業と同じです。ただし、製造業では材料、仕掛品、製品といった資産も期末に残っているので、これらの勘定科目は資産の部に記入します。

図解 製造業の貸借対照表

<u>貸 借 対 照 表</u>
×2年3月31日

資　産　の　部	
：	
製　　　　品　　××	
材　　　料　　××	
仕　掛　品　　××	

CHAPTER 23　製造業会計　基本問題

問1　製造業会計－Ⅰ

次の各取引について仕訳しなさい。なお、勘定科目は［　　］内に示すものの中から選ぶこと。

［勘定科目：現金、売掛金、買掛金、材料、仕掛品、製品、売上、
　　　　　　売上原価、賃金、製造間接費、棚卸減耗損、原価差異］

(1)　材料1,000円を掛けで仕入れた。

(2)　材料のうち、直接材料として600円、間接材料として200円を消費した。

(3)　材料の実地棚卸をしたところ、50円の棚卸減耗（正常な範囲内）があった。

(4)　当月の直接工直接作業賃金の支払高は2,000円（現金による支払い）であった。なお、月末および月初に未払いはない。

(5)　当月の製造間接費予定配賦額は1,500円である。

(6)　当月の完成品原価は4,000円であった。

(7)　当月の売上高は6,000円（掛け売上）、売上原価は4,200円であった。

(8)　当月の製造間接費実際発生額は1,600円であった。予定配賦額（1,500円）との差額は売上原価に賦課する。

問2　製造業会計－Ⅱ　解答用紙あり

受注生産・販売を行っているA製作所の［資料］にもとづいて、解答用紙の損益計算書と貸借対照表を完成させなさい。なお、会計期間は×1年4月1日から×2年3月31日までの1年間である。

[資料1] ×2年2月末現在の残高試算表

残 高 試 算 表 （単位：円）

借 方	勘 定 科 目	貸 方
521,760	現 金 預 金	
167,000	受 取 手 形	
45,000	売 掛 金	
950	材 料	
1,000	仕 掛 品	
500	製 品	
	貸 倒 引 当 金	1,500
72,000	建 物	
60,000	機 械 装 置	
	建物減価償却累計額	9,400
	機械装置減価償却累計額	20,800
	支 払 手 形	103,800
	買 掛 金	43,100
	退 職 給 付 引 当 金	73,000
	資 本 金	400,000
	利 益 準 備 金	60,000
	繰 越 利 益 剰 余 金	112,000
	売 上	180,710
113,200	売 上 原 価	
23,000	販売費及び一般管理費	
100	支 払 利 息	
	固 定 資 産 売 却 益	200
1,004,510		1,004,510

[資料2] 3月の取引等

(1) 3月の材料仕入高（すべて掛け買い）は4,500円、直接材料費は3,600円であった。

(2) 3月の直接工直接作業賃金支払高（現金払い、月末・月初未払いなし）は4,000円であった。

(3) 3月の製造間接費予定配賦額は4,500円、間接材料費実際発生額は1,000円、間接材料費と［資料3］以外の製造間接費実際発生額（すべて現金での支払

い）は1,600円であった。

(4) 当月完成品原価は11,500円、当月売上原価は10,200円、当月売上高（すべて掛け売り）は16,000円であった。

［資料3］決算整理等

(1) 決算において実地棚卸を行ったところ、材料実際有高は800円、製品実際有高は1,600円であった。棚卸減耗は、材料・製品ともに正常な原因により生じたものであり、製品の棚卸減耗については売上原価に賦課する。

(2) 固定資産の減価償却費については、期首に年間発生額を見積り、以下の月割額を毎月計上し、決算月も同様の処理を行った。

　　建物：200円（製造活動用150円、販売・一般管理活動用50円）

　　機械装置（すべて製造活動用）：800円

(3) 過去の実績にもとづいて、売上債権の期末残高に対して2％の貸倒引当金を設定する（差額補充法）。

(4) 退職給付引当金については、年度見積額の12分の1を毎月計上しており、決算月も同様の処理を行った。なお、製造活動に携わる従業員にかかるものは、月1,200円、それ以外の従業員にかかるものは月800円である。年度末に繰入額を確定したところ、実際繰入額は年度見積額と一致していた。

(5) 年度末に生じた原価差異は上記に示されている事項のみである。なお、原価差異はいずれも正常な原因によるものであった。また、×1年4月から×2年2月までの各月の月次決算で生じた原価差異はそれぞれの月で売上原価に賦課されている。

(6) 税引前当期純利益の40％を法人税、住民税及び事業税として計上する。

問1 **製造業会計 – Ⅰ**

(1)	(材 料)	1,000	(買 掛 金)	1,000
(2)	(仕 掛 品)	600	(材 料)	800
	(製 造 間 接 費)	200		
(3)	(棚 卸 減 耗 損)	50	(材 料)	50
	(製 造 間 接 費)	50	(棚 卸 減 耗 損)	50
(4)	(賃 金)	2,000	(現 金)	2,000
	(仕 掛 品)	2,000	(賃 金)	2,000
(5)	(仕 掛 品)	1,500	(製 造 間 接 費)	1,500
(6)	(製 品)	4,000	(仕 掛 品)	4,000
(7)	(売 掛 金)	6,000	(売 上)	6,000
	(売 上 原 価)	4,200	(製 品)	4,200
(8)	(原 価 差 異)	100*	(製 造 間 接 費)	100
	(売 上 原 価)	100	(原 価 差 異)	100

* 1,500円 – 1,600円 ＝ △100円（不利差異・借方差異）

問2 **製造業会計 – Ⅱ**

損 益 計 算 書
自×1年4月1日 至×2年3月31日 （単位：円）

Ⅰ 売 上 高	（	196,710 ）
Ⅱ 売 上 原 価	（	123,900 ）
売 上 総 利 益	（	72,810 ）
Ⅲ 販売費及び一般管理費	（	26,910 ）
営 業 利 益	（	45,900 ）
Ⅳ 営 業 外 費 用		
1．支 払 利 息	（	100 ）
経 常 利 益	（	45,800 ）
Ⅴ 特 別 利 益		
1．固定資産売却益	（	200 ）
税引前当期純利益	（	46,000 ）
法人税、住民税及び事業税	（	18,400 ）
当 期 純 利 益	（	27,600 ）

$$\underline{貸\ 借\ 対\ 照\ 表}$$

×2年3月31日

（単位：円）

資　産　の　部			負　債　の　部		
Ⅰ　流　動　資　産			Ⅰ　流　動　負　債		
現　金　預　金		（ 516,160 ）	支　払　手　形		（ 103,800 ）
受　取　手　形	（ 167,000 ）		買　掛　金		（ 47,600 ）
売　掛　金	（ 61,000 ）		未払法人税等		（ 18,400 ）
貸倒引当金	（ 4,560 ）	（ 223,440 ）	流動負債合計		（ 169,800 ）
製　品		（ 1,600 ）	Ⅱ　固　定　負　債		
材　料		（ 800 ）	退職給付引当金		（ 75,000 ）
仕　掛　品		（ 1,600 ）	固定負債合計		（ 75,000 ）
流動資産合計		（ 743,600 ）	負債の部合計		（ 244,800 ）
Ⅱ　固　定　資　産			純　資　産　の　部		
建　物	（ 72,000 ）		資　本　金		（ 400,000 ）
減価償却累計額	（ 9,600 ）	（ 62,400 ）	利　益　準　備　金		（ 60,000 ）
機　械　装　置	（ 60,000 ）		繰越利益剰余金		（ 139,600 ）
減価償却累計額	（ 21,600 ）	（ 38,400 ）	純資産の部合計		（ 599,600 ）
固定資産合計		（ 100,800 ）			
資　産　合　計		（ 844,400 ）	負債・純資産合計		（ 844,400 ）

※　繰越利益剰余金：112,000円 ＋ 27,600円 ＝ 139,600円
　　　　　　　　　　　残高試算表　　当期純利益

〈解説〉

　3月の取引の仕訳、決算整理仕訳を示すと次のとおりです。

　　[資料2]　3月の取引等

(1)	（材　　　料）	4,500	（買　掛　金）	4,500			
	（仕　掛　品）	3,600	（材　　　料）	3,600			
(2)	（賃　　　金）	4,000	（現　　　金）	4,000			
			現金預金				
	（仕　掛　品）	4,000	（賃　　　金）	4,000			
(3)	（仕　掛　品）	4,500	（製　造　間　接　費）	4,500 *1			
	（製　造　間　接　費）	1,000	（材　　　料）	1,000 *2			
	（製　造　間　接　費）	1,600	（現　　　金）	1,600 *3			
			現金預金				

　　　＊1　製造間接費の予定配賦額
　　　＊2　間接材料費の実際消費額
　　　＊3　その他の製造間接費の実際発生額

(4)	（製　　　品）	11,500	（仕　掛　品）	11,500
	（売　上　原　価）	10,200	（製　　　品）	10,200
	（売　掛　金）	16,000	（売　　　上）	16,000

[資料3] 決算整理等

(1)　(棚 卸 減 耗 損)　　　50　　(材　　　　料)　　　50*4
　　　(製 造 間 接 費)　　　50　　(棚 卸 減 耗 損)　　50*4
　　　(売 上 原 価)　　　200　　(製　　　品)　　　200*5

　　＊4　材料帳簿残高：950円＋4,500円−3,600円−1,000円
　　　　　　　　　　　残高試算表　　　[資料2](1)　　　[資料2](3)
　　　　　　　　　　　＝850円

　　　　材料棚卸減耗損：850円−800円＝50円

　　＊5　製品帳簿残高：500円＋11,500円−10,200円＝1,800円
　　　　　　　　　　　残高試算表　　[資料2](4)

　　　　製品棚卸減耗損：1,800円−1,600円＝200円

(2)　(減 価 償 却 費)　　1,000　　(建物減価償却累計額)　　200
　　　　　　　　　　　　　　　　　(機械装置減価償却累計額)　800
　　　(製 造 間 接 費)　　950*6　(減 価 償 却 費)　　1,000
　　　(販売費及び一般管理費)　　50

　　＊6　150円＋800円＝950円

(3)　(貸倒引当金繰入)　　3,060　　(貸 倒 引 当 金)　　3,060*7
　　　販売費及び一般管理費

　　＊7　期末売上債権：167,000円＋45,000円＋16,000円
　　　　　　　　　　　残高試算表の　　　　　[資料2](4)
　　　　　　　　　　　受取手形・売掛金　　売掛金
　　　　　　　　　　＝228,000円

　　　　貸 倒 引 当 金：228,000円×2％＝4,560円

　　　　貸倒引当金繰入：4,560円−1,500円＝3,060円

(4)　(退 職 給 付 費 用)　　2,000　　(退職給付引当金)　　2,000
　　　(製 造 間 接 費)　　1,200　　(退 職 給 付 費 用)　　2,000
　　　(販売費及び一般管理費)　800

(5)　(原 価 差 異)　　　300　　(製 造 間 接 費)　　300*8
　　　製造間接費配賦差異
　　　(売 上 原 価)　　　300　　(原 価 差 異)　　　300
　　　　　　　　　　　　　　　　　製造間接費配賦差異

　　＊8　製造間接費の予定配賦額：4,500円（[資料2](3)）
　　　　製造間接費の実際発生額：
　　　　1,000円＋1,600円＋50円＋950円＋1,200円＝4,800円
　　　　[資料2](3)　　[資料3](1)[資料3](2)[資料3](4)

　　　　原価差異：4,500円−4,800円＝△300円
　　　　　　　　　　　　　　　　（不利差異・借方差異）

(6)　(法人税、住民税及び事業税)　18,400*9　(未 払 法 人 税 等)　18,400

　　＊9　46,000円×40％＝18,400円
　　　　税引前当期純利益

CHAPTER 24

参　考

ここでは、CHAPTER 01 から CHAPTER 23 の内容のうち、発展的な内容のものについて説明します。

試験での出題はあまりなく、また難易度が高い内容のため、余裕がある人だけ読んでおいてください。

1 開業費の処理 （関連テーマ…CHAPTER 01 株式の発行）

CHAPTER 01 では会社の設立時の処理について学習しました。ここでは開業費の処理についてみておきます。

Ⅰ 開業費とは

会社の設立後、営業を開始するまでに要した費用を**開業費**といいます。

「会社は設立したけど、まだ営業を開始していない」という段階で生じる、使用人に対する給料や建物の賃貸料（支払家賃）、通信費などが開業費です。

Ⅱ 開業費の処理

New
開業費

開業費は、支出したときに**開業費** ［原則：費用］ として処理します。

☞ 費用の増加⇒借方（左）

▼ 例1 ——————————————————————————— 開業費の処理

A株式会社は、開業費1,000円を現金で支払った。

例1の仕訳	（開　業　費）	1,000	（現　　　金）	1,000

2 配当財源が繰越利益剰余金とその他資本剰余金の場合 (関連テーマ…CHAPTER02 剰余金の配当と処分)

CHAPTER 02 では、配当財源が繰越利益剰余金またはその他資本剰余金の場合の処理について学習しましたが、ここでは配当財源が繰越利益剰余金とその他資本剰余金の両方である場合の処理についてみておきます。

Ⅰ 配当財源が繰越利益剰余金とその他資本剰余金の場合

配当財源として、その他資本剰余金と繰越利益剰余金の両方を用いた場合、配当財源となった剰余金の割合によって資本準備金積立額と利益準備金積立額を計算します。

例2 —— 配当財源が繰越利益剰余金とその他資本剰余金の場合

A株式会社の株主総会において、繰越利益剰余金とその他資本剰余金を財源とした剰余金の配当等が次のように決定した。

繰越利益剰余金を財源とした株主配当金5,000円、

その他資本剰余金を財源とした株主配当金2,000円、

利益準備金？円（各自計算）、資本準備金？円（各自計算）

なお、資本金、資本準備金、利益準備金の残高は、それぞれ60,000円、4,000円、3,000円であった。

例2の仕訳	（繰越利益剰余金）	5,500*3	（未 払 配 当 金）	7,000
	（その他資本剰余金）	2,200*4	（利 益 準 備 金）	500*1
			（資 本 準 備 金）	200*2

*1、*2［準備金要積立額］

① $(5,000円 + 2,000円) \times \dfrac{1}{10} = 700円$

② $60,000円 \times \dfrac{1}{4} - (4,000円 + 3,000円) = 8,000円$

③①＜②より①700円

［利益準備金、資本準備金の積み立て］

上記の要積立額（合計額）700円を、配当財源の割合によって利益準備金と資本準備金に配分します。

①利益準備金：$700円 \times \dfrac{5,000円}{5,000円 + 2,000円} = 500円$

②資本準備金：$700円 \times \dfrac{2,000円}{5,000円 + 2,000円} = 200円$

447

＊3　繰越利益剰余金：5,000円＋500円＝5,500円
　　　　　　　　　　　株主配当金　利益準備金
　　　　　　　　　　　　　　　　　積立額

＊4　その他資本剰余金：2,000円＋200円＝2,200円
　　　　　　　　　　　株主配当金　資本準備金
　　　　　　　　　　　　　　　　　積立額

3　手形の更改 （関連テーマ…CHAPTER 06 手形と電子記録債権（債務）等）

　CHAPTER 06 で手形について学習しましたが、ここでは手形の更改についてみておきます。

I　手形の更改とは

　手形の更改とは、手形の満期日までに資金の都合がつかず、支払いができないような場合に、手形の所有者の了承を得て、支払期日を延長してもらうことをいいます。

　手形の更改をするときは、新たに手形を振り出し、旧手形と新手形を交換します。

Ⅱ 手形の更改の処理

手形の更改をしたときは、旧手形にかかる**支払手形** [負債] や**受取手形** [資産] が消滅し、新手形にかかる**支払手形** [負債] や**受取手形** [資産] が発生します。

1 債務者の処理（＝約束手形を振り出した側の処理）

約束手形を振り出した側（債務者側）では、旧手形にかかる**支払手形** [負債] が消滅し、新手形にかかる**支払手形** [負債] が発生します。

☞負債の減少⇒借方（左）　☞負債の増加⇒貸方（右）

なお、支払期日を延長したことによって発生した利息は、**支払利息** [費用] で処理します。

☞費用の増加⇒借方（左）

この利息は現金等で支払う場合と、新手形の額面に含める場合があります。

☞現金等で支払う場合⇒資産の減少⇒貸方（右）

☞新手形の額面に含める場合⇒負債の増加⇒貸方（右）

▸例3 ─────────────────────────── 債務者の処理

A社はさきにB社に対して振り出した約束手形1,000円について、B社の了承を得て、手形の更改をした。なお、これにともなう利息は50円である。

(1)利息を現金で支払う場合と、(2)利息を新手形の額面に含める場合の仕訳を示しなさい。

例3の仕訳(1)	（支 払 手 形）	1,000	（支 払 手 形）	1,000
	（支 払 利 息）	50	（現 金）	50
(2)	（支 払 手 形）	1,000	（支 払 手 形）	1,050
	（支 払 利 息）	50		

2 **債権者の処理**（＝約束手形を受け取った側の処理）

約束手形を受け取った側（債権者側）では、旧手形にかかる**受取手形** [資産]
が消滅し、新手形にかかる**受取手形** [資産] が発生します。

☞**資産の減少⇒貸方（右）**　☞**資産の増加⇒借方（左）**

なお、支払期日を延長したことによって発生した利息は、**受取利息** [収益]
で処理します。

☞**収益の増加⇒貸方（右）**

この利息は現金等で受け取る場合と、新手形の額面に含める場合があり
ます。

☞**現金等で受け取る場合⇒資産の増加⇒借方（左）**

☞**新手形の額面に含める場合⇒資産の増加⇒借方（左）**

▶ **例4** ―――――――――――――――――――― **債権者の処理**

B社は、さきにA社から受け取っていた約束手形1,000円についてA社より
手形の更改の申し入れを受けたため、これに同意し、新手形と旧手形を交換し
た。なお、これにともなう利息は50円である。

⑴利息を現金で受け取る場合と、⑵利息を新手形の額面に含める場合の仕訳
を示しなさい。

例4の仕訳⑴	（受　取　手　形）	1,000	（受　取　手　形）	1,000
	（現　　　　金）	50	（受　取　利　息）	50
⑵	（受　取　手　形）	1,050	（受　取　手　形）	1,000
			（受　取　利　息）	50

4　企業残高基準法と銀行残高基準法 (関連テーマ…CHAPTER 07 銀行勘定調整表)

　CHAPTER 07 で銀行勘定調整表について、両者区分調整法の作成方法を学習しましたが、ここでは企業残高基準法と銀行残高基準法についてみておきます。

Ⅰ　企業残高基準法とは

　企業残高基準法は、企業の当座預金残高（帳簿残高）に不一致原因を加減して、最終的に銀行の残高証明書残高に一致させる方法です。

　企業残高基準法による銀行勘定調整表は、両者区分調整法による銀行勘定調整表をもとに、次のように作成します。

銀行勘定調整表（両者区分調整法）　　　（単位：円）

当社の帳簿残高		600	銀行の残高証明書残高		1,100
加算	連絡未通知	300	加算	時間外預入	100❷
	未渡小切手	400		未取立小切手	200
減算	誤記入	50	減算	未取付小切手	150❸
		1,250			1,250

こちら側を基準に作成します。

銀行勘定調整表（企業残高基準法）（単位：円）

当社の帳簿残高			❶ 600
加算	連絡未通知	300	
	未渡小切手	400	
	未取付小切手	150❸	850
減算	誤記入	50	
	時間外預入	100❷	
	未取立小切手	200	350
銀行の残高証明書残高			❹ 1,100

❶　企業の帳簿残高を基準に調整していきます。
❷　両者区分調整法における銀行側の加算項目は、企業残高基準法では減算項目とします。
❸　両者区分調整法における銀行側の減算項目は、企業残高基準法では加算項目とします。
❹　調整後は銀行の残高と一致します。

Ⅱ　銀行残高基準法とは

　銀行残高基準法は、銀行の残高証明書残高に不一致原因を加減して、最終的に企業の当座預金残高（帳簿残高）に一致させる方法です。

　銀行残高基準法による銀行勘定調整表は、両者区分調整法による銀行勘

定調整表をもとに、次のように作成します。

銀行勘定調整表（両者区分調整法）　　（単位：円）

当社の帳簿残高		600	銀行の残高証明書残高		1,100
❷加算	連絡未通知	300	加算	時間外預入	100
	未渡小切手	400		未取立小切手	200
❸減算	誤記入	50	減算	未取付小切手	150
		1,250			1,250

↓

こちら側を基準に作成します。

銀行勘定調整表（銀行残高基準法）（単位：円）

銀行の残高証明書残高			❶ 1,100
加算	時間外預入	100	
	未取立小切手	200	
	誤記入	50 ❸	350
減算	未取付小切手	150	
	連絡未通知	300 ❷	
	未渡小切手	400	850
当社の帳簿残高			❹ 600

❶　銀行の残高を基準に調整していきます。

❷　両者区分調整法における企業側の加算項目は、銀行残高基準法では減算項目とします。

❸　両者区分調整法における企業側の減算項目は、銀行残高基準法では加算項目とします。

❹　調整後は企業の帳簿残高と一致します。

5 定率法の改定償却率と償却保証額 （関連テーマ…CHAPTER 08 固定資産）

　固定資産の減価償却方法には、定額法、定率法、生産高比例法などがありますが、定率法の場合、期首帳簿価額に償却率を掛けて減価償却費を計算するため、いつまでたっても帳簿価額が0円となりません。

　そこで、あるタイミングで、期首帳簿価額を残存耐用年数で割るといった均等償却（**改定償却率**を用いた償却）に切り替え、耐用年数到来時の帳簿価額が0円となるように減価償却費を計算します。

　この場合の切り替えのタイミングは、通常の償却率で計算した減価償却費が**償却保証額**（取得原価×保証率）を下回ったときとなります。

　この内容は、かなり細かい内容なので、よほど余裕のある人以外は無視しましょう。

● **定率法の償却率の判定**

❶ 　通常の償却率で計算した減価償却費＝期首帳簿価額×償却率

❷ 　償却保証額＝取得原価×保証率

❸ 　❶≧❷の場合 → 　減価償却費＝❶の金額

　　　❶＜❷の場合 → 　減価償却費＝改定取得価額×改定償却率
　　　　　　　　　　　　　　　　　　　　最初に❶＜❷となった
　　　　　　　　　　　　　　　　　　　　会計期間の期首帳簿価額

▎例5 ━━━━━━━━━━━━━━ **定率法の償却保証額と改定償却率**

　決算において、4年前（当期首より3年前）に取得した備品（取得原価3,000円、減価償却累計額2,352円）について200%定率法（耐用年数は5年、残存価額は0円、償却率は0.4、保証率は0.10800、改定償却率は0.500）によって減価償却を行う。なお、記帳方法は間接法による。

| 例5の仕訳 | （減 価 償 却 費） | 324* | （備品減価償却累計額） | 324 |

　　＊　①通常の償却率で計算した減価償却費：（3,000円－2,352円）×0.4≒259円
　　　　②償却保証額：3,000円×0.10800＝324円
　　　　③①＜②　→減価償却費：（3,000円－2,352円）×0.500＝324円

ひとこと

　　例5では、耐用年数が5年の備品を4年前に取得しています。このように、耐用年数の間際まで固定資産を使用している場合には、償却保証額（②）が通常の償却率で計算した減価償却費（①）を上回ることがありますが、購入後数年でしたら、償却保証額（②）が通常の償却率で計算した減価償却費（①）を上回ることはないので、通常は、このような判定を行わずに、ふつうの定率法の減価償却を行ってしまってかまいません。

6　有価証券の売却時の手数料の処理 （関連テーマ…CHAPTER 11 有価証券）

　有価証券の売却時に、証券会社に手数料を支払う場合の手数料の処理には、次の2つの方法があります。

Ⅰ　支払手数料で処理する方法

　有価証券の売却時に支払った手数料は、**支払手数料** [費用] で処理します。

▎例6 ━━━━━━━━━━━━━━ **有価証券の売却時の手数料の処理①**

　売買目的で保有するX社株式10株（帳簿価額2,100円）を1株あたり230円で売却し、代金は売却手数料80円を差し引いた金額を現金で受け取った。なお、売却手数料については支払手数料で処理する。

例6の仕訳	（現　　　　金）	2,220*1	（売買目的有価証券）	2,100
	（支 払 手 数 料）	80	（有価証券売却益）	200*2

*1　売却価額：@230円×10株＝2,300円
　　現金受取額：2,300円－80円＝2,220円

*2　2,300円－2,100円＝200円
　　売却価額＞帳簿価額→売却益

Ⅱ 有価証券売却損益に加減する方法

　有価証券の売却時に支払った手数料の処理には、**支払手数料** [費用] で処理せず、**有価証券売却損** [費用] に含めて、または**有価証券売却益** [収益] から差し引く方法もあります。

▶例7　　　　　　　　　　　　　　　有価証券の売却時の手数料の処理②

　売買目的で保有するX社株式10株（帳簿価額2,100円）を1株あたり230円で売却し、代金は売却手数料80円を差し引いた金額を現金で受け取った。なお、売却手数料については有価証券売却損益に加減する。

例7の仕訳	（現　　　　金）	2,220*1	（売買目的有価証券）	2,100
			（有価証券売却益）	120*2

*1　売却価額：@230円×10株＝2,300円
　　現金受取額：2,300円－80円＝2,220円

*2　①2,300円－2,100円＝200円
　　　売却価額＞帳簿価額→売却益
　　②200円－80円＝120円
　　　売却手数料

7 洗替法と切放法 （関連テーマ…CHAPTER 11 有価証券）

売買目的有価証券の評価差額については、**洗替法**と**切放法**という2つの処理方法があります。

I 洗替法の処理方法

洗替法とは、決算において、売買目的有価証券の帳簿価額を時価に評価替えしたあと、翌期首において取得原価に振り戻す方法をいいます。

図解 洗替法の処理方法

この方法の場合、翌期首において、前期末の決算時に行った決算整理仕訳の逆仕訳を行います。

▼ **例8** ─────────────── **洗替法の処理方法**

(1) 決算において、売買目的有価証券の帳簿価額1,000円を時価900円に評価替えする（洗替法）。
(2) 翌期首において、必要な処理を行う。

例8の仕訳(1)	（有価証券評価損）	100	（売買目的有価証券）	100
(2)	（売買目的有価証券）	100	（有価証券評価損）	100

Ⅱ 切放法の処理方法

切放法とは、決算において、売買目的有価証券の帳簿価額を時価に評価替えしたあと、翌期首に取得原価に振り戻さない方法をいいます。

図解 切放法の処理方法

この方法の場合、翌期首においてはなんの処理もしません。

▶例9 ─────────────── 切放法の処理方法

(1) 決算において、売買目的有価証券の帳簿価額1,000円を時価900円に評価替えする（切放法）。

(2) 翌期首において、必要な処理を行う。

例9の仕訳(1)	（有価証券評価損）	100	（売買目的有価証券）	100
(2)	仕訳なし			

8 権利落ち株式の会計処理 (関連テーマ…CHAPTER 11 有価証券)

株式を保有していると、株主にはいろいろな権利（配当を受け取る権利や株主優待など）が与えられます。この権利が確定する日を、**権利確定日**といいます。

ただし、権利確定日に株式を保有しているからといって、必ずしも権利

が得られるとは限らず、権利を得るためには権利確定日の３営業日前（**権利付き最終売買日**）の時点で株式を保有している必要があります。

たとえば、３月31日（金）が権利確定日である場合には、３月28日が権利付き最終売買日となるので、３月28日に株式を保有している人は権利を得られますが、翌日の３月29日に株式を取得しても権利は得られません。この、権利付き最終売買日の翌日（３月29日）を**権利落ち日**といいます。

一般的に権利落ち日に株式の時価は下落します。

ひとこと

これは、配当等を受けるために権利付き最終売買日まで保有していた株主が、権利が確定したあと、一斉にその株式を売却するためです。

このときの時価の下落分は、理論的には、その権利の分（来期に受けられる配当金の分）となります。

図解 権利確定日、権利付き最終売買日、権利落ち日

そのため、権利落ちにより下落した株価は本来の株価とはいえず、期末

に、権利落ちした株価（時価）で評価替えを行っても、本来の株価における評価替えとはいえません。

そこで、来期に受け取る予定の**受取配当金** [収益] を当期の収益として計上し、権利落ち（配当権利落ち）による時価の下落の影響を相殺する処理をします。

▸ 例10 ————————————————— 権利落ち株式の会計処理

決算において、Ａ社株式（売買目的有価証券：当期首に購入）の帳簿価額2,500円を時価3,000円に評価替えする。なお、Ａ社株式は決算日までに配当権利落ちしており、来期に受け取ることが予想される配当金は100円である。

| 例10の仕訳 | （売買目的有価証券） | 500* | （有価証券評価益） | 500 |
| | （未 収 配 当 金） | 100 | （受 取 配 当 金） | 100 |

＊ 3,000円−2,500円＝500円

ひとこと

例10のＡ社株式の期末時価 (3,000円) は、権利落ちしたあとの金額です。権利落ち後の時価の下落分は来期の配当金の額 (100円) なので、権利落ちがなかった場合のＡ社株式の期末時価は3,100円 (3,000円＋100円) です。この場合、有価証券評価益は600円となります。

有価証券評価益 (権利落ちなしの場合)：3,100円−2,500円＝600円

しかし、権利落ちの影響で期末時価が3,000円となっているため、権利落ちがある場合の有価証券評価益は500円です。

有価証券評価益 (権利落ちありの場合)：3,000円−2,500円＝500円

そこで、来期の配当金100円を**受取配当金** [収益] として計上することによって、権利落ちがなかった場合と同額の損益が計上されるのです。

9 役員賞与引当金 （関連テーマ…CHAPTER 12 引当金）

CHAPTER 12 で貸倒引当金、修繕引当金、商品保証引当金、退職給付引当金、賞与引当金について学習しましたが、ここでは役員賞与引当金についてみておきます。

I 役員賞与引当金とは

役員賞与引当金とは、当期の役員の功労に対して支払われる賞与で、その支払いが次期以降に行われるものについて、当期の費用として計上する場合の貸方科目をいいます。

II 役員賞与引当金の処理

1 決算時

New

決算において、役員賞与引当金を設定するときは、**役員賞与引当金繰入** [費用] を計上するとともに、貸方科目は**役員賞与引当金** [負債] で処理します。

☞**費用の増加⇒借方（左）** ☞**負債の増加⇒貸方（右）**

New

> **例11** ―――――――――――― **役員賞与引当金の設定**（決算時）
> 決算において、役員賞与引当金を設定する。当期の繰入額は100円である。

| 例11の仕訳 | （役員賞与引当金繰入） | 100 | （役員賞与引当金） | 100 |

2 役員賞与を支払ったとき

次期において、役員賞与を支払ったときは、設定している**役員賞与引当金** [負債] を取り崩します。

☞**負債の減少⇒借方（左）**

> **例12** ―――――――――――――――― **役員賞与を支払ったとき**
> 役員に対して賞与100円を当座預金口座から支払った。なお、役員賞与引当金の残高は100円である。

| 例12の仕訳 | （役員賞与引当金） | 100 | （当 座 預 金） | 100 |

10 売上割戻引当金 （関連テーマ…CHAPTER 12 引当金）

ここでは売上割戻引当金についてみておきます。

Ⅰ 売上割戻引当金とは

売上割戻引当金とは、当期に販売した商品について、次期以降に発生する売上割戻しに備えて設定する引当金をいいます。

> **ひとこと**
>
> 当期に販売した商品について、当期に売上割戻しをしたときには、**売上** [収益] を取り消す処理をします（CHAPTER 05 で学習済み）。　*Review* CH.05 **3**

Ⅱ 売上割戻引当金の処理

1 決算時

決算において、売上割戻引当金を設定するときは、**売上割戻引当金繰入** [費用] を計上するとともに、貸方科目は**売上割戻引当金** [負債] で処理します。

☞費用の増加⇒借方（左）　☞負債の増加⇒貸方（右）

New 売上割戻引当金繰入

New 売上割戻引当金

▼ 例13 ─────────── 売上割戻引当金の設定 （決算時）

決算において、当期の売上高10,000円に対して２％の売上割戻引当金を設定する。なお、期末における売上割戻引当金の残額は０円である。

例13の仕訳　（売上割戻引当金繰入）　　200　（売上割戻引当金）　　200*

＊　10,000円×２％－０円＝200円

---

2 売上割戻しをしたとき

売上割戻しをしたときは、その商品が前期に販売した商品の場合には、設定している**売上割戻引当金** [負債] を取り崩します。

☞負債の減少⇒借方（左）

一方、当期に販売した商品について、売上割戻しをした場合には**売上** [収

461

益] を取り消す処理をします。　　　　　　　　　　📖**収益の減少⇒借方（左）**

▼ 例14 ─────────────────────────── 売上割戻しをしたとき

　得意先に対して100円の割戻しを適用した。このうち60円は前期の売上に対するものであり、残額は当期の売上に対するものである。なお、割戻額は売掛金と相殺した。また、売上割戻引当金の残額は200円である。

例14の仕訳　（**売上割戻引当金**）　　　　60*1　（**売　　掛　　金**）　　　　100
　　　　　　（**売　　　　　　上**）　　　　40*2

　　　　　　＊1　前期売上分
　　　　　　＊2　当期売上分

Ⅲ　売上割戻引当金繰入の損益計算書上の表示

　売上割戻引当金繰入は、損益計算書上、原則として売上高から直接控除します。

図解　売上割戻引当金繰入の損益計算書上の表示

たとえば、当期の総売上高が10,000円、売上割戻引当金繰入が200円であった場合は…

損　益　計　算　書

Ⅰ　売　上　高　　　　　　　　9,800　← 10,000円－200円
Ⅱ　売　上　原　価　　　　　　　　　　　　＝9,800円
　1.期首商品棚卸高　　　××
　2.当期商品仕入高　　　××
　　　合　　計　　　　　××
　3.期末商品棚卸高　　　××　　　××
　　　売　上　総　利　益　　　　××
　　　　　　　⋮　　　　　　　　　⋮

11 返品調整引当金 （関連テーマ…CHAPTER12 引当金）

ここでは返品調整引当金についてみておきます。

I 返品調整引当金とは

たとえば、出版社が本屋さんに本（商品）を販売するさい、その本が本屋さんで売れなかったときは、出版社が買い戻すという契約をしていることがあります。このような場合、出版社（売主）は買戻し（返品）に備えて**返品調整引当金**を設定します。

なお、返品調整引当金は、将来の返品によって予想される利益の減少分をあらかじめ計上するものです。したがって、予想返品分にかかる売上総利益を計算し、返品調整引当金を設定します。

1 決算時

決算において、返品調整引当金を設定するときは、**返品調整引当金繰入** [費用] を計上するとともに、貸方科目は**返品調整引当金** [負債] で処理します。

☞費用の増加⇒借方（左）　　☞負債の増加⇒貸方（右）

New
返品調整引当金繰入

New
返品調整引当金

例15 ──────────────── 返品調整引当金の設定（決算時）

決算において、次期の予想返品額50円（当期売上分）、売上総利益率30%として返品調整引当金を設定する。なお、期末における返品調整引当金の残額は0円である。

例15の仕訳　（返品調整引当金繰入）　　　　15*　（返品調整引当金）　　　15

　　　　　＊ ①返品調整引当金：50円×30％＝15円
　　　　　　 ②返品調整引当金繰入：15円－0円＝15円

---

2 売上戻りがあったとき

売上戻り（返品）があったときは、その商品が前期に販売した商品の場合には、原価部分について**仕入** [費用] で処理し、利益部分については設定している**返品調整引当金** [負債] を取り崩します。

☞費用の増加⇒借方（左）　　☞負債の減少⇒借方（左）

一方、当期に販売した商品について売上戻りがあった場合には、**売上** [収益] を取り消す処理をします。

☞**収益の減少⇒借方（左）**

▼**例16** ────────────────── **売上戻りがあったとき**

前期に掛けで販売した商品40円について、当期に売上戻りがあったため、売掛金を減額した。この商品の原価は28円である。また、返品調整引当金の残額は15円である。

例16の仕訳	（仕　　　　入）	28	（売　掛　金）	40
	（返品調整引当金）	12*		

＊　40円−28円＝12円

Ⅱ 返品調整引当金繰入の損益計算書上の表示

返品調整引当金繰入は、損益計算書上、売上総利益から控除します。

12 **支店が複数ある場合の処理**（関連テーマ…CHAPTER 19 **本支店会計**）

支店が1つしかない場合の本支店間の取引の処理については、CHAPTER 19で学習しました。ここでは支店が複数ある場合の本支店間の取引の処理についてみておきましょう。

支店が複数ある場合の処理方法には、**支店分散計算制度**と**本店集中計算制度**の2つの方法があります。

Ⅰ 支店分散計算制度の処理

支店分散計算制度とは、それぞれの支店において、各支店勘定を設けて処理する方法をいいます。

図解 支店分散計算制度の処理

たとえば、埼玉支店が千葉支店に現金を送付した場合は…

東京本店

現　金
　　　　××
千葉支店
　　××
埼玉支店

現金 →

千葉支店

現　金
　　　　××
埼玉支店
　　××

▶ **例17** ────────────────────── **支店分散計算制度の処理**

埼玉支店は千葉支店に現金1,000円を送付し、千葉支店はこれを受け取った。

例17の仕訳	東京本店：	**仕訳なし**	
	埼玉支店：	**（千 葉 支 店）** 1,000	（現　　　　金） 1,000
	千葉支店：	（現　　　　金） 1,000	**（埼 玉 支 店）** 1,000

Ⅱ 本店集中計算制度の処理

　本店集中計算制度とは、それぞれの支店には本店勘定のみをおいて、支店間の取引は本店との取引とみなして処理する方法をいいます。

図解　本店集中計算制度の処理

たとえば、埼玉支店が千葉支店に現金を送付した場合は…

帳簿上の
現金の流れ

現　金
　　xx

本　店
xx

埼玉支店 → 現金 → 千葉支店

東京本店

本来の現金の流れ

現　金
xx

本　店
　　xx

例18 ─────────────────────── **本店集中計算制度の処理**

　埼玉支店は千葉支店に現金1,000円を送付し、千葉支店はこれを受け取った。

例18の仕訳　東京本店：（**千 葉 支 店**）1,000　（**埼 玉 支 店**）1,000

　　　　　　埼玉支店：（**本　　　　　店**）1,000　（現　　　　　金）1,000

　　　　　　千葉支店：（現　　　　　金）1,000　（**本　　　　　店**）1,000

〈解説〉
東京本店の仕訳は以下のように考えて行います。
① 東京本店は埼玉支店より現金1,000円を受け取った。
　（現　　　　金）　1,000　（**埼 玉 支 店**）　1,000
② 東京本店は千葉支店に現金1,000円を送付した。
　（**千 葉 支 店**）　1,000　（現　　　金）　1,000
③ ①＋②＝解答の仕訳
　（**千 葉 支 店**）　1,000　（**埼 玉 支 店**）　1,000

13 損益勘定による当期純利益の振り替え（関連テーマ…CHAPTER19 本支店会計）

　CHAPTER 19 では、会社全体の当期純利益を算定するさい、本店に総合損益勘定を設けて行いましたが、総合損益勘定を設けず、本店の損益勘定を総合損益勘定の代わりとして用いる方法もあります。

　この場合、本店の損益勘定の記入は次のようになります。

ひとこと

　総合損益勘定を設ける場合（CHAPTER 19 で学習した方法）と見比べてみてください。

図解 損益勘定による当期純利益の振り替え

総合損益勘定を設ける場合…CHAPTER 19で学習した方法

本店

損		益	
仕 入	300	売 上	1,100
その他費用	100		
総合損益	700		
	1,100		1,100

総合損益

法人税,住民税及び事業税	350	損 益	700
繰越利益剰余金	600	支 店	250
	950		950

支店

損		益	
仕 入	300	売 上	600
その他費用	50		
本 店	250		
	600		600

総合損益勘定を設けない場合(損益勘定で代用する場合)①

本店

損		益	
仕 入	300	売 上	1,100
その他費用	100		
本店純利益 ①	700		
	1,100	②	1,100
法人税,住民税及び事業税	350	本店純利益	700
繰越利益剰余金 ④	600	支 店	250
	950		950

支店

損		益	
仕 入	300	売 上	600
その他費用	50		
本 店 ③	250		
	600		600

① いったん損益勘定で本店独自の当期純利益を計算して締め切ります。

② 本店純利益の逆側に金額を移記します。

③ 支店の当期純利益の振り替えは総合損益勘定の場合と同じです。

④ 法人税等の計上などは総合損益勘定の場合と同じです。

なお、本店独自の当期純利益を計算しない（いったん締め切らない）方法もあります。この場合の記入は次のようになります。

14 主要簿と補助簿 (関連テーマ…なし)

取引が発生したら、仕訳帳などの帳簿に記録します。
帳簿には、**主要簿**と**補助簿**があります。

I 主要簿とは

Review 3級

主要簿は必ず作成しなければならない帳簿で、主要簿には**仕訳帳**と**総勘定元帳**があります。

II 補助簿とは

Review 3級

補助簿は特定の取引や勘定について明細を記録する帳簿で、必要に応じて作成します。

補助簿はさらに、特定の取引の明細を記録する**補助記入帳**と、特定の勘定について項目別に記録する**補助元帳**に分けられます。

図解 主要簿と補助簿

主要簿 必ず作成 — 仕訳帳 / 総勘定元帳

補助簿 必要に応じて作成 (作成しなくてもよい)
— 補助記入帳 / 補助元帳

「何を管理したいか」によって、この中から必要なものを選ぶ

- 現金出納帳
- 当座預金出納帳
- 小口現金出納帳
- 仕入帳
- 売上帳
- 受取手形記入帳
- 支払手形記入帳
- 得意先元帳 (売掛金元帳)
- 仕入先元帳 (買掛金元帳)
- 商品有高帳
- 固定資産台帳

連結会計の開始仕訳は、前期までに行った連結修正仕訳をまとめた仕訳ですが、CHAPTER 20 で学習したように、各期の仕訳をしてから開始仕訳をするのは少し面倒です。

そこで、問題を解くさいには、タイムテーブルを使って開始仕訳を行うと便利です。

下記の例題にもとづいて、タイムテーブルの作り方と当期（x1年4月1日からx2年3月31日）の開始仕訳の仕方をみてみましょう。

▼ **例19** ━━━━━━━━━━━━━━━ **タイムテーブルと開始仕訳**

次の［資料］にもとづき、当期（連結第2年度：x1年4月1日からx2年3月31日）の開始仕訳をしなさい。

［資　料］
(1)　P社は、前々期末（x0年3月31日）にS社の発行済株式（S社株式）の60％を260円で取得し、実質的に支配した。
(2)　x0年3月31日（支配獲得時）におけるS社の資本金は300円、利益剰余金は100円であった。
(3)　連結第1年度末（x1年3月31日）におけるS社の資本金は300円、利益剰余金は110円であった。
(4)　連結第1年度におけるS社の当期純利益は40円であり、配当額は30円であった。
(5)　のれんは発生年度の翌年度から10年間で均等額を償却する。

Ⅰ 支配獲得日の状況を記入する STEP1

まず、タイムテーブルに日付と支配獲得日の状況（取得割合、子会社株式の帳簿価額、子会社の純資産の金額）等を記入します。

図解 タイムテーブルと開始仕訳 STEP1

前期末までの連結修正仕訳を
合算した仕訳が開始仕訳！

	支配獲得日	1年目	いまココ 2年目
	前々期末	前期末	当期末
	X0年3/31	X1年3/31	X2年3/31

60% ← 親会社の取得割合

S 社 株 式	260	← 親会社の所有する子会社株式
資 本 金	300	
利 益 剰 余 金	100	} 子会社の純資産

連結修正仕訳で貸方に記入される
ものは □ で囲んでおく

Ⅱ 支配獲得日の非支配株主持分を計算する STEP2

　次に、子会社の純資産に非支配株主持分割合（例19では40％）を掛けて、支配獲得日における非支配株主持分を計算します。

図解　タイムテーブルと開始仕訳 STEP2

Ⅲ 支配獲得日ののれんを計算する STEP3

　次に、投資（S社株式）と非支配株主持分の合計から資本（子会社の純資産）を差し引いてのれんを計算します。

Ⅳ 前期末の状況を記入する STEP4

支配獲得日の状況を記入後、前期末の状況も記入します。なお、のれんは前期に1回目の償却をしているので、償却後の金額を記入します。

図解 タイムテーブルと開始仕訳 STEP4

	支配獲得日	1年目	2年目
	前々期末	前期末	当期末
	X0年3/31	X1年3/31	X2年3/31

60%

S 社 株 式	260		
資 本 金	300	300	
利 益 剰 余 金	100	110	
非支配株主持分	160	164	
の れ ん	20	18	

×非支配株主
持分割合
(300円+110円)
×40%=164円

△2
↑20円÷10年=2円

476

Ⅴ 利益剰余金の増減額のうち非支配株主持分を計算する STEP 5

支配獲得日から前期末までの利益剰余金の増減額のうち、非支配株主の持分（例19では40%）に対応する金額を計算し、タイムテーブルに記入します。

図解 タイムテーブルと開始仕訳 STEP 5

なお、期末の利益剰余金は、期首の利益剰余金に当期純利益を加算し、剰余金の配当額を差し引いた金額となります。

$$\text{期末の利益剰余金} = \text{期首の利益剰余金} + \text{当期純利益} - \text{剰余金の配当額}$$

図解 期末の利益剰余金

[資　料]
（4）連結第1年度におけるS社の当期純利益は40円であり、配当額は30円であった。

支配獲得日　1年目　2年目
前々期末　前期末　当期末
X0年3/31　X1年3/31　X2年3/31

利益剰余金　100 → 110　100円+40円−30円
期首 ＋40 ➖30 期末　＝110円

Ⅵ 開始仕訳を作る STEP6

最後に、タイムテーブルから、直接、開始仕訳を作ります。

図解 タイムテーブルと開始仕訳 STEP6

以上より、**例19**の開始仕訳は次のようになります。

例19の仕訳	(資 本 金 当 期 首 残 高)	300	(S 社 株 式)	260
	(利 益 剰 余 金 当 期 首 残 高)	106	(非支配株主持分 当 期 首 残 高)	164
	(の れ ん)	18		

これを、仕訳で検証してみましょう。

(1) まず、支配獲得日（×0年3月31日）の連結修正仕訳（投資と資本の相殺消去）は次のようになります。

[支配獲得日の連結修正仕訳]

（資 本 金）	300	（S 社 株 式）	260
（利 益 剰 余 金）	100 ★1	（非支配株主持分）	160
（の れ ん）	20		

(2) 次に、連結第1年度の連結修正仕訳（❶のれんの償却、❷子会社の当期純損益の振り替え、❸子会社の配当金の修正）は次のようになります。

[連結第1年度の連結修正仕訳]

❶ のれんの償却

（の れ ん 償 却）	2 ★2	（の れ ん）	2*1

 ＊1　20円÷10年＝2円

❷ 子会社の当期純損益の振り替え

非支配株主に帰属する 当 期 純 損 益	16 ★3	非支配株主持分 当 期 変 動 額	16*2

 ＊2　40円×40％＝16円

❸ 子会社の配当金の修正

（受 取 配 当 金）	18*3 ★4	（剰余金の配当）	30 ★5
非支配株主持分 当 期 変 動 額	12*4		

 ＊3　30円×60％＝18円
 ＊4　30円×40％＝12円

(3) (1)と(2)の仕訳を合算して連結第2年度の開始仕訳を作ります。なお、純資産の項目には「当期首残高」をつけ、利益に影響を与える項目（★）は**利益剰余金当期首残高**で仕訳します。

[開始仕訳]

資 本 金 当 期 首 残 高	300	（S 社 株 式）	260
利 益 剰 余 金 当 期 首 残 高	106*1	非支配株主持分 当 期 首 残 高	164*3
（の れ ん）	18*2		

 ＊1　100円＋2円＋16円＋18円－30円＝106円
 　　　★1　　★2　　★3　　★4　　★5

 ＊2　20円－2円＝18円

 ＊3　160円＋16円－12円＝164円

…タイムテーブルを使った場合の開始仕訳と同じになりましたね。

まずは仕訳で練習し、慣れてきたら問題演習用としてタイムテーブルを使って開始仕訳をしてみてくださいね。

16 連結会社間で振り出した手形の割引き（関連テーマ…CHAPTER 21 連結会計Ⅱ）

　連結会社間で振り出した手形を銀行で割り引いた場合、個別会計上では手形の割引きとして処理されています。しかし、連結会計上では企業グループで手形を振り出して、銀行から資金を借り入れたことになります。

　そこで、連結会社間で振り出した手形を銀行で割り引いた場合には、**借入金**［負債］で処理します。

☞**負債の増加⇒貸方（右）**

ひとこと

借入金は連結貸借対照表上では、一年基準によって**短期借入金**［負債］または**長期借入金**［負債］で表示します。

図解 手形の割引き

たとえば、S社（子会社）がP社（親会社）に対して約束手形100円を振り出し、P社はこのうち80円を銀行で割り引き（割引料は0円）、残額20円は当期末現在、保有しているという場合は…

個別会計上

S社が振り出した手形をP社が割り引いている

S社の仕訳：（買掛金など）　100　（支払手形）　100

P社の仕訳：（受取手形）　100　（売掛金など）　100
　　　　　　（当座預金など）　80　（受取手形）　80

連結会計上

企業グループ
P社　S社 が手形を振り出して銀行からお金を借り入れている

企業グループ の仕訳：（当座預金など）　80　（借　入　金）　80

↓

連結
修正仕訳　①（支 払 手 形）　20　（受 取 手 形）　20
　　　　　②（支 払 手 形）　80　（借 入 金）　80

ひとこと

　なお、受取手形に貸倒引当金を設定している場合には、連結修正仕訳で貸倒引当金の修正も必要になります。

▶例20　　　　　　　　連結会社間で振り出した手形の割引き

　P社は、S社の発行済株式（S社株式）の60％を取得し、実質的に支配している。当期において、S社はP社に対して約束手形200円を振り出し、P社はこのうち150円を銀行で割り引き（割引料は0円）、残額50円は当期末現在、保有している。

　当期の連結財務諸表を作成するために必要な連結修正仕訳をしなさい。なお、貸倒引当金の修正については考慮しなくてよい。

例20の仕訳❶（支 払 手 形）	50	（受 取 手 形）	50
❷（支 払 手 形）	150	（借 入 金）	150

❶　債権債務の相殺消去
❷　手形割引の修正

17 期首貸倒引当金の修正 （関連テーマ…CHAPTER 21 連結会計Ⅱ）

CHAPTER 21 では、期末貸倒引当金の修正について学習しましたが、ここでは期首貸倒引当金の修正についてみていきます。

Ⅰ 期首貸倒引当金の修正

⑴ 親会社の期首貸倒引当金の修正

連結財務諸表を作成するさい、前期末までに行った連結修正仕訳を当期においても再度行う必要があります（開始仕訳）。

ただし、前期末における売掛金と買掛金は当期に決済されており、当期末には残っていないため、前期末に行った売掛金と買掛金の相殺消去の仕訳は当期の連結財務諸表を作成するにあたっては不要です。

そこで、前期末に行った貸倒引当金の修正の処理のみ、当期に再度行います。

このとき、前期末に行った連結修正仕訳のうち、損益項目（貸倒引当金繰入）については、**利益剰余金（当期首残高）**で処理します。

図解 ⑴ 親会社の期首貸倒引当金の修正

483

子会社の期首貸倒引当金の修正についても、同様の考え方をします。

前期末の連結修正仕訳を再度行います。なお、損益項目（貸倒引当金繰入、非支配株主に帰属する当期純損益）は**利益剰余金当期首残高**で、**非支配株主持分当期変動額は非支配株主持分当期首残高**で処理します。

また、連結株主資本等変動計算書を作成しない場合には、「当期首残高」をつけなくてもかまいません。

図解 (2) 子会社の期首貸倒引当金の修正

前期末における貸倒引当金を修正する連結修正仕訳が以下のとおりであった場合の、当期における開始仕訳は…

前期末の
連結修正仕訳
① （買 掛 金） 100 （売 掛 金） 100
② （貸倒引当金） 5 （貸倒引当金繰入）損益項目 5
（非支配株主に帰属する当期純損益）損益項目 2 （非支配株主持分当期変動額） 2

再度、仕訳するが…

前期の売掛金・買掛金は当期に決済されてなくなっているから

損益項目（費用）だから…

当期の
開始仕訳
① → 仕訳不要
② （貸倒引当金） 5 （利益剰余金当期首残高）損益項目 5
（利益剰余金当期首残高）損益項目 2 （非支配株主持分当期首残高） 2

484

Ⅱ　期首貸倒引当金の修正＆期末貸倒引当金の修正

期首と期末に貸倒引当金の修正がある場合には、前記の Ⅰ と期末貸倒引当金の修正（CHAPTER21 2 ）をあわせた処理をします。

図解 (1)　親会社の期首貸倒引当金の修正＆期末貸倒引当金の修正

たとえば、当期末におけるP社（親会社）の売掛金残高のうち300円はS社（子会社）に対するものであり、P社ではこの売掛金に対して5％の貸倒引当金を設定している（差額補充法）。なお、前期末におけるS社に対する売掛金にかかる貸倒引当金は5円であったという場合には…

前期末の
連結修正仕訳　（貸倒引当金）　5　（貸倒引当金繰入）　5

① 当期にも開始仕訳として行う

前期 / 当期

P社　　　　　　　S社

②相殺する

売掛金　300円　　　買掛金　300円

貸倒引当金：300円×5％=15円
貸倒引当金繰入：15円−5円=10円

P社 の個別会計上の処理　← ③消去する
（貸倒引当金繰入）　10　（貸倒引当金）　10

開始仕訳　①（貸倒引当金）　5　（利益剰余金 当期首残高）　5

連結修正仕訳　②（買　掛　金）　300　（売　掛　金）　300
③（貸倒引当金）　10　（貸倒引当金繰入）　10

P社は、前々期末にS社の発行済株式（S社株式）の60%を取得し、実質的に支配している。当期末におけるP社の売掛金残高のうち500円はS社に対するものであり、P社ではこの売掛金に対して5%の貸倒引当金を設定している（差額補充法）。なお、前期末におけるS社に対する売掛金残高は200円であった。

当期の連結財務諸表を作成するために必要な連結修正仕訳をしなさい。

例21の仕訳❶	（買　掛　金）	500	（売　掛　金）	500
❷	（貸 倒 引 当 金）	10*¹	（利 益 剰 余 金 当 期 首 残 高）	10
❸	（貸 倒 引 当 金）	15*²	（貸倒引当金繰入）	15

❶ 債権債務の相殺消去
❷ 開始仕訳（期首貸倒引当金の修正）
　＊1　200円×5%＝10円
❸ 期末貸倒引当金の修正
　＊2　①貸倒引当金：500円×5%＝25円
　　　②貸倒引当金繰入：25円－10円＝15円

図解 (2) 子会社の期首貸倒引当金の修正＆期末貸倒引当金の修正

たとえば、当期末におけるS社(子会社)の売掛金残高のうち300円はP社(親会社)に対するものであり、S社ではこの売掛金に対して5%の貸倒引当金を設定している(差額補充法)。なお、前期末におけるP社に対する売掛金にかかる貸倒引当金は5円であったという場合(非支配株主持分割合は40%とする)には…

前期末の

連結修正仕訳	(貸倒引当金)	5	(貸倒引当金繰入)	5
	(非支配株主に帰属する当期純損益)	2	(非支配株主持分当期変動額)	2

前期

① 当期にも開始仕訳として行う

当期

P社		S社
買掛金 300円	②相殺する	売掛金 300円

貸倒引当金:300円×5%=15円
貸倒引当金繰入:15円−5円=10円

S社 の個別会計上の処理 ← ③消去する

(貸倒引当金繰入) 10 (貸倒引当金) 10

開始仕訳	①	(貸倒引当金)	5	(利益剰余金当期首残高)	5
		(利益剰余金当期首残高)	2	(非支配株主持分当期首残高)	2

連結修正仕訳	②	(買 掛 金)	300	(売 掛 金)	300
	③	(貸倒引当金)	10	(貸倒引当金繰入)	10
		(非支配株主に帰属する当期純損益)	4	(非支配株主持分当期変動額)	4

非支配株主持分への按分:10円×40%=4円

子会社の貸倒引当金の修正

P社は、前々期末にS社の発行済株式（S社株式）の60％を取得し、実質的に支配している。当期末におけるS社の売掛金残高のうち500円はP社に対するものであり、S社ではこの売掛金に対して5％の貸倒引当金を設定している（差額補充法）。なお、前期末におけるP社に対する売掛金残高は200円であった。

当期の連結財務諸表を作成するために必要な連結修正仕訳をしなさい。

例22の仕訳❶	（買　掛　金）	500	（売　掛　金）	500
❷	（貸 倒 引 当 金）	10*1	（利 益 剰 余 金 当 期 首 残 高）	10
	（利 益 剰 余 金 当 期 首 残 高）	4*2	（非支配株主持分 当 期 首 残 高）	4
❸	（貸 倒 引 当 金）	15*3	（貸倒引当金繰入）	15
	（非支配株主に帰属する 当 期 純 損 益）	6*4	（非支配株主持分 当 期 変 動 額）	6

❶　債権債務の相殺消去
❷　開始仕訳（期首貸倒引当金の修正）
　　＊1　200円×5％＝10円
　　＊2　10円×40％＝4円
❸　期末貸倒引当金の修正
　　＊3　①貸倒引当金：500円×5％＝25円
　　　　②貸倒引当金繰入：25円－10円＝15円
　　＊4　15円×40％＝6円

18 期首商品に含まれる未実現利益の消去 （関連テーマ…CHAPTER 21 連結会計Ⅱ）

CHAPTER21では、期末商品に含まれる未実現利益の消去について学習しましたが、ここでは期首商品に含まれる未実現利益の消去についてみていきます。

Ⅰ 期首商品に含まれる未実現利益

(1) ダウンストリーム

期首商品（前期末の商品）に含まれる未実現利益については、前期の連結財務諸表の作成にあたって消去しています。そこで当期の連結財務諸表を作成するにあたって、前期末に行った連結修正仕訳を再度行います（開始仕訳）。

このとき、前期末に行った連結修正仕訳のうち、損益項目（売上原価）については、**利益剰余金（当期首残高）**で処理します。

なお、前期末の商品は当期には販売されたと考えるので、さらに前期末の連結修正仕訳の逆仕訳をします。

ひとこと

　前期末には未実現であった利益が、当期に販売されて現実の利益となったため、当期において、前期末に行った「未実現利益を消去する仕訳」の逆仕訳をします。

図解 期首商品に含まれる未実現利益の消去　(1)ダウンストリーム

前期末における期末商品に含まれる未実現利益を消去する連結修正仕訳が以下のとおりであった場合の、当期における開始仕訳は…

前期末の
連結修正仕訳　(売 上 原 価)**損益項目** 20　(商　　　品)　20

再度、仕訳するが…

損益項目(費用)だから…

当期の
開始仕訳　(利益剰余金 当期首残高)**損益項目** 20　(商　　　品)　20

そして！
前期末の商品は、当期には販売済みと考え、
未実現利益→実現利益となっているから、
前期末の連結修正仕訳の逆仕訳をする！

当期の
連結修正仕訳　(商　　　品)　20　(売 上 原 価)　20

(2)　アップストリーム

　アップストリームの場合の、期首商品に含まれる未実現利益の処理はダウンストリームの場合と同様です。

　なお、純資産項目である**非支配株主持分当期変動額**は、開始仕訳では**非支配株主持分（当期首残高）** で処理します。

図解 期首商品に含まれる未実現利益の消去 (2)アップストリーム

前期末における期末商品に含まれる未実現利益を消去する連結修正仕訳が以下のとおりであった場合の、当期における開始仕訳は…

前期末の
連結
修正仕訳
① (売上原価) 損益項目 20 (商 品) 20
② (非支配株主持分 当期変動額) 8 (非支配株主に帰属する 当期純損益) 損益項目 8

再度、仕訳するが…

損益項目（費用）だから…

当期の
開始仕訳
① (利益剰余金 当期首残高) 損益項目 20 (商 品) 20
② (非支配株主持分 当期首残高) 8 (利益剰余金 当期首残高) 損益項目 8

そして！
前期末の商品は、当期には販売されたと考え、未実現利益→実現利益となっているから、前期末の連結修正仕訳の逆仕訳をする！

当期の
連結
修正仕訳
① (商 品) 20 (売上原価) 20
② (非支配株主に帰属する 当期純損益) 8 (非支配株主持分 当期変動額) 8

II 期首商品＆期末商品に含まれる未実現利益の消去

期首商品と期末商品がある場合の未実現利益の消去は、前記の I と期末商品に含まれる未実現利益の消去（CHAPTER21 3）をあわせた処理となります。

図解 期首商品&期末商品に含まれる未実現利益の消去　(1)ダウンストリーム

たとえば、P社(親会社)はS社(子会社)に対して、原価に20%の利益を加算して商品を販売しており、S社の商品棚卸高に含まれるP社からの仕入分が次のとおりであった場合は…

期首商品棚卸高:120円…①②
期末商品棚卸高:240円…③

1 { 原価 } 1.2
0.2 { 利益

前期末の
期首商品に含まれる利益:120円 × $\frac{0.2}{1.2}$ = 20円

連結修正仕訳　(売上原価)　20　(商　品)　20

前期
① 当期にも開始仕訳として行う
② 当期には販売済みと考えるので、当期に逆仕訳を行う

当期

開始仕訳 ①(利益剰余金 当期首残高)　20　(商　品)　20

連結修正仕訳 ②(商　品)　20　(売上原価)　20
③(売上原価)　40　(商　品)　40

期末商品に含まれる利益:240円 × $\frac{0.2}{1.2}$ = 40円

ひとこと

試験では、期首分と期末分に分けて、次のように仕訳してもOK！

期首分(①+②)
(利益剰余金 当期首残高)　20　(売上原価)　20

期末分(③)
(売上原価)　40　(商　品)　40

例23 ─ 期首商品＆期末商品に含まれる未実現利益の消去 ⑴ダウンストリーム

P社は、S社の発行済株式（S社株式）の60％を取得し、実質的に支配している。P社はS社に対し、原価に20％の利益を加算して商品を販売しており、S社の商品棚卸高に含まれるP社からの仕入分は次のとおりであった。

期首商品棚卸高：360円

期末商品棚卸高：480円

当期の連結財務諸表を作成するために必要な連結修正仕訳をしなさい。

例23の仕訳 ❶（利 益 剰 余 金 当 期 首 残 高）　60　（売 上 原 価）　60*1

❷（売 上 原 価）　80　（商　　　品）　80*2

❶ 期首分

＊1　$360円 \times \dfrac{0.2}{1.2} = 60円$

❷ 期末分

＊2　$480円 \times \dfrac{0.2}{1.2} = 80円$

たとえば、S社(子会社)はP社(親会社)に対して、原価に20%の利益を加算して商品を販売しており、P社の商品棚卸高に含まれるS社からの仕入分が次のとおりであった場合(非支配株主持分割合は40%とする)は…

期首商品棚卸高:120円…①②
期末商品棚卸高:240円…③

$1 \left\{ \begin{array}{l} 原価 \\ 利益 \end{array} \right. 1.2$
0.2

前期末の **連結修正仕訳**

期首商品に含まれる利益:$120円 \times \dfrac{0.2}{1.2} = 20円$

| (売上原価) | 20 | (商　品) | 20 |
| (非支配株主持分当期変動額) | 8 | (非支配株主に帰属する当期純損益) | 8 |

非支配株主持分への按分:$20円 \times 40\% = 8円$

① 当期にも開始仕訳として行う
② 当期には販売済みと考えるので、当期に逆仕訳を行う

前期
当期

開始仕訳 ①

| (利益剰余金当期首残高) | 20 | (商　品) | 20 |
| (非支配株主持分当期首残高) | 8 | (利益剰余金当期首残高) | 8 |

連結修正仕訳 ②

| (商　品) | 20 | (売上原価) | 20 |
| (非支配株主に帰属する当期純損益) | 8 | (非支配株主持分当期変動額) | 8 |

期末商品に含まれる利益:$240円 \times \dfrac{0.2}{1.2} = 40円$

連結修正仕訳 ③

| (売上原価) | 40 | (商　品) | 40 |
| (非支配株主持分当期変動額) | 16 | (非支配株主に帰属する当期純損益) | 16 |

非支配株主持分への按分:$40円 \times 40\% = 16円$

ひとこと

試験では、期首分と期末分に分けて、次のように仕訳してもOK！

期首分（①＋②）

（利 益 剰 余 金 当 期 首 残 高）	20	（売 上 原 価）	20
（非支配株主持分 当 期 首 残 高）	8	（利 益 剰 余 金 当 期 首 残 高）	8
（非支配株主に帰属する 当 期 純 損 益）	8	（非支配株主持分 当 期 変 動 額）	8

期末分（③）

| （売 上 原 価） | 40 | （商 品） | 40 |
| （非支配株主持分 当 期 変 動 額） | 16 | （非支配株主に帰属する 当 期 純 損 益） | 16 |

例24 — 期首商品＆期末商品に含まれる未実現利益の消去 (2)アップストリーム

P社は、S社の発行済株式（S社株式）の60％を取得し、実質的に支配している。S社はP社に対し、原価に20％の利益を加算して商品を販売しており、P社の商品棚卸高に含まれるS社からの仕入分は次のとおりであった。

期首商品棚卸高：360円

期末商品棚卸高：480円

当期の連結財務諸表を作成するために必要な連結修正仕訳をしなさい。

例24の仕訳❶

❶ （利 益 剰 余 金 当 期 首 残 高）	60	（売 上 原 価）	60*1
（非支配株主持分 当 期 首 残 高）	24	（利 益 剰 余 金 当 期 首 残 高）	24*2
（非支配株主に帰属する 当 期 純 損 益）	24	（非支配株主持分 当 期 変 動 額）	24
❷ （売 上 原 価）	80	（商 品）	80*3
（非支配株主持分 当 期 変 動 額）	32	（非支配株主に帰属する 当 期 純 損 益）	32*4

❶ 期首分

＊1 $360円 \times \dfrac{0.2}{1.2} = 60円$

＊2 $60円 \times 40\% = 24円$

❷ 期末分

＊3 $480円 \times \dfrac{0.2}{1.2} = 80円$

＊4 $80円 \times 40\% = 32円$

19 連結貸借対照表の利益剰余金の求め方 (関連テーマ…CHAPTER 22 連結会計Ⅲ)

CHAPTER 22 では、連結会計の問題について、連結精算表の作成をベースにみてきましたが、試験では連結精算表を作成せずに、損益計算書項目や貸借対照表項目の金額のみを答える問題が出題されることもあります。

> ## ひとこと
>
>
>
> たとえば、「以下の［資料］にもとづいて、連結貸借対照表における①のれん、②非支配株主持分、③利益剰余金の金額を答えなさい」といった問題ですね。

損益計算書項目や貸借対照表項目の金額のみを答える問題であっても、連結修正仕訳をして、親会社と子会社の個別財務諸表の金額に連結修正仕訳の金額を加減すれば答えを求めることができますが、連結貸借対照表の利益剰余金については、当期の連結修正仕訳の損益項目等を加減していかなければなりません。

具体的には、親会社と子会社の個別財務諸表における利益剰余金を合算し、開始仕訳の利益剰余金当期首残高と連結修正仕訳の損益項目（のれん償却、非支配株主に帰属する当期純損益、売上原価、貸倒引当金繰入、受取配当金）および剰余金の配当を加減します。

▼ 例25 ——————————— 連結貸借対照表の利益剰余金の金額

次の［資料］にもとづき、P社の当期（×1年4月1日から×2年3月31日）における連結貸借対照表の利益剰余金の金額を求めなさい。

［資　料］
(1) P社は×0年3月31日にS社の発行済株式総数の60％を取得し、支配を獲得した。
(2) 当期末のP社とS社の個別財務諸表における利益剰余金は、それぞれ600円、570円であった。
(3) 当期の連結財務諸表の作成にあたって必要な開始仕訳および連結修正仕訳は次のとおりである。

[開始仕訳]

(資　本　金 当期首残高)	700	(S　社　株　式)	720
(利益剰余金 当期首残高) ★1	446	(非支配株主持分 当期首残高)	480
(の　れ　ん)	54		

[連結修正仕訳]

①のれんの償却

(の れ ん 償 却) ★2	6	(の　れ　ん)	6

②子会社の当期純利益の振り替え

(非支配株主に帰属する 当 期 純 損 益) ★3	108	(非支配株主持分 当 期 変 動 額)	108

③子会社の配当金の修正

(受 取 配 当 金) ★4	120	(剰余金の配当) ★5	200
(非支配株主持分 当 期 変 動 額)	80		

④未実現利益の消去

(売 上 原 価) ★6	40	(商　　　品)	40

⑤債権債務の相殺消去、貸倒引当金の修正

(買　掛　金)	300	(売　掛　金)	300
(貸 倒 引 当 金)	15	(貸倒引当金繰入) ★7	15

例25の答え　連結貸借対照表の利益剰余金：**665円**

$$* \quad \underset{\text{P社}}{600円} + \underset{\text{S社}}{570円} + \underset{★1}{△446円} + \underset{★2}{△6円} + \underset{★3}{△108円} + \underset{★4}{△120円} + \underset{★5}{200円}$$

$$+ \underset{★6}{△40円} + \underset{★7}{15円} = 665円$$

ひとこと

　利益剰余金は貸方項目なので、連結修正仕訳で貸方の金額は加算し、借方の金額は減算します。

CHAPTER 25

3級新論点

ここでは、2019年度からの新出題区分において、3級へ加わった新論点のうち、ここまでに扱いのないものについて解説します。

日商簿記検定において、上位級の試験範囲には下位級の内容も含みますので、余力のある方はあわせて確認しておくようにしましょう。なお、すでに学習済みの方は飛ばしていただいてかまいません。

1 普通預金と定期預金

Ⅰ 普通預金と定期預金とは

普通預金と定期預金は、どちらも預金口座の1つですが、普通預金は、いつでも預け入れ、引き出しができるのに対して、定期預金は原則として満期時のみ引き出しが可能となっています（預け入れはいつでもできます）。

ひとこと

預入期間は1か月、3か月、6か月、1年、2年、5年などがあります。

Ⅱ 普通預金と定期預金の処理

普通預金の預け入れや引き出しは**普通預金** [資産] で、定期預金の預け入れや引き出しは**定期預金** [資産] で処理します。

1 普通預金口座や定期預金口座に預け入れたとき

普通預金口座や定期預金口座に現金などを預け入れたときは、**普通預金** [資産] や**定期預金** [資産] の増加として処理します。　☞**資産の増加⇒借方（左）**

例1 ——————— 普通預金口座や定期預金口座に預け入れたとき

① 普通預金口座に現金100円を預け入れた。
② 定期預金口座に現金200円を預け入れた。

例1の仕訳①	(普 通 預 金)	100	(現　　　　金)	100
②	(定 期 預 金)	200	(現　　　　金)	200

2 普通預金口座や定期預金口座から引き出したとき

　普通預金口座や定期預金口座から現金などを引き出したり、引き落としや振り替えをしたときは、**普通預金** [資産] や **定期預金** [資産] の減少として処理します。

☞ 資産の減少⇒貸方（右）

例2 ——————— 普通預金口座や定期預金口座から引き出したとき

① 普通預金口座から現金100円を引き出した。
② 定期預金口座から普通預金口座に200円を預け替えた。

例2の仕訳①	(現　　　　金)	100	(普 通 預 金)	100
②	(普 通 預 金)	200	(定 期 預 金)	200

3 複数の口座を開設している場合の管理

　1つの会社が、複数の金融機関に普通預金口座や当座預金口座等を開設している場合、管理のために、勘定科目に銀行名を入れて仕訳することがあります。

ひとこと

　たとえば、甲銀行と乙銀行に普通預金口座を開設している場合、**普通預金甲銀行** や **普通預金乙銀行** といった勘定科目で仕訳することがあります。

例3 ━━━━━━━━━ 複数の口座を開設している場合の管理

現金100円を甲銀行の普通預金口座に、現金200円を乙銀行の普通預金口座に預け入れた。

例3の仕訳	（普通預金甲銀行）	100	（現 金）	100
	（普通預金乙銀行）	200	（現 金）	200

2 当座預金の処理

当座預金の預け入れや引き出しは**当座預金** [資産] で処理します。

ひとこと

複数の金融機関に当座預金口座を開設している場合には、銀行名をつけて**当座預金○○銀行**で処理することもあります。

I 当座預金口座に預け入れたとき

当座預金口座に現金を預け入れたときや当座預金口座に入金があったときは、**当座預金** [資産] の増加として処理します。　☞資産の増加⇒借方（左）

例4 ━━━━━━━━━━ 当座預金口座に預け入れたとき

A社はX銀行と当座取引契約を結び、当座預金口座に現金100円を預け入れた。

例4の仕訳	（当 座 預 金）	100	（現 金）	100

II 当座預金口座の残高を超えて小切手を振り出したとき

通常は、当座預金口座の残高を超えた金額の小切手を振り出すことはできません。しかし、銀行と当座借越契約を結んでおけば、一定額を限度とし、当座預金口座の残高を超えて小切手を振り出すことができます。これ

を**当座借越**といいます。

ひとこと

当座借越は銀行からの一時的な借入れを意味します。

当座預金口座の残高を超えて小切手を振り出したときでも、**当座預金** [資産] の減少として処理します。

☞**資産の減少⇒貸方（右）**

例5 ── 当座預金口座の残高を超えて小切手を振り出したとき

Ａ社はＢ社に対する買掛金300円を支払うため、小切手を振り出した。なお、Ａ社の当座預金口座の残高は100円であったが、取引銀行と限度額500円の当座借越契約を結んでいる。

| 例5の仕訳 | （買　　掛　　金） | 300 | （**当　座　預　金**） | 300 |

ひとこと

当座預金口座の残高がマイナス（貸方残高）の場合には、決算時において、そのマイナス分を当座預金から当座借越という負債の勘定に振り替えます。

Ⅲ　当座借越勘定への振り替え

当座預金口座の残高が貸方残高である場合、当座借越が生じています。

ひとこと

当座借越とは、当座預金口座の残高を超えて小切手を振り出すことをいいます。

1　当期の決算時の処理

決算日において当座借越が生じている場合には、貸方の当座預金残高を**当座借越** [負債] または**借入金** [負債] に振り替えます。

▎**例6** ━━━━━━━━━━━━━━ **当座借越が生じている場合**

決算において、当座預金の貸方残高は100円である。なお、全額が当座借越によるものであるため、適切な勘定へ振り替える。

例6の仕訳　（**当　座　預　金**）　　　100　（**当　座　借　越**）　　　100

精算表の記入 ---

精　　算　　表

勘定科目	試　算　表		修正記入		損益計算書		貸借対照表	
	借方	貸方	借方	貸方	借方	貸方	借方	貸方
当　座　預　金		100→	100					
（**当　座　借　越**）				100				100

2　次期の期首の処理

当期に振り替えた当座借越勘定は、次期の期首（翌期首）に決算整理仕訳と逆の仕訳を行って、もとの当座預金勘定に振り戻します（再振替仕訳）。

▎**例7** ━━━━━━━━━━━━━━━━━━━━ **再振替仕訳**

期首につき、当座借越勘定の残高100円について再振替仕訳を行う。

例7の仕訳　（**当　座　借　越**）　　　100　（**当　座　預　金**）　　　100

3　差入保証金

Ⅰ　差入保証金とは

企業が事務所や店舗物件を借りるとき、敷金や保証金を差し入れることがあります。

大家さん（貸主）に敷金や保証金を渡すことを「差し入れる」といいます。なお、敷金や保証金は退去時に返してもらうことができます。

この場合の、差し入れた敷金や保証金は**差入保証金**[資産]で処理します。

Ⅱ 差入保証金の処理

会社が事務所や店舗物件を借りるにあたって、敷金や保証金を差し入れたときは、**差入保証金**[資産]の増加で処理します。☞**資産の増加⇒借方（左）**

> 例8 ————————————— 敷金や保証金を差し入れたとき
> 店舗の賃借にあたって、敷金100円を普通預金口座から振り込んだ。

例8の仕訳	（差 入 保 証 金）	100	（普 通 預 金）	100

4 貯蔵品勘定への振り替え

Ⅰ 当期の決算時の処理

郵便切手は購入時に**通信費**[費用]、収入印紙は購入時に**租税公課**[費用]として処理しますが、決算において未使用分がある場合には、その金額を各費用の勘定から**貯蔵品**[資産]に振り替えます。☞**資産の増加⇒借方（左）**

ひとこと

厳密にいうと、文房具などの消耗品が決算において未使用の場合にも、**消耗品費**[費用]から**貯蔵品**[資産]に振り替えますが、毎期継続して購入して使っている消耗品については、決算日において未使用分があっても、**貯蔵品**[資産]に振り替えないのが一般的です。

しかし、郵便切手や収入印紙など、換金性の高い資産については**貯蔵品**[資産]に振り替えることがあるため、郵便切手や収入印紙の未使用分を費用の勘定科目から**貯蔵品**[資産]に振り替える処理が試験範囲となっています。

ふむふむ…

▼ 例9 ──────────────────── 貯蔵品勘定への振り替え

決算において、未使用の郵便切手10円と未使用の収入印紙20円があった。

| 例9の仕訳 | （貯　蔵　品） | 30 | （通　　信　　費） | 10 |
| | | | （租　税　公　課） | 20 |

精算表の記入

精　算　表

勘 定 科 目	試 算 表		修 正 記 入		損益計算書		貸借対照表	
	借方	貸方	借方	貸方	借方	貸方	借方	貸方
通　信　費	100			⊖ 10 →	90			
租 税 公 課	200			⊖ 20 →	180			
（貯　蔵　品）			30				→ 30	

Ⅱ　次期の期首の処理

　当期に**貯蔵品**［資産］に振り替えたあと、次期の期首（翌期首）に決算整理仕訳と逆の仕訳を行って、もとの費用の勘定に振り戻します。この仕訳を**再振替仕訳**（さいふりかえしわけ）といいます。

▼ 例10 ──────────────────── 再振替仕訳

　期首につき、**例9**で貯蔵品に振り替えた郵便切手10円と収入印紙20円について、再振替仕訳を行う。

| 例10の仕訳 | （通　　信　　費） | 10 | （貯　蔵　品） | 30 |
| | （租　税　公　課） | 20 | | |

5 法定福利費

Ⅰ その他の費用

これまでにみてきた費用には、**仕入**、**旅費交通費**、**通信費**、**給料**、**支払利息**などがありましたが、これ以外にも以下のような費用の勘定科目があります。

●その他の費用の勘定科目

広 告 宣 伝 費	チラシ代やポスター代など、広告宣伝のための支出
支 払 地 代	土地の賃借によって生じた支出
支 払 家 賃	建物の賃借によって生じた支出
消 耗 品 費	文房具など、短期的に使用されるもので金額の小さいものの購入金額
法定福利費	健康保険料、厚生年金保険料、雇用保険料、労災保険料など、会社が保険料を負担することを法律で義務づけられているもの（社会保険料）のうち、会社負担分
租 税 公 課	印紙代、店舗や建物の固定資産税、自動車税など
雑 損	営業活動に関係のない、少額の損失
固定資産売却損	固定資産を売却したときに生じた損失

ひとこと

健康保険料や厚生年金保険料などは、法律等によって会社が保険料を負担することが義務づけられています。これらの保険料は会社と従業員で、それぞれの負担割合に応じて支払うことになっています。このうち、会社が負担した分については、**法定福利費**〔費用〕で処理します。

なお、従業員負担分は給料支払時に給料から天引きし、あとで会社負担分とあわせて納付します。給料支払時に天引きした社会保険料は**預り金**〔負債〕で処理します。

Ⅱ 費用の処理

　費用は借方の勘定科目なので、費用が発生したら仕訳の借方に記入します。

☞**費用の増加⇒借方（左）**

� **例11** ─────────────────────── **費用が発生したとき**

　会社負担分の社会保険料100円を現金で納付した。

| 例11の仕訳 | （**法 定 福 利 費**） | 100 | （現　　　　　金） | 100 |

補助資料

本書（2級商業簿記）で学習した勘定科目と区分
※ 初3級…初出は3級

貸 借 対 照 表	
資　　産	**負　　債**
現　　　　　金 …初3級	支 払 手 形 …初3級
当 座 預 金 …CHAPTER 07 2 初3級	営業外支払手形 …CHAPTER 08 2
別 段 預 金 …CHAPTER 01 4	買 掛 金 …初3級
受 取 手 形 …CHAPTER 06 1 初3級	電子記録債務 …CHAPTER 06 4 初3級
営業外受取手形 …CHAPTER 08 2	未 払 配 当 金 …CHAPTER 02 3 初3級
不 渡 手 形 …CHAPTER 06 3	未払法人税等 …CHAPTER 04 1 初3級
売 掛 金 …初3級	未 払 消 費 税 …CHAPTER 04 3 初3級
クレジット売掛金 …CHAPTER 05 4 初3級	仮 受 消 費 税 …CHAPTER 04 3 初3級
電 子 記 録 債 権 …CHAPTER 06 4 初3級	修 繕 引 当 金 …CHAPTER 12 2
△ 貸 倒 引 当 金 …CHAPTER 12 1 初3級	売上割戻引当金 …参考10
貯 蔵 品 …CHAPTER 08 6 初3級	返品調整引当金 …参考11
未収還付消費税 …CHAPTER 04 3	商品保証引当金 …CHAPTER 12 3
仮 払 法 人 税 等 …CHAPTER 04 1 初3級	賞 与 引 当 金 …CHAPTER 12 5
仮 払 消 費 税 …CHAPTER 04 3 初3級	役員賞与引当金 …参考9
売買目的有価証券 …CHAPTER 11 2	リ ー ス 債 務 …CHAPTER 09 3
満期保有目的債券 …CHAPTER 11 2	退職給付引当金 …CHAPTER 12 4
その他有価証券 …CHAPTER 11 2	繰延税金負債 …CHAPTER 17 2
子 会 社 株 式 …CHAPTER 11 2	**純 資 産**
関 連 会 社 株 式 …CHAPTER 11 2	資 本 金 …CHAPTER 01 3 初3級
商 品 …CHAPTER 16 5 初3級	株式申込証拠金 …CHAPTER 01 4
(繰 越 商 品) …CHAPTER 05 5 初3級	資 本 準 備 金 …CHAPTER 01 3
仕 掛 品 …CHAPTER 13 3	利 益 準 備 金 …CHAPTER 02 1 初3級
未 決 算 …CHAPTER 08 9	新 築 積 立 金 …CHAPTER 02 1
(火 災 未 決 算) …CHAPTER 08 9	別 途 積 立 金 …CHAPTER 02 1
土 地 …初3級	繰越利益剰余金 …CHAPTER 02 2 初3級
建 物 …初3級	その他有価証券評価差額金 …CHAPTER 11 8
備 品 …初3級	
車 両 運 搬 具 …初3級	
リ ー ス 資 産 …CHAPTER 09 3	
△減価償却累計額 …CHAPTER 08 3 初3級	
建 設 仮 勘 定 …CHAPTER 08 7	
の れ ん …CHAPTER 01 5	
特 許 権 …CHAPTER 10 2	
ソ フ ト ウ ェ ア …CHAPTER 10 3	
ソフトウェア仮勘定 …CHAPTER 10 3	
繰 延 税 金 資 産 …CHAPTER 17 2	
資 産 合 計　×××	負債・純資産合計　×××
上記以外：本店 …CHAPTER 19 2	非支配株主持分 連結 …CHAPTER 20 2
支店 …CHAPTER 19 2	

損 益 計 算 書			
費　　　用		**収　　　益**	
仕　　　　　　入 …CHAPTER 05 **1** 初3級		売　　　　　上 …CHAPTER 05 **1** 初3級	
役　務　原　価 …CHAPTER 13 **3**		商　品　売　買　益 …CHAPTER 05 **1** 初3級	
租　税　公　課 …CHAPTER 04 **3** 初3級		役　務　収　益 …CHAPTER 13 **3**	
棚　卸　減　耗　損 …CHAPTER 05 **5**		受　取　手　数　料 …初3級	
商　品　評　価　損 …CHAPTER 05 **5**		受　取　配　当　金 …CHAPTER 11 **3**	
貸倒引当金繰入 …CHAPTER 12 **1** 初3級		有　価　証　券　利　息 …CHAPTER 11 **3**	
修繕引当金繰入 …CHAPTER 12 **2**		雑　　　　　益 …CHAPTER 04 **3** 初3級	
商品保証引当金繰入 …CHAPTER 12 **3**		仕　入　割　引 …CHAPTER 05 **2**	
売上割戻引当金繰入 …参考 **10**		有　価　証　券　評　価　益 …CHAPTER 11 **5**	
返品調整引当金繰入 …参考 **11**		有　価　証　券　売　却　益 …CHAPTER 11 **2**	
賞 与 引 当 金 繰 入 …CHAPTER 12 **5**		為　替　差　益 …CHAPTER 14 **4**	
役員賞与引当金繰入 …参考 **9**		固定資産売却益 …CHAPTER 08 **4** 初3級	
貸　倒　損　失 …CHAPTER 12 **1** 初3級		保　険　差　益 …CHAPTER 08 **9**	
賞　　　　　与 …CHAPTER 12 **5**		償　却　債　権　取　立　益 …初3級	
退　職　給　付　費　用 …CHAPTER 12 **4**		負ののれん発生益 …CHAPTER 01 **5**	
減　価　償　却　費 …CHAPTER 08 **3** 初3級		国庫補助金受贈益 …CHAPTER 08 **10**	
修　　繕　　費 …CHAPTER 08 **8**		工事負担金受贈益 …CHAPTER 08 **10**	
支　払　リ　ー　ス　料 …CHAPTER 09 **4**			
の　れ　ん　償　却 …CHAPTER 10 **2**			
特　許　権　償　却 …CHAPTER 10 **2**			
創　　立　　費 …CHAPTER 01 **3**			
株　式　交　付　費 …CHAPTER 01 **3**			
開　　業　　費 …参考 **1**			
ソフトウェア償却 …CHAPTER 10 **3**			
研　究　開　発　費 …CHAPTER 10 **1**			
手　形　売　却　損 …CHAPTER 06 **2**			
電子記録債権売却損 …CHAPTER 06 **4**			
債　権　売　却　損 …CHAPTER 06 **5**			
有　価　証　券　評　価　損 …CHAPTER 11 **5**			
有　価　証　券　売　却　損 …CHAPTER 11 **2**			
為　替　差　損 …CHAPTER 14 **4**			
固　定　資　産　売　却　損 …CHAPTER 08 **4** 初3級			
固　定　資　産　除　却　損 …CHAPTER 08 **6**			
固　定　資　産　廃　棄　損 …CHAPTER 08 **6**			
売　　上　　割　　引 …CHAPTER 05 **2**			
火　　災　　損　　失 …CHAPTER 08 **9**			
(災　害　損　失) …CHAPTER 08 **9**			
固　定　資　産　圧　縮　損 …CHAPTER 08 **10**			
法人税、住民税及び事業税 …CHAPTER 04 **1**			
法人税等調整額 …CHAPTER 17 **2**			
当期純利益			
合　　　　計　　×××		合　　　　計　　×××	

上記以外：非支配株主に帰属する当期純損益 連結　　　…CHAPTER 20 **3**

索 引

ア 行

圧縮記帳······144
アップストリーム······380
洗替法······456
一年基準······280
売上原価······75
売上原価対立法······67
売上割引······70
売上割戻引当金······461
売上割戻引当金繰入······461
売掛金元帳······257
営業外受取手形······120
営業外支払手形······120
英米式決算法······315
役務原価······227
役務収益······225
オペレーティング・リース取引······156
親会社······347

カ 行

買換え······133
買掛金元帳······257
外貨建取引······233
開業費······446
開始仕訳······358
改良······139
確定申告······43
火災損失······140
火災未決算······141
貸倒引当金······209
課税所得······45
合併······18
株式······5
株式会社······5

株式交付費······13
株式申込証拠金······17
株主資本等変動計算書······283
株主総会······7
貨幣項目······238
仮受消費税······57
仮払消費税······57
仮払法人税等······43
カレント・レート（CR）······238
為替差益······237
為替差損······237
為替予約······240
関連会社株式······184
企業残高基準法······451
切放法······457
銀行勘定調整表······105
銀行残高基準法······451
金利調整差額······197
繰越利益剰余金······28
繰延税金資産······301
繰延税金負債······301
クレジット売掛金······73
減価償却······124
研究開発費······175
検収基準······224
建設仮勘定······137
工事負担金受贈益······144
子会社······347
子会社株式······184
誤記入······110
国庫補助金受贈益······144
固定資産圧縮損······144
固定資産除却損······136
固定資産廃棄損······136

サ 行

災害損失······140
債権売却損······98
差入保証金······502
三伝票制······251
三分法······65

索 引

仕入先元帳	257
仕入割引	69
仕掛品	226
時間外預入	106
実現主義	223
支店	326
支店独立会計制度	325
支店分散計算制度	465
支配獲得日	349
支払リース料	169
資本金	9
資本準備金	11
資本的支出	139
収益的支出	139
修繕	139
修繕費	139
修繕引当金	211
修繕引当金繰入	211
出荷基準	224
出金伝票	251
主要簿	471
償却原価法	197
消費税	53
商品評価損	76
商品保証引当金	213
商品保証引当金繰入	213
正味売却価額	76
剰余金	27
賞与引当金	215
賞与引当金繰入	215
除却	136
仕訳帳	471
仕訳日計表	252
新築積立金	27
税効果会計	299
税込方式	54
生産高比例法	130
精算表	270
正常営業循環基準	280
製造業会計	424
税抜方式	54
全部純資産直入法	199
総勘定元帳	471

総合損益勘定	338
増資	9
総平均法	81
創立費	13
租税公課	55
その他資本剰余金	29
その他有価証券	185
その他有価証券評価差額金	200
ソフトウェア	178
ソフトウェア仮勘定	179
ソフトウェア償却	179
損益計算書	273

タ 行

貸借対照表	277
退職給付引当金	214
退職給付費用	214
ダウンストリーム	378
棚卸減耗	76
棚卸減耗損	76
中間申告	43
貯蔵品	136, 503
定額法	122
定率法	127
手形の裏書き	89
手形の更改	448
手形の不渡り	91
手形の割引き	90
電子記録債権	93
電子記録債務	94
伝票	251
当座借越	501
投資その他の資産	119
投資と資本の相殺消去	349
得意先元帳	257
特許権	176
特許権償却	177
取締役会	7

ナ行

200%定率法 ……………………………… 129
入金伝票 …………………………………… 251
任意積立金 ………………………………… 27
のれん ……………………………………… 19
のれん償却 ………………………………… 177

ハ行

廃棄 ………………………………………… 136
配当 ………………………………………… 6
売買目的有価証券 ………………………… 184
端数利息 …………………………………… 191
発生主義 …………………………………… 223
非貨幣項目 ………………………………… 239
引渡基準 …………………………………… 224
非支配株主 ………………………………… 352
非支配株主に帰属する当期純損益 ……… 380
非支配株主持分 …………………………… 353
ヒストリカル・レート（HR）………… 238
ファイナンス・リース取引 ……………… 155
負ののれん発生益 ………………………… 19
振替伝票 …………………………………… 251
不渡手形 …………………………………… 92
分記法 ……………………………………… 66
平均原価法 ………………………………… 188
別段預金 …………………………………… 17
別途積立金 ………………………………… 27
返品調整引当金 …………………………… 463
返品調整引当金繰入 ……………………… 463
法人税等（法人税、住民税及び事業税）… 43
法定福利費 ………………………………… 505
保険差益 …………………………………… 142
補助記入帳 ………………………………… 471
補助簿 ……………………………………… 471
補助元帳 …………………………………… 471
本支店会計 ………………………………… 325
本支店合併財務諸表 ……………………… 332
本店 ………………………………………… 326
本店集中会計制度 ………………………… 325
本店集中計算制度 ………………………… 465

マ行

満期保有目的債券 ………………………… 184
未決算 ……………………………………… 141
未実現利益 ………………………………… 378
未収還付消費税 …………………………… 56
未取立小切手 ……………………………… 107
未取付小切手 ……………………………… 108
未払消費税 ………………………………… 55
未払配当金 ………………………………… 30
未払法人税等 ……………………………… 44
未渡小切手 ………………………………… 111
無形固定資産 ……………………… 119, 175
滅失 ………………………………………… 140

ヤ行

役員賞与引当金 …………………………… 460
役員賞与引当金繰入 ……………………… 460
有価証券 …………………………………… 183
有価証券の評価替え ……………………… 195
有形固定資産 ……………………………… 119
有価証券評価益 …………………………… 195
有価証券評価損 …………………………… 195
有限責任 …………………………………… 6
予約レート ………………………………… 241

ラ行

リース資産 ………………………………… 157
リース債務 ………………………………… 157
リース取引 ………………………………… 155
利益準備金 ………………………………… 27
利子込み法 ………………………………… 159
利子抜き法 ………………………………… 161
両者区分調整法 …………………………… 113
連結株主資本等変動計算書 ……………… 395
連結財務諸表 ……………………………… 348
連結精算表 ………………………………… 396
連結損益計算書 …………………………… 391
連結貸借対照表 …………………………… 394

連絡未通知……………………………………… 109

ワ行

割引き………………………………………… 68
割戻し………………………………………… 71

これで全部のモヤモヤが
解消したー♪

【著者】
滝澤ななみ（たきざわ・ななみ）

簿記、ＦＰ、宅建士など多くの資格書を執筆している。主な著書は
『スッキリわかる日商簿記』１～３級（11年連続全国チェーン売上第
１位[1]）、『みんなが欲しかった 簿記の教科書・問題集』日商２・
３級、『みんなが欲しかった！ＦＰの教科書』２・３級（６年連続売
上第１位[2]）、『みんなが欲しかった！ＦＰの問題集』２・３級など。
※１ 紀伊國屋書店PubLine/くまざわ書店全店/三省堂書店/丸善ジュンク堂書店/
　　 未来屋書店　2009年1月～2019年12月（各社調べ、50音順）
※２ 紀伊國屋書店PubLine調べ　2014年１月～2019年12月

〈ブログ〉『滝澤ななみ　簿記とか、FPとか・・・書いて□』
URL：http://takizawa773.blog.jp/

・装丁：Malpu Design
・装画：matsu（マツモト　ナオコ）

みんなが欲しかったシリーズ

みんなが欲しかった！ 簿記の教科書
日商２級　商業簿記　第９版

2012年３月８日　初　版　第１刷発行
2020年２月27日　第９版　第１刷発行

著　者	滝　澤　な　な　み	
発行者	多　田　敏　男	
発行所	TAC株式会社　出版事業部	
	（TAC出版）	

〒101-8383
東京都千代田区神田三崎町3-2-18
電　話　03（5276）9492（営業）
FAX　03（5276）9674
https://shuppan.tac-school.co.jp

組　版	株式会社　グ　ラ　フ　ト
印　刷	株式会社　光　　邦
製　本	東京美術紙工協業組合

© Nanami Takizawa 2020　　Printed in Japan

ISBN 978-4-8132-8573-1
N.D.C. 336
落丁・乱丁本はお取り替えいたします。

簿記検定講座のご案内

選べる学習メディアでご自身に合うスタイルでご受講ください!

通学講座 〔3級コース〕〔3・2級コース〕〔2級コース〕〔1級コース〕〔1級上級・アドバンスコース〕

 ### 教室講座 〔通って学ぶ〕

定期的な日程で通学する学習スタイル。常に講師と接することができるという教室講座の最大のメリットがありますので、疑問点はその日のうちに解決できます。また、勉強仲間との情報交換も積極的に行えるのが特徴です。

ビデオブース(個別DVD)講座 〔通って学ぶ〕〔予約制〕

ご自身のスケジュールに合わせて、TACのビデオブースで学習するスタイル。日程を自由に設定できるため、忙しい社会人に人気の講座です。

直前期教室出席制度
直前期以降、教室受講に振り替えることができます。

| 無料体験入学 | ご自身の目で、耳で体験し納得してご入学いただくために、無料体験入学をご用意しました。 |
| 無料講座説明会 | もっとTACのことを知りたいという方は、無料講座説明会にご参加ください。 |

 予約不要※

 無料

※ビデオブース(個別DVD)講座は要予約

通信講座 〔3級コース〕〔3・2級コース〕〔2級コース〕〔1級コース〕〔1級上級・アドバンスコース〕

 ### Web通信講座 〔スマホやタブレットにも対応〕〔見て学ぶ〕

教室講座の生講義をブロードバンドを利用し動画で配信します。ご自身のペースに合わせて、24時間いつでも何度でも繰り返し受講することができます。
※Web通信講座の配信期間は、本試験日の属する月の末日までとなります。

WEB SCHOOL ホームページ
URL https://portal.tac-school.co.jp/
※お申込み前に、左記のサイトにて必ず動作環境をご確認ください。

DVD通信講座 〔見て学ぶ〕

講義を収録したデジタル映像をご自宅にお届けします。講義の臨場感をクリアな画像でご自宅にて再現することができます。
※DVD-Rメディア対応のDVDプレーヤーでのみ受講が可能です。パソコン・ゲーム機での動作保証はいたしておりません。

 Webでも無料配信中! 〔スマホタブレット〕〔パソコン〕

 「TAC動画チャンネル」

資料通信講座 (1級のみ)

テキスト・添削問題を中心として学習します。

- **講座説明会** ※収録内容の変更のため、配信してされない期間が生じる場合がございます。
- **1回目の講義 (前半分) が視聴できます**

詳しくは、TACホームページ「TAC動画チャンネル」をクリック!
〔 TAC動画チャンネル 簿記 〕 検索
https://www.tac-school.co.jp/kouza_boki/tacchannel.html

簿記検定講座

お手持ちの教材がそのまま使用可能！
【テキストなしコース】のご案内

TAC簿記検定講座のカリキュラムは市販の教材を使用しておりますので、こちらのテキストを使ってそのまま受講することができます。独学では分かりにくかった論点や本試験対策も、TAC講師の詳しい解説で理解度も120％UP！本試験合格に必要なアウトプット力が身につきます。独学との差を体感してください。

左記の各メディアが【テキストなしコース】でお得に受講可能！

こんな人にオススメ！

- ● テキストにした書き込みをそのまま活かしたい！
- ● これ以上テキストを増やしたくない！
- ● とにかく受講料を安く抑えたい！

※お申込前に必ずお手持ちのテキストのバージョンをご確認ください。場合によっては最新のものに買い直していただくことがございます。詳細はお問い合わせください。

お手持ちの教材をフル活用!!

合格テキスト

合格トレーニング

会計業界への就・転職支援サービス

TPB

TACの100%子会社であるTACプロフェッションバンク（TPB）が、会計業界の人材ニーズを的確に把握し、両者の橋渡しをします。資格を活かして働きたい方への無料支援サービスです。どうぞお気軽にご利用ください。

人材コンサルタントが無料でサポート

Step1 相談受付　完全予約制です。まずは各オフィスまでお電話ください。

Step2 面談　ご経験やご希望をお聞かせください。あなたの将来について一緒に考えましょう。

Step3 情報提供　ご希望に適うお仕事があれば、その場でご紹介します。強要はいたしませんのでご安心ください。

正社員で働く

- ●安定した収入を得たい
- ●キャリアプランについて相談したい
- ●面接日程や入社時期などの調整をしてほしい
- ●今就職すべきか、勉強を優先すべきか迷っている
- ●職場の雰囲気など、求人票でわからない情報がほしい

TACキャリアエージェント

https://tacnavi.com/agent/

派遣で働く（関東のみ）

- ●勉強を優先して働きたい
- ●将来のために実務経験を積んでおきたい
- ●まずは色々な職場や職種を経験したい
- ●家庭との両立を第一に考えたい
- ●就業環境を確認してから正社員で働きたい

TACの経理・会計派遣

https://tacnavi.com/haken/

※全ての方にお仕事の紹介ができるわけではありません。予めご了承ください。　※面談時間は原則お一人様30分とさせていただきます。

自分のペースでじっくりチョイス

正社員・アルバイトで働く

- ●自分の好きなタイミングで就職活動をしたい
- ●どんな求人案件があるのか見たい
- ●企業からのスカウトを待ちたい
- ●Web上で応募管理をしたい

Webで

TACキャリアナビ

https://tacnavi.com/kyujin/

就職・転職・派遣就労の強制は一切致しません。会計業界への就・転職を希望される方への無料支援サービスです。どうぞお気軽にお問合せください。

 TACプロフェッションバンク

東京オフィス	梅田オフィス	名古屋 登録会場
〒101-0051 東京都千代田区神田保町1-103 東京パークタワー 2F TEL.03-3518-6775	〒530-0013 大阪府大阪市北区茶屋町6-20 吉田茶屋町ビル5F TEL.06-6371-5851	〒450-0002 愛知県名古屋市中村区名駅1-2-4 名鉄バスターミナルビル10F TEL.0120-757-655

10860572(05)

■ 有料職業紹介事業 許可番号13-ユ-010678　■ 一般労働者派遣事業 許可番号（派）13-010932

2018年3月現在

日商簿記検定試験対策書籍のご案内

TAC出版の日商簿記検定試験対策書籍は、学習の各段階に対応していますので、あなたの
ステップに応じて、合格に向けてご活用ください!

3タイプのインプット教材

①

> 簿記を専門的な知識に
> していきたい方向け

● **満点合格を目指し
次の級への土台を築く**
「合格テキスト」&「合格トレーニング」

● 大判のB5判、3級〜1級累計300万部超の、信頼の定番テキスト&トレーニング!
TACの教室でも使用している公式テキストです。
● 出題論点はすべて網羅しているので、簿記をきちんと学んでいきたい方にぴったりです!
◆3級 □2級 商簿、2級 工簿 ■1級 商・会 各3点、1級 工・原 各3点

②

> スタンダードにメリハリ
> つけて学びたい方向け

● **教室講義のような
わかりやすさでしっかり学べる**
「簿記の教科書」&「簿記の問題集」 滝澤 ななみ 著

● A5判、4色オールカラーのテキスト&模擬試験つき問題集!
● 豊富な図解と実例つきのわかりやすい説明で、もうモヤモヤしない!!
◆3級 □2級 商簿、2級 工簿 ■1級 商・会 各3点、1級 工・原 各3点

DVDの併用で、
さらに理解が
深まります!

『簿記の教科書DVD』
● 「簿記の教科書」3、2級の準拠DVD。
わかりやすい解説で、合格力が短時間で
身につきます!
◆3級 □2級 商簿、2級 工簿

③

> 気軽に始めて、早く全体像を
> つかみたい方向け

● **初学者でも楽しく続けられる!**
「スッキリわかる」
テキスト/問題集一体型
滝澤 ななみ 著(1級は商・会のみ)

● 小型のA5判によるテキスト/問題集一体型。これ一冊でOKの、
圧倒的に人気の教材です。
● 豊富なイラストとわかりやすいレイアウト! かわいいキャラの
「ゴエモン」と一緒に楽しく学べます。
◆3級 □2級 商簿、2級 工簿 ■1級 商・会 4点、1級 工・原 4点

シリーズ待望の問題集が誕生!
「スッキリとける過去＋予想問題集」
滝澤 ななみ 監修 TAC出版開発グループ 編著

● 過去問題6回分＋予想問題3回分を掲載
● 話題の新傾向対策問題で問題演習も短時間でスッキリ終わる!
◆3級 □2級

DVDの併用で、
さらに理解が
深まります!

『スッキリわかる 講義DVD』
● 「スッキリわかる」3、2級の準拠DVD。
超短時間でも要点はのがさず解説。
3級10時間＋2級14時間＋10時間で合
格へひとっとび。
◆3級 □2級 商簿、2級 工簿

コンセプト問題集

● 得点力をつける!
『みんなが欲しかった! やさしすぎる解き方の本』

B5判　滝澤 ななみ 著

● 授業で解き方を教わっているような新感覚問題集。再受験にも有効。
◆3級 □2級

本試験対策問題集

● 実施回別の 定番過去問題集

『合格するための 過去問題集』

B5判

● 直近12回分(1級は14回分)の過去問を実施回別に収載。ていねいな「解答への道」、各問対策が充実。
◆3級 □2級 ■1級

● 知識のヌケを なくす!

『網羅型 完全予想問題集』

A4判

● オリジナル予想問題(3級10回分、2級12回分、1級8回分)で本試験の重要出題パターンを網羅。
● 実力養成にも直前の本試験対策にも有効。
◆3級 □2級 ■1級

直前予想

『第○回をあてる TAC直前予想』

A4判

● TAC講師陣による4回分の予想問題で最終仕上げ。
● 年3回(1級は年2回)、各試験に向けて発行します。
◆3級 □2級 ■1級

あなたに合った合格メソッドをもう一冊!

仕訳 『究極の仕訳集』
B6変型判
● 悩む仕訳をスッキリ整理。ハンディサイズ、一問一答式で基本の仕訳を一気に覚える。
◆3級 □2級

仕訳 『究極の計算と仕訳集』
B6変型判　境 浩一朗 著
● 1級商会で覚えるべき計算と仕訳がすべてつまった1冊!
■1級 商・会

理論 『究極の会計学理論集』
B6変型判
● 会計学の理論問題を論点別に整理、手軽なサイズが便利です。
■1級 商・会、全経上級

電卓 『カンタン電卓操作術』
A5変型判　TAC電卓研究会 編
● 実践的な電卓の操作方法について、丁寧に説明します!

書籍の正誤についてのお問合わせ

万一誤りと疑われる箇所がございましたら、以下の方法にてご確認いただきますよう、お願いいたします。

なお、正誤のお問合わせ以外の書籍内容に関する解説・受験指導等は、**一切行っておりません。**
そのようなお問合わせにつきましては、お答えいたしかねますので、あらかじめご了承ください。

1 正誤表の確認方法

TAC出版書籍販売サイト「Cyber Book Store」の
トップページ内「正誤表」コーナーにて、正誤表をご確認ください。

URL:https://bookstore.tac-school.co.jp/

2 正誤のお問合わせ方法

正誤表がない場合、あるいは該当箇所が掲載されていない場合は、書名、発行年月日、お客様のお名前、ご連絡先を明記の上、下記の方法でお問合わせください。
なお、回答までに1週間前後を要する場合もございます。あらかじめご了承ください。

文書にて問合わせる

▶郵 送 先　　〒101-8383 東京都千代田区神田三崎町3-2-18
　　　　　　　TAC株式会社 出版事業部 正誤問合わせ係

FAXにて問合わせる

▶FAX番号　　**03-5276-9674**

e-mailにて問合わせる

▶お問合わせ先アドレス　　**syuppan-h@tac-school.co.jp**

お電話でのお問合わせは、お受けできません。

(2018年1月現在)

簿記の教科書　日商2級　商業簿記

別　冊

○SIWAKE-195　～仕訳195～
○基本問題解答用紙

　この冊子には、重要仕訳を集めた「SIWAKE-195 ～仕訳195～」と、基本問題（解答用紙ありの問題）の解答用紙がとじこまれています。

〈別冊ご利用時の注意〉

この色紙を残したまま冊子をていねいに抜き取り、ご利用ください。
また、抜き取りのさいの損傷についてのお取替えはご遠慮願います。

別冊の使い方

Step ❶ この色紙を残したまま、ていねいに抜き取ってください。色紙は、本体からとれませんので、ご注意ください。

Step ❷ 抜き取った用紙を針金のついているページでしっかりと開き、工具を使用して、針金を外してください。針金で負傷しないよう、お気をつけください。

Step ❸ アイテムごとに分けて、お使いください。

色紙
本体
冊子
針金
解答用紙
SIWAKE-195

SIWAKE-195

〜仕訳 195〜

教科書の中で登場する重要な仕訳を集めました。
試験直前の復習に活用してください。

Ａ株式会社は、会社の設立にあたり、株式100株を１株あたり500円で発行し、全株式の払い込みを受け、払込金額は当座預金とした。

（当　座　預　金）	50,000	（資　　本　　金）	50,000 *

＊　@500円×100株＝50,000円

Ａ株式会社は、取締役会により増資を決議し、新たに株式20株を１株あたり600円で発行し、全株式の払い込みを受け、払込金額は当座預金とした。

（当　座　預　金）	12,000	（資　　本　　金）	12,000 *

＊　@600円×20株＝12,000円

Ａ株式会社は、会社の設立にあたり、株式100株を１株あたり500円で発行し、全株式の払い込みを受け、払込金額は当座預金とした。なお、払込金額のうち「会社法」で認められる最低額を資本金として処理する。

（当　座　預　金）	50,000 [*1]	（資　　本　　金）	25,000 [*2]
		（資　本　準　備　金）	25,000 [*3]

＊１　@500円×100株＝50,000円　＊２　$50,000円 \times \frac{1}{2} = 25,000円$
＊３　50,000円−25,000円＝25,000円

Ａ株式会社は、取締役会により増資を決議し、新たに株式20株を１株あたり600円で発行し、全株式の払い込みを受け、払込金額は当座預金とした。なお、払込金額のうち「会社法」で認められる最低額を資本金として処理する。

（当　座　預　金）	12,000 [*1]	（資　　本　　金）	6,000 [*2]
		（資　本　準　備　金）	6,000 [*3]

＊１　@600円×20株＝12,000円　＊２　$12,000円 \times \frac{1}{2} = 6,000円$
＊３　12,000円−6,000円＝6,000円

5 株式の発行

Ａ株式会社は、会社の設立にあたり、株式100株を１株あたり500円で発行し、全株式の払い込みを受け、払込金額は当座預金とした。なお、株式発行費用1,000円は現金で支払った。

（当 座 預 金）	50,000	（資 本 金）	50,000 *
（創 立 費）	1,000	（現 金）	1,000

* @500円×100株＝50,000円

6 株式の発行

Ａ株式会社は、取締役会により増資を決議し、新たに株式20株を１株あたり600円で発行し、全株式の払い込みを受け、払込金額は当座預金とした。なお、株式発行費用180円は現金で支払った。

（当 座 預 金）	12,000	（資 本 金）	12,000 *
（株 式 交 付 費）	180	（現 金）	180

* @600円×20株＝12,000円

7 新株発行の手続き

Ａ株式会社は、取締役会の決議により、新たに株式20株を１株あたり600円で募集したところ、申込期日までに全株式が申し込まれ、払込金額の全額を申込証拠金として受け入れ、別段預金とした。

（別 段 預 金）	12,000	（株式申込証拠金）	12,000 *

* @600円×20株＝12,000円

8 新株発行の手続き

払込期日となり、申込証拠金12,000円を資本金に振り替え、同時に別段預金を当座預金とした。なお、払込金額のうち「会社法」で認められる最低額を資本金として処理する。

（株式申込証拠金）	12,000	（資 本 金）	6,000 *1
		（資 本 準 備 金）	6,000 *2
（当 座 預 金）	12,000	（別 段 預 金）	12,000

*1 $12,000円 \times \frac{1}{2} = 6,000円$ *2 12,000円－6,000円＝6,000円

9 合　併

Ａ社はＢ社を吸収合併し、株式10株を＠80円で発行した。なお、増加する株主資本は全額資本金とした。Ｂ社の諸資産は1,000円（時価）、諸負債は400円（時価）である。

（諸 資 産）	1,000	（諸 負 債）	400
（の れ ん）	200*2	（資 本 金）	800*1

　　＊1　＠80円×10株＝800円　　＊2　貸借差額

10 損益勘定からの振り替え

Ａ株式会社は、決算において10,000円の当期純利益を計上した。

（損 益）	10,000	（繰 越 利 益 剰 余 金）	10,000

11 損益勘定からの振り替え

Ａ株式会社は、決算において5,000円の当期純損失を計上した。

（繰 越 利 益 剰 余 金）	5,000	（損 益）	5,000

12 剰余金の配当と処分の処理

Ａ株式会社の株主総会において、繰越利益剰余金を財源とした剰余金の配当等が次のように決定した。

　株主配当金1,000円、利益準備金100円、別途積立金300円

（繰 越 利 益 剰 余 金）	1,400	（未 払 配 当 金）	1,000
		（利 益 準 備 金）	100
		（別 途 積 立 金）	300

13 剰余金の配当と処分の処理

Ａ株式会社の株主総会において、その他資本剰余金を財源とした剰余金の配当等が次のように決定した。

　　株主配当金800円、資本準備金80円

（その他資本剰余金）	880	（未 払 配 当 金）	800
		（資 本 準 備 金）	80

14 剰余金の配当と処分の処理

Ａ株式会社は、未払いだった株主配当金800円を当座預金口座から支払った。

（未 払 配 当 金）	800	（当 座 預 金）	800

15 準備金積立額の計算

Ａ株式会社の株主総会において、繰越利益剰余金を財源とした剰余金の配当等が次のように決定した。

　　株主配当金5,000円、利益準備金？円（各自計算）

なお、資本金、資本準備金、利益準備金の残高は、それぞれ60,000円、4,000円、3,000円であった。

（繰越利益剰余金）	5,500	（未 払 配 当 金）	5,000
		（利 益 準 備 金）	500 *

* ① $5,000円 \times \dfrac{1}{10} = 500円$

　② $60,000円 \times \dfrac{1}{4} - (4,000円 + 3,000円) = 8,000円$

　③ ①＜②より①500円

Ａ株式会社の株主総会において、その他資本剰余金を財源とした剰余金の配当等が次のように決定した。

　　株主配当金2,000円、資本準備金？円（各自計算）

なお、資本金、資本準備金、利益準備金の残高は、それぞれ60,000円、4,000円、3,000円であった。

| （その他資本剰余金） | 2,200 | （未 払 配 当 金） | 2,000 |
| | | （資 本 準 備 金） | 200 * |

$$* \quad ① \quad 2{,}000円 \times \frac{1}{10} = 200円$$

$$② \quad 60{,}000円 \times \frac{1}{4} - (4{,}000円 + 3{,}000円) = 8{,}000円$$

$$③ \quad ① < ② より ① 200円$$

(1)　資本準備金1,000円を資本金に振り替えた。

(2)　利益準備金500円を取り崩して繰越利益剰余金に振り替えた。

| （資 本 準 備 金） | 1,000 | （資　　本　　金） | 1,000 |
| （利 益 準 備 金） | 500 | （繰越利益剰余金） | 500 |

Ａ株式会社（決算年１回、３月31日）は、法人税の中間申告を行い、税額1,000円を現金で納付した。

| （仮 払 法 人 税 等） | 1,000 | （現　　　　金） | 1,000 |

19 法人税等

Ａ株式会社では、決算の結果、当期の法人税が2,500円と確定した。なお、中間納付額1,000円は仮払法人税等として処理している。

（法人税、住民税及び事業税）	2,500	（仮 払 法 人 税 等）	1,000
		（未 払 法 人 税 等）	1,500

20 法人税等

Ａ株式会社は、未払法人税等1,500円を現金で納付した。

（未 払 法 人 税 等）	1,500	（現　　　　金）	1,500

21 消費税

商品110円（税込価額）を仕入れ、代金は現金で支払った。なお、消費税率は10％である（税込方式）。

（仕　　　　入）	110	（現　　　　金）	110

22 消費税

商品330円（税込価額）を売り上げ、代金は現金で受け取った。なお、消費税率は10％である（税込方式）。

（現　　　　金）	330	（売　　　　上）	330

決算において、消費税の納付額を計算する。なお、当期の取引は仕入高110円（税込価額）、売上高330円（税込価額）のみである（税込方式）。

（租　税　公　課）	20	（未　払　消　費　税）	20 *

* ① 支払った消費税額：$110円×\dfrac{10\%}{100\%+10\%}=10円$

② 受け取った消費税額：$330円×\dfrac{10\%}{100\%+10\%}=30円$

③ 消費税の納付額：$30円-10円=20円$

未払消費税20円を現金で納付した（税込方式）。

（未　払　消　費　税）	20	（現　　　　金）	20

商品110円（税込価額）を仕入れ、代金は現金で支払った。なお、消費税率は10％である（税抜方式）。

（仕　　　　入）	100 *1	（現　　　　金）	110
（仮　払　消　費　税）	10 *2		

*1 仕入価額（税抜価額）：$110円×\dfrac{100\%}{100\%+10\%}=100円$

*2 支払った消費税額：$100円×10\%=10円$

商品330円（税込価額）を売り上げ、代金は現金で受け取った。なお、消費税率は10％である（税抜方式）。

（現　　　　金）	330	（売　　　　上）	300 *1
		（仮　受　消　費　税）	30 *2

*1 売上価額（税抜価額）：$330円×\dfrac{100\%}{100\%+10\%}=300円$

*2 受け取った消費税額：$300円×10\%=30円$

決算において、消費税の納付額を計算する。なお、当期の取引は仕入高110円（税込価額）、売上高330円（税込価額）のみである（税抜方式）。

（仮 受 消 費 税）	30	（仮 払 消 費 税）	10
		（未 払 消 費 税）	20 *

* 消費税の納付額：30円－10円＝20円

未払消費税20円を現金で納付した（税抜方式）。

（未 払 消 費 税）	20	（現　　　　金）	20

次の一連の取引について、売上原価対立法によって仕訳しなさい。

(1) 商品2,000円を掛けで仕入れた。

(2) 商品（売価2,100円、原価1,500円）を掛けで売り上げた。

(3) 決算日を迎えた。

(1)	（商　　　　品）	2,000	（買　掛　金）	2,000
(2)	（売　掛　金）	2,100	（売　　上）	2,100
	（売　上　原　価）	1,500	（商　　品）	1,500
(3)		仕　訳　な　し		

(1) 商品100円を仕入れ、代金は掛けとした。なお、掛け代金の決済について「30日後に支払い。ただし10日以内に支払うときは代金の2%を割り引く」という条件がついている。

(2) (1)の割引適用期間内であったため、掛け代金100円について2%の割引きを受け、残額を現金で支払った。

(1)	(仕 入)	100	(買 掛 金)	100		
(2)	(買 掛 金)	100	(仕 入 割 引)	2 *		
			(現 金)	98		

* 100円×2%＝2円

(1) 商品100円を売り上げ、代金は掛けとした。なお、掛け代金の決済について「30日後に支払い。ただし10日以内に支払うときは代金の2%を割り引く」という条件をつけている。

(2) (1)の割引適用期間内であったため、掛け代金100円について2%の割引きを適用し、残額を現金で受け取った。

(1)	(売 掛 金)	100	(売 上)	100		
(2)	(売 上 割 引)	2 *	(売 掛 金)	100		
	(現 金)	98				

* 100円×2%＝2円

32 仕入割戻し・売上割戻し CHAPTER 05

仕入先から10円の割戻しを受け、買掛金と相殺した。

（買　　掛　　金）	10	（仕　　　　　入）	10

33 仕入割戻し・売上割戻し CHAPTER 05

得意先に対して10円の割戻しを適用し、売掛金と相殺した。

（売　　　　　上）	10	（売　　掛　　金）	10

34 クレジット売掛金 CHAPTER 05

商品1,000円をクレジット払いの条件で販売した。なお、信販会社への手数料（販売代金の２％）は販売時に計上する。

（支 払 手 数 料）	20^{*1}	（売　　　　　上）	1,000
（クレジット売掛金）	980^{*2}		

*1　1,000円×２％＝20円
*2　1,000円－20円＝980円

35 クレジット売掛金 CHAPTER 05

信販会社より決済手数料を差し引かれた残額980円が当座預金口座へ入金された。

（当　座　預　金）	980	（クレジット売掛金）	980

決算において、売上原価を算定する。期首商品棚卸高は100円、期末商品棚卸高は200円、棚卸減耗損は20円、商品評価損は54円であり、売上原価は「仕入」の行で算定する。なお、棚卸減耗損および商品評価損は売上原価に含めるものとする。

(仕　　　　入)	100	(繰　越　商　品)	100
(繰　越　商　品)	200	(仕　　　　入)	200
(棚　卸　減　耗　損)	20	(繰　越　商　品)	20
(仕　　　　入)	20	(棚　卸　減　耗　損)	20
(商　品　評　価　損)	54	(繰　越　商　品)	54
(仕　　　　入)	54	(商　品　評　価　損)	54

決算において、売上原価を算定する。期首商品棚卸高は100円、期末商品棚卸高は200円、棚卸減耗損は20円、商品評価損は54円であり、売上原価は「仕入」の行で算定する。なお、棚卸減耗損および商品評価損は、精算表上、独立の科目として表示する。

(仕　　　　入)	100	(繰　越　商　品)	100
(繰　越　商　品)	200	(仕　　　　入)	200
(棚　卸　減　耗　損)	20	(繰　越　商　品)	20
(商　品　評　価　損)	54	(繰　越　商　品)	54

38 手形の裏書き

Ａ社はＢ社より商品100円を仕入れ、代金は以前にＣ社から受け取っていた約束手形を裏書きして渡した。

（仕 入）	100	（受 取 手 形）	100

39 手形の裏書き

Ｂ社はＡ社に商品100円を売り上げ、代金はＣ社振出、Ａ社宛の約束手形を裏書譲渡された。

（受 取 手 形）	100	（売 上）	100

40 手形の割引き

Ａ社は所有するＣ社振出の約束手形100円を銀行で割り引き、割引料10円を差し引かれた残額（90円）を当座預金口座に入金した。

（手 形 売 却 損）	10	（受 取 手 形）	100
（当 座 預 金）	90		

41 手形の不渡り

所有する手形（得意先Ｂ社から受け取ったＢ社振出の約束手形）1,000円が不渡りとなった。

（不 渡 手 形）	1,000	（受 取 手 形）	1,000

42 手形の不渡り

不渡りとなった手形の代金（1,000円）を現金で回収した。

| （現　　　　　金） | 1,000 | （不　渡　手　形） | 1,000 |

43 手形の不渡り

不渡りとなった手形の代金（1,000円）が回収不能となった。なお、貸倒引当金の残高は0円である。

| （貸　倒　損　失） | 1,000 | （不　渡　手　形） | 1,000 |

44 電子記録債権（債務）

A社は、B社に対する買掛金1,000円の支払いに電子記録債務を用いることとし、取引銀行を通じて債務の発生記録を行った。また、B社（A社に対する売掛金がある）は取引銀行よりその通知を受けた。A社（債務者）とB社（債権者）の仕訳をしなさい。

| A社 | （買　　　掛　　　金） | 1,000 | （電　子　記　録　債　務） | 1,000 |
| B社 | （電　子　記　録　債　権） | 1,000 | （売　　　掛　　　金） | 1,000 |

45 電子記録債権（債務）

A社は、B社に対する買掛金1,000円の支払いに用いた電子記録債務について、取引銀行の当座預金口座からB社の取引銀行の当座預金口座に払い込みを行った。A社（債務者）とB社（債権者）の仕訳をしなさい。

| A社 | （電　子　記　録　債　務） | 1,000 | （当　座　預　金） | 1,000 |
| B社 | （当　座　預　金） | 1,000 | （電　子　記　録　債　権） | 1,000 |

46 電子記録債権（債務）

B社はC社に対する買掛金の決済のため、所有する電子記録債権1,000円を譲渡することとし、取引銀行を通じて譲渡記録を行った。B社（譲渡人）とC社（譲受人）の仕訳をしなさい。

B社	（買　　掛　　金）	1,000	（電 子 記 録 債 権）	1,000
C社	（電 子 記 録 債 権）	1,000	（売　　掛　　金）	1,000

47 電子記録債権（債務）

B社は所有する電子記録債権1,000円を取引先に950円で譲渡し、代金は当座預金口座に入金された。

（当　座　預　金）	950	（電 子 記 録 債 権）	1,000
（電子記録債権売却損）	50 *		

*　1,000円－950円＝50円

48 その他の債権の譲渡

A社はC社に対する買掛金1,000円を支払うため、B社に対する売掛金1,000円を、B社の承諾を得て、C社に譲渡した。

（買　　掛　　金）	1,000	（売　　掛　　金）	1,000

49 その他の債権の譲渡

A社はB社に対する売掛金1,000円を、B社の承諾を得て、D社に950円で譲渡し、代金は普通預金口座に入金された。

（普　通　預　金）	950	（売　　掛　　金）	1,000
（債　権　売　却　損）	50 *		

*　1,000円－950円＝50円

決算日に、現金100円を当座預金口座に預け入れたが、営業時間外のため銀行で翌日付けの入金として処理された。

仕 訳 な し

得意先Ｃ社から受け取った小切手200円を銀行に持ち込み、取り立てを依頼していたが、決算日において、まだ銀行が取り立てを行っていなかった。

仕 訳 な し

仕入先Ｂ社に振り出した小切手150円が、決算日において、まだ銀行に呈示されていなかった。

仕 訳 な し

決算日において、得意先Ｃ社から売掛金300円について当座預金口座に振り込みがあったが、この通知が当社に未達であった。

（当 座 預 金）	300	（売 掛 金）	300

得意先C社から売掛金200円を回収したさい、誤って250円で処理していた。

（売　　掛　　金）	50	（当　座　預　金）	50

買掛金400円の支払いのため小切手を作成したが、決算日において未渡しであった。

（当　座　預　金）	400	（買　　掛　　金）	400

広告宣伝費1,000円の支払いのため小切手を作成したが、決算日において未渡しであった。

（当　座　預　金）	1,000	（未　　払　　金）	1,000

A社は、B社から備品850円を購入し、代金は約束手形を振り出して支払った。

（備　　　　品）	850	（営業外支払手形）	850

B社は、A社に備品（帳簿価額800円、直接法で記帳）を850円で売却し、代金は約束手形で受け取った。

（営業外受取手形）	850	（備　　　　品）	800
		（固定資産売却益）	50

備品60,000円を6か月の分割払い（月々の支払額は10,500円）の契約で購入した。なお、利息分については前払利息で処理する。

（備　　　　品）	60,000	（未　　払　　金）	63,000[*1]
（前　払　利　息）	3,000[*2]		

* 1　10,500円×6か月＝63,000円
* 2　63,000円－60,000円＝3,000円

備品（現金正価60,000円、6か月の分割払い。月々の支払額は10,500円）について、第1回目の割賦金10,500円を銀行の普通預金口座から支払った。なお、前払利息は定額法により配分する。

（未　　払　　金）	10,500	（普　通　預　金）	10,500
（支　払　利　息）	500 *	（前　払　利　息）	500

*　①総利息：10,500円×6か月－60,000円＝3,000円
　②支払った分の利息：3,000円÷6か月＝500円

61

直接法による減価償却

決算において、当期首に購入した建物（取得原価10,000円、残存価額は0円、耐用年数20年）について、定額法により減価償却を行う。なお、記帳方法は直接法である。

（減 価 償 却 費）	500 *	（建 物）	500

    * （10,000円－0円）÷20年＝500円

間接法による減価償却

決算において、前期首に購入した建物（取得原価10,000円、残存価額は0円、耐用年数20年）について、定額法により減価償却を行う。なお、記帳方法は間接法である。

（減 価 償 却 費）	500 *	（建物減価償却累計額）	500

    * （10,000円－0円）÷20年＝500円

固定資産の減価償却

決算において、当期の12月1日に購入した備品（取得原価30,000円）について、定率法（償却率20%）により減価償却を行う。取得後1年目、2年目、3年目の決算整理仕訳をしなさい。なお、決算日は3月31日、記帳方法は間接法である。

1年目	（減 価 償 却 費）	2,000 *1	（備品減価償却累計額）	2,000
2年目	（減 価 償 却 費）	5,600 *2	（備品減価償却累計額）	5,600
3年目	（減 価 償 却 費）	4,480 *3	（備品減価償却累計額）	4,480

    * 1 $30{,}000円 \times 20\% \times \dfrac{4\,か月}{12\,か月} = 2{,}000円$

    * 2 （30,000円－2,000円）×20%＝5,600円

    * 3 （30,000円－2,000円－5,600円）×20%＝4,480円

64 固定資産の減価償却

決算において、当期の10月1日に購入した車両（取得原価200,000円）について、生産高比例法（残存価額は取得原価の10%、総走行可能距離は10,000km）により減価償却を行う。なお、当期の走行距離は1,000km、決算日は3月31日、記帳方法は間接法である。

（減 価 償 却 費）	18,000 *	（車両運搬具減価償却累計額）	18,000

* $200,000円 \times 0.9 \times \dfrac{1,000km}{10,000km} = 18,000円$

65 固定資産の買換え

当期首において、車両（取得原価200,000円、期首減価償却累計額108,000円、記帳方法は間接法）を下取りに出し、新車両300,000円を購入した。旧車両の下取価額は85,000円であり、新車両の購入価額との差額は翌月末に支払うことにした。

（車 両 運 搬 具）	300,000	（車 両 運 搬 具）	200,000
（車両運搬具減価償却累計額）	108,000	（未 払 金）	215,000 *
（固 定 資 産 売 却 損）	7,000		

* $300,000円 - 85,000円 = 215,000円$

66 固定資産の除却・廃棄

当期首において、不用となった備品（取得原価60,000円、期首減価償却累計額36,000円、記帳方法は間接法）を除却した。なお、除却資産の見積処分価額は18,000円である。

（備品減価償却累計額）	36,000	（備 品）	60,000
（貯 蔵 品）	18,000		
（固 定 資 産 除 却 損）	6,000 *		

* 貸借差額

67 固定資産の除却・廃棄

当期首において、不用となった備品（取得原価60,000円、期首減価償却累計額36,000円、記帳方法は間接法）を廃棄した。なお、廃棄費用500円を現金で支払った。

（備品減価償却累計額）	36,000	（備 品）	60,000
（固 定 資 産 廃 棄 損）	24,500 *	（現 金）	500

* 貸借差額

68 建設仮勘定

本社ビルの新築のため、建設会社と請負契約（請負金額500,000円）を結び、手付金として100,000円を小切手を振り出して支払った。

（建 設 仮 勘 定）	100,000	（当 座 預 金）	100,000

69 建設仮勘定

工事（請負金額500,000円、手付金100,000円を支払済み）が完成し、引き渡しを受けた。請負金額の残額400,000円は小切手を振り出して支払った。

（建 物）	500,000	（建 設 仮 勘 定）	100,000
		（当 座 預 金）	400,000

70 固定資産の改良・修繕

建物の改良を行い、50,000円を現金で支払った。

（建 物）	50,000	（現 金）	50,000

71 固定資産の改良・修繕

建物の修繕を行い、20,000円を現金で支払った。

（修 繕 費）	20,000	（現 金）	20,000

当期首において、建物（取得原価300,000円、期首減価償却累計額162,000円、記帳方法は間接法）が火災により焼失した。なお、この建物には保険を掛けていない。

（建物減価償却累計額）	162,000	（建 物）	300,000
（火　災　損　失）	138,000		

当期首において、建物（取得原価300,000円、期首減価償却累計額162,000円、記帳方法は間接法）が火災により焼失した。なお、この建物には200,000円の保険を掛けているため、ただちに保険会社に連絡をした。

（建物減価償却累計額）	162,000	（建 物）	300,000
（未　決　算）	138,000		

火災について、保険金100,000円を支払う旨の連絡が保険会社からあった。なお、固定資産の焼失時に未決算138,000円を計上している。

（未　収　入　金）	100,000	（未　決　算）	138,000
（火　災　損　失）	38,000		

火災について、保険金200,000円を支払う旨の連絡が保険会社からあった。なお、固定資産の焼失時に未決算138,000円を計上している。

（未　収　入　金）	200,000	（未　決　算）	138,000
		（保　険　差　益）	62,000

火災について、保険会社から保険金200,000円が当座預金口座に入金された。

| （当 座 預 金） | 200,000 | （未 収 入 金） | 200,000 |

Ａ社は、国から国庫補助金5,000円を受け取り、当座預金口座に入金した。

| （当 座 預 金） | 5,000 | （国庫補助金受贈益） | 5,000 |

Ａ社は、受け取った国庫補助金5,000円に自己資金10,000円を加えて建物15,000円を購入し、代金は当座預金口座から支払った。なお、この建物については補助金に相当する額の圧縮記帳（直接減額方式）を行った。

| （建 物） | 15,000 | （当 座 預 金） | 15,000 |
| （固 定 資 産 圧 縮 損） | 5,000 | （建 物） | 5,000 |

決算において、Ａ社は当期首に取得した建物（購入価額15,000円、圧縮記帳額5,000円、直接減額方式）について、定額法（耐用年数20年、残存価額は０円、間接法で記帳）により減価償却を行う。

| （減 価 償 却 費） | 500 * | （建物減価償却累計額） | 500 |

    * ①圧縮記帳後の帳簿価額：15,000円－5,000円＝10,000円
       ②減価償却費：10,000円÷20年＝500円

以下の条件で契約したリース取引（ファイナンス・リース取引に該当）について、利子込み法（利息相当額を控除しない方法）によって、下記の(1)～(4)の日付の仕訳をしなさい。なお、決算日は毎年3月31日である。

［条　件］

　リース契約日：×1年7月1日

　リース期間：5年

　見積現金購入価額：8,800円

　年間リース料：2,000円（毎年6月30日に現金で後払い）

　減価償却：残存価額を0円、耐用年数をリース期間とした定額法により行う。記
　　　　　　帳方法は間接法

(1)　×1年7月1日（リース契約日）の仕訳

(2)　×2年3月31日（決算日）の仕訳

(3)　×2年4月1日（翌期首）の仕訳

(4)　×2年6月30日（リース料支払日）の仕訳

(1) | （リ　ー　ス　資　産） | 10,000 *1 | （リ　ー　ス　債　務） | 10,000 |

(2) | （減　価　償　却　費） | 1,500 *2 | （リース資産減価償却累計額） | 1,500 |

(3) | 仕　訳　な　し |

(4) | （リ　ー　ス　債　務） | 2,000 | （現　　　　　金） | 2,000 |

＊1　2,000円 × 5年=10,000円

＊2　$10,000円 ÷ 5年 × \dfrac{9か月（×1年7/1～×2年3/31）}{12か月} = 1,500円$

以下の条件で契約したリース取引（ファイナンス・リース取引に該当）について、利子抜き法（利息相当額を定額法で配分する方法）によって、下記の(1)～(4)の日付の仕訳をしなさい。なお、決算日は毎年 3 月31日である。

［条　件］

　リース契約日：x1年 7 月 1 日

　リース期間： 5 年

　見積現金購入価額：8,800円

　年間リース料：2,000円（毎年 6 月30日に現金で後払い）

　減価償却：残存価額を 0 円、耐用年数をリース期間とした定額法により行う。記帳方法は間接法

(1)　x1年 7 月 1 日（リース契約日）の仕訳

(2)　x2年 3 月31日（決算日）の仕訳

(3)　x2年 4 月 1 日（翌期首）の仕訳

(4)　x2年 6 月30日（リース料支払日）の仕訳

	借方	金額	貸方	金額
(1)	（リース資産）	8,800 *1	（リース債務）	8,800
(2)	（減価償却費）	1,320 *2	（リース資産減価償却累計額）	1,320
	（支払利息）	180 *3	（未払利息）	180
(3)	（未払利息）	180	（支払利息）	180
(4)	（リース債務）	1,760 *4	（現　　　金）	2,000
	（支払利息）	240 *5		

* 1　見積現金購入価額

* 2　$8,800円 \div 5 年 \times \dfrac{9 か月（x1年 7/1 ～ x2年 3/31）}{12か月} = 1,320円$

* 3　①リース料総額：2,000円× 5 年＝10,000円
　　　②支払利息総額：10,000円－8,800円＝1,200円
　　　③当期分の支払利息：$1,200円 \div 5 年 \times \dfrac{9 か月（x1年 7/1 ～ x2年 3/31）}{12か月} = 180円$

* 4　8,800円÷ 5 年＝1,760円

* 5　1,200円÷ 5 年＝240円

×1年4月1日（期首）において、リース契約（オペレーティング・リース取引に該当）を締結し、リース期間5年、年間リース料2,000円（毎年3月31日に後払い）で備品を取得した。

仕　訳　な　し

82のリース契約について、×2年3月31日において、リース料2,000円を現金で支払った。

（支払リース料）	2,000	（現　　　　金）	2,000

×2年3月31日（決算日）において、×1年7月1日に締結したリース契約（オペレーティング・リース取引に該当）について、リース料の未払計上を行った。なお、リース期間は5年、年間リース料は2,000円（毎年6月30日に後払い）である。

（支払リース料）	1,500 *	（未払リース料）	1,500

$$* \quad 2,000円 \times \frac{9 か月（×1年7/1 ～×2年3/31）}{12か月} = 1,500円$$

×2年4月1日（翌期首）において、**84**で行ったリース料の未払計上の再振替仕訳を行う。

（未払リース料）	1,500	（支払リース料）	1,500

研究開発費

研究開発目的にのみ使用する実験装置10,000円を購入し、代金は小切手を振り出して
支払った。

（研 究 開 発 費）	10,000	（当 座 預 金）	10,000

87 **無形固定資産**

特許権を8,000円で取得し、代金は小切手を振り出して支払った。

（特 許 権）	8,000	（当 座 預 金）	8,000

88 **無形固定資産**

決算において、当期首に発生した特許権8,000円（償却期間 8 年）とのれん20,000円
（償却期間10年）を償却する。

（特 許 権 償 却）	1,000 *1	（特 許 権）	1,000
（の れ ん 償 却）	2,000 *2	（の れ ん）	2,000

＊1　8,000円÷ 8 年＝1,000円
＊2　20,000円÷10年＝2,000円

89 **ソフトウェア**

A社は、当期首において、自社利用のソフトウェアを10,000円で購入し、代金は現金
で支払った。

（ソ フ ト ウ ェ ア）	10,000	（現 金）	10,000

90 ソフトウェア

決算において、当期首に購入したソフトウェア（購入原価10,000円）を利用可能期間
5年で償却する。

（ソフトウェア償却）	2,000 *	（ソフトウェア）	2,000

   * 10,000円÷5年＝2,000円

91 有価証券の購入と売却

(1) 売買目的で、A社株式10株を@100円で購入し、代金は購入手数料100円とともに
4営業日後に支払うこととした。

(2) 満期保有目的で、B社社債（額面総額1,000円）を額面100円につき96円で購入し、
代金は売買手数料30円とともに普通預金口座から支払った。

(3) C社株式80株を@50円で購入し、購入手数料100円とともに普通預金口座から支
払った。なお、C社の発行済株式総数は100株である。

(4) D社株式（その他有価証券）10株を@200円で購入し、代金は購入手数料100円と
ともに4営業日後に支払うこととした。

(1)	（売買目的有価証券）	1,100 *1	（未 払 金）	1,100
(2)	（満期保有目的債券）	990 *2	（普 通 預 金）	990
(3)	（子 会 社 株 式）	4,100 *3	（普 通 預 金）	4,100
(4)	（その他有価証券）	2,100 *4	（未 払 金）	2,100

   *1 @100円×10株＋100円＝1,100円

   *2 1,000円×$\frac{96円}{100円}$＋30円＝990円

   *3 C社の発行済株式100株のうち80株（過半数）を取得しているので、子会社株式に分類される。
     @50円×80株＋100円＝4,100円

   *4 @200円×10株＋100円＝2,100円

92

有価証券の購入と売却

売買目的で保有するX社株式10株（帳簿価額2,100円）を1株あたり230円で売却し、代金は現金で受け取った。

（現　　　　　金）	2,300 *1	（売買目的有価証券）	2,100
		（有価証券売却益）	200 *2

＊1　@230円×10株＝2,300円　＊2　2,300円－2,100円＝200円

有価証券の購入と売却

売買目的で保有するY社社債（額面総額1,000円、帳簿価額970円）を額面100円につき95円で売却し、代金は現金で受け取った。

（現　　　　　金）	950 *1	（売買目的有価証券）	970
（有価証券売却損）	20 *2		

＊1　$95円 \times \dfrac{1,000円}{100円} = 950円$　＊2　950円－970円＝△20円

有価証券の購入と売却

当期中に2回にわたって売買目的で購入したZ社株式200株のうち、150株を1株あたり525円で売却し、代金は月末に受け取ることとした。なお、Z社株式は1回目に1株あたり500円で100株を、2回目に1株あたり520円で100株を購入している。当社は平均原価法で記帳している。

（未　収　入　金）	78,750 *1	（売買目的有価証券）	76,500 *2
		（有価証券売却益）	2,250 *3

＊1　@525円×150株＝78,750円

＊2　平均単価：$\dfrac{@500円 \times 100株 + @520円 \times 100株}{100株 + 100株} = @510円$

　　　売却株式の帳簿価額：@510円×150株＝76,500円

＊3　貸借差額

配当金・利息の受け取り　　　　　　　　　　　　　　　　　CHAPTER 11

保有するＸ社株式について、配当金領収証100円を受け取った。

| （現　　　　　　金） | 100 | （受 取 配 当 金） | 100 |

配当金・利息の受け取り　　　　　　　　　　　　　　　　　CHAPTER 11

保有するＹ社社債について、半年分の利息100円の利払日が到来した。

| （現　　　　　　金） | 100 | （有 価 証 券 利 息） | 100 |

端数利息の処理　　　　　　　　　　　　　　　　　　　　CHAPTER 11

×1年8月10日　Ａ社は売買目的で購入したＹ社社債（額面金額50,000円、年利率7.3％、利払日は6月末日と12月末日、帳簿価額48,000円）を、額面100円につき97円でＢ社に売却し、代金は端数利息とともに現金で受け取った。

（現　　　　　　金）	48,910*2	（売買目的有価証券）	48,000
		（有 価 証 券 売 却 益）	500
		（有 価 証 券 利 息）	410*1

* 1　$50,000円 \times 7.3\% \times \dfrac{41日}{365日} = 410円$

* 2　$50,000円 \times \dfrac{97円}{100円} = 48,500円$
　　　$48,500円 + 410円 = 48,910円$

x1年 8 月10日　B社はA社から売買目的でY社社債（額面金額50,000円、年利率7.3％、利払日は 6 月末日と12月末日）を、額面100円につき97円で購入し、代金は端数利息とともに現金で支払った。

（売買目的有価証券）	48,500 *2	（現　　　　　金）	48,910
（有 価 証 券 利 息）	410 *1		

＊ 1　$50,000円 \times 7.3\% \times \dfrac{41日}{365日} = 410円$

＊ 2　$50,000円 \times \dfrac{97円}{100円} = 48,500円$

決算において、売買目的有価証券の時価は980円であった。なお、帳簿価額は1,100円である。

（有 価 証 券 評 価 損）	120	（売買目的有価証券）	120 *

＊　980円 − 1,100円 = △120円（評価損）

決算において、売買目的有価証券の時価は1,150円であった。なお、帳簿価額は1,100円である。

（売買目的有価証券）	50 *	（有 価 証 券 評 価 益）	50

＊　1,150円 − 1,100円 = 50円（評価益）

(1) ×1年7月1日 満期保有目的で、Y社の社債（額面総額10,000円、満期日は×6年6月30日）を額面100円につき96円で購入し、代金は現金で支払った。

(2) ×2年3月31日 決算において、(1)の満期保有目的債券について償却原価法（定額法）により評価する。

(1)	（満期保有目的債券）	9,600 *1	（現　　　　　金）	9,600
(2)	（満期保有目的債券）	60 *2	（有 価 証 券 利 息）	60

$* 1 \quad 10,000円 \times \dfrac{96円}{100円} = 9,600円$

$* 2 \quad (10,000円 - 9,600円) \times \dfrac{9 か月}{60か月（5年 \times 12か月）} = 60円$

決算において、子会社株式の時価は4,200円であった。なお、帳簿価額は4,100円である。

仕 訳 な し

(1) 決算において、D社株式（その他有価証券）の時価は2,200円であった。なお、帳簿価額は2,000円である。

(2) 決算において、E社株式（その他有価証券）の時価は1,300円であった。なお、帳簿価額は1,450円である。

(1)	（その他有価証券）	200 *1	（その他有価証券評価差額金）	200
(2)	（その他有価証券評価差額金）	150	（その他有価証券）	150 *2

＊1　2,200円−2,000円＝200円（評価益）
＊2　1,300円−1,450円＝△150円（評価損）

決算において、売掛金の期末残高10,000円に対し、下記のように貸倒引当金を設定する。なお、貸倒引当金の期末残高は120円である。

(1) A社に対する売掛金2,000円については、債権額から担保処分見込額400円を控除した残高に対して50％を貸倒引当金として設定する。

(2) B社に対する売掛金1,000円については、債権額の4％を貸倒引当金として設定する。

(3) その他の売掛金に対しては、貸倒実績率2％として貸倒引当金を設定する。

（貸倒引当金繰入）	860 *	（貸倒引当金）	860

＊　(1)に対する貸倒引当金（個別評価）：(2,000円−400円)×50％＝800円
　　(2)に対する貸倒引当金（個別評価）：1,000円×4％＝40円
　　(3)に対する貸倒引当金（一括評価）：(10,000円−2,000円−1,000円)×2％＝140円
　　貸倒引当金の合計：800円＋40円＋140円＝980円
　　貸倒引当金繰入：980円−120円＝860円

決算において、修繕引当金を設定する。当期の繰入額は1,000円である。

| （修繕引当金繰入） | 1,000 | （修 繕 引 当 金） | 1,000 |

建物の定期修繕を行い、修繕費1,500円を現金で支払った。なお、修繕引当金の残高は1,000円である。

| （修 繕 引 当 金） | 1,000 | （現 金） | 1,500 |
| （修 繕 費） | 500 | | |

建物の定期修繕と改良を行い、3,500円を現金で支払った。このうち、2,000円は資本的支出である。なお、修繕引当金の残高は1,000円である。

（建 物）	2,000	（現 金）	3,500
（修 繕 引 当 金）	1,000		
（修 繕 費）	500		

決算において、商品保証引当金を設定する。当期の繰入額は1,000円である。

| （商品保証引当金繰入） | 1,000 | （商品保証引当金） | 1,000 |

109 商品保証引当金

前期に販売した商品について、修理の申し出があったため、無料修理に応じた。この修理にかかった費用700円は現金で支払った。なお、商品保証引当金の残高は1,000円である。

（商品保証引当金）	700	（現　　　　　金）	700

110 退職給付引当金

決算において、退職給付引当金を設定する。当期の繰入額は1,000円である。

（退 職 給 付 費 用）	1,000	（退 職 給 付 引 当 金）	1,000

111 退職給付引当金

従業員が退職し、退職金400円を当座預金口座から支払った。なお、退職給付引当金の残高は1,000円である。

（退 職 給 付 引 当 金）	400	（当　座　預　金）	400

112 賞与引当金

決算において、賞与引当金を設定する。当期の繰入額は1,000円である。

（賞 与 引 当 金 繰 入）	1,000	（賞 与 引 当 金）	1,000

113 賞与引当金

賞与支給日において、賞与1,500円を当座預金口座から支払った。なお、賞与引当金の残高は1,000円である。

（賞 与 引 当 金）	1,000	（当 座 預 金）	1,500
（賞　　　　与）	500		

114 売上の計上基準

(1) 得意先Ｂ社から商品1,400円（原価1,000円）の注文が入り、代金は掛けとして商品を発送した。なお、当社では売上の認識について、検収基準を採用している。
(2) (1)について、Ｂ社から注文どおりの商品が届いた旨の連絡を受けた。

(1)	仕　訳　な　し			
(2)	（売　　掛　　金）	1,400	（売　　　　上）	1,400

115 サービス業の処理

資格の学校Ｔ社は来月開講予定の講座（受講期間12か月）の受講料10,000円を現金で受け取った。

（現　　　　金）	10,000	（前　受　金）	10,000

116 サービス業の処理

講座の教材作成費等4,000円を現金で支払った。全額について来月開講予定の講座のために直接費やされたものであるため、仕掛品勘定で処理する。

（仕　掛　品）	4,000	（現　　　　金）	4,000

簿記の教科書　日商２級　商業簿記
基本問題　解答用紙

問5　売上原価の算定と期末商品の評価

⑴　決算整理仕訳

借方科目	金　　額	貸方科目	金　　額

⑵　精算表

精　　算　　表

勘定科目	試　算　表		修正記入		損益計算書		貸借対照表	
	借方	貸方	借方	貸方	借方	貸方	借方	貸方
繰越商品	9,000							
仕　　　入	80,000							
棚卸減耗損								
商品評価損								

仕 訳 日 計 表

×1年5月1日　　　　　　　　　5

借　　　方	元丁	勘 定 科 目	元丁	貸　　　方
		現　　　　　金		
		当 座 預 金		
		受 取 手 形		
		売 　掛　 金		
		貸 　付　 金		
		備　　　　　品		
		支 払 手 形		
		買 　掛　 金		
		未 　払　 金		
		売　　　　　上		
		仕　　　　　入		
		給　　　　料		

総 勘 定 元 帳

現　　　金　　　　　　　1

日	付	摘　　　　要	仕丁	借　方	貸　方	借/貸	残　高
5	1	前 月 繰 越	✓	20,000		借	20,000

売　　　掛　　　金　　　　　　　4

日	付	摘　　　　要	仕丁	借　方	貸　方	借/貸	残　高
5	1	前 月 繰 越	✓	23,000		借	23,000

3

得 意 先 元 帳

群 馬 商 事　　　　　　　　　　　　1

日 付	摘　　　　要	仕丁	借　方	貸　方	借／貸	残　高
5　1	前 月 繰 越	✓	18,000		借	18,000

茨 城 商 事　　　　　　　　　　　　2

日 付	摘　　　　要	仕丁	借　方	貸　方	借／貸	残　高
5　1	前 月 繰 越	✓	5,000		借	5,000

仕 入 先 元 帳

静 岡 商 事　　　　　　　　　　　　1

日 付	摘　　　　要	仕丁	借　方	貸　方	借／貸	残　高
5　1	前 月 繰 越	✓		10,000	貸	10,000

山 梨 商 事　　　　　　　　　　　　2

日 付	摘　　　　要	仕丁	借　方	貸　方	借／貸	残　高
5　1	前 月 繰 越	✓		7,000	貸	7,000

問1　精算表の作成

精　算　表

勘定科目	試算表		修正記入		損益計算書		貸借対照表	
	借方	貸方	借方	貸方	借方	貸方	借方	貸方
現　　　　　金	21,400							
当 座 預 金	38,060							
受 取 手 形	48,000							
売 　掛　 金	57,000							
売買目的有価証券	42,500							
繰 越 商 品	14,000							
建　　　　　物	145,000							
備　　　　　品	45,000							
満期保有目的債券	38,800							
長 期 貸 付 金	40,000							
買 　掛　 金		44,140						
貸 倒 引 当 金		860						
建物減価償却累計額		45,000						
備品減価償却累計額		9,000						
資 　本　 金		345,000						
利 益 準 備 金		6,000						
繰越利益剰余金		5,000						
売　　　　　上		510,000						
受 取 利 息		500						
有 価 証 券 利 息		960						
仕　　　　　入	382,000							
給　　　　　料	76,000							
保 　険　 料	8,700							
水 道 光 熱 費	10,000							
	966,460	966,460						
貸倒引当金（　　）								
棚 卸 減 耗 損								
商 品 評 価 損								
有価証券評価（　　）								
減 価 償 却 費								
（　　　　）保険料								
（　　　　）利　息								
当 期 純（　　　）								

問2　財務諸表の作成

損　益　計　算　書

自×4年4月1日　至×5年3月31日　　（単位：円）

Ⅰ　売　上　高　　　　　　　　　　　　　　　　（　　　　　　　　）

Ⅱ　売　上　原　価

　　1．期首商品棚卸高　　　（　　　　　　　）

　　2．当期商品仕入高　　　（　　　　　　　）

　　　　　合　　　計　　　（　　　　　　　）

　　3．期末商品棚卸高　　　（　　　　　　　）

　　　　　差　　　引　　　（　　　　　　　）

　　4．（　　　　　　　）　（　　　　　　　）　　（　　　　　　　）

　　　　売上総利益　　　　　　　　　　　　　　（　　　　　　　）

Ⅲ　販売費及び一般管理費

　　1．給　　　　料　　　（　　　　　　　）

　　2．保　　険　　料　　（　　　　　　　）

　　3．貸倒引当金繰入　　（　　　　　　　）

　　4．退職給付費用　　　（　　　　　　　）

　　5．（　　　　　　　）　（　　　　　　　）

　　6．減価償却費　　　　（　　　　　　　）　　（　　　　　　　）

　　　　（　　　　　　　）　　　　　　　　　　（　　　　　　　）

Ⅳ　営　業　外　収　益

　　1．受　取　利　息　　　　　　　　　　　　　（　　　　　　　）

Ⅴ　営　業　外　費　用

　　1．有価証券評価損　　（　　　　　　　）

　　2．貸倒引当金繰入　　（　　　　　　　）　　（　　　　　　　）

　　　　経　常　利　益　　　　　　　　　　　　（　　　　　　　）

Ⅵ　特　別　損　失

　　1．（　　　　　　　）　　　　　　　　　　　（　　　　　　　）

　　　　税引前当期純利益　　　　　　　　　　　（　　　　　　　）

　　　　法人税、住民税及び事業税　　　　　　　（　　　　　　　）

　　　　当　期　純　利　益　　　　　　　　　　（　　　　　　　）

貸 借 対 照 表

×5年3月31日　　　　　　　　　　　　　　（単位：円）

資 産 の 部			負 債 の 部		
I　流　動　資　産			I　流　動　負　債		
1　現 金 預 金		（　　　）	1　買　　掛　　金	（　　　）	
2　受 取 手 形	（　　　）		2　未払法人税等	（　　　）	
3　売　　掛　　金	（　　　）		流動負債合計	（　　　）	
貸 倒 引 当 金	（　　　）	（　　　）	II　固　定　負　債		
4　（　　　　　）	（　　　）		1　退職給付引当金	（　　　）	
貸 倒 引 当 金	（　　　）	（　　　）	固定負債合計	（　　　）	
5　有 価 証 券		（　　　）	負 債 合 計	（　　　）	
6　商　　　　品		（　　　）	純 資 産 の 部		
7　前 払 費 用		（　　　）	I　株　主　資　本		
流動資産合計		（　　　）	1　資　　本　　金	（　　　）	
II　固　定　資　産			2　利 益 剰 余 金		
1　有形固定資産			（1）利 益 準 備 金	（　　　）	
（1）建　　　物	（　　　）		（2）別 途 積 立 金	（　　　）	
減価償却累計額	（　　　）	（　　　）	（3）繰越利益剰余金	（　　　）	（　　　）
（2）備　　　品	（　　　）		II　評価・換算差額等		
減価償却累計額	（　　　）	（　　　）	1　その他有価証券評価差額金	（　　　）	
2　投資その他の資産			純 資 産 合 計	（　　　）	
（1）投資有価証券		（　　　）			
固定資産合計		（　　　）			
資 産 合 計		（　　　）	負債および純資産合計	（　　　）	

7

損　　　　益

9/30	仕　　　　　入	（　　　　　）	9/30	売　　　　　　上	（　　　　　）
〃	給　　　　料	（　　　　　）	〃	受 取 家 賃	（　　　　　）
〃	保　険　料	（　　　　　）	〃	（　　　　）（　　　　　）
〃	棚 卸 減 耗 損	（　　　　　）	〃	有価証券（　　）（　　　　　）
〃	貸倒引当金繰入	（　　　　　）		
〃	減 価 償 却 費	（　　　　　）		
〃	手 形 売 却 損	（　　　　　）		
〃	法人税、住民税及び事業税	（　　　　　）		
〃	（　　　　　　）（　　　　　）		
		（　　　　　）			（　　　　　）

繰越利益剰余金

12/20	利 益 準 備 金	2,000	10/1	前 期 繰 越	（　　　　　）
〃	未 払 配 当 金	20,000	9/30	（　　　　　）（　　　　　）
〃	別 途 積 立 金	4,000		
9/30	次 期 繰 越	（　　　　）		
		（　　　　）			（　　　　　）

問2　本支店合併財務諸表の作成

本支店合併損益計算書

費　　　用	金　　額	収　　　益	金　　額
期首商品棚卸高	(　　　　　)	売　上　高	(　　　　　　)
当期商品仕入高	(　　　　　)	期末商品棚卸高	(　　　　　　)
貸倒引当金繰入	(　　　　　)		
営　業　費	(　　　　　)		
減価償却費	(　　　　　)		
支払利息	(　　　　　)		
当期純利益	(　　　　　)		
	(　　　　　)		(　　　　　　)

本支店合併貸借対照表

資　　　産	金　　額	負債・純資産	金　　額
現　金　預　金	(　　　　)	買　掛　金	(　　　　)
売　掛　金	(　　　)	資　本　金	(　　　　)
貸　倒　引　当　金	(　　) (　　)	繰越利益剰余金	(　　　　)
前　払　営　業　費	(　　　　)		
商　　　品	(　　　　)		
備　　　品	(　　　)		
減価償却累計額	(　　) (　　)		
	(　　　　)		(　　　　)

連 結 損 益 計 算 書

自×1年4月1日　至×2年3月31日　　（単位：円）

Ⅰ　売　　上　　高	（	）
Ⅱ　売　上　原　価	（	）
売 上 総 利 益	（	）
Ⅲ　販売費及び一般管理費	（	）
（うち、「のれん償却」額）	（	）
営 業 利 益	（	）
Ⅳ　営 業 外 収 益	（	）
Ⅴ　営 業 外 費 用	（	）
当 期 純 利 益	（	）
非支配株主に帰属する当期純利益	（	）
親会社株主に帰属する当期純利益	（	）

［連結貸借対照表の金額］

商　　　　品	円
の　　れ　　ん	円
非支配株主持分	円

問2　製造業会計－Ⅱ

損 益 計 算 書

自×1年4月1日　至×2年3月31日　　（単位：円）

Ⅰ　売　　上　　高　　　　　　　　　（　　　　　）

Ⅱ　売　上　原　価　　　　　　　　　（　　　　　）

　　　　売 上 総 利 益　　　　　　　（　　　　　）

Ⅲ　販売費及び一般管理費　　　　　　（　　　　　）

　　　　営　業　利　益　　　　　　　（　　　　　）

Ⅳ　営　業　外　費　用

　1．支　払　利　息　　　　　　　　（　　　　　）

　　　　経　常　利　益　　　　　　　（　　　　　）

Ⅴ　特　別　利　益

　1．固定資産売却益　　　　　　　　（　　　　　）

　　　　税引前当期純利益　　　　　　（　　　　　）

　　　　法人税、住民税及び事業税　　（　　　　　）

　　　　当　期　純　利　益　　　　　（　　　　　）

貸 借 対 照 表

×2年3月31日　　　　　　　（単位：円）

資 産 の 部			負 債 の 部		
Ⅰ　流 動 資 産			Ⅰ　流 動 負 債		
現 金 預 金	（　　　）		支 払 手 形	（　　　）	
受 取 手 形（　　　）			買 掛 金	（　　　）	
売 掛 金（　　　）			未 払 法 人 税 等	（　　　）	
貸 倒 引 当 金（　　　）	（　　　）		流 動 負 債 合 計	（　　　）	
製 品	（　　　）		Ⅱ　固 定 負 債		
材 料	（　　　）		退 職 給 付 引 当 金	（　　　）	
仕 掛 品	（　　　）		固 定 負 債 合 計	（　　　）	
流 動 資 産 合 計	（　　　）		負 債 の 部 合 計	（　　　）	
Ⅱ　固 定 資 産			純 資 産 の 部		
建 物（　　　）			資 本 金	（　　　）	
減価償却累計額（　　　）	（　　　）		利 益 準 備 金	（　　　）	
機 械 装 置（　　　）			繰 越 利 益 剰 余 金	（　　　）	
減価償却累計額（　　　）	（　　　）		純 資 産 の 部 合 計	（　　　）	
固 定 資 産 合 計	（　　　）				
資 産 合 計	（　　　）		負 債・純 資 産 合 計	（　　　）	

決算日を迎えた。決算日現在、講座の25%が終了している。なお、受講料10,000円は先に受け取っており、前受金で処理している。また、講座にかかる費用4,000円は仕掛品勘定で処理している。

(前　　受　　金)	2,500	(役　務　収　益)	2,500[*1]

(役　務　原　価)	1,000[*2]	(仕　　掛　　品)	1,000

　＊1　役務収益の計上：10,000円×25％＝2,500円
　＊2　役務原価の計上：4,000円×25％＝1,000円

本日、講座のすべてのカリキュラムが終了した。なお、受講料10,000円は先に受け取っており、前受金で処理している。また、講座にかかる費用4,000円は仕掛品勘定で処理している。そして、前期末において講座の25%が終了している。

(前　　受　　金)	7,500	(役　務　収　益)	7,500[*1]

(役　務　原　価)	3,000[*2]	(仕　　掛　　品)	3,000

　＊1　役務収益の計上：10,000円×75％＝7,500円
　＊2　役務原価の計上：4,000円×75％＝3,000円

(1) 資格の学校Ｔ社は来月開講予定の講座（受講期間12か月）の受講料10,000円を現金で受け取った。

(2) 講座の教材作成費等4,000円を現金で支払った。全額について当該講座のために直接費やされたものであるため、仕掛品勘定で処理する。

(3) 決算日を迎えた。決算日現在、講座の25％が終了している。

(4) 本日、講座のすべてのカリキュラムが終了した。

(1)	（現　　　　金）	10,000	（前　受　金）	10,000
(2)	（仕　掛　品）	4,000	（現　　　　金）	4,000
(3)		仕　訳　な　し		
(4)	（前　受　金）	10,000	（役　務　収　益）	10,000
	（役　務　原　価）	4,000	（仕　掛　品）	4,000

(1) 旅行業を営むABCトラベル㈱が企画したパッケージツアーについて、顧客からの申し込みがあり、旅行代金10,000円を現金で受け取った。

(2) ABCトラベル㈱は、(1)のツアーを催行した。なお、移動のための交通費など4,000円を現金で支払った。

(1)	（現　　　　金）	10,000	（前　受　金）	10,000
(2)	（前　受　金）	10,000	（役　務　収　益）	10,000
	（役　務　原　価）	4,000	（現　　　　金）	4,000

×1年4月20日、アメリカのA社から商品100ドルを輸入し、代金は翌月末日に支払うこととした。

［為替相場］ ×1年4月20日：1ドル110円

（仕 入）	11,000 *	（買 掛 金）	11,000

＊ 100ドル×110円＝11,000円

×1年4月10日、アメリカのB社から商品100ドルを輸入する契約をし、前払金10ドルを現金で支払った。

［為替相場］ ×1年4月10日：1ドル100円

（前 払 金）	1,000 *	（現 金）	1,000

＊ 10ドル×100円＝1,000円

×1年4月20日、アメリカのB社から商品100ドルを輸入し、×1年4月10日に支払った前払金10ドル（1,000円で計上）との差額90ドルは翌月末日に支払うこととした。

［為替相場］ ×1年4月10日：1ドル100円

　　　　　　×1年4月20日：1ドル110円

（仕 入）	10,900 *2	（前 払 金）	1,000
		（買 掛 金）	9,900 *1

＊1 90ドル×110円＝9,900円

＊2 1,000円＋9,900円＝10,900円

×1年4月20日、アメリカのC社に商品200ドルを輸出し、代金は翌月末日に受け取ることとした。

［為替相場］　×1年4月20日：1ドル110円

（売　　掛　　金）	22,000 *	（売　　　　　上）	22,000

＊　200ドル×110円＝22,000円

×1年4月10日、アメリカのD社に商品200ドルを輸出する契約をし、前受金20ドルを現金で受け取った。

［為替相場］　×1年4月10日：1ドル100円

（現　　　　　金）	2,000	（前　　受　　金）	2,000 *

＊　20ドル×100円＝2,000円

×1年4月20日、アメリカのD社に商品200ドルを輸出し、×1年4月10日に受け取った前受金20ドル（2,000円で計上）との差額180ドルは翌月末日に受け取ることとした。

［為替相場］　×1年4月10日：1ドル100円
　　　　　　　×1年4月20日：1ドル110円

（前　　受　　金）	2,000	（売　　　　　上）	21,800 *2
（売　　掛　　金）	19,800 *1		

＊1　180ドル×110円＝19,800円
＊2　2,000円＋19,800円＝21,800円

次の資料にもとづき、決算時に必要な換算替えの仕訳をしなさい。なお、決算時の為替相場は１ドル105円である。

［資　料］

(1)　売掛金期末残高のうち、期中にドル建てで生じた売掛金30ドル（輸出時の為替相場は１ドル110円）がある。

(2)　買掛金期末残高のうち、期中にドル建てで生じた買掛金20ドル（輸入時の為替相場は１ドル100円）がある。

(1)	（為　替　差　損　益）	150	（売　　掛　　金）	150*1
(2)	（為　替　差　損　益）	100	（買　　掛　　金）	100*2

＊１　①　帳簿上の金額：30ドル×110円＝3,300円
　　　②　CRで換算した金額：30ドル×105円＝3,150円
　　　③　②−①＝△150円　→売掛金が150円減少
＊２　①　帳簿上の金額：20ドル×100円＝2,000円
　　　②　CRで換算した金額：20ドル×105円＝2,100円
　　　③　②−①＝100円　→買掛金が100円増加

x2年２月10日、アメリカのＡ社から商品100ドルを輸入し、代金は３か月後（５月10日）に支払うこととした。また、取引と同時に為替予約を行った。

［為替相場］

　x2年２月10日の直物為替相場：１ドル100円

　　　　　　　先物為替相場：１ドル105円

（仕　　　　　　入）	10,500	（買　　掛　　金）	10,500*

＊　100ドル×105円＝10,500円

決算日において、128の買掛金100ドルがある。

［為替相場］

　決算日の直物為替相場：１ドル108円

仕　訳　な　し

130 外貨建取引（為替予約）

×2年5月10日、**128**の買掛金100ドル（為替予約を付している。帳簿価額は10,500円）について、現金で決済した。

［為替相場］

×2年2月10日の先物為替相場（予約レート）：1ドル105円

×2年5月10日の直物為替相場：1ドル120円

（買 掛 金）	10,500	（現 金）	10,500

131 外貨建取引（為替予約）

×2年2月10日、アメリカのA社から商品100ドルを輸入し、代金は3か月後（5月10日）に支払うこととした。

［為替相場］

×2年2月10日の直物為替相場：1ドル100円

（仕 入）	10,000	（買 掛 金）	10,000 *

＊　100ドル×100円＝10,000円

132 外貨建取引（為替予約）

×2年3月10日、**131**の買掛金100ドル（×2年2月10日に発生）について、為替予約を付した。

［為替相場］

×2年2月10日（取引発生時）の直物為替相場：1ドル100円

×2年3月10日（為替予約時）の直物為替相場：1ドル103円

先物為替相場：1ドル106円

（為 替 差 損 益）	600	（買 掛 金）	600 *

＊　①　買掛金の帳簿価額：100ドル×100円＝10,000円
　　②　為替予約を付したときの買掛金の金額：100ドル×106円＝10,600円
　　③　②－①＝600円　→買掛金が600円増加

×2年 5 月10日、**131**の買掛金100ドル（為替予約を付している。帳簿価額は10,600円）について、現金で決済した。

[為替相場]

×2年 2 月10日（取引発生時）の直物為替相場： 1 ドル100円

×2年 3 月10日（為替予約時）の直物為替相場： 1 ドル103円

先物為替相場： 1 ドル106円（予約レート）

×2年 5 月10日の直物為替相場： 1 ドル120円

（買 掛 金）	10,600	（現 金）	10,600

(1) ×1年12月 1 日に建物が完成したとき、 2 年分の火災保険料2,400円を現金で支払った。

(2) ×2年 3 月31日、決算において(1)の保険料のうち、次期分を前払処理する。なお、当期は×1年 4 月 1 日から×2年 3 月31日までの 1 年である。

(1)	（保 険 料）	2,400	（現 金）	2,400
(2)	（前 払 保 険 料）	1,200 *1	（保 険 料）	2,000
	（長 期 前 払 保 険 料）	800 *2		

* 1 　2,400円×$\dfrac{12か月（×2年 4 / 1 ～×3年 3 /31）}{24か月}$＝1,200円

* 2 　2,400円×$\dfrac{8 か月（×3年 4 / 1 ～11/30）}{24か月}$＝800円

第1期末において、貸倒引当金300円を繰り入れたが、そのうち100円については損金不算入となった。なお、法人税等の実効税率は40％とする。

（繰 延 税 金 資 産）	40	（法 人 税 等 調 整 額）	40

会計上の仕訳：（貸倒引当金繰入） 300 （貸 倒 引 当 金） 300
【損益項目】
税効果の仕訳：（繰 延 税 金 資 産） 40 （法人税等調整額） 40*

* 100円×40％＝40円

第2期において、貸倒引当金350円を繰り入れたが、そのうち150円については損金不算入となった（法人税等の実効税率は40％とする）。なお、第1期に発生した売掛金が貸し倒れたため、貸倒引当金を全額取り崩している。第1期末に設定した貸倒引当金にかかる税効果会計の仕訳は上記**135**のとおりである。

（繰 延 税 金 資 産）	20	（法 人 税 等 調 整 額）	20

①第1期に発生した差異の解消（貸倒れの発生）
（法人税等調整額） 40 （繰 延 税 金 資 産） 40
②第2期に発生した差異
（繰 延 税 金 資 産） 60 （法人税等調整額） 60*

* 150円×40％＝60円

③第2期の仕訳（①＋②）
（繰 延 税 金 資 産） 20 （法人税等調整額） 20

137 税効果会計（減価償却費の償却限度超過額）

第1期末において、備品1,000円について定額法（耐用年数4年、残存価額は0円）により減価償却を行った。なお、備品の法定耐用年数（税法上の耐用年数）は5年であり、法人税等の実効税率は40％とする。

（繰延税金資産）	20	（法人税等調整額）	20

会計上の仕訳：（減価償却費）　　250*¹　（備品減価償却累計額）　250

損益項目

税効果の仕訳：（繰延税金資産）　20　→（法人税等調整額）　20*²

＊1　会計上の減価償却費：1,000円÷4年＝250円
＊2　税法上の減価償却費：1,000円÷5年＝200円
　　　法人税等調整額：（250円－200円）×40％＝20円

138 税効果会計（減価償却費の償却限度超過額）

第2期末において、第1期末（137）と同様の減価償却を行った。なお、当期に売却等した備品はない。

（繰延税金資産）	20	（法人税等調整額）	20

①第1期に発生した差異の解消…売却等していないので差異は解消していない

仕訳なし

②第2期に発生した差異

（繰延税金資産）　　20　（法人税等調整額）　20*

＊　計算式は137と同じ

③第2期の仕訳（①＋②）

（繰延税金資産）　　20　（法人税等調整額）　20

139 税効果会計（その他有価証券の評価差額）

決算において、その他有価証券（取得原価1,000円）を時価800円に評価替えした（全部純資産直入法）が、税法上では、その他有価証券の評価替えは認められていない。なお、法人税等の実効税率は40%とする。

（繰 延 税 金 資 産）	80	（その他有価証券評価差額金）	80

会計上の仕訳：（その他有価証券評価差額金） 200*1 （その他有価証券） 200
　　　　　　　　純資産項目

税効果の仕訳：（繰 延 税 金 資 産） 80 （その他有価証券評価差額金） 80*2

　　＊1　800円－1,000円＝△200円
　　＊2　200円×40%＝80円

140 税効果会計（その他有価証券の評価差額）

決算において、その他有価証券（取得原価1,000円）を時価1,100円に評価替えした（全部純資産直入法）が、税法上では、その他有価証券の評価替えは認められていない。なお、法人税等の実効税率は40%とする。

（その他有価証券評価差額金）	40	（繰 延 税 金 負 債）	40

会計上の仕訳：（その他有価証券） 100*1 （その他有価証券評価差額金） 100
　　　　　　　　　　　　　　　　　　　　　　　　純資産項目

税効果の仕訳：（その他有価証券評価差額金） 40*2 （繰 延 税 金 負 債） 40

　　＊1　1,100円－1,000円＝100円
　　＊2　100円×40%＝40円

前期末の決算において、その他有価証券（取得原価1,000円）を時価800円に評価替えした（全部純資産直入法）さい、以下の仕訳を行っている。

| 評価替えの仕訳：（その他有価証券評価差額金） | 200 | （その他有価証券） | 200 |
| 税効果の仕訳：（繰延税金資産） | 80 | （その他有価証券評価差額金） | 80 |

当期首における仕訳をしなさい。

| （その他有価証券） | 200 | （その他有価証券評価差額金） | 200 |
| （その他有価証券評価差額金） | 80 | （繰延税金資産） | 80 |

本店は支店に現金1,000円を送付し、支店はこれを受け取った。

| 本店 | （支 店） | 1,000 | （現 金） | 1,000 |
| 支店 | （現 金） | 1,000 | （本 店） | 1,000 |

支店は本店の買掛金100円を現金で支払った。

| 本店 | （買 掛 金） | 100 | （支 店） | 100 |
| 支店 | （本 店） | 100 | （現 金） | 100 |

本支店間の取引

本店は支店の営業費200円を現金で支払った。

本店	（支　　　　店）	200	（現　　　　金）	200
支店	（営　業　費）	200	（本　　　店）	200

本支店間の取引

本店は商品1,200円（原価）を支店へ送付し、支店はこれを受け取った。

本店	（支　　　　店）	1,200	（仕　　　　入）	1,200
支店	（仕　　　　入）	1,200	（本　　　店）	1,200

本支店合併財務諸表の作成

決算において、下記の備品について定率法（償却率20%）により減価償却を行う。なお、記帳方法は間接法による。

　　本店：取得原価　5,000円　減価償却累計額　1,000円
　　支店：取得原価　3,000円　減価償却累計額　　600円

本店	（減　価　償　却　費）	800 [*1]	（備品減価償却累計額）	800
支店	（減　価　償　却　費）	480 [*2]	（備品減価償却累計額）	480

　　＊1　（5,000円－1,000円）×20％＝800円
　　＊2　（3,000円－600円）×20％＝480円

P社は、×0年3月31日にS社の発行済株式（S社株式）の100%を400円で取得し、実質的に支配した。このときの連結修正仕訳をしなさい。

［資　料］　貸借対照表

貸 借 対 照 表
×0年3月31日　　　　　　　　（単位：円）

借　方	P社	S社	貸　方	P社	S社
諸 資 産	1,000	800	諸 負 債	600	400
S 社 株 式	400	－	資 本 金	500	300
			利益剰余金	300	100
	1,400	800		1,400	800

（資　　本　　金）	300	（S　社　株　式）	400
（利 益 剰 余 金）	100		

P社は、×0年3月31日にS社の発行済株式（S社株式）の60%を240円で取得し、実質的に支配した。このときの連結修正仕訳をしなさい。

［資　料］貸借対照表

貸 借 対 照 表
×0年3月31日　　　　　　　　（単位：円）

借　方	P社	S社	貸　方	P社	S社
諸 資 産	1,160	800	諸 負 債	600	400
S 社 株 式	240	－	資 本 金	500	300
			利益剰余金	300	100
	1,400	800		1,400	800

（資　　本　　金）	300	（S　社　株　式）	240
（利 益 剰 余 金）	100	（非支配株主持分）	160 *

＊　（300円＋100円）×40%＝160円

P社は、×0年3月31日にS社の発行済株式（S社株式）の60%を260円で取得し、実質的に支配した。このときの連結修正仕訳をしなさい。

　　［資　料］貸借対照表

<table>
<tr><td colspan="8" align="center">貸 借 対 照 表</td></tr>
<tr><td colspan="8" align="center">×0年3月31日　　　　　　　　　（単位：円）</td></tr>
<tr><td align="center">借　方</td><td align="center">P社</td><td align="center">S社</td><td align="center">貸　方</td><td align="center">P社</td><td align="center">S社</td></tr>
<tr><td>諸　資　産</td><td align="right">1,140</td><td align="right">800</td><td>諸　負　債</td><td align="right">600</td><td align="right">400</td></tr>
<tr><td>S 社 株 式</td><td align="right">260</td><td align="center">—</td><td>資　本　金</td><td align="right">500</td><td align="right">300</td></tr>
<tr><td></td><td></td><td></td><td>利益剰余金</td><td align="right">300</td><td align="right">100</td></tr>
<tr><td></td><td align="right">1,400</td><td align="right">800</td><td></td><td align="right">1,400</td><td align="right">800</td></tr>
</table>

（資　　本　　金）	300	（S　社　株　式）	260
（利 益 剰 余 金）	100	（非 支 配 株 主 持 分）	160[*1]
（の　　れ　　ん）	20[*2]		

　　＊1　（300円＋100円）×40%＝160円
　　＊2　貸借差額

P社は、前期末（×0年3月31日）にS社の発行済株式（S社株式）の60%を260円で取得し、実質的に支配した。前期末のS社の貸借対照表は［資料］のとおりである。当期末（×1年3月31日）における開始仕訳をしなさい。

　　［資　料］S社の貸借対照表

<table>
<tr><td colspan="4" align="center">S社の個別貸借対照表</td></tr>
<tr><td colspan="4" align="center">×0年3月31日　　　　　（単位：円）</td></tr>
<tr><td>諸　資　産</td><td align="right">800</td><td>諸　負　債</td><td align="right">400</td></tr>
<tr><td></td><td></td><td>資　本　金</td><td align="right">300</td></tr>
<tr><td></td><td></td><td>利 益 剰 余 金</td><td align="right">100</td></tr>
<tr><td></td><td align="right">800</td><td></td><td align="right">800</td></tr>
</table>

（資本金当期首残高）	300	（S　社　株　式）	260
（利益剰余金当期首残高）	100	（非支配株主持分当期首残高）	160[*1]
（の　　れ　　ん）	20[*2]		

　　＊1　（300円＋100円）×40%＝160円
　　＊2　貸借差額

Ｐ社は、前期末（×0年３月31日）にＳ社の発行済株式（Ｓ社株式）の60％を260円で取得し、実質的に支配した。支配獲得日にのれん20円が生じている。当期末（×1年３月31日）における連結修正仕訳で必要なのれんの償却の仕訳をしなさい。なお、のれんは発生年度の翌年度（当期）から10年間で均等額を償却する。

（の れ ん 償 却）	2 *	（の　　れ　　ん）	2

＊　20円÷10年＝2円

Ｐ社は、前期末（×0年３月31日）にＳ社の発行済株式（Ｓ社株式）の60％を260円で取得し、実質的に支配した。Ｓ社の当期純利益は40円であった。当期末（×1年３月31日）における連結修正仕訳で必要な子会社の当期純損益の振り替えの仕訳をしなさい。

（非支配株主に帰属する当期純損益）	16	（非支配株主持分当期変動額）	16 *

＊　40円×40％＝16円

Ｐ社は、前期末（×0年３月31日）にＳ社の発行済株式（Ｓ社株式）の60％を260円で取得し、実質的に支配した。Ｓ社は当期中に30円の配当をしている。当期末（×1年３月31日）における連結修正仕訳で必要な子会社の配当金の修正の仕訳をしなさい。

（受 取 配 当 金）	18 *1	（剰 余 金 の 配 当）	30
（非支配株主持分当期変動額）	12 *2		

＊1　30円×60％＝18円
＊2　30円×40％＝12円

前期末（×1年3月31日）の連結財務諸表を作成するさいに行った連結修正仕訳は以下のとおりであった。当期末（×2年3月31日）における開始仕訳をしなさい。

[前期末の連結修正仕訳]

①開始仕訳

（資本金当期首残高）	300	（S　社　株　式）	260
（利益剰余金当期首残高）	100	（非支配株主持分当期首残高）	160
（の　　れ　　ん）	20		

②のれんの償却

（の　れ　ん　償　却）	2	（の　　れ　　ん）	2

③子会社の当期純損益の振り替え

（非支配株主に帰属する当期純損益）	16	（非支配株主持分当期変動額）	16

④子会社の配当金の修正

（受　取　配　当　金）	18	（剰　余　金　の　配　当）	30
（非支配株主持分当期変動額）	12		

（資本金当期首残高）	300	（S　社　株　式）	260
（利益剰余金当期首残高）	106 [*1]	（非支配株主持分当期首残高）	164 [*3]
（の　　れ　　ん）	18 [*2]		

* 1　100円＋2円＋16円＋18円－30円＝106円
* 2　20円－2円＝18円
* 3　160円＋16円－12円＝164円

P社は、S社の発行済株式（S社株式）の60％を取得し、実質的に支配している。次の各取引について、当期の連結財務諸表を作成するために必要な連結修正仕訳をしなさい。

(1) P社は当期においてS社に商品200円を売り上げている。

(2) P社はS社に対する短期貸付金100円があり、この短期貸付金にかかる受取利息10円を計上している。

(1)	（売　上　高）	200	（売　上　原　価）	200
(2)	（短　期　借　入　金）	100	（短　期　貸　付　金）	100
	（受　取　利　息）	10	（支　払　利　息）	10

P社は、前期末にS社の発行済株式（S社株式）の60％を取得し、実質的に支配している。当期末におけるP社の売掛金残高のうち500円はS社に対するものであり、P社ではこの売掛金に対して5％の貸倒引当金を設定している。

当期の連結財務諸表を作成するために必要な連結修正仕訳をしなさい。

❶	（買　掛　金）	500	（売　掛　金）	500
❷	（貸　倒　引　当　金）	25 *	（貸倒引当金繰入）	25

❶　債権債務の相殺消去
❷　期末貸倒引当金の修正
　*　500円×5％＝25円

157 連結会計Ⅱ（子会社の期末貸倒引当金の修正） CHAPTER 21

Ｐ社は、前期末にＳ社の発行済株式（Ｓ社株式）の60％を取得し、実質的に支配している。当期末におけるＳ社の売掛金残高のうち500円はＰ社に対するものであり、Ｓ社ではこの売掛金に対して５％の貸倒引当金を設定している。

当期の連結財務諸表を作成するために必要な連結修正仕訳をしなさい。

❶	（買　　掛　　金）	500	（売　　掛　　金）	500
❷	（貸　倒　引　当　金）	25*¹	（貸 倒 引 当 金 繰 入）	25
	（非支配株主に帰属する当期純損益）	10*²	（非支配株主持分当期変動額）	10

　　　❶　債権債務の相殺消去
　　　❷　期末貸倒引当金の修正
　　　　＊１　500円×５％＝25円
　　　　＊２　25円×40％＝10円

158 連結会計Ⅱ（期末商品に含まれる未実現利益の消去　⑴ダウンストリーム） CHAPTER 21

Ｐ社は、Ｓ社の発行済株式（Ｓ社株式）の60％を取得し、実質的に支配している。Ｐ社はＳ社に対し、原価に20％の利益を加算して商品を販売しており、当期末におけるＳ社の商品棚卸高に含まれるＰ社からの仕入分は480円であった。

当期の連結財務諸表を作成するために必要な連結修正仕訳をしなさい。

（売　　上　　原　　価）	80	（商　　　　　品）	80*

　　＊　480円×$\frac{0.2}{1.2}$＝80円

Ｐ社は、Ｓ社の発行済株式（Ｓ社株式）の60％を取得し、実質的に支配している。Ｓ社はＰ社に対し、原価に20％の利益を加算して商品を販売しており、当期末におけるＰ社の商品棚卸高に含まれるＳ社からの仕入分は480円であった。

当期の連結財務諸表を作成するために必要な連結修正仕訳をしなさい。

（売　上　原　価）	80	（商　　　　　品）	80 *1
（非支配株主持分当期変動額）	32	（非支配株主に帰属する当期純損益）	32 *2

＊ 1　$480円 \times \dfrac{0.2}{1.2} = 80円$

＊ 2　$80円 \times 40\% = 32円$

Ｐ社は、Ｓ社の発行済株式（Ｓ社株式）の60％を取得し、実質的に支配している。当期において、Ｐ社はＳ社に対し、土地（帳簿価額700円）を850円で売却し、Ｓ社はこの土地を当期末現在保有している。

当期の連結財務諸表を作成するために必要な連結修正仕訳をしなさい。

（固定資産売却益）	150	（土　　　　　　地）	150 *

＊　$850円 - 700円 = 150円$
　① 　Ｐ社の個別会計上の仕訳

（現 金 な ど）	850	（土　　　　地）	700
		（固定資産売却益）	150

　② 　Ｓ社の個別会計上の仕訳

（土　　　　地）	850	（現 金 な ど）	850

Ｐ社は、Ｓ社の発行済株式（Ｓ社株式）の60%を取得し、実質的に支配している。当期において、Ｓ社はＰ社に対し、土地（帳簿価額700円）を850円で売却し、Ｐ社はこの土地を当期末現在保有している。

当期の連結財務諸表を作成するために必要な連結修正仕訳をしなさい。

（固定資産売却益）	150	（土　　　　　　地）	150 *1
（非支配株主持分当期変動額）	60	（非支配株主に帰属する当期純損益）	60 *2

　＊１　850円−700円＝150円
　　　①　Ｐ社の個別会計上の仕訳

（土　　　　地）	850	（現　金　な　ど）	850

　　　②　Ｓ社の個別会計上の仕訳

（現　金　な　ど）	850	（土　　　　地）	700
		（固定資産売却益）	150

　＊２　150円×40%＝60円

材料1,000円を仕入れ、代金は掛けとした。なお、引取運賃100円は現金で支払った。

（材　　　　料）	1,100 *	（買　掛　金）	1,000
		（現　　金）	100

　＊　1,000円＋100円＝1,100円

材料500円を消費した。このうち300円は直接材料費で、200円は間接材料費である。

（仕　掛　品）	300	（材　　　　料）	500
（製　造　間　接　費）	200		

月末において材料の棚卸減耗損（すべて正常な範囲内のもの）が240円生じた。

（棚 卸 減 耗 損）	240	（材　　　　　料）	240

（製 造 間 接 費）	240	（棚 卸 減 耗 損）	240

当月の賃金支給額1,000円を現金で支払った。

（賃　　　　　金）	1,000	（現　　　　　金）	1,000

当月の賃金消費額は1,100円であった。そのうち、880円は直接工直接作業賃金で、220円は間接工賃金であった。

（仕　　掛　　品）	880	（賃　　　　　金）	1,100
（製 造 間 接 費）	220		

工場の減価償却費100円を計上した（記帳方法は間接法）。

（減 価 償 却 費）	100	（減価償却累計額）	100

（製 造 間 接 費）	100	（減 価 償 却 費）	100

当月の製造間接費の予定配賦額は1,200円である。

| （仕　　　掛　　　品） | 1,200 | （製　造　間　接　費） | 1,200 |

当月の製造間接費の実際発生額は1,300円であった。なお、製造間接費は予定配賦をしており、予定配賦額は1,200円である。

| （製造間接費配賦差異） | 100 * | （製　造　間　接　費） | 100 |

*　1,200円－1,300円＝△100円（不利差異・借方差異）
　　予定配賦額　実際発生額

製品2,000円が完成した。

| （製　　　　　品） | 2,000 | （仕　　掛　　品） | 2,000 |

製品1,500円（原価）を1,800円（売価）で販売し、代金は掛けとした。

| （売　　掛　　金） | 1,800 | （売　　　　　上） | 1,800 |
| （売　上　原　価） | 1,500 | （製　　　　　品） | 1,500 |

172 製造業会計（製品の棚卸減耗）

決算において、製品の実地棚卸をしたところ、200円の棚卸減耗（すべて正常な範囲のもの）があった。なお、製品の棚卸減耗損は売上原価に賦課する。

（売　上　原　価）	200	（製　　　品）	200

173 製造業会計（会計年度末の処理）

(1) 決算において、製造間接費配賦差異勘定の残高200円（借方残高）を売上原価勘定に振り替える。

(2) 決算において、製造間接費配賦差異勘定の残高100円（貸方残高）を売上原価勘定に振り替える。

(1)	（売　上　原　価）	200	（製造間接費配賦差異）	200
(2)	（製造間接費配賦差異）	100	（売　上　原　価）	100

174 開業費の処理

A株式会社は、開業費1,000円を現金で支払った。

（開　業　費）	1,000	（現　　　金）	1,000

Ａ株式会社の株主総会において、繰越利益剰余金とその他資本剰余金を財源とした剰余金の配当等が次のように決定した。

　　繰越利益剰余金を財源とした株主配当金5,000円、

　　その他資本剰余金を財源とした株主配当金2,000円、

　　利益準備金？円（各自計算）、資本準備金？円（各自計算）

なお、資本金、資本準備金、利益準備金の残高は、それぞれ60,000円、4,000円、3,000円であった。

（繰越利益剰余金）	5,500 [*3]	（未　払　配　当　金）	7,000
（その他資本剰余金）	2,200 [*4]	（利　益　準　備　金）	500 [*1]
		（資　本　準　備　金）	200 [*2]

　＊1、＊2　[準備金要積立額]

　　　① 　$(5,000円+2,000円) \times \frac{1}{10} = 700円$

　　　② 　$60,000円 \times \frac{1}{4} - (4,000円+3,000円) = 8,000円$

　　　③ 　①＜②より①700円

[利益準備金、資本準備金の積み立て]

　　上記の要積立額（合計額）700円を、配当財源の割合によって利益準備金と資本準備金に配分します。

　　　① 　利益準備金：$700円 \times \frac{5,000円}{5,000円+2,000円} = 500円$

　　　② 　資本準備金：$700円 \times \frac{2,000円}{5,000円+2,000円} = 200円$

　＊3　繰越利益剰余金：5,000円＋500円＝5,500円
　　　　　　　　　　　株主配当金　利益準備金
　　　　　　　　　　　　　　　　　積立額

　＊4　その他資本剰余金：2,000円＋200円＝2,200円
　　　　　　　　　　　　株主配当金　資本準備金
　　　　　　　　　　　　　　　　　　積立額

Ａ社はさきにＢ社に対して振り出した約束手形1,000円について、Ｂ社の了承を得て、手形の更改をした。なお、これにともなう利息は50円である。

(1)利息を現金で支払う場合と、(2)利息を新手形の額面に含める場合の仕訳を示しなさい。

(1)	(支 払 手 形)	1,000	(支 払 手 形)	1,000
	(支 払 利 息)	50	(現　　　　金)	50
(2)	(支 払 手 形)	1,000	(支 払 手 形)	1,050
	(支 払 利 息)	50		

Ｂ社は、さきにＡ社から受け取っていた約束手形1,000円についてＡ社より手形の更改の申し入れを受けたため、これに同意し、新手形と旧手形を交換した。なお、これにともなう利息は50円である。

(1)利息を現金で受け取る場合と、(2)利息を新手形の額面に含める場合の仕訳を示しなさい。

(1)	(受 取 手 形)	1,000	(受 取 手 形)	1,000
	(現　　　　金)	50	(受 取 利 息)	50
(2)	(受 取 手 形)	1,050	(受 取 手 形)	1,000
			(受 取 利 息)	50

178 定率法の改定償却率と償却保証額 参考

決算において、4年前（当期首より3年前）に取得した備品（取得原価3,000円、減価償却累計額2,352円）について200％定率法（耐用年数は5年、残存価額は0円、償却率は0.4、保証率は0.10800、改定償却率は0.500）によって減価償却を行う。なお、記帳方法は間接法による。

（減 価 償 却 費）	324 *	（備品減価償却累計額）	324

* ① 通常の償却率で計算した減価償却費：(3,000円－2,352円)×0.4≒259円
* ② 償却保証額：3,000円×0.10800＝324円
* ③ ①＜② →減価償却費：(3,000円－2,352円)×0.500＝324円

179 有価証券の売却時の手数料の処理 参考

売買目的で保有するX社株式10株（帳簿価額2,100円）を1株あたり230円で売却し、代金は売却手数料80円を差し引いた金額を現金で受け取った。なお、売却手数料については支払手数料で処理する。

（現 金）	2,220 *1	（売買目的有価証券）	2,100
（支 払 手 数 料）	80	（有価証券売却益）	200 *2

* 1 売却価額：@230円×10株＝2,300円
  現金受取額：2,300円－80円＝2,220円
* 2 2,300円－2,100円＝200円
  売却価額＞帳簿価額→売却益

180

有価証券の売却時の手数料の処理

売買目的で保有するＸ社株式10株（帳簿価額2,100円）を１株あたり230円で売却し、代金は売却手数料80円を差し引いた金額を現金で受け取った。なお、売却手数料については有価証券売却損益に加減する。

(現　　　　　金)	2,220*1	(売買目的有価証券)	2,100
		(有価証券売却益)	120*2

* 1　売却価額：@230円×10株＝2,300円
　　　現金受取額：2,300円－80円＝2,220円
* 2　①2,300円－2,100円＝200円
　　　　<small>売却価額＞帳簿価額 → 売却益</small>
　　　②200円－80円＝120円
　　　　<small>売却手数料</small>

洗替法と切放法

(1)　決算において、売買目的有価証券の帳簿価額1,000円を時価900円に評価替えする（洗替法）。

(2)　翌期首において、必要な処理を行う。

(1)	(有価証券評価損)	100	(売買目的有価証券)	100
(2)	(売買目的有価証券)	100	(有価証券評価損)	100

182

洗替法と切放法

(1)　決算において、売買目的有価証券の帳簿価額1,000円を時価900円に評価替えする（切放法）。

(2)　翌期首において、必要な処理を行う。

(1)	(有価証券評価損)	100	(売買目的有価証券)	100
(2)	仕　訳　な　し			

183 権利落ち株式の会計処理 参考

決算において、Ａ社株式（売買目的有価証券：当期首に購入）の帳簿価額2,500円を時価3,000円に評価替えする。なお、Ａ社株式は決算日までに配当権利落ちしており、来期に受け取ることが予想される配当金は100円である。

（売買目的有価証券）	500 *	（有価証券評価益）	500
（未 収 配 当 金）	100	（受 取 配 当 金）	100

    * 3,000円－2,500円＝500円

184 役員賞与引当金 参考

(1) 決算において、役員賞与引当金を設定する。当期の繰入額は100円である。

(2) 役員に対して賞与100円を当座預金口座から支払った。なお、役員賞与引当金の残高は100円である。

(1)	（役員賞与引当金繰入）	100	（役員賞与引当金）	100

(2)	（役員賞与引当金）	100	（当 座 預 金）	100

185 売上割戻引当金 参考

決算において、当期の売上高10,000円に対して２％の売上割戻引当金を設定する。なお、期末における売上割戻引当金の残額は０円である。

（売上割戻引当金繰入）	200	（売上割戻引当金）	200 *

    * 10,000円×２％－０円＝200円

186 売上割戻引当金 参考

得意先に対して100円の割戻しを適用した。このうち60円は前期の売上に対するものであり、残額は当期の売上に対するものである。なお、割戻額は売掛金と相殺した。また、売上割戻引当金の残額は200円である。

（売上割戻引当金）	60 *1	（売 掛 金）	100
（売 上）	40 *2		

    *1 前期売上分 *2 当期売上分

187 返品調整引当金 参考

決算において、次期の予想返品額50円（当期売上分）、売上総利益率30%として返品調整引当金を設定する。なお、期末における返品調整引当金の残額は0円である。

（返品調整引当金繰入）	15 *	（返品調整引当金）	15

　　* ① 返品調整引当金：50円×30%＝15円
　　　② 返品調整引当金繰入：15円－0円＝15円

188 返品調整引当金 参考

前期に掛けで販売した商品40円について、当期に売上戻りがあったため、売掛金を減額した。この商品の原価は28円である。また、返品調整引当金の残額は15円である。

（仕　　　　　入）	28	（売　　掛　　金）	40
（返品調整引当金）	12 *		

　　* 40円－28円＝12円

189 支店が複数ある場合の処理 参考

埼玉支店は千葉支店に現金1,000円を送付し、千葉支店はこれを受け取った（支店分散計算制度）。

東京本店	仕　訳　な　し			
埼玉支店	（千　葉　支　店）	1,000	（現　　　　金）	1,000
千葉支店	（現　　　　金）	1,000	（埼　玉　支　店）	1,000

190 支店が複数ある場合の処理 参考

埼玉支店は千葉支店に現金1,000円を送付し、千葉支店はこれを受け取った（本店集中計算制度）。

東京本店	（千　葉　支　店）	1,000	（埼　玉　支　店）	1,000
埼玉支店	（本　　　店）	1,000	（現　　　　金）	1,000
千葉支店	（現　　　　金）	1,000	（本　　　店）	1,000

191 連結会社間で振り出した手形の割引き

参考

Ｐ社は、Ｓ社の発行済株式（Ｓ社株式）の60％を取得し、実質的に支配している。
当期において、Ｓ社はＰ社に対して約束手形200円を振り出し、Ｐ社はこのうち150
円を銀行で割り引き（割引料は０円）、残額50円は当期末現在、保有している。
当期の連結財務諸表を作成するために必要な連結修正仕訳をしなさい。なお、貸倒引
当金の修正については考慮しなくてよい。

❶	（支　払　手　形）	50	（受　取　手　形）	50
❷	（支　払　手　形）	150	（借　入　金）,	150

❶ 債権債務の相殺消去
❷ 手形割引の修正

192 親会社の期首貸倒引当金の修正

参考

Ｐ社は、前々期末にＳ社の発行済株式（Ｓ社株式）の60％を取得し、実質的に支配
している。当期末におけるＰ社の売掛金残高のうち500円はＳ社に対するものであり、
Ｐ社ではこの売掛金に対して５％の貸倒引当金を設定している（差額補充法）。なお、
前期末におけるＳ社に対する売掛金残高は200円であった。
当期の連結財務諸表を作成するために必要な連結修正仕訳をしなさい。

❶	（買　掛　金）	500	（売　掛　金）	500
❷	（貸　倒　引　当　金）	10^{*1}	（利益剰余金当期首残高）	10
❸	（貸　倒　引　当　金）	15^{*2}	（貸倒引当金繰入）	15

❶ 債権債務の相殺消去
❷ 開始仕訳（期首貸倒引当金の修正）
　　＊１　200円×５％＝10円
❸ 期末貸倒引当金の修正
　　＊２　① 貸倒引当金：500円×５％＝25円
　　　　　② 貸倒引当金繰入：25円－10円＝15円

Ｐ社は、前々期末にＳ社の発行済株式（Ｓ社株式）の60％を取得し、実質的に支配している。当期末におけるＳ社の売掛金残高のうち500円はＰ社に対するものであり、Ｓ社ではこの売掛金に対して５％の貸倒引当金を設定している（差額補充法）。なお、前期末におけるＰ社に対する売掛金残高は200円であった。
当期の連結財務諸表を作成するために必要な連結修正仕訳をしなさい。

❶ | （買　　掛　　金） | 500 | （売　　掛　　金） | 500 |

❷ | （貸　倒　引　当　金） | 10*1 | （利益剰余金当期首残高） | 10 |
| （利益剰余金当期首残高） | 4*2 | （非支配株主持分当期首残高） | 4 |

❸ | （貸　倒　引　当　金） | 15*3 | （貸倒引当金繰入） | 15 |
| （非支配株主に帰属する当期純損益） | 6*4 | （非支配株主持分当期変動額） | 6 |

❶　債権債務の相殺消去
❷　開始仕訳（期首貸倒引当金の修正）
　＊１　200円×５％＝10円
　＊２　10円×40％＝４円
❸　期末貸倒引当金の修正
　＊３　①　貸倒引当金：500円×５％＝25円
　　　　②　貸倒引当金繰入：25円－10円＝15円
　＊４　15円×40％＝６円

Ｐ社は、Ｓ社の発行済株式（Ｓ社株式）の60％を取得し、実質的に支配している。
Ｐ社はＳ社に対し、原価に20％の利益を加算して商品を販売しており、Ｓ社の商品
棚卸高に含まれるＰ社からの仕入分は次のとおりであった。

　　期首商品棚卸高：360円

　　期末商品棚卸高：480円

当期の連結財務諸表を作成するために必要な連結修正仕訳をしなさい。

❶	（利益剰余金当期首残高）	60	（売　上　原　価）	60[*1]
❷	（売　上　原　価）	80	（商　　　　品）	80[*2]

❶　期首分
　*1　$360円 \times \dfrac{0.2}{1.2} = 60円$

❷　期末分
　*2　$480円 \times \dfrac{0.2}{1.2} = 80円$

Ｐ社は、Ｓ社の発行済株式（Ｓ社株式）の60％を取得し、実質的に支配している。Ｓ社はＰ社に対し、原価に20％の利益を加算して商品を販売しており、Ｐ社の商品棚卸高に含まれるＳ社からの仕入分は次のとおりであった。

　　期首商品棚卸高：360円

　　期末商品棚卸高：480円

当期の連結財務諸表を作成するために必要な連結修正仕訳をしなさい。

❶
（利益剰余金当期首残高）	60	（売　上　原　価）	60[*1]
（非支配株主持分当期首残高）	24	（利益剰余金当期首残高）	24[*2]
（非支配株主に帰属する当期純損益）	24	（非支配株主持分当期変動額）	24

❷
| （売　上　原　価） | 80 | （商　　　品） | 80[*3] |
| （非支配株主持分当期変動額） | 32 | （非支配株主に帰属する当期純損益） | 32[*4] |

❶　期首分

　　＊1　$360円 \times \dfrac{0.2}{1.2} = 60円$

　　＊2　$60円 \times 40\% = 24円$

❷　期末分

　　＊3　$480円 \times \dfrac{0.2}{1.2} = 80円$

　　＊4　$80円 \times 40\% = 32円$